中国信托业协会
CHINA TRUSTEE ASSOCIATION

中国信托业发展报告

China Trustee Development Report

（2014—2015）

中国信托业协会　编

中国金融出版社

责任编辑：仲　垣　张黎黎
责任校对：孙　蕊
责任印制：程　颖

图书在版编目（CIP）数据

中国信托业发展报告（2014—2015）（Zhongguo Xintuoye Fazhan Baogao. 2014—2015）/中国信托业协会编. —北京：中国金融出版社，2015.6
ISBN 978－7－5049－8032－8

Ⅰ. ①中…　Ⅱ. ①中…　Ⅲ. ①信托业—研究报告—中国—2014—2015　Ⅳ. ①F832.49

中国版本图书馆CIP数据核字（2015）第137057号

出版发行　中国金融出版社
社址　北京市丰台区益泽路2号
市场开发部　（010）63266347，63805472，63439533（传真）
网上书店　http://www.chinafph.com
（010）63286832，63365686（传真）
读者服务部　（010）66070833，62568380
邮编　100071
经销　新华书店
印刷　北京松源印刷有限公司
装订　平阳装订厂
尺寸　210毫米×285毫米
印张　21.75
字数　365千
版次　2015年6月第1版
印次　2015年6月第1次印刷
定价　138.00元
ISBN 978－7－5049－8032－8/F.7592
如出现印装错误本社负责调换　联系电话（010）63263947

《中国信托业发展报告（2014—2015）》编审委员会

序言

2014年是中国经济走向新常态的一年。历经风雨、百折不挠的信托业在艰难复杂的环境下，依然取得了相当不错的成绩。一是支持了实体经济发展。在13万多亿元的资产中，有9万多亿元直接投向了实体经济领域，在助力传统产业升级、支持新兴产业发展、支持中小企业融资等方面发挥了巨大作用。二是增加了受益人收入。信托业当年分配给投资者的信托收益共计8,420.58亿元，比2013年增长41%，显著高于同期信托业务收入同比6%的增速。三是抵御了风险冲击。年度内信托业风险项目规模和占比呈下降趋势，项目风险化解能力提高，行业总体风险可控。四是增强了资本实力。2014年信托公司增资规模达270亿元，是2013年增资规模的2倍多。行业净资产增速为25.09%，高于净利润增速。五是实现了平稳增长。资产规模持续增长，利润也实现近13%的增速，在各类金融业中处于前列。

2015年是信托业深刻认识新常态、逐步适应新常态、抓住新机遇、实现新发展的关键一年。经过近两年的思想激荡和实践摸索，整个信托业对未来转型方向和基本业务模式已有共识。从转型的大方向来说，就是要立足信托制度财产独立、破产隔离的功能优势，从目前的为增值做信托，发展到为保值做信托，为财富传承做信托，这是由信托制度本源优势决定的核心竞争力。从行业基本的业务模式来说，就是要从主要依靠私募投行业务向更广阔的专业化受托服务扩展和延伸，这也符合整个金融业在新常态下发展演进的趋势。

近两年信托业从上到下都在为转型发展做着积极的准备。2013年的行业年会上，我们提出了建设八项机制，即公司治理机制、产品登记机制、分类经营机制、资本约束机制、社会责任机制、恢复与处置机制、行业稳定机制和监管评价机制，就是要通过信托业治理体系的完善和现代治理能力的建设来打造信托业的长效发展机制。2014年的行业年会上，我们进一步强调了八大责任，即受托责任、经纪责任、维权责任、核算责任、机构责任、股东责任、行业责任、监管责任，就是要通过明确信托的角色定位和内部管理，把信托的责任界定下来，把信托在社会经济、金融业中的地位提升起来，实现新常态下的新发展。

大家眼前的这部由中国信托业协会组织业内外力量编撰出版的《中国信托业发展报告（2014—2015）》正是对上述行业发展背景、现实、趋势的系统描述和真实写照，突出了“经济新常态，金融新趋势，信托新发展”这一主体思路，总体有三个特点：

一是清晰回顾了中国信托业在经济新常态初步显现下的年度发展情况。在增速回归中国本强元，在业绩平稳中泽业惠民，在功能优化中明责尽职，在投向稳定中适时调整，以及在强化治理中突破创新。

二是系统阐述了中国信托业在2015年乃至更长时期内的努力方向和发展策略。信托业新的发展模式应当是既有适度增速，又有质量效益，既能适应新常态，又能引领新变革的市场化发展模式；应当是既讲机制创新，又讲专业细化，既有核心能力，又有资源优势的竞争型发展模式；应当是既重技术战略，又有管运效率，既有制度自信，又在不断完善的系统性发展模式。

三是在具体的篇章中也丰富和扩展了一些层次、维度和视角。例如，扩展了信托公司社会责任的内涵和表现方式，增加了国际环境的分析背景和现场调研的行业素材，体现了非银同业的合作视角，重构了信托创新业务类别的分析维度，增加了信托业治理的层次和内容，等等。

希望《中国信托业发展报告（2014—2015）》能够成为信托投资者、监管者、从业者、研究者以及社会各界了解和观察中国信托业的一个重要窗口，为推动行业持久稳健发展凝聚力量。

是为序。

中国银行业监督管理委员会主席助理

目　录

导　言

经济新常态　金融新趋势　信托新发展 …… 1

一、经济新常态初步形成中的信托业——2014年信托公司经营状况概览…… 3
（一）增速回归　固本强元…… 3
（二）业绩平稳　泽业惠民…… 4
（三）功能优化　责任扩展…… 5
（四）投向稳定　适时调整…… 6
（五）强化治理　突破创新…… 7
二、金融领域的新趋势及动态特征…… 10
（一）金融理财市场结构的变迁…… 10
（二）金融行业发展动力的转换…… 11
（三）金融市场运行机制的演进…… 11
（四）金融服务核心技术的扩充…… 12
三、信托业新发展的思路和方向…… 13
（一）保持适度增速，追求长效发展…… 13
（二）适应金融变迁，引领行业升级…… 14
（三）创新经营机制，细化专业服务…… 15
（四）培养核心能力，整合同业资源…… 16
（五）构建技术战略，提高管运效率…… 16
（六）完善顶层设计，增强制度自信…… 17

业绩篇

第一章　社会责任业绩 …… 21

一、创造稳定收益，提升服务水平…… 21
二、顺应结构调整，助力实体经济发展…… 23
三、践行公益信托，推动公益事业…… 25
四、传播信托文化，推进制度普惠实践…… 26

第二章　经营管理业绩 …… 29

一、信托公司总体经营业绩稳步增长 …… 29
二、信托业务经营业绩增速回落 …… 39
三、固有业务经营业绩继续高速增长 …… 53

第三章　2015年业绩展望 …… 67

一、继续为投资者创造稳定收益 …… 67
二、行业总体盈利保持稳定增长 …… 68
三、信托业务仍面临增长压力 …… 69
四、固有业务有望保持快速增长 …… 70
五、专业子公司推动创新探索 …… 71
六、分化及差异化经营格局更为清晰 …… 72
七、风险抵御能力增强促行业平稳发展 …… 73

环境篇

第四章　经济环境 …… 77

一、世界经济复苏困难 …… 77
二、全球经济加速融合跨境投资活跃 …… 81
三、中国经济步入新常态 …… 84
四、“一带一路”助力稳增长和调结构 …… 86
五、全面深化改革释放发展潜力 …… 89
六、稳健货币政策和积极财政政策持续 …… 91

第五章　市场环境 …… 93

一、金融市场化全面推进 …… 93
二、资本市场迎来快速繁荣 …… 95
三、理财市场规模扩张、需求多元 …… 97
四、资产管理行业竞合关系趋稳 …… 99
五、金融机构拥抱互联网 …… 101

第六章　监管环境 …… 103

一、指导意见着眼“控风险、促转型” …… 103
二、金融同业新规力促规范化、透明化 …… 105
三、地方债清理规范文件影响传统政信业务 …… 106
四、信托业保障基金构建市场化维稳机制 …… 107
五、2015年监管政策展望：引导转型、完善制度、提升监管 …… 109

业务篇

第七章　信托业务总体概况 …… 115

一、集合资金信托业务…… 115
二、单一资金信托业务…… 122
三、管理财产信托业务…… 128

第八章　主要信托业务（一）：房地产信托 …… 135

一、2014年房地产信托市场情况…… 135
二、2014年房地产信托业务特点…… 144
三、2015年房地产信托发展趋势…… 146

第九章　主要信托业务（二）：基础产业信托 …… 148

一、2014年基础产业信托市场概况…… 148
二、2014年基础产业信托业务特点…… 158
三、2015年基础产业信托发展趋势…… 160

第十章　主要信托业务（三）：证券投资信托 …… 164

一、2014年证券投资信托业务发展概况…… 164
二、2014年证券投资信托业务发展特点…… 171
三、2015年证券投资信托业务发展趋势…… 173
专栏　创新资格类业务——股指期货业务…… 178

第十一章　主要信托业务（四）：工商企业信托 …… 180

一、2014年工商企业信托市场概况…… 180
二、2014年工商企业信托业务特点…… 188
三、2015年工商企业信托发展趋势…… 190

第十二章　主要信托业务（五）：金融同业合作（银行） …… 192

一、2014年发展概况…… 192
二、2014年发展特征…… 200
三、2015年发展趋势…… 202
专栏　银信合作业务模式简介…… 205

第十三章　主要信托业务（六）：金融同业合作（非银） …… 208

一、保信合作业务…… 208
二、证信合作业务…… 212

三、基信合作业务…………………………………………………………… 214
四、其他金融合作业务……………………………………………………… 216

创新篇

第十四章　资产证券化信托业务…………………………………………… 223

一、2014年发展概况………………………………………………………… 223
二、2014年发展特点………………………………………………………… 234
三、2015年发展趋势………………………………………………………… 237

第十五章　国际化业务 …………………………………………………… 248

一、趋势动因………………………………………………………………… 248
二、政策基础………………………………………………………………… 249
三、发展现状………………………………………………………………… 249

第十六章　基于信托本源的服务类信托业务 …………………………… 256

一、土地流转信托…………………………………………………………… 256
二、家族信托………………………………………………………………… 261
三、公益信托………………………………………………………………… 264
四、消费信托………………………………………………………………… 268
五、企业年金受托业务……………………………………………………… 271

第十七章　"互联网+"信托业务 ……………………………………… 276

一、趋势动因………………………………………………………………… 276
二、互联网金融的盈利模式………………………………………………… 277
三、发展现状………………………………………………………………… 279
四、2015年"互联网+"信托业务展望 …………………………………… 280

治理篇

第十八章　2014年信托业治理体系 ……………………………………… 285

一、信托公司的公司治理顶层设计………………………………………… 285
专栏　八项机制……………………………………………………………… 286
专栏　八项责任……………………………………………………………… 287
二、信托业治理的监管变革………………………………………………… 289

第十九章　2014年信托公司治理情况 …………………………………… 293

一、2014年信托公司治理发展情况…… 293
二、加强合规体系建设，强化内控治理…… 302
三、弱化主要业务的强经济周期属性影响，加强业务治理…… 305
四、系统化的金融服务和工具的综合运用，强化风险治理…… 306
五、2014年信托公司风险项目处置及改进…… 309

第二十章　行业治理体系不断完善下的信托公司治理展望 …… 312

一、新形势下的信托公司治理需求…… 312
二、金融机构公司治理的经验借鉴…… 314
三、信托业治理体系的持续改进…… 320
四、信托公司治理展望…… 323

后记 …… 327

图表目录

图

图1-1　2010—2014年信托公司当年分配的信托收益及增速 ……21
图1-2　2011—2014年信托产品平均收益率 ……22
图1-3　2014年信托公司分配的信托收益同比增速分布 ……23
图2-1　2010—2014年信托公司收入及增速 ……30
图2-2　2012—2014年信托公司收入季度同比增速 ……30
图2-3　2014年信托公司经营收入同比增速区间分布 ……31
图2-4　2011—2014年信托业经营收入集中度 ……32
图2-5　2010—2014年信托公司经营收入结构及变化情况 ……32
图2-6　2014年信托公司信托业务收入比重区间分布 ……33
图2-7　2010—2014年信托公司利润总额及增速 ……33
图2-8　2012—2014年信托公司利润总额季度同比增速 ……34
图2-9　2011—2014年信托公司净利润及同比增速 ……34
图2-10　2014年信托公司净利润同比增速区间分布 ……35
图2-11　2010—2014年信托公司经营利润率 ……36
图2-12　2011—2014年信托公司资本利润率 ……37
图2-13　2010—2014年净资产和实收资本规模及增速 ……38
图2-14　信托业风险资产规模和风险资产比率 ……39
图2-15　2010—2014年信托资产规模和增速 ……40
图2-16　2013—2014年信托资产规模季度同比增速和环比增速 ……40
图2-17　信托公司资产规模同比增速区间分布 ……41
图2-18　2010—2014年新增信托资产规模和同比增速 ……42
图2-19　2013—2014年新增信托资产规模同比增速 ……42
图2-20　2011—2014年信托资产行业集中度 ……43
图2-21　2010—2014年信托资产按功能分类的占比 ……43
图2-22　2010—2014年信托资产规模（按功能分类） ……44
图2-23　2010—2014年资金信托投向占比 ……44
图2-24　2010—2014年资金信托投向规模 ……45

图2-25　2010—2014年信托业务收入及增速 ……46
图2-26　信托业务收入季度增速 ……46
图2-27　2014年信托公司信托业务收入增速分布区间 ……47
图2-28　2011—2014年信托业务收入集中度 ……48
图2-29　2010—2014年信托业务收入构成 ……48
图2-30　2010—2014年融资类信托业务收入及增速 ……49
图2-31　2010—2014年投资类信托业务收入及增速 ……50
图2-32　2010—2014年事务管理类信托业务收入及增速 ……50
图2-33　2011—2014年信托业务收入及信托报酬率 ……51
图2-34　2011—2014年各类信托业务报酬率 ……52
图2-35　2011—2014年已清算信托项目的加权平均报酬率 ……53
图2-36　2010—2014年固有资产规模及增速 ……54
图2-37　2010—2014年固有资产配置情况 ……55
图2-38　2010—2014年投资类资产构成 ……56
图2-39　2010—2014年固有业务收入与增速 ……58
图2-40　2010—2014年固有业务收入构成 ……58
图2-41　2011—2014年投资收益构成 ……59
图2-42　2010—2014年利息收入及增速 ……60
图2-43　2011—2014年股权投资收益及增速 ……61
图2-44　2011—2014年证券投资收益及增速 ……61
图2-45　2011—2014年其他投资收益及增速 ……62
图2-46　2011—2014年固有资产整体收益率 ……63
图2-47　2011—2014年固定收益类平均资产收益率 ……64
图2-48　2011—2014年长期股权投资收益率 ……65
图2-49　2011—2014年证券投资收益率 ……66
图2-50　2011—2014年其他投资收益率 ……66
图4-1　中国GDP同比增速 ……85
图4-2　固定资产和房地产投资增速 ……86
图4-3　2014年金融机构人民币贷款加权平均利率 ……92
图5-1　2014年上证指数与全球主要指数走势对比 ……96
图5-2　2006—2013年中国高净值人群数量 ……98
图5-3　2006—2013年可投资资产数量 ……98
图7-1　2010—2014年集合资金信托产品数量和增速 ……115
图7-2　2010—2014年集合资金信托产品规模和增速 ……116
图7-3　2010—2014年新增集合资金信托产品数量和规模 ……116
图7-4　2014年集合资金信托产品功能分类 ……117
图7-5　2010—2014年集合资金信托产品功能分类变动情况 ……117
图7-6　2014年末集合资金信托产品资金运用方式结构 ……118
图7-7　2014年末集合资金信托产品资金投向领域 ……119

图7-8　2014年末集合资金信托产品预期到期结构 …… 119
图7-9　2010—2014年新增集合资金信托产品平均规模 …… 120
图7-10　2010—2014年集合资金信托产品清算情况 …… 120
图7-11　2010—2014年清算的集合资金信托产品收益及信托报酬 …… 121
图7-12　2010—2014年集合资金信托规模排名前十的信托公司占比 …… 122
图7-13　2010—2014年单一资金信托产品数量和增速 …… 122
图7-14　2010—2014年单一资金信托产品规模和增速 …… 123
图7-15　2010—2014年新增单一资金信托产品 …… 123
图7-16　2014年末单一资金信托产品功能分类 …… 124
图7-17　2010—2014年单一资金信托产品功能分类变动情况 …… 124
图7-18　2014年末单一资金信托产品资金运用方式结构 …… 125
图7-19　2014年末单一资金信托产品资金投向领域 …… 125
图7-20　2014年末单一资金信托产品预计到期结构 …… 126
图7-21　2010—2014年新增单一资金信托产品平均规模 …… 126
图7-22　2010—2014年清算的单一资金信托产品数量和信托本金给付额、信托收益分配额 …… 127
图7-23　2010—2014年清算的单一资金信托产品收益率、费用率及信托报酬率 …… 127
图7-24　2010—2014年单一资金信托规模排名前十的信托公司占比 …… 128
图7-25　2010—2014年财产信托产品数量和增速 …… 129
图7-26　2010—2014年财产信托产品规模和增速 …… 129
图7-27　2010—2014年新增财产信托产品数量和规模 …… 130
图7-28　2014年财产信托产品功能分类 …… 130
图7-29　2010—2014年财产信托产品功能分类变动情况 …… 131
图7-30　2014年财产信托产品资金运用方式结构 …… 131
图7-31　2014年末财产信托产品预计到期结构 …… 132
图7-32　2010—2014年新增财产信托产品的平均规模 …… 132
图7-33　2010—2014年财产信托产品清算情况 …… 133
图7-34　2010—2014年清算的财产信托产品收益率、费用率及信托报酬率 …… 133
图7-35　2010—2014年财产信托规模前十的信托公司占比 …… 134
图8-1　2010—2014年房地产信托规模和增速 …… 136
图8-2　2010—2014年房地产信托在信托财产中的占比情况 …… 136
图8-3　2010—2014年集合类与单一类房地产信托产品的数量和规模 …… 137
图8-4　2010—2014年房地产信托结构变化情况 …… 137
图8-5　2011—2014年房地产信托规模同比增长变化情况 …… 138
图8-6　2010—2014年房地产信托规模环比增长变化情况 …… 138
图8-7　2010—2014年房地产信托新增产品数量和规模 …… 139

图8-8　2010—2014年房地产信托新增产品数量和规模 …………………… 139
图8-9　2010—2014年新增房地产信托结构变化情况 …………………… 140
图8-10　2011—2014年新增房地产信托同比增长情况 …………………… 140
图8-11　2010—2014年新增房地产信托环比增长情况 …………………… 141
图8-12　2010—2014年房地产信托新增占比变化情况 …………………… 141
图8-13　2010—2014年存续房地产信托产品平均规模 …………………… 142
图8-14　2010—2014年新增房地产信托产品平均规模 …………………… 142
图8-15　2014年末房地产信托产品预计到期数量（左）及规模（右）结构…………………… 143
图8-16　2010—2014年房地产信托规模排名前十的信托公司占比 ………… 144
图9-1　2010—2014年基础产业信托规模和增速 …………………… 149
图9-2　2010—2014年集合类与单一类基础产业信托数量和规模 ………… 149
图9-3　2010—2014年基础产业信托结构变化情况 …………………… 150
图9-4　2011—2014年基础产业信托规模同比增长变化情况 …………… 150
图9-5　2010—2014年基础产业信托规模环比增长变化情况 …………… 151
图9-6　2010—2014年基础产业信托规模占比情况 …………………… 151
图9-7　2010—2014年基础产业信托新增产品数量和规模 …………… 152
图9-8　2010—2014年基础产业信托新增产品数量和规模 …………… 152
图9-9　2010—2014年基础产业信托新增规模构成情况 ………………… 153
图9-10　2011—2014年新增基础产业信托同比增长情况 ……………… 153
图9-11　2010—2014年新增基础产业信托环比增长情况 ……………… 154
图9-12　2010—2014年基础产业信托新增规模占比 …………………… 154
图9-13　2010—2014年信政合作基础产业信托规模及占比 …………… 155
图9-14　2010—2014年信政合作基础产业信托产品结构 ……………… 155
图9-15　2010—2014年银信合作基础产业信托产品情况 ……………… 156
图9-16　2010—2014年存续基础产业信托产品平均规模 ……………… 156
图9-17　2010—2014年新增基础产业信托产品平均规模 ……………… 157
图9-18　2014年末基础产业信托产品预计到期数量（左）及规模（右）结构…………………… 157
图9-19　2010—2014年基础产业信托规模排名前十的信托公司占比 ……… 158
图10-1　2010—2014年证券投资信托产品数量和规模 ………………… 164
图10-2　2010—2014年证券投资信托产品新增规模与数量 …………… 165
图10-3　2010—2014年存续证券投资信托规模增长变化情况 ………… 165
图10-4　2010—2014年新增证券投资信托规模增长变化情况 ………… 166
图10-5　2010—2014年集合类证券投资信托产品规模和数量 ………… 166
图10-6　2010—2014年单一类证券投资信托产品规模和数量 ………… 167
图10-7　2010—2014年新增集合类证券投资信托产品数量和规模 ……… 167
图10-8　2010—2014年新增单一类证券投资信托产品数量和规模 ……… 168

图10-9　2010—2014年存续证券投资信托产品结构变化情况 ………………… 168
图10-10　2010—2014年新增证券投资信托产品结构变化情况 ………………… 169
图10-11　2014年末证券投资信托产品预计到期数量（左）及规模（右）结构…………………………………………………………… 169
图10-12　2014年末集合类证券投资信托产品预计到期数量（左）及规模（右）结构…………………………………………………………… 170
图10-13　2010—2014年证券投资信托投向结构 ……………………………… 170
图10-14　2010—2014年证券投资信托规模排名前十的信托公司占比 ……… 171
图11-1　2010—2014年工商企业信托规模和增速 ………………………… 180
图11-2　2010—2014年工商企业信托规模占比 …………………………… 181
图11-3　2010—2014年工商企业信托单一类和集合类规模及数量 ………… 181
图11-4　2010—2014年工商企业信托结构变化情况 ……………………… 182
图11-5　2011—2014年工商企业信托规模同比增长变化情况 …………… 182
图11-6　2010—2014年工商企业信托规模环比增长变化情况 …………… 183
图11-7　2010—2014年工商企业信托新增产品数量和规模 ……………… 183
图11-8　2010—2014年工商企业信托新增产品数量和规模 ……………… 184
图11-9　2010—2014年工商企业信托新增规模构成情况 ………………… 184
图11-10　2011—2014年新增工商企业信托同比增长情况 ………………… 185
图11-11　2010—2014年新增工商企业信托环比增长情况 ………………… 185
图11-12　2010—2014年工商企业信托新增规模占比情况 ………………… 186
图11-13　2010—2014年存量工商企业信托产品的平均规模 ……………… 186
图11-14　2010—2014年新增工商企业信托产品的平均规模 ……………… 187
图11-15　2014年末工商企业信托产品预计到期数量（左）及规模（右）结构…………………………………………………………… 187
图11-16　2010—2014年工商企业信托规模前十的信托公司占比 ………… 188
图12-1　2010—2014年单一类银信合作理财业务规模和数量 …………… 194
图12-2　2010—2014年银信合作理财业务在信托资产中的占比 ………… 194
图12-3　2010—2014年集合类银信合作理财业务规模和数量 …………… 195
图12-4　2010—2014年单一类银信合作理财业务规模和数量 …………… 195
图12-5　2010—2014年财产权类银信合作理财业务规模和数量 ………… 196
图12-6　2010—2014年银信合作理财业务规模同比增长变化情况 ……… 196
图12-7　2010—2014年银信合作理财业务规模环比增长变化情况 ……… 197
图12-8　2010—2014年银信合作理财结构变化情况 ……………………… 197
图12-9　2010—2014年银信合作理财的平均规模 ………………………… 198
图12-10　2014年银信合作理财产品分类情况 ……………………………… 199
图12-11　2014年银信合作信托资金投向数量（左）及规模（右）占比 …… 199
图12-12　2010—2014年银信合作理财资金投向规模变化情况 …………… 200
图14-1　2005—2014年信贷资产证券化发行情况 ………………………… 225

图14-2　2014年各类型资产支持证券的发行规模比例 …………………………… 227
图14-3　2014年信贷资产证券化中各类发起机构的发行规模比例 ………… 227
图14-4　截至2014年企业资产证券化发行情况统计 ……………………………… 228
图14-5　2012—2014年资产支持票据的发行情况 ………………………………… 230
图15-1　QDII投资额度比例情况 ……………………………………………………… 251
图16-1　“中信 · 消费信托嘉丽泽健康度假产品系列信托项目”结构 …… 269
图16-2　全国企业年金市场发展情况 ………………………………………………… 272
图16-3　养老金产品投资收益率 ……………………………………………………… 272
图17-1　交易平台模式图 ………………………………………………………………… 281

表

表0-1　2014年信托业主要数据概览 …………………………………………… 9
表2-1　固有长期股权投资分类 ……………………………………………………57
表4-1　2014年我国改革全面深化 …………………………………………………89
表7-1　2014年末集合资金信托管理规模排名前十的信托公司 ………………… 121
表7-2　2014年单一资金信托管理规模排名前十的信托公司 …………………… 128
表7-3　2013年财产信托管理规模排名前十的信托公司 ………………………… 134
表8-1　2014年末房地产信托管理规模排名前十的信托公司 …………………… 143
表9-1　2014年基础产业信托管理规模排名前十的信托公司 …………………… 158
表9-2　国务院、财政部、发改委关于PPP的相关政策文件 ……………………… 160
表10-1　2014年末证券投资信托管理规模排名前十的信托公司 ………………… 171
表10-2　信托公司参与并购的主要优势 ………………………………………… 175
表10-3　PE信托介入并购的两种类型比较 ……………………………………… 177
表11-1　2014年工商企业信托管理规模排名前十的信托公司 …………………… 188
表12-1　银信合作业务相关政策变动情况 ……………………………………… 193
表14-1　三类资产证券化的历年总体发行规模合计 …………………………… 224
表14-2　三类资产证券化在2014年的发行情况 ………………………………… 224
表14-3　信贷资产证券化和企业资产证券化在2014年发行的AAA级
证券情况 ……………………………………………………………… 224
表14-4　截至2014年末信贷资产证券化业务发展情况概览 …………………… 225
表14-5　截至2014年末信贷资产证券化业务历年发展情况 …………………… 226
表14-6　2014年各类型资产支持证券的发行情况 ……………………………… 226
表14-7　截至2014年末企业资产证券化业务发展情况概览 …………………… 228
表14-8　截至2014年末企业资产证券化业务历年发行情况 …………………… 229
表14-9　2012—2014年资产支持票据发行情况 ………………………………… 230
表14-10　2014年各家信托公司的资产证券化业务受托管理情况 ……………… 231
表14-11　2014年信贷资产证券化业务各类发起机构的优先级证券发行利率
情况…………………………………………………………………… 232
表14-12　2014年信贷资产证券化领域的相关政策和制度概览 ………………… 233
表14-13　2014年企业资产证券化业务发行情况 ………………………………… 241
表14-14　2014年信贷资产证券化业务发行情况 ………………………………… 243
表15-1　近两年支持中国企业“走出去”的相关政策 …………………………… 249
表16-1　公益信托与准公益信托的区别 ………………………………………… 267
表16-2　2014年中信信托已推出的消费信托产品 ……………………………… 268
表16-3　消费信托的风险控制内容与措施 ……………………………………… 270
表16-4　信托机构企业年金管理人资格情况 …………………………………… 273

表16-5　信托业受托管理企业数与行业情况对比 …………………………… 273
表16-6　信托业受托管理职工数与行业情况对比 …………………………… 273
表16-7　信托业受托管理金额与行业情况对比 ……………………………… 274
表19-1　信托公司控股股东性质分类 ……………………………………… 294
表19-2　2014—2015年信托公司注册资本增资情况 ………………………… 295
表19-3　2014年信托公司独立董事人数情况 ……………………………… 296
表19-4　2014年信托公司董事会专业委员会情况 …………………………… 297
表19-5　2014年信托公司监事会情况 ……………………………………… 297
表19-6　2014年信托公司高管人员情况 …………………………………… 298
表19-7　2014年信托公司召开股东会次数统计 ……………………………… 301
表19-8　2014年信托公司召开董事会次数统计 ……………………………… 302
表19-9　2014年信托公司召开监事会次数统计 ……………………………… 302

导 言

经济新常态 金融新趋势 信托新发展

2014年5月，习近平总书记在河南考察时首次用“新常态”来描述中国经济，引起了各方高度关注和广泛认同。经济新常态在中国的初步形成，在宏观经济层面解释、印证和强化了近年来国内金融领域逐步显现的一些趋势性的特征。同时，在经济新常态和金融新趋势的大背景和大环境下，立足金融行业、服务实体经济和社会民生的信托业在2014年的运行发展中也表现出一些新的特点。

- 经济新常态初步形成中的信托业
  ——2014年信托公司经营状况概览
- 金融领域的新趋势及动态特征
- 信托业新发展的思路和方向

一、经济新常态初步形成中的信托业——2014年信托公司经营状况概览

中国经济新常态的主要特点有以下三个方面：一是从高速增长转为中高速增长。二是经济结构不断优化升级。第三产业、消费需求逐步成为主体，城乡区域差距逐步缩小，居民收入占比上升，发展成果惠及更广大民众。三是经济发展从要素驱动、投资驱动转向创新驱动。尽管在经济新常态下我国发展仍处于重要战略机遇期，经济发展的基本面依然总体向好，但由于我国经济新常态的前期特征表现为“三期”叠加，即增长速度换挡期、结构调整阵痛期、以往刺激经济政策副作用消化期。尤其是“三期”同时出现，作用相互叠加，使得当前中国经济面临的局势更加复杂。但即使在如此艰难复杂的环境下，历经风雨、百折不挠的中国信托业依然做到了在增速回归中固本强元，在业绩平稳中泽业惠民，在功能优化中扩展责任，在投向稳定中适时调整，以及在强化治理中突破创新，在经济新常态初步形成的2014年出现了一个相对满意的开局。

（一）增速回归　固本强元

截至2014年末，信托业全行业管理的信托资产规模为13.98万亿元（平均每家信托公司2,055.88亿元），较2013年末的10.91万亿元增长了28.17%；从信托资产的历史增长率来看，2011年增速为58.22%，2012年增速为55.30%，2013年增速为46.05%，相较于过去三年的高速增长，2014年增速较2013年回落约18个百分点。这虽然有宏观经济恶化和同业竞争激烈的原因，但在一定程度上也是信托公司面对环境变化主动收缩传统业务的结果。在经济新常态逐步显现的宏观大背景下，中国信托业正在迅速摒弃单纯以速度释放激情的初级阶段发展模式。客观来看，信托资产增速放缓对信托业的转型调整其实是一个有力的缓冲，属于航行途中的“空中加油”，有利于信托业更加从容地进行业务调整和管理优化。

2014年末信托公司固有资产规模达到3,586.02亿元（平均规模达到52.74亿元），总规模比2013年同期水平增加24.89%。从历年增速来看，信托业固有资产的规模增速一直维持在20%~30%的水平。从净资产来看，2014年信托业全行业的净资产规模为3,196.22亿元（平均每家信托公司净资产规模达47.00亿元），同比增长25.09%。从其组成部分来看，信托业的实收资本呈逐年上升趋势，2014年末达到1,386.52亿元的规模，绝对水平较2013年末增加了约269.97亿元，增长了24.18%，增速同比提升了

10.25个百分点；2014年末实收资本占所有者权益的比例为43.38%，与2013年同期水平基本持平。截至2014年末，信托赔偿准备规模为120.91亿元，同比增长33.45%。

2014年信托公司全行业风险项目个数为369个，规模为781亿元，但对比全行业管理的信托资产规模139,799.10亿元，不良率仅为0.56%。在信托业自有资本充足、赔偿准备充分、行业风险缓释机制逐步健全、各公司风险管理系统逐步完善的背景下，这一风险水平是完全可控的。

（二）业绩平稳　泽业惠民

伴随信托资产规模增速回落，2014年信托业在经营业绩（营业收入、利润总额和人均利润）各方面的表现与2013年相比也均有所放缓。

从营业收入来看，2014年末信托业实现经营收入954.95亿元（平均每家信托公司14.04亿元），相比2013年末的832.60亿元，同比增长14.69%，较2013年末30.42%的增长率，同比增幅下降了15.73个百分点；从利润总额来看，2014年信托业实现利润总额642.30亿元（平均每家信托公司9.45亿元），相比2013年末的568.61亿元，同比增长12.96%，较2013年末28.82%的增长率，增幅回落约16个百分点；从人均利润来看，2014年信托业实现人均利润301万元，与2013年的水平基本持平。

从受托管理成效来看，就已清算的信托项目而言，近年来信托产品的加权平均收益率一直相对平稳，处于6%~8%。2014年全年信托产品的加权平均收益率为7.56%。2014年A股迎来久违牛市，资本市场景气度明显提升，信托公司纷纷推出证券投资信托、新三板基金、PE投资等具有收益竞争力的理财产品，在一定程度上弥补了房地产、基建等传统业务式微对行业整体收益率水平所造成的负面影响。历史数据显示，已清算信托产品的加权平均收益率呈现出“稳中有升”的势头：2011年为5.7%，2012年为6.79%，2013年为7.32%。

从信托公司收取的实际信托报酬率和管理信托产品中发生的信托费用率来看，2014年集合类信托业务的实际信托报酬率和信托费用率相对稳定，分别约为1.07%／年和1.17%／年；单一类和管理财产类信托业务的实际报酬率和费用率则稳中略降，其中，2014年单一类信托业务的报酬率和费用率水平分别约为0.3%／年和0.5%／年，管理财产信托业务的报酬率和费用率水平分别约为0.18%／年和0.20%／年。

整体来看，2014年信托产品收益率小幅上升的同时信托公司收取的报酬率和费用率小幅下降，这充分表明信托公司仍然将坚定不移地践行“受人之托，代人理财”的经营宗旨，始终将投资者的利益置于首位，同时全行业在控制成本、降低费用方面也有显著成效。

2014年，信托公司约71%的资金直接投向实体经济领域，在助力传统产业升级、支持新兴产业发展、支持中小企业融资等方面发挥了巨大作用。截至2014年已累计向500万人群和小微企业发放小微贷款，总额超过250亿元。无论环境如何变化，信托公司勤勉尽责、泽业惠民的功能不会变。

（三）功能优化 责任扩展

首先是功能定位更加均衡。从信托功能来看，近年来融资类信托占比持续下降，投资类和事务管理类信托占比持续上升，并于2014年末形成了“三分天下”的格局，即融资类、投资类和事务管理类信托各占三分之一（融资类信托占比为33.65%，投资类信托占比为33.70%，事务管理类信托占比为32.65%）。

信托业功能的上述变化首先反映了信托业开始主动适应中国金融体系新变化的大趋势。随着中国经济金融体系发展的日益成熟，未来中国金融发展的动力源主导地位将由赤字方转化为盈余方，即金融产品的投资功能地位将越来越重要。信托投资功能定位突出的内在驱动力即由中国高净值客户的投资需求增长、实体经济长期资本需求旺盛等多种因素共同叠加形成。

其次是主动管理能力持续提升。在管理资产规模增速放缓的背景下，信托业仍然在2014年实现了经营业绩的小幅提升，得益于在经营策略上持续提升自身的主动管理能力。自2013年以来，信托业的集合资金信托占比扭转了过去不断下降的趋势，从2013年末的24.90%上升到2014年末的30.70%。与集合资金信托占比不断提升相对应的是单一资金信托占比的持续下降：2013年第三季度单一资金信托占比为71.28%，第四季度占比为69.62%；2014年四个季度占比分别为69.48%、67.99%、65.01%和62.58%。单一资金信托占比的下滑主要源于单一大客户驱动的单一资金信托占比的下滑。近年来，财产信托占比一直维持在3%~7%，随着中国富人阶层传承交班的时点到来，家族信托开始兴起，未来财产信托的需求将不断扩大。但财产信托的发展需要国家在信托财产登记制度、税收制度等基础建设方面予以突破，降低市场交易成本。随着财产信托需求的进一步扩大和制度政策的改进，预计未来财产信托将会逐步摆脱目前占比低位徘徊的局面。

2014年，信托公司在业务经营中所体现和承担的社会责任也越来越多，内涵日益丰富。除为投资者和收益人创造稳中有升的收益，为各类机构和高端客户提供综合性金融服务以外，在为构建多层次资本市场体系提供平台，为信托机制在资产管理行业的运用提供示范，助力信托文化传播，践行信托制度普惠价值的实现等方面也发挥着越来越大的作用。

（四）投向稳定　适时调整

从信托财产的运用领域来看，2014年13.04万亿元资金信托仍然主要投向于工商企业、基础产业、证券投资、金融机构和房地产五大领域，工商企业和基础产业仍然是信托投向的两大“巨头”，这说明信托资金的投向总体保持稳定。得益于“多方式运用、跨市场配置”的灵活经营体制，信托业对2014年下半年的牛市行情作出了预判和灵活调整，增加了证券投资类产品的发行。

1. 工商企业

2014年第四季度末，工商企业保持其资金信托的第一大配置领域地位，规模为3.13万亿元，占比为24.03%，相比2013年第四季度末28.14%的占比，下降了4.11个百分点。从2014年第二季度开始，工商企业信托产品规模逐渐减少，这说明在经济基本面走低的背景下，信托公司在服务实体经济的同时对项目的筛选也更加细致谨慎。

2. 基础产业

截至2014年末，信托资金投向基础产业的规模为2.77万亿元，基础产业仍是资金信托的第二大配置领域，然而2014年各个季度其占比呈下降趋势，规模也呈现出负增长。2014年，政府加快推进金融市场化的改革进程，融资成本降低，地方政府债务置换和PPP模式的兴起正是基础产业投资所需资金的另一来源。未来，信托的长期资产配置功能与基础产业投资所需资金的长期性有着较多的契合点，可以预见在信托业加速转型不断创新的道路上，信托资金仍会以多种适应性的方式支持基础产业建设。

3. 金融机构

截至2014年末，资金信托对金融机构的运用规模为2.27万亿元，占比17.39%。与资金信托对工商企业和基础产业配置占比小幅下降的趋势不同，资金信托对金融机构的配置在2014年企稳回升。与2013年12.00%的占比相比，2014年同比提升了5.39个百分点。资金信托对金融机构运用的增加，主要源于信托业强化金融协同、金融业投资及其资产运用波动不大和回报稳定等市场因素。

4. 证券投资

2014年信托资金对证券投资规模加码，规模增速均在60%以上，股票和基金的规模增速甚至超过80%。其中，债券仍然是信托在证券投资市场上的主要投资工具，其次是股票与基金。截至2014年第四季度末，证券投资（债券）信托规模约为11,547.58亿元，同比2013年末的6,876.25亿元增长了67.93%，其在信托资金投向的占比为8.86%，较2013年第四季度末占比提升2.19个百分点；证券投资（股票）信托规模约为5,520.32亿元，同比2013年末的3,030.93亿元增长了82.13%，其在信托资金投向的占比为4.23%，较2013年第四季度末提升1.29个百分点；证券投资（基金）信托规模为1,424.63亿元，同比2013年的764.20亿元增长了86.42%，其在信托资金投向的占比为1.09%，较2013年第四季度提升0.35个百分点。

5. 房地产

作为信托资产配置的第五大领域，房地产信托的规模在2014年末达到13,094.93亿元，占比为10.04%，与2013年相比较为稳定。实际上自2013年第四季度开始，房地产信托占比一直稳定在10%~11%。一方面，经过多年的耕耘，信托公司在房地产行业的融资需求把握力和风控能力方面已积累了一定的优势；另一方面，由于市场环境的变化和宏观政策的调控，房地产市场近期有所回升，所以在年度内依然是信托资金稳定投向的领域。不过，随着房地产市场的波折起伏和风险的暴露，信托业在未来有可能会继续调整经营策略，降低房地产信托在整个资金信托的占比。

另外，从信托公司固有资产类别来看，投资类资产一直是固有资产的主要形式，过去四年以来其占比大多在50%以上的水平。2014年末投资类资产规模为2,388.72亿元，占比高达66.61%，比2013年第四季度末提高了7.47个百分点。与此同时，货币类资产和贷款类资产的占比大体上呈下降趋势，2014年末货币类资产规模仅526.63亿元，其占固有资产的比例从2013年的18.41%下降到14.69%；而贷款类资产规模和占比与2013年基本持平。

（五）强化治理　突破创新

2014年，在整个信托业层面和信托公司内部都在强化治理，为转型创新奠定基础。在整个行业层面，从2013年末提出的“八项机制”到2014年末提出的“八项责任”，为信托业的治理确定了明确框架和实施方向。从2014年到2015年初，信托业治理的监管变革方面有了很多新进展，如信托监管部的设立，信托业保障基金成立及运行，信托登记制度建设的推进，信托公司监管评级办法的改进和完善，信托公司信托业务尽职调查指引的加紧形成，等等。

在公司治理层面，2014年一共有18家信托公司增资269.97亿元，增强了信托公司的资本实力；引入战略投资者优化股权结构，积极践行混合所有制改革；加强董事会及专门委员会建设，发挥独立董事的积极作用；监事会建设更加完善，监事人数上的增长加强了监事会的监督作用；构建合适的激励约束机制；加强信息系统建设，提升信息披露的及时性和有效性；组织架构跟随经济环境及风险防范的需要进行积极的适应性调整，如增加战略和研发创新职能、扩充营销职能、尝试事业部改革等。在公司内控治理方面，加强合规体系建设，建立合规风险的分级管理体系，建立健全制度体系，着力培育和营造良好的合规文化氛围。在公司业务治理层面，在经济下行期以逆风险周期或中性风险周期业务的选择替代强经济周期业务，业务重心逐步向资产管理业务和事务管理信托方向发展。在上述治理优化的基础上，2014年信托公司在风险管理和对风险项目的处置等方面也有了更多新的思路和特征。例如，更加注重舆情管理，引导社会公众合理认识信托风险；资产处理能力有所提高，司法处置的良性循环开始形成；通过风险指标的持续监控实现风险的及时预警；明确风险管理的相关责任，构建风险处置的分级管理体系及专业团队，等等。

2014年公司治理运行效果显现，为信托公司的转型升级提供了良好的制度保障，而信托公司在银监会《关于信托公司风险监管的指导意见》中所明确的信托转型的6个方向上，在资产证券化信托业务、国际化业务、基于本源的服务类信托业务、“互联网+”信托业务等方面都有了一些令人欣慰的突破。如在资产证券化信托业务方面，基础资产类型更加丰富，参与机构类型逐渐多元化，技术和产品结构更趋稳定，交易结构设计彰显市场逻辑，能力逐步获得认可，信托公司开始担任牵头安排人。在基于本源的服务类信托业务方面，土地流转信托、家族信托、公益信托、消费信托、企业年金受托业务也多有亮点。

2014年信托公司以市场需求为主，不断突破，推陈出新，成功开展了包含资产证券化、QDII、股指期货、土地流转信托、企业年金信托等多元化业务，并在产品结构、业务模式、战略布局等方面取得了不少成果。

2014年获得QDII资格的信托公司从2013年的8家增至14家，获批额度则从56亿美元增至77.5亿美元；从外汇额度占比来看，信托类从7%上升为9%。截至2014年末，全行业QDII业务余额为234.01亿元人民币，较2013年82.06亿元人民币同比增长了近3倍。截至2014年，取得资产证券化业务资格的信托公司数量已达到36家，实际发行信贷资产证券化产品的受托机构有19家。

信托公司在服务类信托方面也在持续摸索、稳步前行。2014年，中信信托、北京信托、中建投信托、兴业信托在贵阳、安徽、北京、江苏、河南等地先后设立了十余款土地流转信托计划。而信托公司新兴的年金受托业务发展相对缓慢，随着信托公司受托优势的进一步显现，企业年金一定会成为支持信托公司长期发展的重要业务。受制于各种现实因素的制约，公益信托还未大规模的开展，但随着社会需求的继续增加和各方积极力量的推动，公益信托有望尽快成为信托公司常态开展的业务，成为促进我国社会公益事业发展的重要力量。

表0-1　　2014年信托业主要数据概览

指标		项目	规模（亿元）/占比	同比增速①	平均增速②
资产类	信托资产	融资类	47,036.41 / 33.65%	-9.71%	29.61%
		投资类	47,119.34 / 33.70%	32.76%	64.54%
		事务管理类	45,643.36 / 32.65%	112.43%	76.17%
		合计	139,799.10	28.17%	46.92%
	固有资产	固有资产	3,586.02	24.89%	24.70%
		净资产	3,196.22	25.09%	24.74%
	风险项目	个数	369	—	—
		规模	781.00	—	—
业绩类	收入类	经营收入	954.95	14.69%	36.29%
		信托业务收入	647.38	5.88%	44.80%
	利润类	利润总额	642.30	12.96%	44.42%
		净利润	506.77	14.65%	34.20%
		人均利润	301（万元）	-1.52%	9.46%
信托资金投向	工商企业	余额/占比	31,330.14 / 24.03%	8.02%	59.20%
	基础产业	余额/占比	27,694.40 / 21.24%	6.40%	32.18%
	金融机构	余额/占比	22,676.75 / 17.39%	83.32%	117.12%
	证券投资	余额/占比	18,492.52 / 14.18%	73.29%	62.64%
	房地产	余额/占比	13,094.93 / 10.04%	26.67%	34.02%

①“同比增速”=（2014年规模-2013年规模）/2013年规模，表示2014年相对于2013年的增速。

②“平均增速”为2011年、2012年、2013年、2014年同比增速的算术平均数。

数据来源：中国信托业协会。

二、金融领域的新趋势及动态特征

未来，实体经济的变化将通过各种渠道对金融基本面产生影响，中国金融领域的“新常态”将会逐步显现。事实上，过去一些年来全球金融领域的发展变化在中国国内已表现出较多的影响，经济新常态在中国的初步形成，在宏观经济层面会促进和强化近年来国内金融领域逐步显现的一些趋势性的特征，主要表现在以下四个方面。

（一）金融理财市场结构的变迁

传统上金融体系的结构可以分为两个层次。一是宏观的市场结构，以市场机构功能的不同和金融风险承担方式的不同为标准，可划分为直接金融和间接金融。二是微观的交易结构，以金融交易参与者的权利义务约定内容的不同和收益风险对应方式的不同为标准，主要划分为债权交易和股权交易。过去几十年来，主要发达国家的金融体系结构经历了从债、股二元结构向多层次交易结构演变发展的过程，市场上陆续出现股债互转、远期、期货、期权、互换等新的契约形式和衍生金融工具。传统的二元市场划分的边界也逐渐模糊，间接金融和直接金融交叉融合、协同共生，从理论上的替代竞争关系演进到现实中的互补合作关系。

在中国，建设多层次资本市场和现代金融体系的表述从2003年开始陆续集中出现在《中共中央关于完善社会主义市场经济体制若干问题的决定》、党的十七大、十八大报告及金融业发展和改革“十一五”、“十二五”规划等官方文件中。而在实践中，中国金融体系的结构变迁有一个更鲜活的版本，那就是近十多年来在相对割裂的间接金融和直接金融之间出现的一个中间地带，并且这个中间地带的形式越来越多、范围越来越广、影响作用越来越大，大有与传统的间接金融和直接金融并驾齐驱甚至后来居上的可能。这个中间地带就是理财市场。

理财市场的本质是综合金融服务市场，其功能、机制与传统意义上的金融市场有很多不同。理财市场的产生发展在发达国家市场环境中大都有一个自然演进的过程，即从简单直观的理财规划（financial planning），到专业细分的资产管理（asset management），再到全面综合的财富管理（wealth management）。在我国，在长期的金融抑制和市场分割环境下，理财市场借银行理财产品的问世于2005年前后开始爆发性地增长，信托、保险、券商、基金、第三方等机构也纷纷推出各种类型的理财产品，共同促进了理财市场几年内的大繁荣。从2012年前后开始，中国的理财市场进入到通过专业化管理提高资产管理绩效的高一级发展阶段。为提高理财产品所对应标的资产的管理绩效，一方面，各监管部门在其辖内机构资产管理基础制度构建方面创新性地模仿和借鉴信托制度综合性、跨领域的业务模式（从信托制度在资产管理行业泛化的角度，业内称理财市场的这一发展阶段为“泛信托时代”）；另一方面，各类机构在理财业务中更加注重发挥其专业细分的优势，并积极与其他专业机构合作（从各类机构在资产管理市场上分工合作这一角度，业内称其为“大资管时代”）。当然，即使在资产管理阶段刚刚开始不久，已有深谋远虑的机构开始了理财市场更高阶段——财富管理业务模式的探索与布局。因此，笔者认为，理财市场是金融体系结构变迁背景下在直接金融和间接金融二元体系中衍生出来的、处于二元中间地带的综合金融服务市场，资产管理市场、财富管理市场是理财市场的更高发展阶段，其客户基础、业务模式强调的重点不同，但本质上都是处于传统金融体系中间地带的综合金融服务市场，是信托公司未来的主战场。

（二）金融行业发展动力的转换

金融行业发展动力转换表现为两个方面：

一是从数量来看，投资（盈余）方相对于融资（赤字）方的力量在快速增大。在过去的几十年间，无论是发达国家还是发展中国家，其居民可投资金融资产的增速基本都是高于经济增速的，后者通常与融资需求相关。因此，推动金融行业发展的主要动力或原动力逐渐由融资（赤字）方转为投资（盈余）方，资产和财富拥有者的话语权逐渐增大。现代金融体系规制基础构建的逻辑更多的是从保护投资者利益出发，很大程度上也是考虑到这一特点。

二是无论是融资方还是投资方，其对金融服务的需求更加多元化、差异化、个性化。融资者不但追求资金的可得、便宜、便利，也开始需要在融资基础上的综合性金融服务。投资者不但需要投资的收益，也开始需求更多更有效的风险管理、财富保全和传承。总之，金融行业的产品不再单纯地围绕融资和投资的单一目标进行，而是需要嫁接和承载更多、更细、更有价值的服务。

（三）金融市场运行机制的演进

金融市场的运行机制主要包括定价机制、风险机制和竞争机制。在金融市场的演进发展进程中，这三类机制一直处于持续的细化、深化、复杂化的过程中，近年来这一演进特征表现得更为突出。传统意义上的定价机制主要是各类金融工具或金融资产的定价机制，其实质是以资金资本使用权转移定价为代表的金融资源的定价机制。现在，不但纯粹意义上的金融资源的定价随着金融工具的创新和金融市场的细分在细化和深化，而且金融链条的延伸和环节的增多也使定价机制更加复杂。更为重要的是，市场上金融资源的定价机制和金融服务的定价机制越来越多地混淆融合，相互转化，使理论上似乎可以清楚界定的不同性质的定价机制在实践中很难严格区分。

在学科意义上，狭义的金融市场风险机制主要指利率波动和金融工具价格波动引起的市场风险机制，是所有的金融市场参与主体都要关注的。传统上金融机构主要关注市场风险、操作风险和信用风险这三类主要风险，并基于其机制分析形成日常风险管理系统。现在，随着金融活动的复杂性和专业性的增强，新的风险来源日益突出，对流动性风险、法律风险、合规风险、声誉风险、战略风险等新型风险机制的认识和把控日显重要。更为重要的是，随着金融市场本身的细分、深化和复杂化，原有的系统性风险的生成、积累、触发、传染机制也在发生变化，表现出许多新特征。

价格是在竞争中形成的，风险也多是在竞争中体现的。竞争主要存在于金融市场的参与主体之间。传统上金融市场的参与主体数量较少，种类也相对单一，加之在历史上长期内很多国家都实行过不同程度的市场区隔和分业经营，因此金融市场的竞争机制相对来说还是简单清晰的，总体竞争程度也比较温和。但近年来随着金融创新的大量涌现，金融管制的逐步放松，金融市场一体化程度的进一步提高，混业经营从暗流涌动到事实上的全面爆发，金融市场上各类参与主体尤其是各类金融机构之间的竞争在迅速白热化，竞争机制也全面深化和泛化。

（四）金融服务核心技术的扩充

从学科上来说，金融专业的核心技术就是微观金融的分析技术，包括现金流贴现模型、资产估值、风险管理这三大工具性的分析支柱。但从当今金融服务的内容乃至现代金融行业的功能来看，其所需要的技术支撑却远不是如此单一。金融服务的核心技术经历了一个延伸和吸收的扩充过程，即从微观金融分析技术到金融工程技术、到市场营销技术、到互联网技术。

金融工程技术是将金融学的基本原理和工程技术相结合，基于工程技术的模块化构造思维，对传统金融工具的基本要素进行分解重组，形成新的衍生金融工具，以实现满足特殊金融需求的目的。20世纪六七十年代之后，基于金融工程技术而产生的大量创新性的衍生工具，不但形成和壮大了许多新型金融市场，而且通过提供大量量身定做式的金融解决方案，大大提高了金融服务的效率。

市场营销技术大致是从20世纪80年代开始从制造业和其他服务行业被大量引进金融行业的。金融机构逐渐开始接受以客户为中心的营销理念，放弃单纯以产品为中心的推销思想。从使用产品、价格、渠道、促销的营销组合技术（4P理论）提高营销效果，到运用顾客、沟通、成本、便利这一新型理论（4C理论）去增强客户黏性，市场营销的理论、技术和方法在金融服务中正在得到前所未有的推广应用。

20世纪90年代兴起的互联网技术对金融行业的冲击和影响是有目共睹的，而其未来在金融领域的可能应用更是有无限的想象空间。大数据、云计算、移动互联，每一类具体技术的应用都会给金融领域带来革命性的变化。更为重要的是，极尽技术组合之能事将用户体验推至极致的互联网理念，很有可能会促使传统金融行业去反思自己过去走过的技术路线，从而将沉淀在行业内未被充分利用和挖掘的各类过往的技术创新重新整合，形成强大的技术组合协同效应，提高金融服务效率。

三、信托业新发展的思路和方向

在经济新常态和金融新趋势的背景下，信托业如何寻求新的发展？中国经济的“新常态”保障了国民的长远利益，但却不可避免地要抛弃部分旧的产能、旧的模式和旧的结构。信托业必须逐步从旧的盈利模式中抽身，向经济金融体系深入考察、不断探索中形成新的发展模式。新的发展模式应当是既有适度增速，又有质量效益，既能适应常态，又能引领变革的市场化发展模式；应当是既讲机制创新，又讲专业细化，既有核心能力，又有资源优势的竞争型发展模式；还应当是既重技术战略，又有管运效率，既有制度自信，又在不断完善的系统性发展模式。总的来说，信托业新发展的整体思路和努力方向可以涵盖以下六个方面。

（一）保持适度增速，追求长效发展

第一，保持适度增速。信托业前几年的超高速增长是特定时期特定条件下的非常态，信托公司抓住这一难得机遇促成了整个行业的飞跃，自然可喜可贺，本也无可厚非，但信托业的百年基业必定是一次万里征程，绝无可能一直用百米冲刺的速度去推进。在经济新常态下，信托公司要尽快适应新的增长速度，摒弃单纯依靠增速推动发展的简单粗放模式，在业务转型、动力转换、战略落实、管运优化等方面为行业长期高效发展奠定基础。第二，控制整体风险。要把风险防控的重点从对信托产品的个案风险和信托公司的个体风险的严防死守，提高到从整体风险（包括系统性风险和区域性风险）的高度去评估个案和个体风险的影响。在防火墙、隔离带、缓释机制等行业风险管控机制逐渐健全的条件下，可以允许个案或个体风险的爆发，以释放行业整体风险压力，净化行业整体发展环境。第三，提升发展效益，追求有质量的增长。在“五期”叠加[①]的背景下，信托公司放慢脚步，严控传统业务风险，稳妥开拓新业务，将有助于行业长远健康的发展。未来，信托业增速放缓将成为常态。信托业务结构将继续发生积极变化，机构客户占比不断提升，信托资产功能运用结构加速优化。信托业不再依靠垄断信托制度获利，传统的聚焦于融资端的通道业务、融资类业务难以有高速增长；而聚焦投资者需求，提升信托公司主动管理能力和专业性水平、积极创新则成为信托业发展的新动力。信托公司将逐步由单一理财产品提供商向综合金融服务商转变。开展家族信托业务的信托公司将快速增加，形成涵盖财富传承、税务筹划、法律咨询等多种功能于一身的高端定制化金融产品。此外，信托公司应注重建立富有弹性的人力成本支出模式及对于其他各项日常费用的统一管理流程和操作指引，减少沟通、协调成本，提高工作效率。

（二）适应金融变迁，引领行业升级

经济金融的发展变革走到今天，理财市场已不能仅仅被视为一个简单的金融子行业或辅助性边缘化的金融子市场，而应该是联系直接金融和间接金融两个体系车轮的轮轴，直接决定着金融体系的结构性稳定和整体性效率。

中国理财市场的形成和发展进程无论在逻辑上还是在历史上都是与建设现代金融体系的国家战略契合顺应的。中国的理财市场从产生开始到向资产管理和财富管理这一更高阶段发展的过程中，信托公司是当之无愧的探路者和先行者，未来也必将是理所当然的主力军和领头羊。这一市场定位是由国民经济发展产生的金融需求、信托制度的功能优势和信托公司十多年来持续积累所形成的市场声誉共同决定的。

中国以打造多层次资本市场作为构建现代金融体系的重要内容之一，原因在于金融体系结构中直接金融和间接金融的比例严重失调，同时缺乏畅通高效的长期投融资渠道。信托制度的功能优势之一就是长期规划，且信托公司过往多年来的主要业务领域都是在理论上的长周期产业投资领域，如基建、房地产、矿业等。尽管在现实中其很多时候被异化为中短期的融资业务，但不可否认的是信托公司在这一领域的投融资运作上已积累了较多的资源和经验。因此，即使从构建多层次资本市场的视角来看，信托公司也完全有理由、有条件成为建设现代金融体系的基本力量。

未来，信托业的竞争与发展，将从主要依赖于制度优势转变为依赖于能力优势，

① “五期”叠加是指在宏观经济“三期”叠加的基础上，信托业面临的环境更为复杂，即经济增速换挡期、结构调整阵痛期、前期刺激政策消化期及利率市场化推进期、资产管理业务扩张期五期叠加。

专业化、差异化是未来发展方向。而创新类业务是监管部门支持治理完善、内控有效、资产管理能力较强的信托公司走差异化发展道路的重要手段。信托业的发展动力将更多源于创新驱动而非业务驱动。信托公司要从从品牌管理、客户关系管理、资产管理、风控管理等几个方面打造出核心竞争力，积极抓住外部有利于发展的因素，创新性择机开展“融资信托”、“投资信托”和“服务信托”等各类信托业务，实现持续稳健的发展。

2015年信托公司将在扩展资产领域、细分客户需求以及扩大社会影响等方面积极探索，资产证券化业务有望常态化发展，以土地流转信托、家族信托和公益信托为代表的典型业务也将取得进一步进展。信托公司将逐步从“融资平台”向“受人之托，代人理财”的专业财富管理机构转型。

（三）创新经营机制，细化专业服务

信托公司要适应金融变迁、引领行业升级发展，不但要充分发挥信托制度的功能优势，同时要在管理运行机制和经营方式上突破创新，积极利用现代金融体系的多种制度基础，如公司子公司制、有限合伙等方式，深入多层次资本市场，提高各类业务的专业化水平。信托制度的功能优势可以依托或嫁接多种其他制度基础在不同层次和不同领域去实现。部分信托公司为了适应市场变化正在对其内部组织架构做出相应调整，整合业务部门，改革为事业部制。事业部内部分工经历了一个调整、施行、再调整的过程。内部结构的专业化模式化不仅缩短了业务流程，也为业务改善和创新释放了更大的空间和更高的效率。通过建立更加科学、灵活、高效的组织架构进一步明确各方的权利、责任和利益，使业务运行更加专业、财务核算更加明晰、发展决策更加迅速、运转更加高效。未来可以进一步形成各类专业子公司，充实经营机制的动能。

为顺应金融行业发展动力转换的新趋势，信托公司需做整体的业务转型和战略调整，从单纯提供资金到提供综合性金融服务。从信托的基本功能来看，信托业天然地适合从事财富管理业务，但信托公司必须在组织架构、流程再造、团队建设、绩效考核等方面落地实施。

信托公司一定要珍惜先发优势，抓牢高端客户，尽快从财富管理业务层面做好战略布局。财富管理业务有广阔的发展空间和稳定的发展速度，因而需要做战略布局，这一点业内已有共识。但什么是可实施、非空谈的财富管理业务战略布局？笔者认为主要有三个要点：一是要将财富管理上升到公司战略架构层面，而非业务种类或产品条线层面，这一点要吸取银行理财业务发展过程中的经验教训；二是公司内部的组织架构和业务流程一定要符合财富管理服务流程的内在要求，要在分析微观服务流程的基础上再造业务流程；三是组织架构调整和业务流程再造过程中怎样协调和整合原有团队部门、项目资源和产品类别，这需要强化这样一个认识上的逻辑，即财富管理的基础之一是资产管理，资产管理的核心是资产配置，资产配置包容性最强，传统业务和创新业务、标准化业务和非标准化业务都可归并其中。

（四）培养核心能力，整合同业资源

从前述金融市场机制演进的趋势来看，大资产管理领域的资管机构核心能力有两个层次，一是所有金融机构都应具备的金融定价能力和风险管理能力，二是资产管理机构尤其应具备的资产管理能力和资源整合能力。从前者看，信托公司不但需要提高传统意义上信托产品的定价能力，更要关注信托服务定价的效率；不但要针对各类风险来源分别关注，更要构建整体风险管理体系，以统一规范的风险管理流程支撑不同风险类别的管理。

从后者来看，信托公司要加快培养自己的资产搜寻、筛选、评估、运用等综合能力。针对金融市场竞争机制的新趋势，信托公司要扩展竞争视野，不但要关注信托同业，还要关注大资管同业；不但关注金融同业，还要关注传统的非金融但潜在的金融行业进入者。在大同业的范围内明确定位，积累优势，构建平台，整合资源。

在对传统银信合作模式的发展优化中，部分信托公司开始深入探索银行的业务环节，优化合作机制，与银行进行资源共享及业务联动，整合银行的项目资源、客户资源、资金资源以及银行在风控、人才、系统、品牌、技术等各方面所具有的丰富经验和资源。信托在与非银金融机构合作中也要充分利用其他金融机构的制度优势、平台优势、客户优势，促进双方实现合作双赢。证券公司二级市场的客户优势、基金在公募市场的服务优势、保险在长期资本的成本优势，都将为信托公司提供良好的合作契机。

（五）构建技术战略，提高管运效率

为顺应和把握金融服务核心技术扩展的新趋势，信托公司应基于长期规划和协同效应两大原则构建公司内部的技术战略体系。

长期规划原则是指在充分认识和理解微观金融技术→金融工程技术→市场营销技术→互联网技术这一金融服务核心技术扩展脉络的基础上，充分利用技术发展上的后发优势，乘着互联网技术广泛应用以及互联网金融新兴发展的浪潮，首先在管理运营的硬件基础上打好基础，在互联网金融的发展模式上布好开局，不能再在这一构建技术体系基础和孕育新型业务模式的关键时期丧失战略先机，以免未来长期步人后尘。

协同效应原则是指上述各类技术要在信托公司的具体业务中最大限度地发挥作用，必须综合协调，整体运用，而不能只是个别模块的单兵突进。互联网技术平台搭建起来之后要有价值，其上必须嫁接传统金融技术、金融工程技术、市场营销技术模块，如为金融技术提供信息处理和数据挖掘支持，为市场营销技术提供新的渠道和沟通方式。其他技术模块之间也可产生类似的协同效应，如金融工程技术为市场营销技术的发挥提供个性化的金融解决方案，为互联网平台上的金融创新设计技术路线，等等。

（六）完善顶层设计，增强制度自信

我国信托业三十余年的发展历史中，曾经历过五次行业性清理整顿，直到2001年10月1日《信托法》的实施，才开始走上法制化、规范化的道路。信托公司取得的辉煌成绩离不开基础制度的强力支撑，离不开监管层适时调整优化的监管导向和政策组合。

随着泛资产管理时代的到来，信托业的生存环境和同业环境都发生了巨大的改变。信托业对“顶层设计”进一步加强和完善的需求日趋强烈。由于《信托法》及配套法规体系的不完善，诸如信托登记、信托税收、公益信托等制度规范长期缺位。基于残缺的法律现状，大部分信托公司不得不将业务集中在资金信托领域，与券商等委托代理关系的资产管理市场参与者形成竞争，而在自身制度优势较强的遗产信托、财产信托等领域，却一直无法获得广阔的发展。

而今，在经济新常态和金融新趋势的背景之下，金融理财市场结构的变迁，金融行业发展动力的转换，金融市场运行机制的演进，以及金融服务核心技术的扩充，都集中反映在资产管理和财富管理市场的形成和发展这一历史进程之中。这一进程走到今天，客观上需要更稳定、更长久、更灵活、更有效的制度基础。信托、委托、有限合伙都可以是这样的制度基础。但信托无疑是最具有综合优势的制度基础。为什么所有的金融行业都想往信托上靠？除了监管套利的短期动机外，一定是对信托独特的制度功能有潜在期冀和需要的。尽管从法律体系和制度观念上短期来看信托的推广和完全被接纳还存在很多障碍，但只要有一点点进步和推进，整个资产管理行业就会受益匪浅。

从市场定位来看，信托公司是资产管理和财富管理行业无可争议的先行者和主力军。从制度基础来看，信托制度是资产管理和财富管理领域理所当然的最高标准。信托业的转型发展需要信托公司树立高度的制度自信。制度自信既来自信托公司对信托制度功能优势的深刻理解和娴熟运用，也来自信托公司为优化、完善信托制度所做的不懈努力。从这个意义上来说，2013年到2014年“八项机制”和“八大责任”的提出和构建既在优化信托的基础，细化信托的责任，也在稳固信托的优势，树立信托的自信。

业绩篇

2014年中国经济进入新常态，经济增速下移，产业结构升级，增长动力转换。中国金融市场呈现新趋势，多层次资本市场建设提速，资产和财富增长成为推动金融行业发展的主要动力。经济新常态和金融新趋势对信托业传统业务增长带来较大挑战，也为信托转型提供广阔的发展机遇。2014年信托业积极履行社会责任，在为投资者、实体经济提供优质金融服务的同时，更加致力于信托制度、信托文化的宣传和推广，大力推进信托制度普惠的实践。在经营业绩上，2014年信托业总体经营收入及利润增速继续下行，但总体实现了平稳增长，其中信托业务增速回落比较明显，而固有业务则抓住资本市场机遇实现较高的业绩增长。

经济新常态和金融新趋势仍将是未来一段时间的主旋律，深刻影响着信托业的转型与发展。展望2015年，信托业的转型、创新、提升专业水平、构建核心竞争力的行动将显著提速。信托业总体仍将保持中高速的业绩增长，但信托业务与固有业务业绩增长仍将有一定差距。在转型过程中，由于各家公司转型速度和转型方向不一，行业内部的分化将持续加剧、差异化经营的行业格局将更加清晰。

第一章 社会责任业绩

2014年信托业积极履行社会责任，为投资者创造稳定收益及提供综合金融服务，助力经济结构调整和实体经济发展，积极推动公益事业。2014年信托业不断丰富社会责任实践内容，通过产品创新、服务创新，致力于信托文化的传播及信托制度普惠的实践。

一、创造稳定收益，提升服务水平

2014年信托公司为投资者创造的信托收益总额再攀新高，同比依旧保持较高增速，远超信托资产规模及信托业务收入的同比增速，再次体现了信托公司始终将投资者的利益置于首位的经营宗旨。信托业近九成公司当年向投资者分配的利润实现增长。已清算的信托产品加权平均收益率连续四年稳步上升。

（一）投资者信托收益保持高速增长

截至2014年末，信托业当年分配给投资者的信托收益共计8,420.58亿元①，同比增长41%。尽管2014年的同比增速显著下降，但相比信托业务收入同比仅6%的增速仍然处于较高水平。2010—2014年，信托业累计向投资者分配信托收益21,169.19亿元，而同期信托公司取得的信托业务收入五年总计仅为2,243.66亿元。与信托公司经营效益增速下滑的情况相反，2014年度信托业给受益人实现的信托收益却稳中有升，表明信托业作为专业的信托机构在经营理念上已经整体成熟，受益人利益为先、为大的信托文化已经根植于信托业。

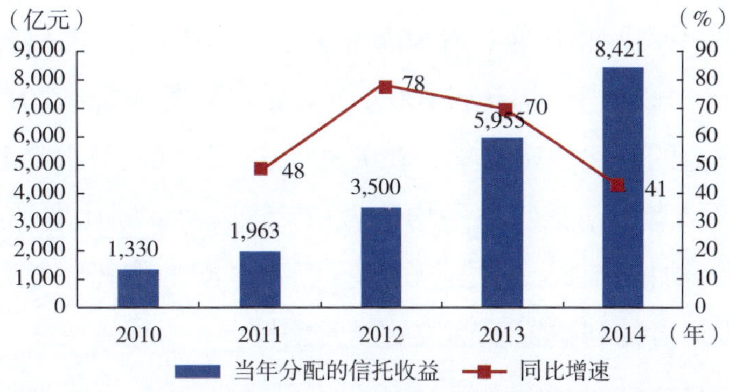

数据来源：信托公司年报。

图1-1 2010—2014年信托公司当年分配的信托收益及增速

① 根据各家信托公司年报披露计算。

（二）信托产品收益率稳定提升

2011—2014年，已清算信托产品的加权平均收益率分别为5.70%、6.79%、7.32%和7.56%，呈现稳定增长态势。信托产品具有较强的固定收益特征，在风险有效控制的情况下，信托产品一般能够实现比较稳定的收益。2014年信托产品平均收益率同比仅小幅上升0.24个百分点，收益率不及股票类公募基金产品，对投资者的吸引力受到一定影响。但是，总体来看，信托产品兼具收益性和稳定性的特征，仍是投资者理财规划中不可或缺的产品之一。

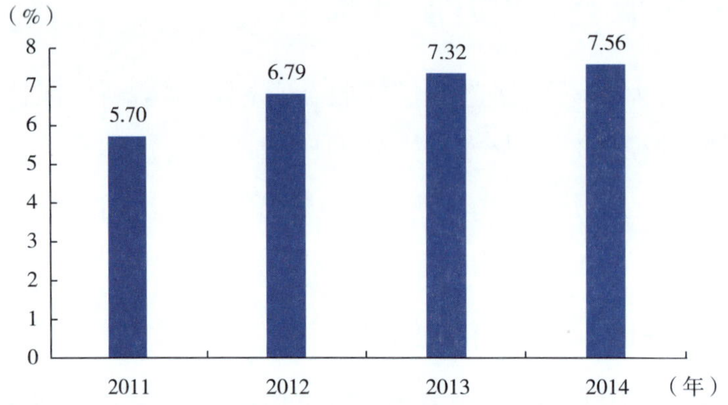

数据来源：信托公司年报。

图1-2　2011—2014年信托产品平均收益率

（三）信托公司分配信托收益普遍增长

据统计，2014年披露了向投资者分配收益数据的66家信托公司[①]中，为投资者分配的信托收益实现同比增长的共计61家，占行业公司总数的比例为92.4%，较2013年减少1家；为投资者分配的信托收益同比下降的信托公司有5家，占7.6%，在信托公司数量上与2013年一致。2014年，在66家信托公司当中，分配信托收益同比涨幅最高的为610%，总计4家公司涨幅超过100%。从分布情况来看，2014年，共计56家信托公司分配信托收益的同比增速均集中在0~80%这一区间，且分布较为均匀。全行业信托公司分配给投资者的信托收益平均数为127.58亿元，同比增加45.7%；中位数为104.64亿元，同比增加48.5%。信托公司向投资者分配的信托收益普遍增长，体现了信托公司始终将投资者的利益置于首位的经营宗旨。

① 不包括未披露该数据的吉林信托和国民信托。

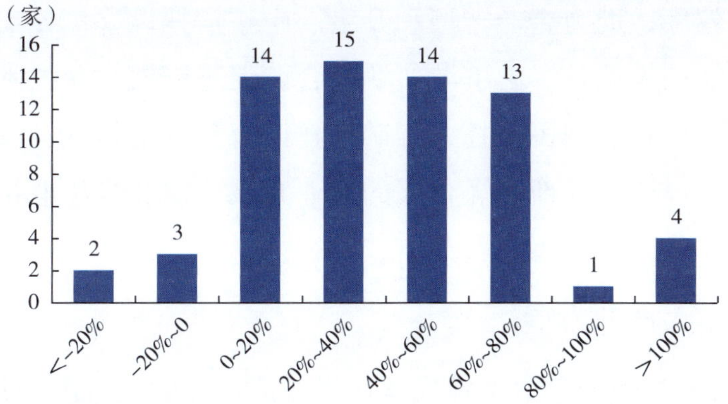

数据来源：信托公司年报。

图1-3　2014年信托公司分配的信托收益同比增速分布

（四）提供综合金融服务能力继续提升

2014年以来，在资产管理行业竞争加剧的背景下，信托公司服务客户的模式和理念有所调整。首先，信托公司逐渐由单一理财产品提供商向综合金融服务商转变。2014年开展家族信托业务的信托公司数量明显增加，服务内容也得以扩充，形成涵盖财富传承、税务筹划、法律咨询等多种功能于一身的高端定制化金融产品。信托公司在为机构客户进行资产管理的同时，还跟踪其经营全过程，有针对性地提供一揽子的金融解决方案。在投资者资产配置方面，信托公司根据市场变化及时跟踪客户财务状况和风险偏好的变化，研究推出短期投资、权益类投资产品等新产品。

其次，信托公司客户服务水平显著提升。信托公司均已设立财富管理中心，服务于客户多样化、个性化的理财需求，同时信托公司利用互联网技术，致力于使投资都获得最优的理财体验。2014年信托公司建立及进一步优化客户分层级差异化服务体系，从产品规划、投资管理、增值体验等方面建立起更为系统的服务平台。

二、顺应结构调整，助力实体经济发展

信托公司一直是实体经济的有力支持者。2014年，信托公司约71%的资金直接投向实体经济领域，在助力传统产业升级、支持新兴产业发展、支持中小企业融资方面发挥了巨大作用。

（一）助力传统产业升级

2014年信托业继续秉持对传统产业和过剩产业有扶有控的差别化支持方向，向钢铁、煤炭等传统行业中具有技术优势的公司提供资金支持，帮助传统产业进行优化

升级，提高产能效率，助力企业转型和升级。中航信托设立信托支持传统钢铁行业的技术革新、产能结构调整、上下游产业整合，促进钢铁行业技术进步与资本运用的和谐统一。大业信托、国民信托、五矿信托以流动资金贷款、成立科技并购基金等方式，支持传统煤化工向新型煤化工的产业升级，以及煤焦电化综合开发、集约转化、循环利用等产业升级项目。

（二）支持新兴产业发展

2014年信托业积极支持新兴产业发展。兴业信托、中航信托、中铁信托、重庆信托、新华信托、华鑫信托等公司为节能环保、生物医疗、高端装备制造、新能源、新材料等新兴产业公司提供信贷支持。江苏信托、外贸信托筛选优质成长性企业进行股权投资，投资项目领域涵盖了IT、通信、软件开发、新能源、新材料、环保、生物医药、医疗器械、园林绿化等新兴技术产业领域。国联信托结合新三板市场的发展趋势专门成立了“国联领翔成长基金”，专注投资于科技型、创新型新三板企业。厦门信托、中诚信托等通过信托支持海水养殖、航运、港口建设、码头物流等海洋经济发展。

（三）助力中小企业融资

2014年信托公司发挥自身优势，积极创新解决中小企业融资难问题。外贸信托致力于成为小微金融的先行者，2014年成立了业内第一家小微金融事业部，截至2014年末已累计向500万人和小微企业发放小微贷款，总额超过250亿元。华宸信托在严控风险的前提下，挖掘股东的上下游客户，通过优化信托交易结构、创新担保等方式，在2014年为区内中小企业累计提供信托融资8亿余元。兴业信托、金谷信托研究开发支持中小企业发展的基金化信托产品，支持贸易、制造业等领域的中小企业发展。江苏信托连续发行江苏中小企业投融资项目11期，为省内中小企业募集资金近10亿元，且受托管理省科技厅、财政厅科技成果转化专项资金，累计发放无息、低息贷款超过5.5亿元，共为120多家中小型科技企业提供了融资服务。华信信托、新华信托、中航信托、西部信托、厦门信托等公司也积极为中小企业、小微企业提供信贷支持。

（四）服务多层次资本市场发展

经过多年实践，我国多层次资本市场建设已经取得长足进步，一方面，以主板、中小板、创业板以及新三板为重要组成部分的多层次股票市场结构基本形成；另一方面，在国家大力发展直接融资的倡导下，以股权融资为主要构成的直接融资体系也已步入快车道。信托公司凭借灵活的制度优势在多层次资本市场体系建立的过程中发挥了重要作用。信托公司通过强大的资金募集能力引导社会闲置资金向场外市场流动，助力多层次资本市场构建。信托公司凭借自身多年积累的资金募集能力，在上述多层次资本市场的建设和发展过程当中起着重要的资金引流作用。信托公司通过募集市场闲置资金开展私募股权投资、新三板投资、定向增发、并购业务，推进我国多层次资本市场建设进程。

三、践行公益信托，推动公益事业

2014年信托公司公益信托实践热情高涨，充分发挥信托制度优势，推动社会公益事业的模式创新。信托公司持续开展慈善事业，积极参加志愿服务，积极履行社会责任。

（一）积极推动公益信托发展

2014年，信托公司参加公益信托实践的热情高涨，信托公司利用信托制度，探索实现公益基金财产保值、尽职管理、定向捐赠等目的。江苏信托、金谷信托为国内外多家公益慈善机构供专业理财服务，实现了公益慈善财产的保值增值。中航信托通过信托机制，为金融与法律的整合研究提供资金支持。国民信托成立公益信托，根据贞丰县教育局、贞丰县民政局提出的捐赠方案和捐赠需求支持贫困地区学校建设。上海信托发行云南地区教育助学信托计划，首单产品专项用于云南贫困地区教师培训。万向信托以公益信托方式，募集资金用于中国境内自然环境和生态保护公益项目。

（二）热心推动公益慈善事业

2014年，信托公司积极推动公益慈善事业。一方面，信托公司自身积极开展公益慈善事业。江苏信托、新华信托、西部信托、西藏信托、方正东亚等信托公司不仅为贫困地区学生提供善款、文具、衣物捐赠，更注重通过各种方式对孩子们进行精神上的帮助与鼓励。中航信托、重庆信托、西部信托、大业信托、山东信托、上海信托等信托公司开展定点扶贫工作。另一方面，信托公司还积极发动信托客户参与慈善事业，外贸信托、平安信托组织高净值客户家庭赴云南、青海等贫困地区希望小学开展公益活动。

（三）开展公益志愿服务

2014年，信托公司积极开展志愿服务。信托公司员工争当志愿者开展多项志愿服务，包括植树造林、清理道路垃圾、爱心义卖、希望小学志愿活动等。信托公司还积极宣传信托及金融知识，中信信托、中融信托、华宸信托、山东信托、中诚信托、北方信托、长城信托等信托公司开展“信托文化行”、“金融知识进万家”、“金融知识进中小学”等宣传活动，向民众及在校学生普及信托和金融知识。

四、传播信托文化，推进制度普惠实践

随着信托业的发展，信托产品已经成为高净值投资者理财规划服务中不可或缺的产品组合之一。与信托理财需求规模化增长形成强烈反差的是，市场和投资者对信托功能和价值的认知还不够深入和全面，信托的普惠价值更是尚未被普通大众所了解。信托业的快速发展对信托文化的传播和推广乃至整个社会诚信体制的建设发挥了重要作用。

（一）引领以受益人利益为先的信托文化

信托公司作为受托人，需要对委托人和受益人履行受托人的尽职责任、诚信管理、谨慎管理、忠实管理、尽心管理。当信托公司自身利益与受益人利益冲突时，信托公司作为受托人，恪守了信托的本质，忠实于受益人的最大利益，以受益人利益为先。事实上，恪尽职守、以受益人利益为先的信托文化不仅仅适用于信托公司开展信托业务，也是资产管理机构开展资产管理业务所应当具有的文化。

信托公司作为专业的理财机构在经营理念上已经整体成熟，受益人利益为先、为大的信托文化已经根植于信托业。如在2014年信托公司自身报酬率下滑的情况下，信托产品受益人的收益额和收益率却稳中有升。信托业作为资产管理行业的重要参与机构，尽职管理、以受益人利益为重的信托文化直接影响着整个资产管理市场，引领着资产管理市场尽职文化的建立和普及。

（二）培育依托专业机构管理财富的观念

长期以来，出于对专业投资机构了解不充分、信任程度不高等因素，个人投资者依托专业机构管理财富的意识与观念比较滞后。事实上，专业机构在信息获取、研究能力、投资管理、风险处置等方面的能力均显著高于个人投资者，且由于专业机构资金规模巨大，在分散投资、资产配置等方面也具有显著优势，因此依托专业机

构管理资产是未来我国财富管理市场的发展方向。

在多年的业务积累中，信托公司致力于建立与投资者的信任关系，培育了投资者依托专业机构管理财富的意识和观念。信托公司担负着“受人之托、代人理财”的责任。一方面，信托公司坚守“卖者尽责”的信托文化，为受益人的最大利益处理信托事务，恪尽职守，履行诚实、信用、谨慎、有效管理的义务，充分披露信息。另一方面，信托公司致力于提升自身的资产管理能力，为投资者进行合理资产配置，实现风险收益的最佳匹配。

在尽责的基础上，信托业也主动培育投资者“买者自负”的风险意识。2014年4月，中国银监会发布《关于信托公司风险监管的指导意见》（银监办发〔2014〕99号），明确提出“卖者尽责，买者自负”的信托文化。在约束信托公司自身尽职管理信托财产的同时，也对委托人风险承担提出要求。在信托公司尽责的前提下，投资应遵循“买者自负”原则自行承担风险损失。在实践中，信托公司也加强了对投资者的风险教育，包括在产品营销时向投资人充分揭示风险，不存在虚假披露、误导性销售的行为等。

（三）践行信托制度普惠价值

过去多年以来，信托业的主要服务对象是高净值客户，因此也形成了信托业服务于高端客户、距离普通大众较远的形象。但是其实信托制度本是适用于每一位普通投资者的普惠制度，其本源是财产转移基础上的财产独立和风险隔离，能够切实为广大投资者提供各种权益类的保护与服务。

2014年信托业通过业务转型、产品创新，让信托制度惠及更多的普通投资者。多家信托公司纷纷推出反映信托本质的事务服务信托，不仅包括家族信托、保险金信托等面向高端投资者的信托，也有土地流转信托、消费信托、养老信托等服务于普通大众的信托产品和信托服务，为普通农民、普通消费者提供权益保护，更大程度地扩大了信托制度的覆盖面。在这些创新实践中，信托制度的普惠价值得以在普通民众中进行宣传，进一步扩大了信托的影响范围，加深了信托制度的影响力。

（四）为信托机制在资产管理行业的运用提供示范

信托业是最早开展资产管理业务的机构之一，信托业为信托机制在其他资产管理行业的运用和监管提供示范。首先，在信托制度下，信托公司受托人的审慎、尽职职责被广泛借鉴到证券公司、基金子公司以及其他资产管理机构的展业准则。其次，信托业监管思路为其他资产管理机构的监管提供借鉴。为了引导行业规范、健康发展，中国银监会先后向信托业发布多项文件规范银信合作、房地产、政信合作等具体业务。在2013年和2014年，为了引导信托业转型，监管部门更是加强信托业监管的顶层设计和具体监管部署，为证券业、基金业等其他资产管理行业的监管提供借鉴。此外，信托机构为其他资产管理机构提供风险项目处置经验。信托公司作为最早开展资产管理业务的专业机构，积累了丰富的市场风险预防、风险规避、风险分散、风险化解经验。目前越来越多的信托公司采用市场化的方式来化解，包括使用担保措施、寻找接盘机构、并购重组、处置抵押物等不同方式，应对风险的舆情管理也更积极主动。信托公司在风险项目处置中提供的解决方案为其他资产管理行业提供了很好的范本。

第二章　经营管理业绩

2014年，在经济下行和竞争加剧的双重挑战下，信托业结束了高速增长阶段，步入了转型发展阶段，主要业务数据也发生了较大的结构性变化。总体而言，信托业总体经营业绩回归平稳增长，资本利润率小幅回落，风险抵御能力进一步增强。信托业务方面，信托资产结构继续优化，但信托公司面临信托资产规模增速、信托业务收入增速、信托报酬率等指标继续下行的挑战。固有业务方面，信托公司抓住资本市场机遇取得较好成绩，固有业务收入继续保持高速增长，固有资产收益率显著提升。

一、信托公司总体经营业绩稳步增长

2014年，伴随着中国经济增速换挡，信托公司总体业绩从之前的高速增长回归稳步增长。2014年信托业总体经营收入及利润保持平稳增长，资本报酬率从高点小幅回落。信托业进入转型阶段后，行业内部分化加剧，收入的行业集中度出现抬头趋势，利润增速同比下降的信托公司数量显著增加。2014年面临经济下行风险加大的挑战，信托业多途径提高风险抵御能力，补充资本力度空前，资本留存高速增长，风险化解卓有成效，系统风险总体可控。

（一）总体经营收入稳步增长

2014年信托业总体经营收入回归平稳增长，收入增速连续回落后已现企稳态势。行业内绝大部分信托公司的总体经营收入仍保持增长，但行业内部分化加剧，经营收入集中度于2014年首次抬头。在收入结构上，信托业务仍是主要贡献来源，但由于固有业务增长远超信托业务，固有业务收入比重有较大幅度的提升。

1. 总体经营收入继续增长，增速企稳

2014年信托业经营收入继续保持增长，共实现经营收入954.95亿元，同比增加122.35亿元。2014年经营收入增速则继续回落，同比增长14.69%，较2013年回落15.73个百分点。

数据来源：中国信托业协会。

图2-1　2010—2014年信托公司收入及增速

从季度数据来看，2014年信托业经营收入增速开始企稳。2014年第二至第四季度信托公司累计经营收入同比增速分别为13.68%、12.83%和14.69%，结束了自2012年以来增速单边下行的趋势。尤其是2014年第四季度行业经营收入同比增速较第三季度回升了1.86个百分点，显示出行业发展平稳，信托公司转型态势良好。

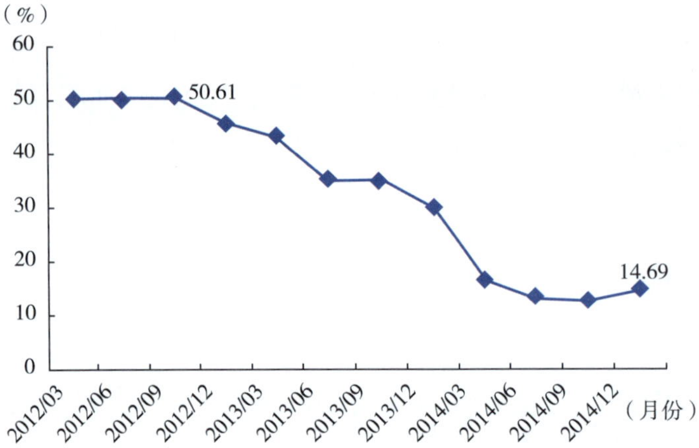

数据来源：中国信托业协会。

图2-2　2012—2014年信托公司收入季度同比增速

我国信托业发展面临着经济增速下行和资产管理行业竞争加剧的双重考验，对信托公司传统融资信托业务带来明显的冲击，这是近年来信托公司经营业绩增速持续回落的主要原因。为适应经济新常态和金融新趋势，2014年信托业全面布局转型。在监管层面，中国银监会办公厅发布的《关于信托公司风险监管的指导意见》（银监办发〔2014〕99号）明确提出了信托业转型发展的目标和路径；各家信托公司也纷纷调整业务布局，加大创新力度，培育新的业务增长点。从2014年第四季度信托公司经营收入同比增速止跌回升来看，信托业转型已取得一定成效，这也为信托公司进一步加快转型进程奠定良好基础。

2. 大部分信托公司总体营业收入实现增长

2014年大部分信托公司营业收入保持增长，行业整体发展态势良好。公布年报的67家信托公司[①]中，55家实现了经营收入同比增长（约占全部信托公司数量的82%）。其中增速在0~20%这个区间的信托公司最多，达34家，超过全部信托公司数量的一半；增速在20%~50%的信托公司数量次之，有15家（约占全部信托公司数量的22%）；有6家信托公司经营收入实现了同比增长超过50%的佳绩。能够取得这样的成绩，一方面是由于大量的存量业务在2014年仍旧贡献较多收入，另一方面也体现了信托公司面对经济下行和竞争加剧的压力转型多元化拓展收入的结果。

同时，信托公司优胜劣汰正在提速。2014年有12家信托公司经营收入出现同比下降（约占全部信托公司数量的18%），数量比2013年增加9家。其中有8家信托公司降幅在20%以内，有4家信托公司降幅超过20%。

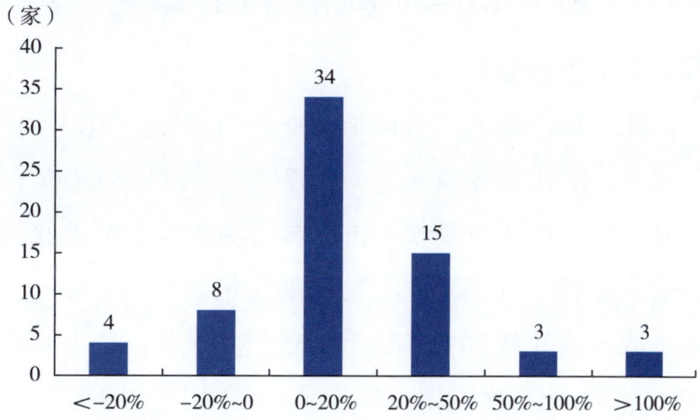

数据来源：中国信托业协会。

图2-3　2014年信托公司经营收入同比增速区间分布

3. 经营收入集中度有所抬升

2014年信托业经营收入集中度较2013年有所抬升，反映信托业内部分化加剧。虽然收入最高的前四家信托公司市场份额（CR4）仍比2013年小幅下降1个百分点至20%，但CR8和CR10则分别小幅上升1个百分点，分别为33%和38%。从行业排名来看，2014年行业排名前八的信托公司比较稳定，仅有名次上的小幅变动；排在八名以外的信托公司名次变动较大。

信托业较低的集中度反映了信托业内部竞争非常激烈，龙头公司虽然可以凭借

① 不含尚未披露年报的国民信托。

较大的资金规模来稳定市场份额，但尚未形成明显占优的核心竞争力来提升市场份额；与此同时，CR8和CR10的小幅抬升则反映出信托公司之间的分化在加剧，中小信托公司之间竞争更加激烈，缺乏核心竞争力的信托公司的经营收入增长遇到更大挑战，难以巩固已有的市场份额。

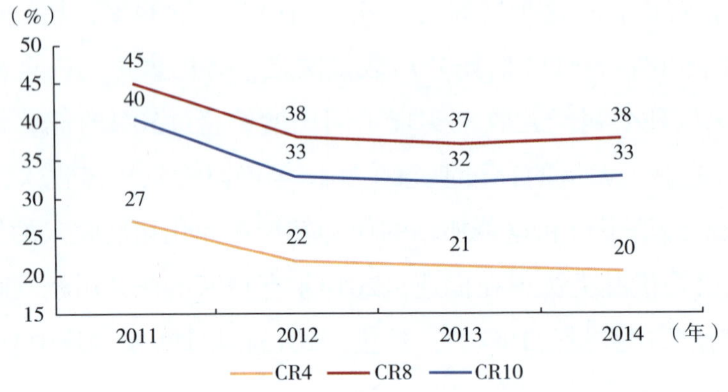

数据来源：中国信托业协会。

图2–4　2011—2014年信托业经营收入集中度

4. 固有业务收入比重快速提升

2010年以来，信托业经营收入一直以信托业务为主导。2014年信托业实现的经营收入总额954.95亿元中，信托业务收入为647.38亿元，占比67.79%；固有业务收入为307.57亿元，占比32.21%。信托业务收入占比显著高于固有业务收入占比，充分体现了我国信托公司“受人之托、代人理财”的功能定位。

2014年固有业务收入占比较2013年提升5.65个百分点，这主要由于2013年、2014年两年信托公司频繁增资及经营积累，固有资产持续快速增加，而信托公司以固有资金积极开展优质股权投资、证券投资、发放贷款等各项业务，收益率高且稳定，相应收益贡献日益提升。

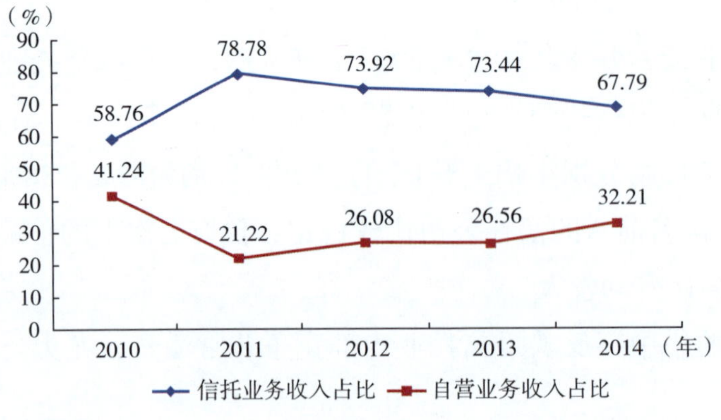

数据来源：中国信托业协会。

图2–5　2010—2014年信托公司经营收入结构及变化情况

从数量上来看，以信托业务收入为主的信托公司仍占据绝大多数。2014年披露年报的67家信托公司[①]中，60家公司的信托业务收入超过固有业务收入。信托业务收入比重在60%~70%、70%~80%以及80%~90%三个区间的信托公司数量最多，分别为15家、16家和16家。2014年固有业务贡献超过信托业务的信托公司有7家，比2013年增加1家。

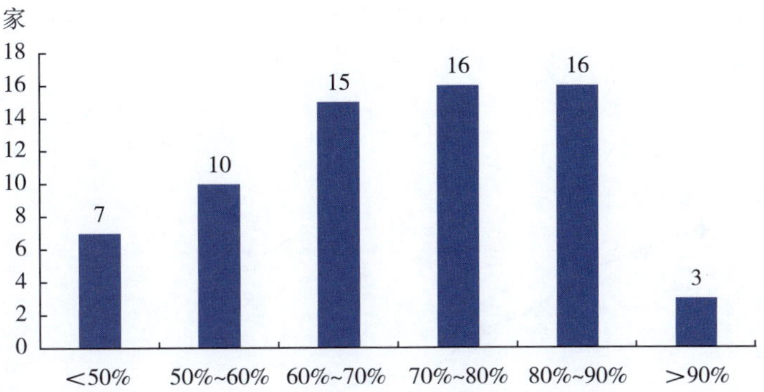

数据来源：中国信托业协会。

图2-6　2014年信托公司信托业务收入比重区间分布

（二）总体经营利润增速回归

2014年，信托业利润增长趋势与经营收入一致，回归平稳增长，增速企稳。从净利润指标来看，信托业内部分化现象更加明显，利润同比下降的信托公司数量明显增加。

利润平稳增长，内部分化加大。2014年信托公司利润总额平稳增加，68家信托公司共实现利润总额642.30亿元，平均每家信托公司创造的利润额为9.45亿元。相比2013年末的568.61亿元，2014年利润总额同比增长12.96%，回归平稳增长。

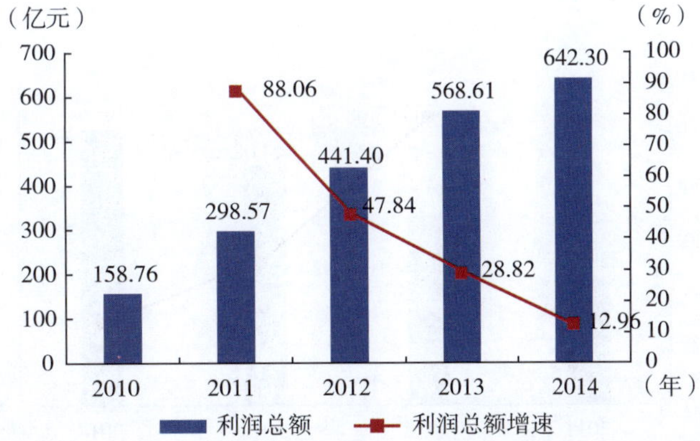

数据来源：中国信托业协会。

图2-7　2010—2014年信托公司利润总额及增速

① 不含未披露年报的国民信托。

从季度数据来看，与经营收入一致，2014年信托公司利润总额增速也结束了自2012年以来单边下行趋势，于2014年第四季度企稳回升。2014年第一至第四季度利润总额同比增速分别为14.39%、12.39%、11.44%和12.96%，其中2014年第四季度增速较第三季度回升1.52个百分点。信托业利润总额增速企稳是信托公司在转型过程中“开源、节流”的共同结果，一方面积极创新拓展新的业绩增长点，另一方面采用更加精细化的成本管理降低开支。

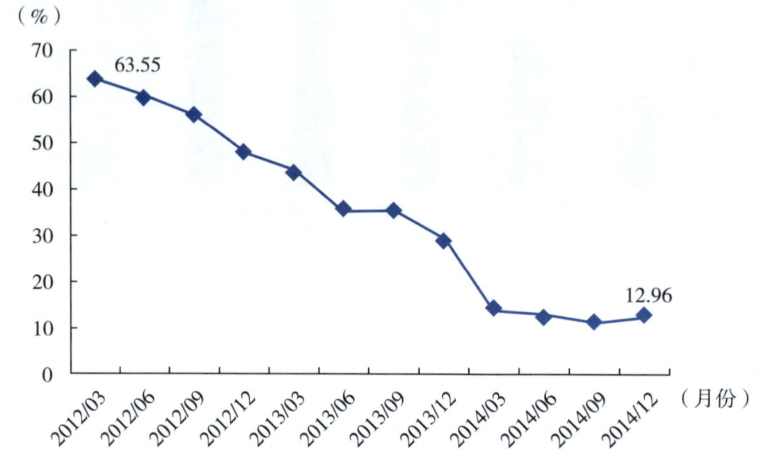

数据来源：中国信托业协会。

图2-8　2012—2014年信托公司利润总额季度同比增速

2014年信托公司净利润也实现平稳增长。全行业68家信托公司实现净利润506.77亿元，比2013年增加64.75亿元。2014年净利润同比增幅也显著回落，从2013年的27.38%回落到14.65%。

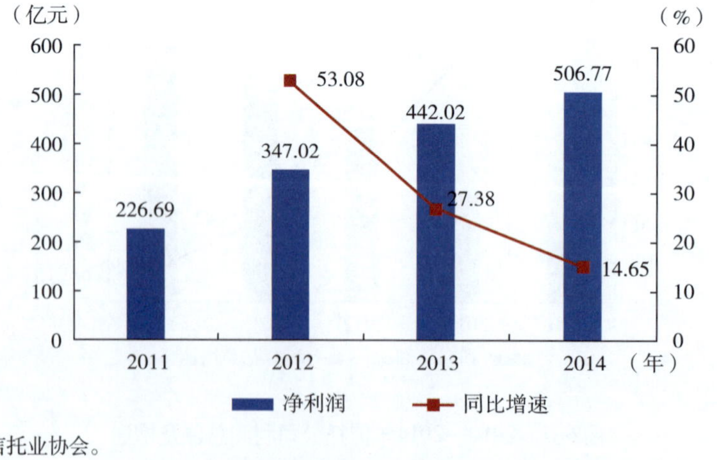

数据来源：中国信托业协会。

图2-9　2011—2014年信托公司净利润及同比增速

2014年净利润下滑的信托公司数量明显增加。2014年披露年报的67家信托公司[①]中，约四分之三的信托公司（50家）净利润实现同比增长，其中同比增速在0~20%和20%~50%的信托公司最多，分别有25家和17家。在行业竞争激烈下行压力明显的情况下，仍分别有4家信托公司净利润增速超过50%和100%。同时，2014年行业有17家信托公司净利润出现负增长，而2013年净利润同比下降的信托公司数量仅4家。可见2014年信托业内部分化加大，信托业的优胜劣汰正在提速。

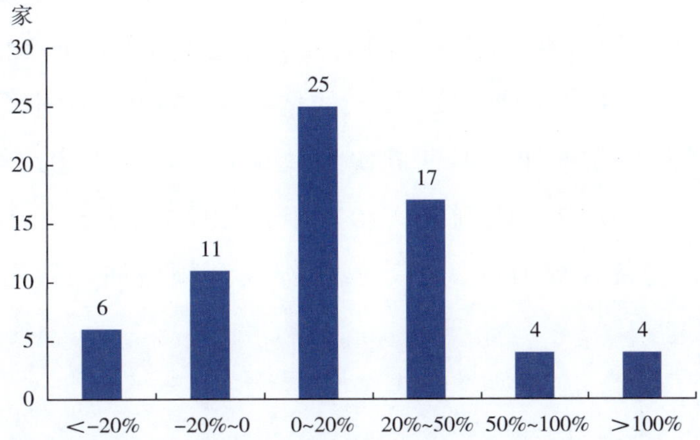

数据来源：中国信托业协会。

图2-10　2014年信托公司净利润同比增速区间分布

（三）主要利润率指标有所回落

在行业收入增速下行的情况下，信托公司加强成本管理卓有成效，但固有资产加大拨备计提导致经营利润率小幅走低。资本利润率也受信托业务报酬率加速下行的影响从高位回落。

1. 经营利润率稳中有降

经营利润率（利润总额/经营收入）是考虑了信托公司成本费用后的盈利能力。信托业经营利润率自2011年提升12.06个百分点以来，一直保持在68%左右的高位。2014年信托公司经营利润率为67.26%，比2013年小幅下降了1.03个百分点，但总体来说还处在较高水平。

经营利润率维持高位反映出信托公司较强的成本管理能力和盈利能力。信托公司自身的成本费用支出主要包括业务管理费（主要包括人力成本、维持公司运转的运营费、业务拓展费用等开支）、营业税金及附加以及计提固有投资减值损失，2014

① 不含未披露年报的国民信托。

年分别占总成本的62%、15%和17%。在2014年经营收入增速下滑至14.69%的情况下，2014年占信托公司成本最大比重的业务管理费仅增长6.67%，增速比2013年的26.10%回落。这主要得益于信托公司一方面把人力成本支出与价值创造结合起来，建立了富有弹性的人力成本支出模式；另一方面对于其他各项日常费用，信托公司建立统一的管理流程和操作指引、加强知识传承建设，减少沟通、协调成本等方式提高工作效率，控制信托公司成本增长。

固有投资减值损失计提增加是经营利润率小幅下降的主要原因。2014年信托公司计提资产减值损失约为52.49亿元，比2013年增加22.6亿元，增幅为75.35%①，远远高于信托业同期经营收入的增加。2014年中国经济增长乏力，信托公司固有贷款风险暴露增加，不良贷款比率继续提升，从2013年的1.64%增加到2014年的1.99%，关注类贷款比例也从2013年的2.97%提升到2014年的3.33%。为此，信托公司加大拨备计提力度，资产减值损失金额增加，从而导致信托业经营利润率的小幅走低。

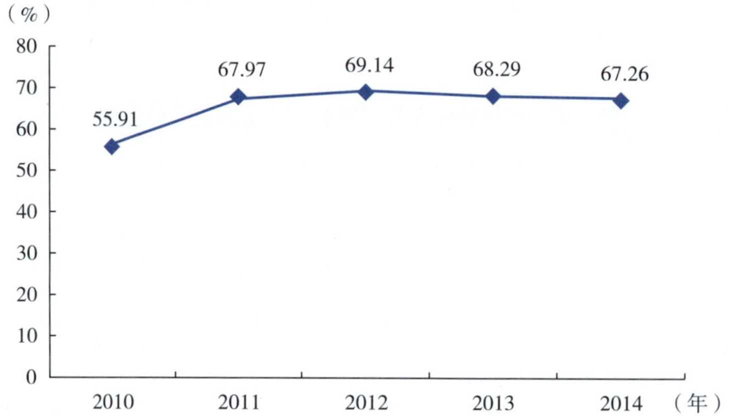

数据来源：信托公司年报。

图2–11　2010—2014年信托公司经营利润率

2. 资本利润率小幅回落

2014年信托业资本利润率（净利润/平均净资产）结束了自2011年以来逐年上升的趋势，比2013年小幅下降1.65个百分点到17.62%。从各家信托公司来看，能实现较高资本利润率的信托公司数量有所减少。2014年资本利润率超过30%的信托公司有5家，比2013年减少4家；资本利润率在20%~30%的信托公司有15家，比2013年减少3家。

① 此数据是在将2013年数据四舍五入保留小数点后两位基础上得出的，本章以下此类数据计算同此。

2014年信托业整体资本利润率下行的主要原因是信托业务收益率进一步回落。信托公司整体资本利润率主要由两大因素驱动：业务杠杆率（包括信托业务杠杆率、固有业务杠杆率）以及业务报酬率（信托业务报酬率、固有资产收益率）。在杠杆率方面，2014年信托公司杠杆率未见下降趋势。其中，固有业务杠杆率（固有资产/净资产）稳定在1.12；信托业务杠杆率（信托资产余额/净资产）从2013年的42.69倍提高到43.74倍。在业务报酬率方面，固有资产收益率继续提升，比2013年增加近1个百分点至9.53%；信托业务报酬率则继续下降，从2013年的0.67%回落0.15个百分点到2014年的0.52%。因此虽然2014年固有业务收益率提升较多，但仍无法阻挡信托业务报酬率的回落对整体净资产报酬率的拉低作用。

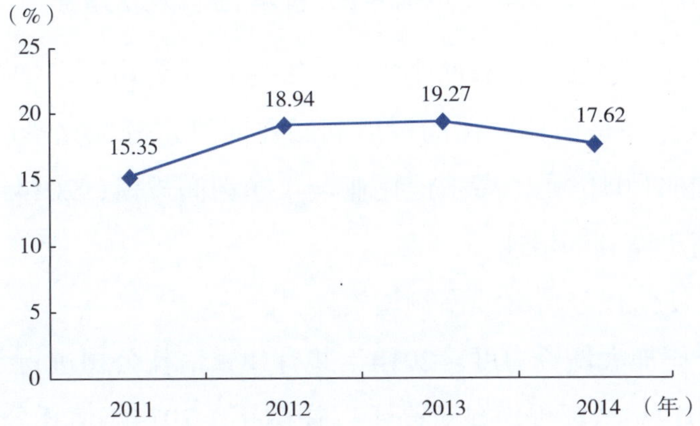

数据来源：信托公司年报。

图2-12 2011—2014年信托公司资本利润率

（四）风险抵御能力进一步增强

因经济下行传导，2014年信托业个案信托项目风险事件有所增加，但信托业的风险抵御能力进一步增强。2014年信托公司增资力度空前，固有资本继续快速增长，而项目风险化解能力提高，风险资产规模下降，行业总体风险可控。

1. 固有资本增速明显加快，彰显股东对行业发展信心

与经营收入和利润增速放缓的情况相反，2014年信托业固有资本的增速却明显加快，显示股东对行业发展的信心。截至2014年末，信托业净资产规模为3,196.22亿元，比2013年增加641.04亿元，同比增长25.09%，保持了2011年以来的快速增长。2014年信托公司加大增资力度以及风险准备金计提力度，实收资本和风险准备金增速快速增加。其中2014年末行业实收资本余额为1,386.52亿元，比2013年增加269.97亿元，增幅为24.18%；信托赔偿准备余额为120.91亿元，比2013年增加30.32亿元，增幅为33%。

数据来源：中国信托业协会。

图2-13 2010—2014年净资产和实收资本规模及增速

信托公司固有资本增加主要有两个来源：一是信托公司股东增资为信托公司补充资本时的现金投入，二是信托公司的税后利润在向股东分配完毕后的留存。2014年信托业净资产增加641.04亿元，高于信托业全年净利润规模；2014年信托业净资产增速为25.09%，也高于净利润增速。

2. 多项原因促使信托公司继续高额增资

2014年信托公司加大增资力度。2014年共有18家信托公司进行了增资。与前两年相比，信托公司2014年增资规模显著高于以往两年。2014年信托公司增资规模270亿元，是2013年增资规模的2倍多，其中股东投入增加注册资本127亿元，所有者权益转增资本143亿元。除增资提高风险抵御能力，提升公司形象等目的以外，2014年信托公司的高额增资还主要有以下原因。

一是应净资本新规的要求补充资本。2014年中国银监会已就《关于调整信托公司净资本计算标准有关事项的通知（征求意见稿）》向各方征求意见。在新的净资本计算规则下，信托公司风险资产计提比例将整体有较大的提高，信托公司现有业务所需资本也将有较大的提升，各家信托公司纷纷增资来提前应对新规的影响。

二是净资本与评级挂钩，间接影响业务开展。2014年《信托公司监管评级与分类监管指引》（修订稿）也已向各方征求意见，新规中净资本与信托评级的关系变得更为密切。而按照分类监管原则，评级高低直接影响着信托公司经营范围和许可业务开展类型。

三是信托公司资本实力也是同业合作时的重要衡量标准。如保险资金在选择投资集合资金信托计划时担任受托人的信托公司净资产不能低于30亿元，这一门槛仍有提高趋势。而银行在对信托公司进行准入及授信评估时，往往将资本金、净资产等作为重要的评判指标。

3. 风险项目防范与化解卓有成效

2014年信托业风险项目规模和占比呈下降趋势。2014年第四季度末，信托业风险资产规模为781.00亿元，比第三季度末和第二季度末分别下降42.51亿元和136.00亿元；2014年第四季度风险资产占比为0.56%，比第三季度末和第二季度末分别下降0.08个百分点和0.17个百分点。信托业风险资产规模及风险资产比率连续实现“双降”，信托业风险状况总体平稳。虽然转型中的信托业单体产品风险暴露增大，但是信托产品之间风险隔离的制度安排以及信托业雄厚的整体资本实力，正是信托业能够控制整体风险、不引发系统性风险的两大根本抓手。

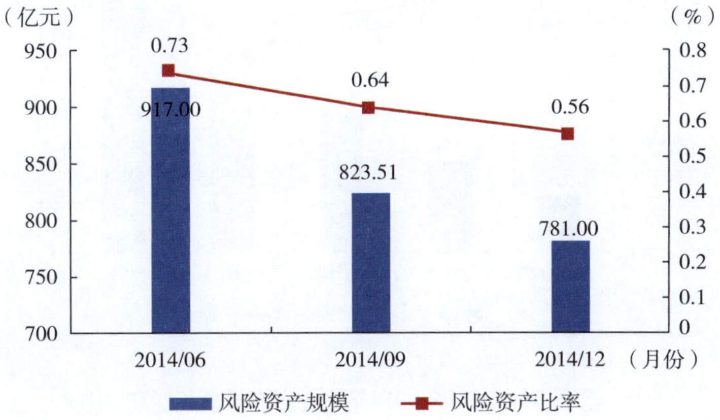

数据来源：中国信托业协会。

图2-14　信托业风险资产规模和风险资产比率

二、信托业务经营业绩增速回落

2014年中国经济增速下行、增长动力转变对信托业传统融资信托业务的冲击效应明显加大，而信托公司业务转型所需的内涵式增长方式尚未最终成型。因此，2014年信托业务经营业绩虽然仍有小幅增长，如信托公司受托管理的信托资产规模及信托业务收入均再攀新高，但增速回落态势明显，信托报酬率也继续下行。虽然信托业务经营业绩增速回落，但信托业务结构发生积极变化，机构客户占比提升，信托功能“三分天下”形成。如何加快转型进程，是信托业未来发展的核心挑战。

（一）信托资产增速回落，结构优化

2014年信托资产规模接近14万亿元，再创历史新高，同比增速虽进一步放缓，但仍然维持在较高水平。行业整体竞争格局未出现明显改变，但资产规模集中度开始

微幅上调。信托资产功能运用结构加速优化，融资类、投资类和事务管理类信托资产占比迅速趋同，“三分天下”格局基本形成。

1. 信托资产规模再创新高，季度同比增速企稳

2014年，信托资产规模再创历史新高。截至2014年末，信托业受托管理的信托资产规模达到13.98万亿元，与2013年末10.91万亿元相比增长28.2%，但增速下行明显，比2013年增速下降17.8个百分点。宏观经济增速下行、资产管理市场竞争加剧，对传统融资信托业务的冲击效应加大，是2014年信托资产规模增速继续下行的主要原因。

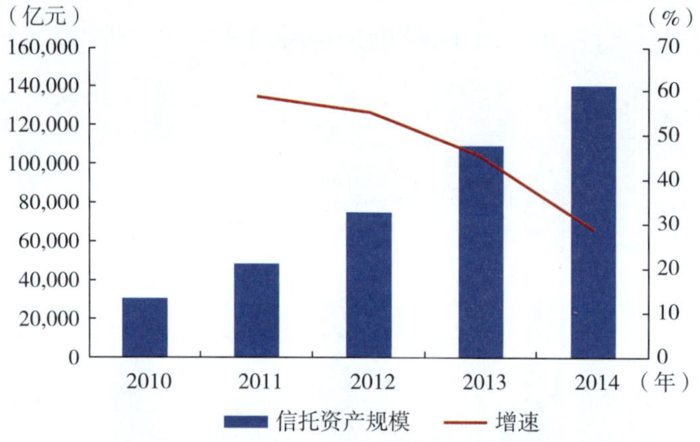

数据来源：中国信托业协会。

图2–15　2010—2014年信托资产规模和增速

2014年季度数据显示信托资产规模增长已有企稳迹象。2014年第一季度以来信托资产规模同比增速和环比增速均呈下行趋势，但是从2014年第四季度开始出现小幅回升。其中第四季度信托资产同比增速28.17%，比第三季度同比增速提高0.37个百分点；信托资产环比增速7.97%，比第四季度增速提升4.20个百分点。信托资产规模增速的企稳增强信托业转型发展的信心，信托业必须加快转型进程来巩固增速企稳的局面。

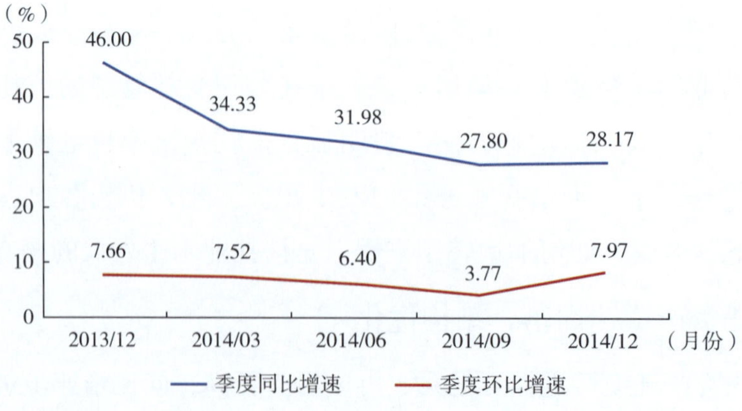

数据来源：中国信托业协会。

图2–16　2013—2014年信托资产规模季度同比增速和环比增速

从各家信托公司来看，大部分信托公司信托资产规模保持增长。2014年，披露年报的67家信托公司[①]中有54家受托管理的信托资产规模实现同比增长，资产规模扩张的公司数量占行业公司总数约为80%；13家信托公司受托管理的信托资产规模同比减少，资产规模缩水的公司数量约占行业公司总数的20%。67家信托公司当中，信托资产规模同比增速最高的为256.8%，同比减少幅度最大的为-45.3%，行业平均增速为28.8%，增速中位数为23.6%。从信托公司资产规模增速分布情况来看，2014年分布于20%~40%区间内的信托公司数量最多，达到19家，占行业公司总数的比重为28.4%；分布于0~20%区间内的信托公司数量次之，为16家，占行业公司总数的23.9%。

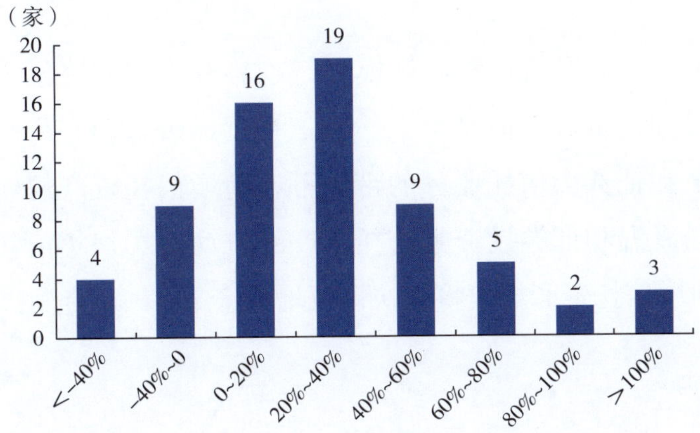

数据来源：信托公司年报。

图2-17 信托公司资产规模同比增速区间分布

2. 新增信托资产规模首现负增长，但下行趋势收窄迹象明显

在2014年信托资产规模再创新高的同时，新增信托项目规模却首次出现负增长。2014年，新增信托项目金额为5.87万亿元，比2013年少增0.13万亿元，同比下降2.2%。单一资金信托业务和房地产业务加速萎缩是新增信托资产规模下降的主要原因。2014年我国政府加大规范金融机构理财和同业业务力度，清理资金通道，降低社会融资成本，使得2014年新增的单一资金信托规模同比下降17.30%。与此同时，由于房地产投资增速下行，房地产市场风险加大，信托公司普遍收缩房地产业务，2014年新增房地产投向信托资产规模同比下降20.11%。由此可见，2014年新增信托资产规模负增长具有积极的意义，是信托业积极推进转型，主动优化信托业务结构的结果反映。

① 国民信托尚未披露年报，此处分析不含国民信托。

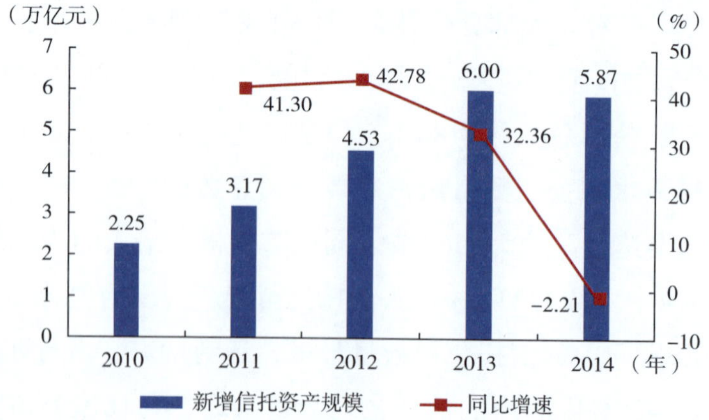

数据来源：中国信托业协会。

图2–18 2010—2014年新增信托资产规模和同比增速

从季度数据来看，新增信托资产规模下行趋势有收窄的迹象。2014年第一季度新增信托资产规模同比下降，但是第二、第三季度显著降幅有所收窄。第四季度随着资本市场升温，在证券类信托业务的带动下，新增信托资产规模降幅更是显著收窄。随着资本市场升温和证券投资类信托资产的拉动，2014年信托资产规模的负增长是暂时性的，新增信托资产规模将很快恢复增长。

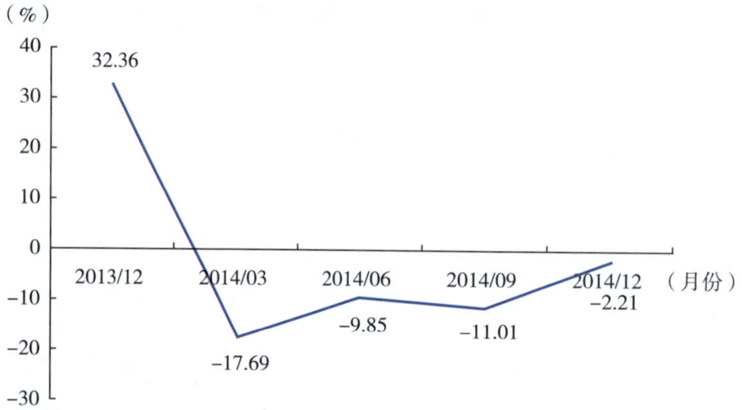

数据来源：中国信托业协会。

图2–19 2013—2014年新增信托资产规模同比增速

3. 信托资产集中度小幅反弹

2014年之前信托业信托资产集中度呈现明显的逐年下降趋势，但2014年信托业信托资产集中度小幅反弹。2014年CR4、CR8、CR10分别为21%、35%和40%，分别较2013年上升1个、3个和2个百分点。市场普遍认为CR4<30%且CR8<40%是竞争型行业的典型特征，照此标准，2014年信托业竞争型的市场格局并未发生根本性的改变，

但信托资产规模集中度触底反弹的趋势则显示出各家信托公司在发展过程中在加速分化。信托公司传统业务增长受阻、行业内外竞争压力不断加大的背景下，信托公司业务转型升级推进进度各异，大型信托公司具有明显优势，这是信托资产规模集中度有所提升的关键原因。

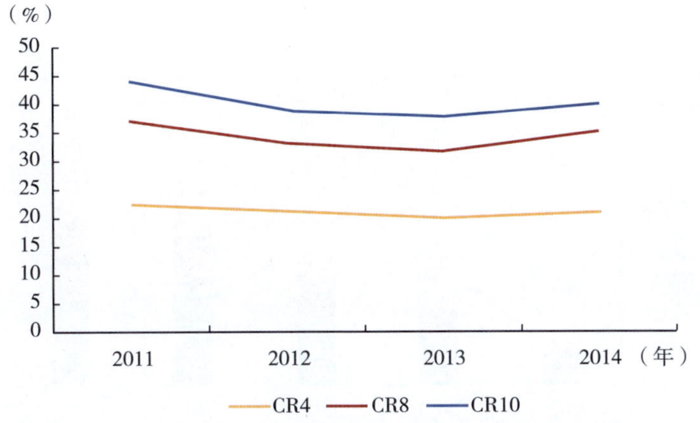

数据来源：信托公司年报。

图2-20　2011—2014年信托资产行业集中度

4. 信托功能“三分天下”格局基本形成

2014年三大功能信托资产占比迅速趋同。其中融资类信托资产占比再度下调，投资类信托资产占比保持平稳，事务管理类信托资产规模加速提升，信托功能“三分天下”格局基本形成。

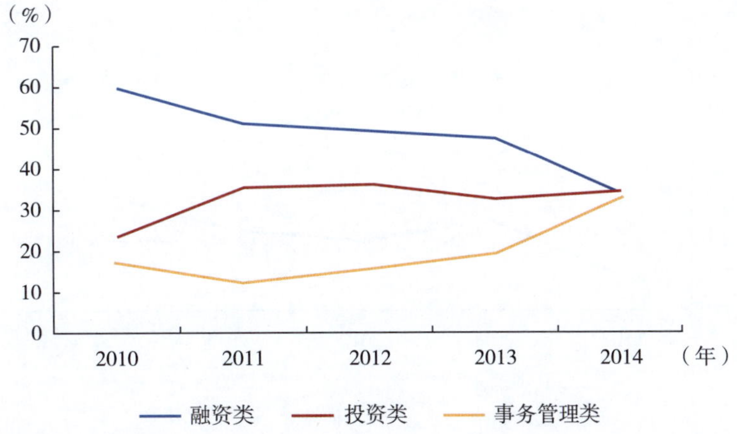

数据来源：中国信托业协会。

图2-21　2010—2014年信托资产按功能分类的占比

融资类信托资产规模占比快速下行。2014年融资类信托资产规模为4.7万亿元，与2013年相比减少0.5万亿元，降幅为9.71%，占比较2013年下降14个百分点，仅为

33.65%，首次降至40%以下。投资类信托资产规模为4.71万亿元，与2013年相比增加1.17万亿元，增幅为32.76%。投资类信托资产规模占比由2013年的32.54%小幅上升至33.7%，与融资类规模已经相当。事务管理类信托资产规模为4.56万亿元，与2013年相比增加2.41万亿元，涨幅高达112.43%，规模占比一举由2013年的19.7%增至32.65%，与融资类、投资类信托资产规模已十分接近。

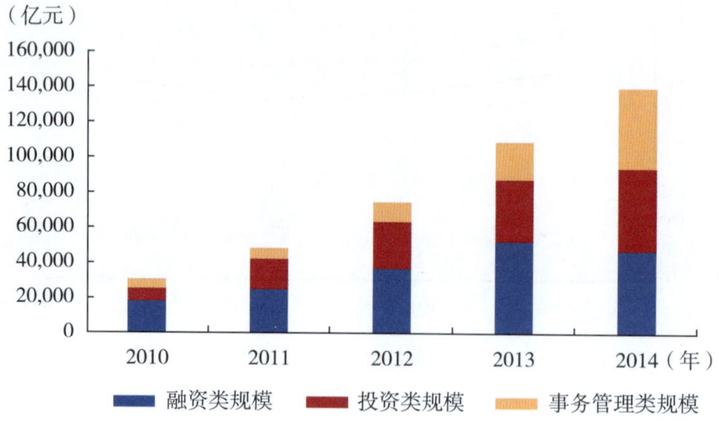

数据来源：中国信托业协会。

图2-22　2010—2014年信托资产规模（按功能分类）

5. 信托资产各投向规模增速出现分化

2014年信托资产投向结构总体上呈现工商企业、基础产业占比下降，证券市场、金融机构占比上升，房地产保持平稳的态势。

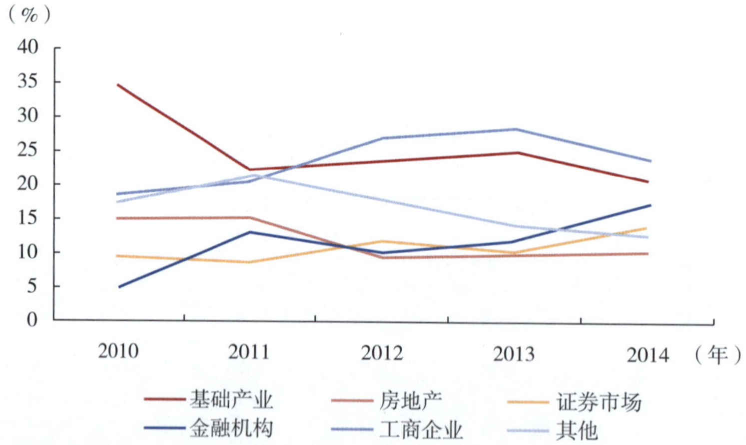

数据来源：中国信托业协会。

图2-23　2010—2014年资金信托投向占比

2014年投资于工商企业的信托资产规模占比虽然有所下降，但仍然是信托资产配置的第一大领域，占比为24.03%，比2013年下降4.11个百分点。截至2014年末，工商企业信托资产规模为3.13万亿元，再创历史新高，较2013年的2.9万亿元增长8%。

基础产业是次于工商企业的信托资产配置的第二大领域。2014年末占比为21.24%，比2013年下降4.01个百分点。基础产业信托资产规模为2.77万亿元，较2013年的2.6万亿元仅小幅增长6%。2014年9月《国务院关于加强地方政府性债务管理的意见》的出台对信托资金投向地方政府融资项目起到一定的抑制作用。

受股市转暖影响，2014年证券市场信托资产规模占比出现较大提升，达14.18%，比2013年提升3.83个百分点。截至2014年末，投资于证券市场的信托资产规模达到1.85万亿元，较2013年增加0.79万亿元，同比增长73%，增速同比提升41个百分点。

2014年，投资于金融机构的信托资产规模增长也较为显著，金融机构信托资产规模占比为17.39%，较2013年提升5.39个百分点。截至2014年末，投向金融机构的信托资产规模为2.27万亿元，较2013年增加1.02万亿元，同比增长83%，是各投向中增长幅度最高的。

受房地产市场低迷影响，2014年投资于房地产领域的信托资产增速下滑剧烈。截至2014年末，房地产信托规模余额为1.31万亿元，较2013年仅增加0.28万亿元，同比增长27%，占比为10.04%，与2013年基本持平。

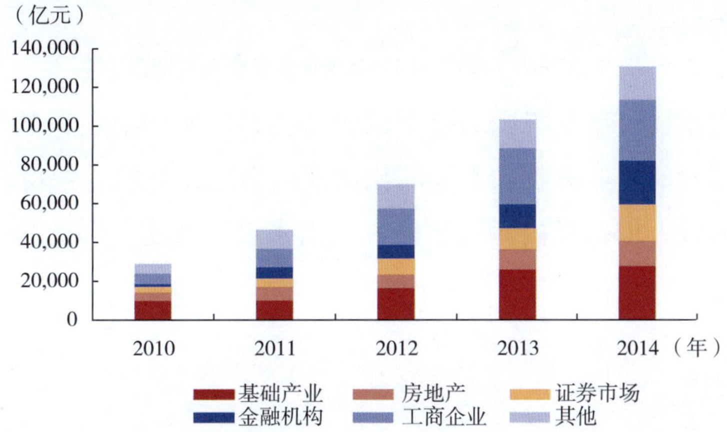

数据来源：中国信托业协会。

图2-24　2010—2014年资金信托投向规模

（二）信托业务收入小幅增长

2014年信托业务收入继续增长并再创新高，但同比增速却继续显著下行。不同于信托资产规模集中度抬升，信托业务收入的行业集中度在2014年仍保持平稳下行趋势。在收入构成上，融资类业务是信托业务的主要收入来源；投资类业务的收入贡献比与2013年基本持平；事务管理类信托业务收入所占比重有小幅提升。

1. 信托业务收入小幅增长，增速有所回落

2014年信托业务收入虽再创历史新高，但增速继续回落。2014年，信托公司信托业务收入647.38亿元，同比仅增长5.88%。信托业务收入增速继续回落主要有两个原因：一是2014年信托资产增速继续放缓，尤其是新增信托资产规模负增长，使得增量业务收益贡献显著下滑；二是在转型过程中，旧增长方式的萎缩速度与新增长方式的培育速度之间存在“时间落差”，新业务培育需要一个过程，其培育速度滞后于旧业务萎缩速度。

数据来源：中国信托业协会。

图2–25 2010—2014年信托业务收入及增速

尽管信托业务收入年度同比增速下调幅度仍然非常明显，但从季度数据来看，2014年第三季度起信托业务收入季度同比增速回落速度减缓，保持在5%~6%。尽管增速回落速度减缓，但信托内涵式增长方式尚未最终成型，因此信托业务收入增长还面临巨大挑战。

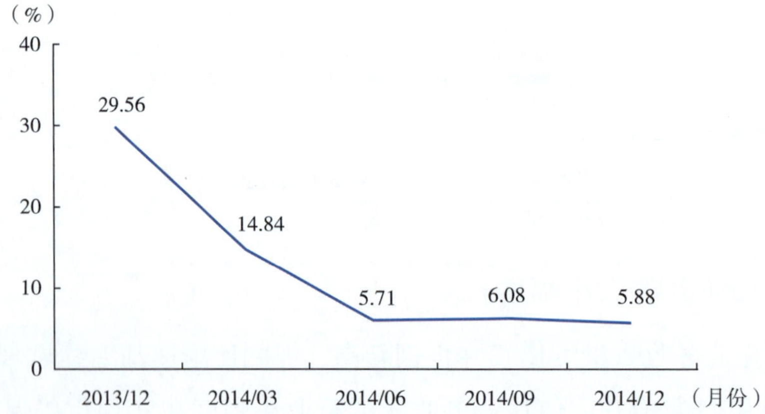

数据来源：中国信托业协会。

图2–26 信托业务收入季度增速

2. 信托业务收入同比下滑公司数量有所增加

2014年，披露年报的67家信托公司中信托业务收入实现同比增长的公司数量为40家，占行业公司总数的比重约为60%，意味着大部分信托公司业绩继续保持平稳增长。同期，信托业务收入同比减少的信托公司数量为27家，占行业公司总数的比重约为40%，与2013年情况相比，2014年信托业务收入同比下滑的公司数量增长较多，收入下降公司数量同比增加23家。2014年披露年报的67家信托公司当中，信托业务收入同比增速最高的为211.16%，同比减少幅度最大的为-53.24%，行业平均增速为12.7%，增速中位数为2.75%。从信托公司信托业务收入增速的分布情况来看，2014年分布于0~20%区间内的信托公司数量最多，达到25家，占行业公司总数的比重为37.3%；分布于-20%~0区间内的信托公司数量次之，为20家，占行业公司总数的29.9%。

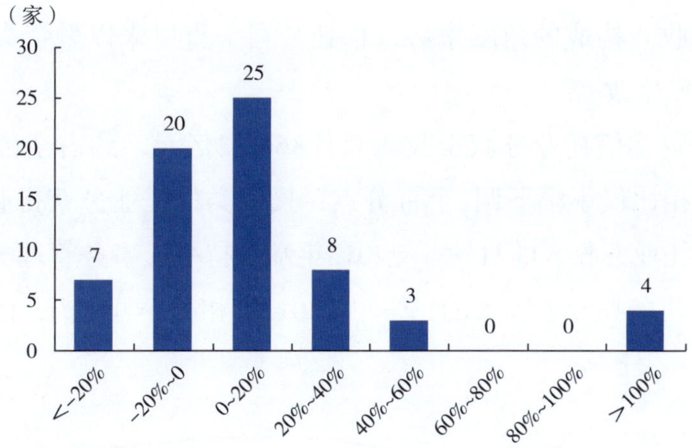

数据来源：信托公司年报。

图2-27　2014年信托公司信托业务收入增速分布区间

3. 信托业务收入行业集中度继续下降

2014年信托业前4名、前8名和前10名信托公司信托业务收入之和分别占据行业信托业务收入总额的21%、32%和37%。与2014年信托资产规模集中度抬升的趋势不同，2014年信托业务收入的CR4、CR8、CR10则继续下行，较2013年分别降低1个、1个和2个百分点。市场普遍认为CR4<30%且CR8<40%是竞争型行业格局的基本特征，因此从信托业务收入集中度数据来看，信托业整体仍然处于较为充分的竞争态势。

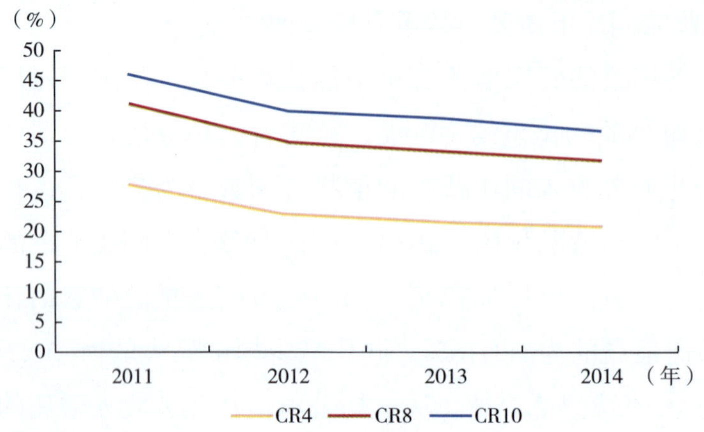

数据来源：信托公司年报。

图2-28　2011—2014年信托业务收入集中度

4. 信托业务收入结构有待优化，融资类业务仍是首要收入来源

与2014年信托资产结构持续优化，信托资产功能运用形成“三分天下”格局不同，从信托业务收入构成的角度来看，信托公司一直以来以融资类业务为首要收入来源的情况尚未发生改变。

2014年，融资类信托业务获得收入总计366.32亿元，约占全部信托业务收入的57%，与2013年相比仅小幅下调2个百分点；投资类信托业务获得收入总计198.14亿元，约占全部信托业务收入的31%，与2013年基本持平；事务管理类信托业务获得收入82.93亿元，约占信托业务收入的13%，与2013年相比小幅上升3个百分点。

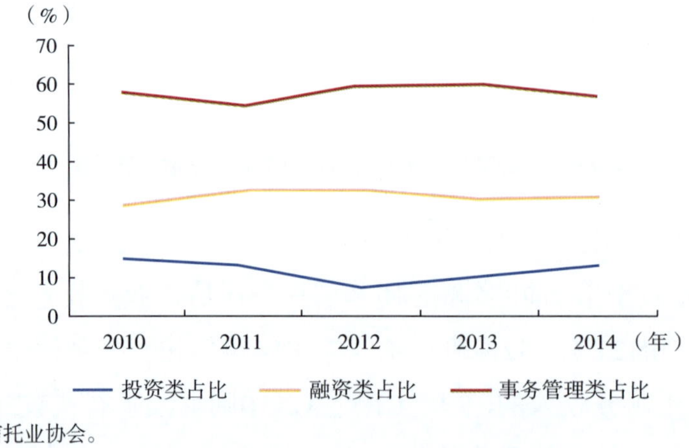

数据来源：中国信托业协会。

图2-29　2010—2014年信托业务收入构成

从长期趋势来看，融资类、投资类信托业务收入占比均比较稳定，其中，融资类信托业务收入占比基本维持在55%~59%，投资类信托业务收入在31%~33%的窄幅区间内徘徊。事务管理类信托业务收入占比波动相对较大，事务管理类业务收入占比

从2013年起增加较多，2014年此类业务收入占比已增至13%。

上述数据显示，信托公司信托业务收入结构并没有与信托资产功能运用结构的调整步伐保持一致，融资类业务收入在全部信托业务收入中仍然占据主导地位。信托公司积极主动调整业务结构，提高投资类业务占比，逐渐重视增强自身主动管理能力。由于投资类信托业务收入的确认具有一定滞后性，如超额收益一般在项目结束提取，因此随着信托公司业务转型进程的不断推进，收入结构有望得以优化。

5. 三类信托业务收入均保持增长，但同比增速不同程度下行

从信托资产功能运用角度来看，2014年，融资类、投资类和事务管理类信托业务收入额同比略增，但融资类和投资类信托业务收入同比增速下滑幅度较大，2014年两类信托业务收入双双仅实现个位数增长，事务管理类信托业务收入增速与2013年相比虽然也有所下调，但较另外两类信托业务仍处于较高水平。

融资类业务收入基本与2013年持平。2014年，融资类信托业务收入为366.32亿元，同比增长仅为1%。近年来信托公司融资类业务面临着日趋严格的监管要求，在监管部门"疏堵结合"的正确引导及信托公司自身主动调整的双重作用下，行业整体的融资类业务规模得到有效的控制，2014年融资类信托资产规模同比下降9.61%，规模占比一举由2013年的47.8%下降至33.7%。在信托公司融资类业务规模的收缩的前提下，此类信托业务所获取的收入增速也必然随之放缓。

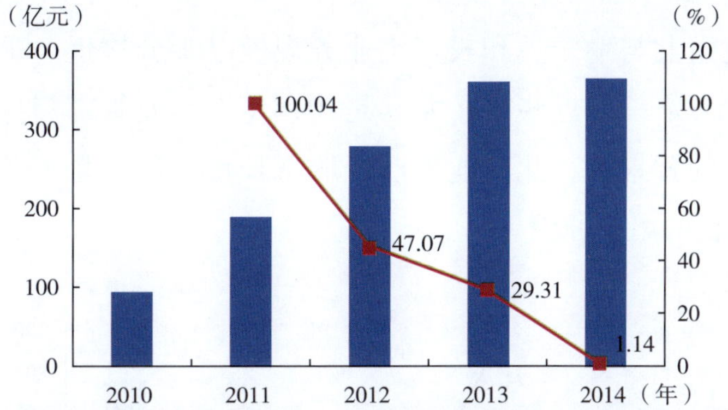

数据来源：中国信托业协会。

图2-30 2010—2014年融资类信托业务收入及增速

投资类信托业务收入小幅增长。2014年，信托公司投资类信托业务共获得收入198.14亿元，与2013年相比仅增加约10亿元，同比增速为5%。不同于融资类业务，2014年投资类信托资产规模增速为33.05%，与2013年基本持平，标志着此类信托业

务规模增速结束了前期的下调趋势而有所企稳。信托公司主动调整业务结构的力度不断加大，随着后续信托收入的逐年确认，投资类信托业务收入有望持续、稳定增长，收入增速也存在反弹的可能。

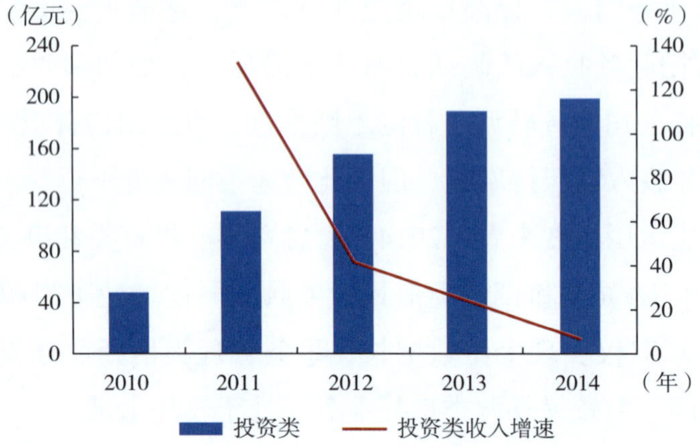

数据来源：中国信托业协会。

图2-31　2010—2014年投资类信托业务收入及增速

事务管理类信托业务收入高速增长。2014年，信托公司事务管理类业务收入共计83.93亿元，与2013年相比增加约22亿元，在信托公司三类业务当中收入增加额最高。2014年事务管理类信托业务收入同比增速虽然再次放缓至36%，但与融资类和投资类信托业务相比，仍然维持着较高水平。这主要由于信托公司事务管理类业务规模的快速增长。截至2014年末，事务管理类信托资产规模的增幅为112.09%达到4.56万亿元，在存量规模上与融资类和投资类业务规模已十分接近。事务管理类信托是信托制度的本源业务之一，近些年，尤其是2014年，在监管部门反复强调引导信托公司“回归本源”的背景下，此项业务已经取得长足发展，是事务管理类信托业务收入仍保持高速增长的主要原因。

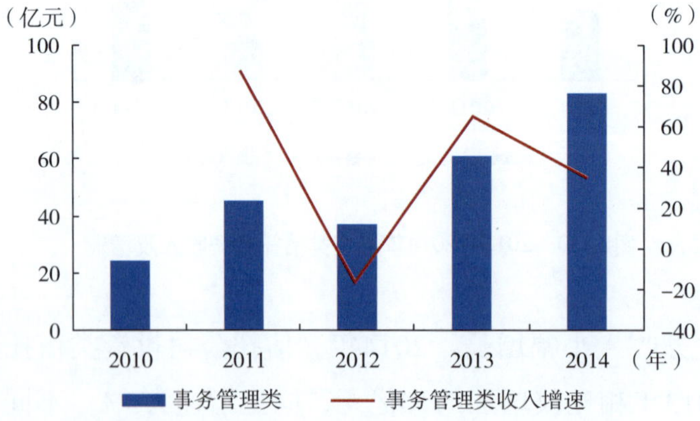

数据来源：中国信托业协会。

图2-32　2010—2014年事务管理类信托业务收入及增速

（三）信托业务报酬率继续回落

2014年，信托业务总体报酬率依旧延续前期的下行趋势，融资类、投资类和事务管理类信托业务报酬率均有不同程度的下降，三类信托业务报酬率分化明显。已清算信托项目的加权平均信托报酬率首次下降。

1. 信托业务总体报酬率继续回落

2014年，全行业信托业务报酬率（信托业务收入/平均信托资产）继续下行0.15个百分点至0.52%，回落速度快于2012年的0.11个百分点和2013年的0.10个百分点。长期数据显示，2011年以来信托业务报酬率呈稳步下调趋势。宏观经济下行、资本市场回暖以及竞争压力不减是信托公司2014年总体报酬率再度回落的主要原因。

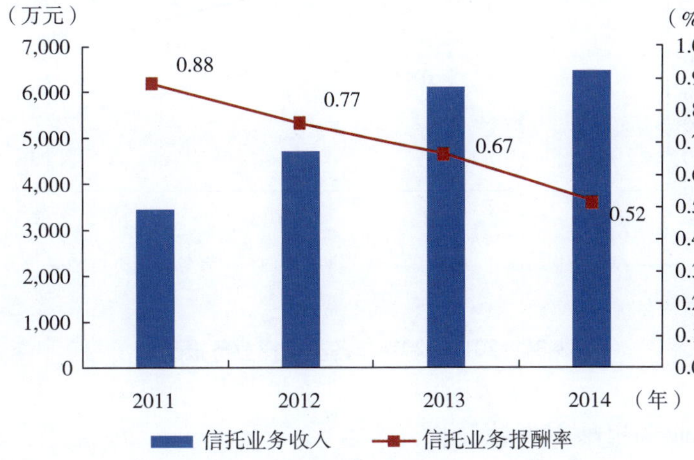

数据来源：中国信托业协会。

图2-33 2011—2014年信托业务收入及信托报酬率

一方面，2014年我国宏观经济下行压力贯穿全年，GDP增速为7.4%，低于年初制定的增长目标（7.5%）0.1个百分点，四个季度GDP增速分别为7.4%、7.5%、7.3%、7.3%，呈逐步下滑态势。拉动经济增长的“三驾马车”表现均不理想，而投资下滑对宏观经济造成的负面影响是三个拉动因素中最大的。在此背景下信托公司延续此前经营策略，谨慎展业，主动向优质客户收缩，在一定程度上导致了信托资产收益率进一步降低。另一方面，2014年A股市场回暖，新三板、私募债等直接融资渠道的快速发展分流了部分信托理财资金，信托产品需要维持一定的高收益率来吸引投资者，因此信托公司盈利能力受到进一步压缩。此外，2014年，信托公司所面临的激烈的市场竞争态势并没有发生改变，证券、基金、保险等机构的资产管理业务持续发展，也成为导致信托资产报酬率下行的原因之一。

2. 各类信托业务报酬率均有不同程度的下降

2014年，各类信托业务报酬率延续此前下降趋势，但下降程度不一。其中融资类信托报酬率下降较少，2014年为0.74%，较2013年下降8个基点；投资类信托业务报酬率和事务管理类信托产品报酬率下降较多，两者分别为0.48%和0.25%，都较2013年下降12个基点。各类信托业务报酬率均有不同程度的下降，反映出信托所在的资产管理市场中每一类业务的竞争均十分激烈。

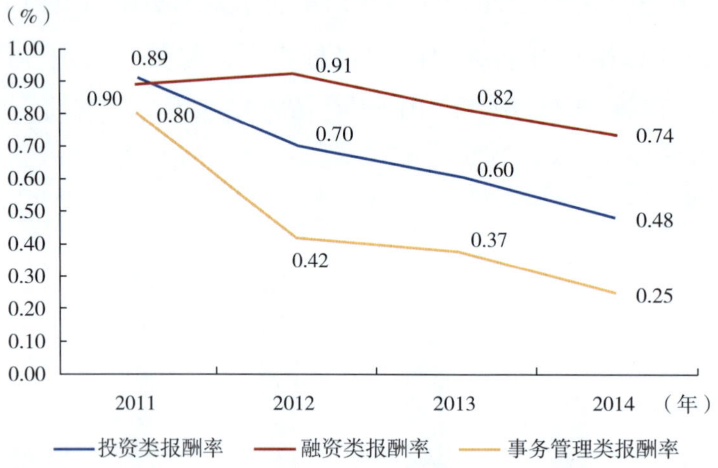

数据来源：中国信托业协会。

图2–34 2011—2014年各类信托业务报酬率

3. 已清算信托业务报酬率首次下降

2014年，信托公司已清算项目加权平均信托报酬率约为0.66%，与2013年同期相比减少0.25个百分点。近年来，虽然信托业整体信托报酬率逐年下降，但已清算项目的信托报酬率总体仍呈上升趋势，2011—2013年分别为0.56%、0.86%和0.91%，2014年是信托公司已清算信托业务报酬率的首次下调。

具体来看，股权投资类项目收益率最高。2014年已清算股权投资类信托项目报酬率为0.93%，较2013年继续下调0.25个百分点；2014年已清算融资类信托项目报酬率略低于股权投资类，比2013年下行0.22个百分点至0.76%；证券投资类与事务管理类已清算信托项目加权平均信托报酬率相差不大，且近年来相对较为稳定，2014年上述指标均出现小幅下调，其中证券投资类同比下降0.15个百分点，事务管理类同比下降0.11个百分点。

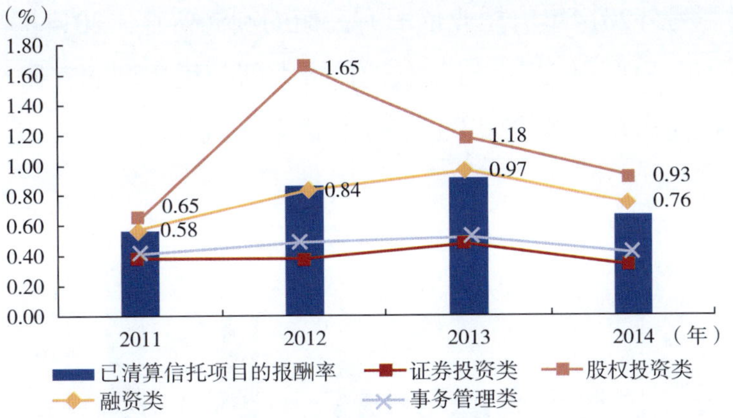

数据来源：信托公司年报。

图2-35　2011—2014年已清算信托项目的加权平均报酬率

三、固有业务经营业绩继续高速增长

2014年信托公司固有业务抓住了资本市场快速上行的机遇，资产配置结构向投资类资产倾斜较多，证券投资和其他投资余额均增长迅速。在投资类业务增长的拉动下，信托业固有业务表现大大优于信托业务表现，固有业务收入继续保持高速增长，且增速比2013年有显著提高，固有资产收益率加速走高。

（一）固有资产配置向投资类倾斜较多

2014年信托业固有资产规模继续保持快速增长，资产配置向证券投资、其他投资倾斜较多，货币类资产、贷款等资产配置显著收缩。信托公司持有的长期股权投资余额比较稳定，广泛投资于基金、证券、保险、银行等优质金融机构。

1. 固有资产继续保持高速增长

截至2014年末，信托业固有资产规模达3,586.02亿元，比2013年增加714.61亿元，同比增长24.89%，继续保持快速增长。由于信托公司存在严格的负债经营限制，行业负债规模仅占资产规模的10%左右，且主要为应付职工薪酬，因此固有资产规模的快速增加主要来自固有资本的增加，具体主要来自由股东增资投入以及信托公司利润留存。

股东增资是固有资产增加的主要原因，2014年整个信托业增资270亿元。股东的持续增资是为应对信托业分类经营机制的提前布局。根据分类经营机制基本思路，信托公司的经营范围与评级挂钩，而净资本是信托公司评级的重要考量项目之一，且权重有所提升。由于根据新规净资本与信托公司评级的关系变得更为密切，未来将间接影响信托公司的经营范围和可以开展的业务类型，导致信托公司股东纷纷加大增资力度应对。另外2014年信托业依旧有高额的利润留存。2014年行业实现税后利润507亿元。与历年一样，信托公司股东选择将大部分税后利润存留给信托公司增厚资本，以支持信托公司在资本约束下进一步扩大业务规模。

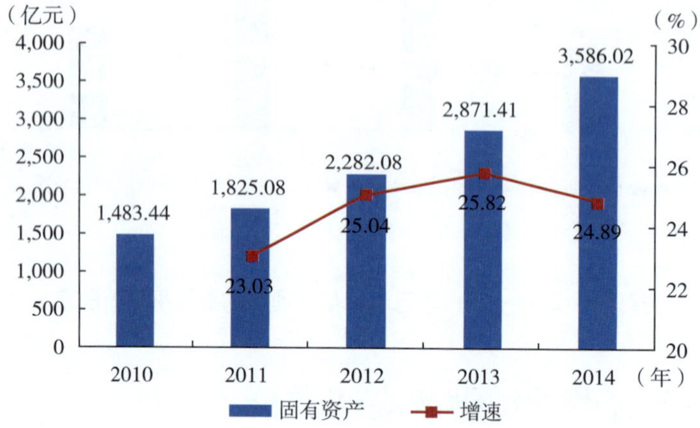

数据来源：中国信托业协会。

图2–36　2010—2014年固有资产规模及增速

2. 投资类资产作为主要配置方向，占比加速提升

2010年以来，信托业固有资产配置一直保持以投资类资产为主，货币类和融资类资产依次次之的结构。截至2014年末，投资类资产占比为66.61%，货币类资产占比为14.69%，融资类资产占比为10.56%，其他资产占比为8.14%。这是信托公司根据收益性、安全性和流动性的不同要求进行资产配置，并根据市场环境的变化主动调整各类投资占比，以实现信托公司固有业务整体收益最大化的资产配置结果。

投资类资产占比加速提升。固有资产中投资类资产自2011年以来一直呈上升趋势，而2014年则较2013年提升7.47个百分点，占比达66.61%，主要来自证券投资和其他投资类资产余额的大幅提升。开展投资类业务一直是信托业转型的方向之一，而信托公司固有业务领先于信托业务形成了以投资类资产为主的资产布局。信托公司固有业务积累的投资管理经验有利于带动信托业务向真正主动管理、投资型业务转型。

货币类资产占比自2011年以来一直呈下降趋势，并在2014年有较大程度的下降，比2013年降低3.72个百分点。货币类资产收益率普遍较低，持有主要目的是为了可以在紧急情形下可以提供流动性支持，如为信托项目兑付提供过桥。但2014年随着信托业经营压力增加，信托公司在收益率和流动性的取舍中，收益率的重要性在提升；同时信托公司2014年增加配置力度的证券投资流动性较高，能够弥补货币资产比重降低对流动性的负面影响，因此2014年信托业货币类资产配置比例明显下降。

融资类资产占比最低，且自2010年以来呈缓慢下降趋势，2014年比2013年再度小幅下降0.67个百分点。信托公司固有贷款的放款对象的风险特征与利率水平与信托业务发放贷款类似。融资类业务在经济增长乏力、金融竞争加剧的宏观环境下，业务风险也在加剧。2014年信托公司固有贷款不良率为1.99%，比2013年提升0.35个百分点。出于风险考虑，各家信托公司在降低信托业务中融资类业务比例的同时，也收缩固有业务中融资类业务规模，实现稳健的资产配置。

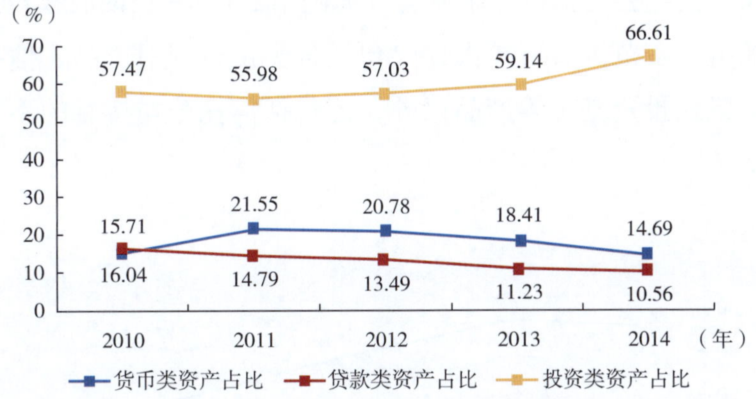

数据来源：中国信托业协会。

图2–37 2010—2014年固有资产配置情况

3. 证券投资和其他投资类资产配置快速增长

从2013年起信托业固有投资类资产配置以其他类投资为主，2014年这种格局在得到巩固的同时，也出现新趋势，证券投资占比与股权投资占比的差距显著缩小。

2014年信托业固有股权投资占比下降7.29个百分点至25.85%，固有股权投资余额也仅小幅增长7.25%，这主要由于2014年执行《企业会计准则第2号——长期股权投资》（修订）等准则，信托公司对不具有重大影响的未上市股权投资重分类至其他投资类披露。剔除执行修订后的会计准则的影响，2014年固有股权投资约实现13.76%的增长，增速仍低于证券投资和其他投资。信托公司股权投资主要为战略性的金融投资及子公司，新增投资不多，余额增长主要是来自被投资单位所有者权益增加，因此虽然过去几年余额呈稳定增长态势，但在各类投资中的占比呈下降趋势。

2014年信托业固有证券类资产占比提升4.07个百分点至22.69%，证券投资余额增长67.57%。2014年下半年起，大量资金涌入资本市场，新一轮的牛市正式开启。随着股指快速走高，一方面信托公司先前持有的证券投资市值也持续攀升；另一方面信托公司基于对本次长期牛市的判断增加对资本市场投资的资金配置，因此整体而言证券投资余额和占比均有所增加。

增量证券市场投资以稳健的基金类投资为主。2014年，在固有证券投资资产中，股票投资、基金投资和债券投资余额占比分别为52%、32%和16%。其中基金投资占比较2013年提升14个百分点，而固有股票和债券投资较2013年则分别下降8个和6个百分点。

2014年其他类资产配置继续提升3.22个百分点至50.25%，其他投资类资产余额增长46.67%。2014年信托公司执行《企业会计准则第2号——长期股权投资》（修订）等准则后，其他类投资范围有所扩大，除包括各类银行理财产品、信托计划、券商基金资管计划、股权投资基金等产品以外，还包括信托公司持有的不具有重大影响的非上市企业投资。

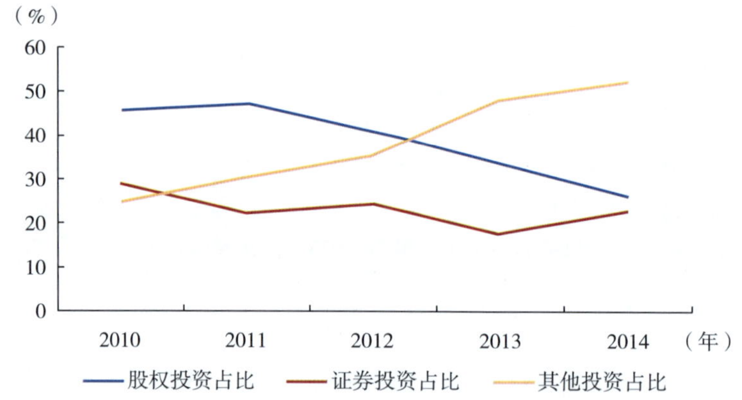

数据来源：中国信托业协会。

图2–38　2010—2014年投资类资产构成

4. 股权投资广泛分布于各金融业态

根据各信托公司年报披露的统计数据，截至2014年末，信托公司长期股权投资数量有136家①，广泛分布于投资管理、银行业、基金业、证券业、期货业、保险业等金融子行业。信托公司的金融投资布局与信托公司自身在商业模式上具有很好的互补性。一方面信托公司加强与所投资企业的合作，为投资者提供定制化、一站式的综合金融服务；另一方面由于所投金融机构商业模式与信托差异较大，其经营业绩与信托业的相关性较低，因此在信托业务业绩下滑的时候能够贡献可观的投资收益，使信托公司业绩实现稳定增长。

① 由于2014年信托公司执行修订的《企业会计准则》，信托公司对不具有重大影响的长期股权投资进行了重分类，因此2014年披露的长期股权投资数量较2013年显著减少。

2014年新增长期股权投资主要集中在投资管理类公司。2014年新增股权投资24家[①]，其中新增投资管理行业14家，期货业3家，银行业2家，保险业（含社会保障基金）2家。总体而言，信托公司股权投资变动比较稳定。

表2–1　　固有长期股权投资分类

长期股权类型	数量	占比（%）	2014年新增数量
投资管理	44	32	14
基金业	23	17	1
银行业	22	16	2
证券业	15	11	—
期货业	8	6	3
保险业	7	5	2
财务公司	5	4	—
货币经纪	2	1	1
其他	10	7	1
合计	136	100	24

数据来源：信托公司年报。

（二）固有业务收入快速增长

受2014年第四季度起我国股市持续上涨影响，信托公司投资类业务带动固有业务收入保持高速增长，且增速较2013年进一步提升；以投资收益为主要固有业务收入贡献的信托公司数量明显增加。

1. 固有业务收入继续高速增长

2014年信托业固有业务收入继续保持高速增长，全行业固有业务收入为307.57亿元，比2013年增加86.40亿元，同比增长39.06%。2014年固有业务收入增速有所加快，较2013年上升6.21个百分点。

2014年信托公司固有业务收入高速增长主要有三个原因。一是固有资产规模的快速增长。2014年固有资产规模为3,586.02亿元，比2013年增加24.89%，为固有业务收入的快速增长奠定坚实的基础。二是高收益资产投资比例增加。2014年信托公司固有资产中，贷款和投资等高收益资产配置比例达77.17%，该比例比2013年提升6.8个百分点。三是固有资产收益率的进一步提升。2014年A股迎来久违的牛市，资本市场的向好不仅使得信托公司股票、基金等证券投资类业务产生较高收益，也使信托公

① 此处新增长期投资可能包括信托公司以前年度即已持有，由于《企业会计准则》修订导致披露变化而于2014年首次披露的股权投资。

司持有的证券公司、基金公司盈利大增，相应长期股权投资收益也大幅增加。

数据来源：中国信托业协会。

图2-39　2010—2014年固有业务收入与增速

2. 投资收益贡献持续提升

信托公司固有业务收入主要来源于投资收益。2014年信托业投资收益占全部固有业务收入的66.46%，利息收入和其他收入分别占比20.42%和13.12%，这与信托业固有产配置一直以投资类为主是一致的。

从趋势来看，2012年以来投资收益贡献逐年提升，利息收入贡献下降，其他业务收入贡献基本不变。信托公司的投资收益主要来自长期股权投资、证券投资以及信托、银行理财等理财产品投资收益。2014年信托公司投资收益占比为66.46%，比2013年提升5.71个百分点，主要由于2014年投资类资产规模大幅增加所致。利息收入主要来自贷款利息收入和存款利息收入，2014年占比下降了6.76个百分点，除货币类和贷款类资产规模占比下降因素以外，2014年市场流动性比2013年相对充裕从而导致存、贷款利息双双降低也是重要原因。固有业务其他收入主要为持有证券的公允价值变动损益和其他收入，2014年比重也小幅增加1.05个百分点。

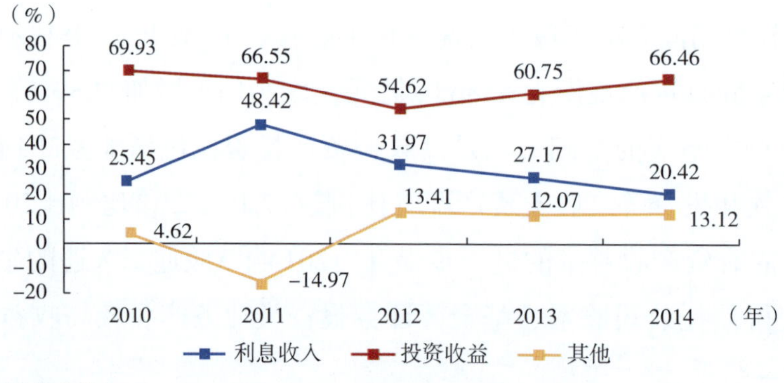

数据来源：中国信托业协会。

图2-40　2010—2014年固有业务收入构成

在各类投资中，长期股权投资余额占比虽然远低于其他类资产，但由于长期股权投资收益率较高，一直以来却是投资收益主要贡献来源。2014年长期股权投资收益、证券投资收益和其他投资收益占比分别为42.77%、20.55%和36.68%。可见，优质的金融股权投资对保持信托公司经营业绩稳定非常重要。

在趋势上，长期股权投资和证券投资收益同比分别下降2.19个和3.94个百分点，而其他投资类业务投资收益则快速提升6.13个百分点。其他投资收益占比提升主要由于2014年信托公司执行修订的会计准则，将不具有重大影响的未上市投资所对应投资收益从“股权投资收益”重分类至“其他投资收益”披露所致。

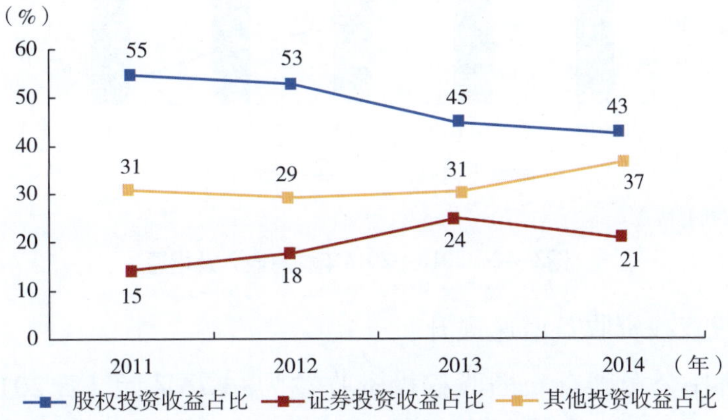

数据来源：中国信托业协会。

图2–41 2011—2014年投资收益构成

3. 各分项收入均持续增长，但涨幅分化明显

从固有业务收入的不同分项来看，虽然每一分项收入均持续增长，但不同收入涨幅分化明显。2014年信托业利息收入增速显著放缓，各类投资资产收益均快速增加，其中以其他类投资收益增长最快。

（1）利息收入增速显著放缓

2014年，信托公司固有业务实现利息收入62.80亿元，比2013年增加2.70亿元。2014年利息收入同比增长仅为4.49%，增速较2013年回落8.42个百分点。信托公司利息收入主要来自固有贷款产生的利息收入，小部分来自存款等货币类资产产生的利息收入。

信托公司利息收入增速走低是存贷款规模增速和收益率双双下降的结果。2014年由于信托公司固有资产配置向投资类资产倾斜，平均存贷款规模仅实现7.56%的同比增长，增速显著低于前两年。与此同时，相比2013年因金融机构期限错配引发年中延续到年末的钱荒并推高利率水平，2014年在监管部门致力于降低社会融资成本、规范同业业务及影子银行等各项举措下，总体资金供给比较平稳，市场总体利率水平下行，因此信托公司固有的存贷业务收益也下行。导致2014年利息收入增速显著放缓。

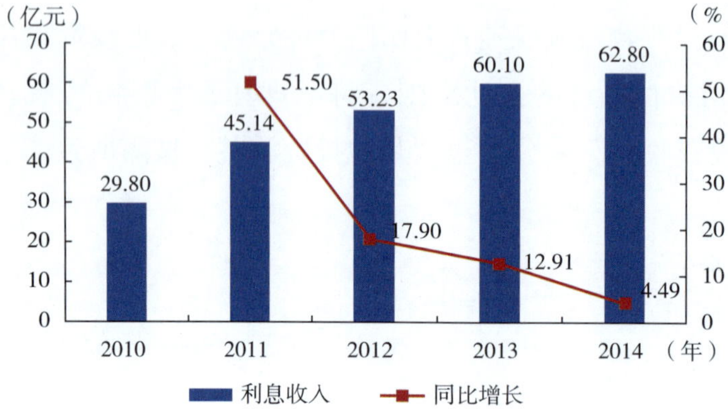

数据来源：中国信托业协会。

图2–42　2010—2014年利息收入及增速

（2）长期股权投资收益增速提升

2014年，信托公司固有长期股权投资收益为86.76亿元，比2012年增加26.46亿元，同比增长43.88%，增速较2013年提升18.96个百分点。信托公司的股权投资主要包括对子公司的投资，以及战略性持有的优质金融投资，包括证券公司、基金公司、保险公司、各类商业银行等机构，相应投资收益主要来自子公司分红以及所投资股权的收益。

2014年信托公司股权投资收益快速增长主要由于所投资的非银行类金融机构业绩均实现快速增长。对于投资的证券公司来说，2014年资本市场持续走牛，新三板政策完善受到热捧，使信托公司所投资的证券公司包括经纪业务、固有投资、投资银行在内的各类业务增势喜人，证券行业净利润增长119%①。从基金公司投资来看，在股市走牛赚钱效应下，2014年基金公司管理的资产规模提升较大，2014年末基金公司管理资产规模为6.68万亿元，同比增长58%，主要基金公司净利润实现20%~30%的增长。对保险机构的投资来看，2014年监管机构进一步放松了保险资金投资权益类资产限制，同时受股市走牛影响，保险公司净利润也实现高速增长。信托公司所投资的这些优质金融企业盈利高速增长为信托公司贡献了高额的投资收益。

① 数据来自中国证券业协会。

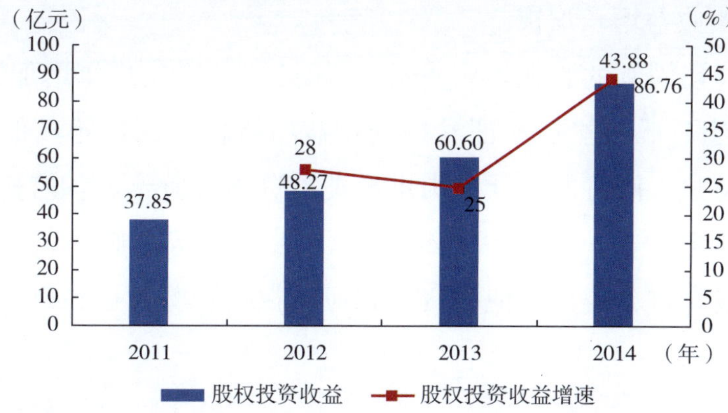

数据来源：中国信托业协会。

图2-43　2011—2014年股权投资收益及增速

（3）证券投资收益较快增长

2014年信托业固有证券投资收益为41.69亿元，比2013年增加8.84亿元，同比增长26.91%，增速虽然比2013年明显回落，但仍保持快速增长。证券投资收益主要来自股票、基金、债券投资的买卖差价收入（但不包括持有投资的浮盈等未实现损益）。2014年投资收益增速回落主要由于2014年卖出股票规模减少。2013年中国股市是震荡市，波段操作机会较多，因此2013年信托公司可以频繁进行买卖操作获得可观的投资收益。而2014年股市基本呈单边向上趋势，基于对长期牛市的判断和信心，多数信托公司选择持有股票而非出售，反而导致2014年已实现证券投资收益虽然快速增长，但增速不及2013年。

考虑持有股票的未实现浮盈，2014年信托业固有证券投资收益增速大幅提高。2014年证券投资收益和公允价值变动损益合计达56.52亿元，比2013年的35.49亿元增加59.26%，增速比2013年提高近21个百分点。可见信托公司持有的证券投资有望将在未来出售时带来高额的投资收益。

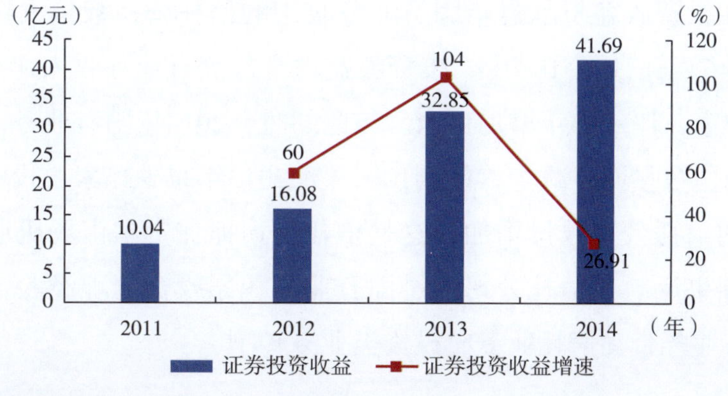

数据来源：中国信托业协会。

图2-44　2011—2014年证券投资收益及增速

（4）其他投资收益增长加快

2014年信托公司固有的其他投资收益74.40亿元，比2013年增加33.44亿元，同比增长81.63%，超过股权投资和证券投资收益的增长。2014年其他投资收益的快速增长主要原因是执行修订的会计准则重分类投资收益所致。各信托公司2014年执行《企业会计准则第2号——长期股权投资》（修订）等准则，信托公司对不具有重大影响的股权投资重分类至其他投资，相应股权投资收益也在重分类至其他投资收益。

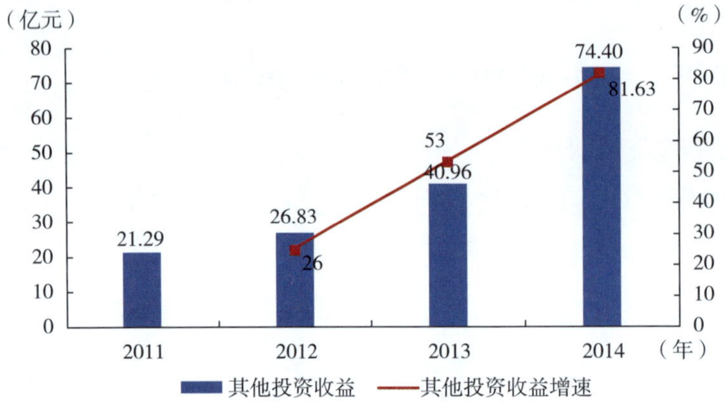

数据来源：中国信托业协会。

图2-45 2011—2014年其他投资收益及增速

4. 投资收益贡献为主的信托公司数量大增

从信托业来看，信托业固有业务收入主要来源于投资收益。但是从各家信托公司来看，每家信托公司自身资源禀赋及发展路径不同，固有业务的创收模式也各不相同，有的以投资业务为主，有的则以融资业务为主，有的则采用投资和融资业务并重的布局。

2014年信托业固有业务创收模式的一大重要变化是投资业务为主的信托公司数量增加较多，反映在投资收益贡献过半固有业务收入的信托公司数量大幅增加。2014年，在披露年报的67家信托公司[①]中，投资收益占全部固有业务收入比重超过50%的信托公司数量达53家，比2013年增加15家。与此同时，2014年固有业务以利息收入为主要来源的信托公司数量明显减少，仅剩10家，比2013年减少15家。投资类资产贡献大部分固有收益的信托公司数量增加，这是信托公司抓住资本市场机遇而主动调整固有业务结构的结果反映。信托公司通过固有业务积累投资管理经验，客观上有助于信托公司以固有业务带动信托业务向投资类业务转型。

① 不含未披露年报的国民信托。

（三）固有业务盈利能力稳步提升

2014年信托业固有投资资产收益率继续上行，反映出信托公司对固有资产管理能力进一步提升。各分项中，股权投资收益率和证券投资收益率提高幅度最大，其他投资收益率小幅上升，但固定收益类资产收益率小幅下降。

1. 固有资产收益率持续提升

2011年以来，信托业固有资产收益率[①]逐年上升，反映了信托公司固有资产管理能力持续提升。2014年信托业平均固有资产收益率为9.53%，比2013年再度提升0.98个百分点。

经过数年的发展和积累，2014年末信托业固有资产规模已超过3,586亿元。对于各家信托公司来说，快速增加的固有资产使得对固有资产管理的重要性也日益增加。2014年在我国资本市场流动性较好、利率整体下行、股市逐渐升温的大环境下，信托公司顺应市场变化积极调整固有资产配置，加大投资类等高收益资产配置比例，降低融资类及银行存款等中低收益资产配置比例。2014年信托公司投资类资产占比提升7.47个百分点，而融资类和货币类资产占比分别下降0.67个和3.72个百分点，资产配置优化提升了固有资产整体资产回报率。

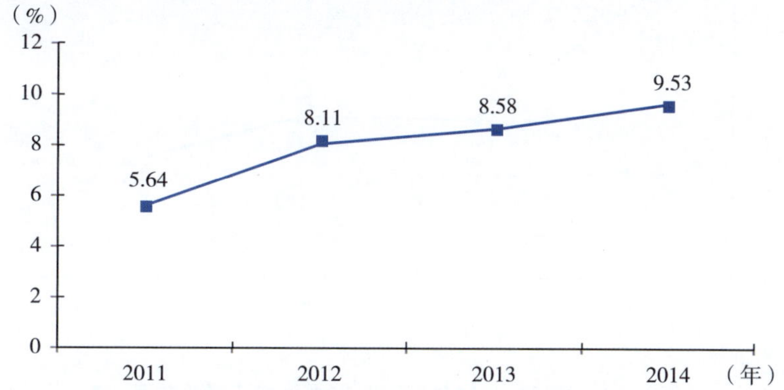

数据来源：中国信托业协会。

图2-46　2011—2014年固有资产整体收益率

2. 市场利率下行，固定收益类投资盈利能力小幅下降

2014年，存款、贷款等固定收益类投资资产收益率[②]为7.16%，比2013年下降0.2个百分点。2013年固定收益类资产收益率下行主要受市场利率下行的影响，信托公

① 固有资产收益率=固有业务收入/[（期初固有资产余额+期末固有资产余额）/2]。

② 固定收益类投资资产收益率=利息收入/[（存款及贷款期初余额+存款及贷款期末余额）/2]。

司固有的存款、贷款利率均有所下降。

在经历了2013年的钱荒导致社会融资成本高企后，2014年中国政政府采用多种手段引导市场利率下行以降低社会融资成本。一是中央银行在保持稳健货币政策的同时，采用多次定向降准、再贷款、抵押补充贷款（PSL）等更加灵活的政策工具保持市场流动性。二是通过规范同业业务、理财业务缩短企业融资链条的同时也降低金融机构资产负债错配程度。三是加大盘活存量力度，大力推进信贷资产证券化以增加社会信贷资金供给。四是扩大股市、债市等直接融资渠道，分流企业信贷资金需求。

在中国政府的一系列努力下，2014年市场利率水平显著下行。同业存款利率风向标SHIBOR（一周）平均利率从2013年的4.0833%下降逾50个基点到2014年末的3.5778%。而市场贷款利率指标——1年期贷款基础利率（LPR）从2013年末的5.73%下降22个基点到2014年末的5.51%。因此，信托公司的同业存款和贷款利率也都相应有所下降，从而导致整体固定收益类资产收益率的下降。

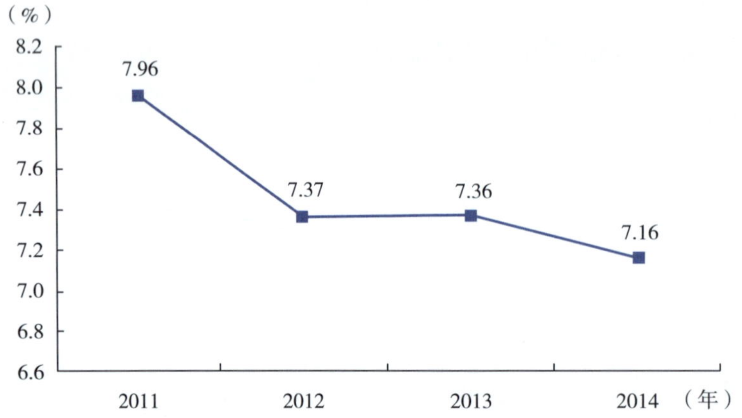

数据来源：中国信托业协会。

图2-47　2011—2014年固定收益类平均资产收益率

3. 长期股权投资收益率加速提升

2011年以来，长期股权投资一直是收益率最高，增长最为稳定的固有资产配置类别，充分体现了信托公司所投资产是优质的金融股权投资。2014年信托业长期股权投资收益率[①]呈加速上升趋势，比2013年提升4.31个百分点至16.34%。

① 长期股权投资收益率=长期股权投资收益/[（长期股权投资期初余额+长期股权投资期末余额）/2]。

在一般情况下，以账面价值计算的长期股权投资回报率呈稳定增长趋势。这是由于信托公司对部分长期股权投资（主要为子公司）以初始投资成本核算，随着子公司业绩的增长，对应投资成本却保持不变。而2014年信托业长期股权投资收益率表现出明显的加速增长，主要由于信托业主要固有股权投资标的——证券公司、基金公司、保险公司在2014年资本市场进入牛市下业绩迅速提升所致。

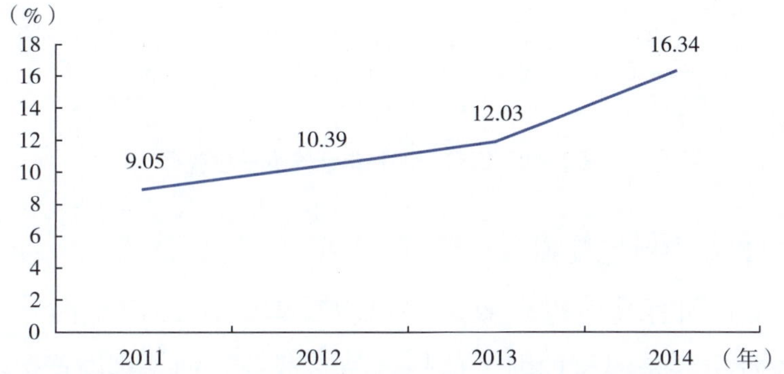

数据来源：中国信托业协会。

图2–48　2011—2014年长期股权投资收益率

4. 考虑未实现浮盈的证券投资收益率显著提升

2014年信托业固有证券投资收益率①并未随着股市走牛而大幅增长，反而比2013年下降了0.58个百分点至10.82%，但投资收益率仍次于长期股权投资收益率。证券投资收益率下降主要有两个原因。首先，证券投资收益仅包括信托公司出售证券的实现的收益，并未包含持有证券的浮盈，而2014年股指基本单边向上，信托公司基于资本市场长期牛市的预期增加证券持有并减少证券出售，因此实现的投资收益增长小于证券投资余额的增长。其次，2014年信托公司证券投资中基金投资比例提升14个百分点至32%，其中收益较低的货币基金收益率对整体证券投资收益率也具有显著的拉低作用。

如果考虑所投资证券的未实现浮盈，则2014年信托业固有证券投资收益率则较2013年有显著提升。2014年信托业加上公允价值变动损益的固有证券投资收益率达14.67%，比2013年提升2.35个百分点。可以预见，在资本市场热度不减的环境下，权益类证券投资将是信托公司重要的配置方向。

① 证券投资收益率=证券投资收益 [（证券投资期初余额+证券投资期末余额）/2]。

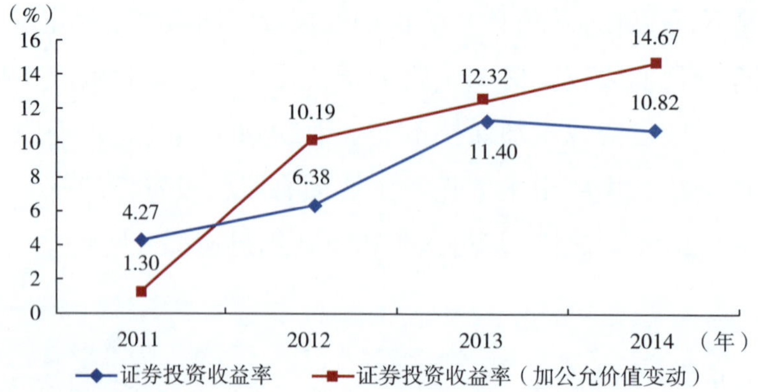

数据来源：中国信托业协会。

图2-49　2011—2014年证券投资收益率

5. 其他投资收益率触底反弹

2014年信托业固有其他投资收益率出现反弹，比2013年提升1.03个百分点至8.09%。其他投资主要是银行理财、信托产品、资管计划等理财产品，以及按照修订的会计准则重分类的部分股权投资。2011年以来各类理财产品收益率呈下行趋势，但2014年其他投资的收益率出现反弹，主要还是受重分类至此的股权投资收益率拉动所致。

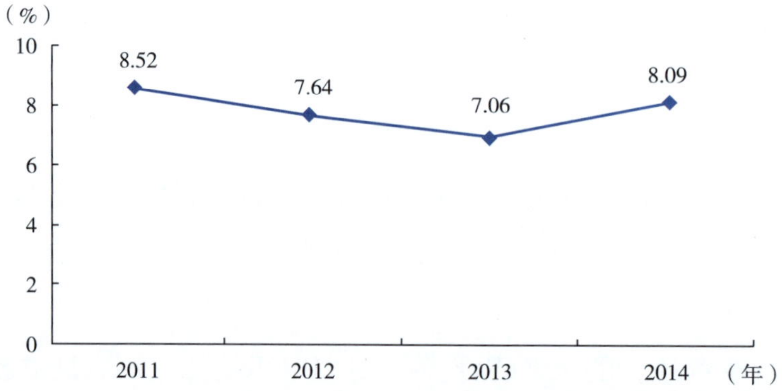

数据来源：中国信托业协会。

图2-50　2011—2014年其他投资收益率

第三章　2015年业绩展望

中国经济进入新常态，金融市场发展呈现新趋势，为信托业经营业绩带来挑战，也带来机遇。展望2015年，信托业将继续恪守“受人之托、代人理财”的经营宗旨，继续为投资者创造稳定的投资收益，并提供综合化、个性化的金融服务；2014年行业总体盈利稳定增长，资本利润率稳中有降；信托业务管理资产规模及收入平稳增长，制约盈利能力提升；固有业务收入和盈利水平仍将继续快速增长。

一、继续为投资者创造稳定收益

2015年，信托公司仍然将坚定不移地践行“受人之托、代人理财”的经营宗旨，始终将投资者的利益置于首位，继续为广大投资者提供收益可观且稳定的理财产品。结合宏观经济形势、行业发展特征等因素综合考虑，预计2015年，信托公司为投资者创造的收益总额将再上一个新台阶，信托产品的平均收益率仍将保持小幅上行。

首先，我国实体经济转型升级、新型城镇化进程加快等宏观因素为信托产品收益水平提供了有力保障。信托业在国家经济结构调整、新型城镇化建设的过程中发挥着巨大的作用，信托业的转型也是伴随着上述进程的推进而开启的，而另一方面，宏观经济增长的新常态之中也蕴藏着巨大的投融资需求，传统行业产品更新换代、产业并购整合、土地制度改革、基础设施建设等均将为信托公司带来大量业务机会，为信托产品收益水平稳定增长提供坚实基础。

其次，制度灵活、覆盖广泛，信托资金可以及时调整投资方向以维护投资者收益水平。信托制度赋予信托公司灵活展业的突出优势，信托资金投向可横跨资本市场、货币市场和实体经济，这一特性使信托公司在分散投资风险的同时兼顾市场热点，可以及时调整产品结构，向收益率高的投资领域倾斜。以证券投资为例，2014年A股迎来久违牛市，资本市场景气度明显提升，信托公司纷纷推出证券投资信托、新三板基金、PE投资等具有收益竞争力的理财产品，在一定程度上弥补了房地产、基建等传统业务式微对行业整体收益率水平所造成的负面影响。2015年资本市场热度不减，在前期基础上，可以预计信托公司将继续加大力度开发相关产品，促使信托资金最终流向高收益资产。

2015年信托公司为客户提供的产品和服务模式也将发生重大变化。从2014年存量客户结构看，“单一大客户驱动的单一资金信托+合格投资者驱动的集合资金信托+银行理财客户驱动的银信合作单一资金信托”构成的“三足鼎立”的布局将继续呈现；从增量客户结构看，机构投资者以及包括保险资金在内的长期投资群体有望持续扩容，所占比重有望持续增加。在此背景下，信托公司为提供的产品和服务模式也必然随之变化，即由以往的单一性、标准化、产品导向型向综合性、定制化、服务导向型转变。

就资金端客户而言，一方面，信托公司将日益重视机构客户市场开拓，2015年与银行、证券、基金等资管机构的合作规模将呈上升趋势，以大型央企、上市公司为代表的实体企业所占份额也将有所增加，为此信托公司将有针对性地进行产品开发以满足机构客户对于流动性与收益率的特殊需求。另一方面，针对高净值个人客户，信托公司在为其提供大量优质理财产品的同时，还将从财富传承、家族财富管理等角度不断丰富服务方式和服务类型。就项目端客户而言，2015年信托公司服务客户的模式将逐渐由单一的、仅局限于个体项目层面的融资服务转变为向客户提供全生命周期的、覆盖全产业链的一揽子金融解决方案。在开展传统业务的基础上，跟踪企业成长全过程，全面满足企业融资、并购、资产管理、员工股权激励、企业家家族信托等多方面综合性需求。

二、行业总体盈利保持稳定增长

2014年信托业收入和利润增速较往年继续下滑，但从2014年第四季度起已呈现出企稳的态势，季度同比增速已稳定在13%左右的中高速水平。2015年信托公司将进一步加快转型转向，使行业继续保持平稳增长。

首先，信托公司整体收入和利润水平有望实现平稳增长。在传统融资类业务将继续面临经济下行及激烈市场竞争的压力而持续收缩的背景下，2015年信托业收入增长的动力主要来自资本市场投资机会的发掘。在改革预期、资金转向等因素的共同作用下，2015年我国资本市场继续呈现欣欣向荣的景象，股指屡创新高，个人和机构投资者热情高涨。在资本市场持续向上的环境下，信托公司将进一步提升证券类业务规模，除了传统的结构化、伞形信托业务以外，信托公司还顺势推出定向增发、阳光私募、新三板信托等投资型业务，这些产品收费方式、期限结构灵活多变，深受投资者欢迎。证券类信托的扩张抵补了融资类信托业务收缩对收入的影响。与此同时，在资本市场走强的环境下，信托公司固有资产对优质金融资产、证券投资等权益类资产的配置也将增加，相应固有业务投资收益也将在2014年的基础上有比较显著增长，因此总体而言，2015年信托业收入仍然有望实现平稳增长。而在收入增长的带动下，信托公司利润也将实现平稳增长。

其次，信托业整体净资产收益率则可能继续稳中有降。事实上，2014年信托业资本利润已经出现回落迹象，2015年这种回落的趋势可能会继续。导致2015年信托业资本收益率继续下行的主要原因是趋严的净资本管理办法使资本增厚速度快于利润增长。根据净资本管理办法征求意见，信托资产风险计提系数尤其融资类业务整体上调，使信托业维持当前业务规模需要更多资本支撑，因此2015年信托公司增资金额和资本增速还将维持较高水平。而由于业务规模受限，同期利润增速不及资本增速，从而资本收益率继续下滑。不过，由于预计2015年在资本市场业务带动下信托业总体经营收入、利润仍将实现平稳增长，因此2015年信托业净资产收益率即使有所回落，但幅度预计不大。

三、信托业务仍面临增长压力

2014年，信托业受托管理的资产规模再创新高，信托公司信托业务收入继续小幅增长，但增速显著回落，衡量信托业务盈利能力的主要指标信托报酬率继续稳步下调。2015年信托业务仍将面临一定的增长压力，行业受托管理的资产规模及收入水平增速仍将处于低位；信托报酬率也稳中有降。

首先，2015年信托资产规模保持平稳增长。在宏观经济保持中高速增长、产业结构转型升级进程不断推进以及新型城镇化建设有序开展等大背景下，信托公司将不乏业务机会，信托业受托管理的资产规模将继续实现稳定增长。然而，由于行业整体转型在即，信托公司传统业务及优势业务所受到的冲击效应将持续释放，而新业务培育需要一个过程，旧增长方式的萎缩速度与新增长方式培育速度之间的时间落差将使信托业资产规模在未来较长的一段时间内增速持续放缓或低位徘徊。此外，短期来看，2015年A股市场牛市行情延续，而信托公司证券投资类产品供应不足，也将促使信托公司客户当中风险偏好相对较强的部分转而投资其他理财产品，增量信托资金将被分流，也将对资产规模增速产生一定负面影响。

其次，2015年信托报酬率提升仍受诸多制约。这一方面是由于大资管时代的到来导致以通道业务为代表的信托传统业务遭遇基金子公司、证券公司等机构的激烈竞争，而信托公司前期重点尝试的土地流转信托、消费信托、养老信托等创新型业务模式均处于前期探索阶段，在利润贡献度上远不能对传统业务开展不利形成有效弥补，这是信托报酬率下行的主要原因。另一方面，信托公司面临着来自投融资双方的利润挤压，这一现象在2015年将得以延续。受宏观经济增速下行、企业经营不确定性增加等因素影响，信托公司自2014年以来便谨慎展业，不断上调交易对手筛选标准，信托业项目方客户的整体质地得以提升，其融资成本有所下降；而2014年以来，A股市场的持续火爆也使得广大投资者对信托产品的收益率提出更高要求。受上述两方面因素影响，预计2015年信托公司报酬率难以提升。此外，长期来看，随着信托制度普惠，事物管理型信托规模所占比重的不断提升，这些信托本源业务利润率较薄，从而使信托业整体报酬率也将呈下降趋势。

综上所述，由于信托业受托管理的资产规模将保持小幅稳定增长，而信托报酬率则稳中有降，因此可以预计2015年，信托公司信托业务收入或将低速增长。

四、固有业务有望保持快速增长

2014年信托业固有业务表现抢眼，固有业务收入高速增长，固有资产收益率再度攀升。展望2015年，随着信托公司固有资产的快速增加，固有业务收入将继续快速增长，固有业务收入比重可能进一步提升。

首先，固有业务收入有望继续保持高速增长。一方面，固有资产快速增长是固有业务收入快速增长的基础。2015年信托公司为应对市场风险，将继续执行高额利润留存的分配政策，并不断补充资本获得，使信托业固有资产快速增加，为固有业务收入继续保持快速增长奠定基础。另一方面，资产配置向高收益权益类资产集中是2015年信托业固有业务收入快速增长的主要推动力。2015年以来，由于资本市场持续升温，资金面宽松，市场风险偏好上升，权益类金融资产表现好于固定收益类金融资产。因此信托公司固有资产将进一步向权益类资产集中，信托公司优质金融股权投资和二级市场证券投资规模有望继续出现较好的增长势头，贡献更多投资收益，共同推动固有业务收入的快速增长。

其次，整体固有资产收益率稳定在较高水平。虽然2015年资金面较为宽松，市场利率也进一步下行，信托公司存款、贷款等各类固定收益类资产收益率都将面临继续下行的趋势。部分资金用于为到期信托项目提供流动性支持，化解风险，也面临投资收益不确定的风险。但是2015年权益投资类资产收益率有望继续攀升，从而拉动信托公司固有资产整体收益率保持高位。由于信托公司的金融股权投资中证券公司和基金公司股权占比较大，而证券和基金正是资本市场繁荣时期营利能力最强的行业，因此2015年信托公司金融股权投资收益率的提升幅度将会很大。此外，随着资本市场不断上行，信托公司证券投资也有望实现较高的收益率。

五、专业子公司推动创新探索

2015年，随着经济增长动力转换和金融市场发展，信托的增长动力也将发生重大改变。2015年，中国经济增长仍面临较大下行压力，投资增速下行，出口贡献下降的局面仍将持续。经济新常态下，我国产业结构不断升级，创新成为经济发展的主要驱动力。与此同时，随着中国经济金融体系日益完善，中国金融发展的动力源主导地位将由赤字方转化为盈余方，即金融产品的投资功能地位将越来越重要。因此在经济发展和金融市场的变革下，信托公司增长动力也将发生重要转变：信托业不再依靠垄断信托制度获利、传统的聚焦于融资端的通道业务、融资类业务难以有高速增长；而聚焦投资者需求，提升信托公司主动管理能力和专业化水平、积极创新将逐步成为信托业发展的新动力。

在信托增长动力转换的背景下，2015年信托业专业子公司作为提升自身专业化水平推动行业创新的探索将会提速。成立专业子公司是将要出台的《信托公司条例》明确鼓励的发展方向。专业子公司仅限于开展特定限定领域的业务，有利于促进信托公司加强专业化能力建设，如业务专业化、客户服务专业化等。目前仅少数信托公司成立了专业子公司，主要包括股权投资专业子公司、海外投资专业子公司等，同时一些专业子公司业务尚未真正开展或仅在起步阶段。2015年随着信托业转型深入，越来越多的信托公司将设立专业子公司，根据信托公司自身资源禀赋与发展战略，专注于财富管理、并购业务、产业投资、股权投资、境外资产管理等特定领域开展业务。已成立的专业子公司业务开展也将提速，以此提升专业化水平和创新能力，形成自身核心竞争力。

专业子公司业务开展对信托公司转型具有良好的示范作用，信托公司内部将给予适当的资源倾斜。一方面，信托公司将加强专业人才引进以及内部人才培育的力度，建立一支精干的专业团队来开展业务；另一方面，专业子公司业务盈利模式可能与信托传统业务有较大差异，信托公司将兼顾短期收益和长期利益，根据专业子公司所开展业务的特点改革业绩考核体系。此外，信托公司还在业务流程上对专业子公司提供资源倾斜，如在内部流程上针对专业子公司的业务开设快速通道、增加对专业子公司业务的资金支持力度等。

六、分化及差异化经营格局更为清晰

2014年信托业的分化有所加剧，主要反映在信托公司经营收入、信托资产规模等指标的集中度有抬升趋势，净利润同比下降的信托公司数量明显增加等方面，部分信托公司在行业转型过程中存在掉队的危险。2015年，随着信托业转型，而各信托公司转型速度、转型方向不同，行业内部分化将更加明显，同时差异化经营格局将更为清晰。

首先，2015年信托业业绩分化将更加严重。由于信托公司通道业务、融资类业务等低端传统业务领域增长受限、风险加剧，部分资本规模较小、业务高度集中于低端领域、战略目标不清晰、自身竞争优势不明显的信托公司业绩增长将遭遇更大挑战，信托资产规模、信托业务收入下降的信托公司数量可能继续增加。而信托业的龙头公司具有显著的资本优势和人才优势，创新转型更加积极主动，业务开展过程中能够承担一定的试错成本，因此竞争优势将更为凸显。预计2015年信托业龙头公司的市场份额将继续提升，中小信托公司想要跻身行业前列的难度更大。

信托公司经营业绩分化加剧能够形成一个正向反馈，从而在未来进一步提升行业分化程度。具有较好经营业绩的信托公司受到投资者认可程度较高，可以进一步推动信托业务开展，从而创造更好的经营业绩；而经营业绩不好的信托公司则受投资者认可程度较低，扩大业务规模、实现业绩增长的难度更大。因此，2014年信托公司经营业绩分化加剧对2015年行业的分化程度具有推动作用，届时行业优胜劣汰可能会提速。

其次，2015年信托公司在转型过程中差异化经营的格局将更加清晰。各信托公司主要根据自身资源禀赋、战略发展方向探索适合自身发展的转型路线，行业产品高度“同质化”的局面也将得以转变。部分股东背景雄厚、资本实力较强的信托公司或将继续推进全能型金融控股集团的战略目标，为投资者提供定制化的综合金融服务；另一些信托公司则将重点构建某一特定领域的核心竞争力，包括聚焦资本市场开展业务，开展专业财富管理业务，提供全球资产配置方案等，力求为投资者提供具有特色的产品和信托服务。在互联网大爆炸时代下，部分信托公司还将积极探索与互联网结合的方式，不论是产品设计、资金募集、客户服务，还是公司治理、管理架构、绩效考核等方面都积极融入互联网基因，形成独特的竞争力。

七、风险抵御能力增强促行业平稳发展

2014年信托业风险抵御能力经受了市场的考验，行业风险资产显著下降，固有资本仍快速增厚。2015年虽然中国经济增速很可能继续下探，金融风险形势依旧严峻，信托业的风险抵御能力却有望进一步加强，坚实守住不发生区域性、系统性风险的底线，信托业将继续平稳发展。

首先，信托业防范风险的顶层设计将逐步落实。2014年监管部门提出建立行业稳定机制、分类经营机制等风险缓释机制，2015年这些顶层设计将逐步落实。其中信托业保障基金已在2015年第一季度筹集并从第二季度开始正式运营，通过发挥行业合力，消化单体业务及单体机构风险，可以避免单体机构倒闭给信托业乃至金融业带来较大负面冲击。同时《信托公司条例（征求意见稿）》、《信托公司监管评级与分类监管指引（征求意见稿）》等细化分类经营及差异化监管的内容的新规也有望进一步落实，促使信托公司为了争取最大业务范围而加强自身风险管控能力和业务能力。

其次，信托公司抵御风险的固有资本仍将继续快速增厚。2012年以来，相比于信托业收入增速的逐步下滑，信托公司净资产则保持25%左右的高速快速增长，预计2015年固有资本的高速增长还将继续。一方面，2015年趋严的净资本管理办法、信托公司分类经营机制以及信托公司评级及分类监管等一系列监管新规将促使信托公司进一步增资。另一方面，2015年信托公司增资渠道有望进一步拓展，除股东增资、引入战略投资者等方式补充资本以外，未来信托公司通过上市、发行次级债券等方式融资补充资本也有望放开。

最后，信托公司风险防范及化解能力显著提高。2013年以来，由于经济下行传导，信托业个案信托项目风险事件有所增加，信托公司在市场考验中得到了锻炼和成长，风险防范和化解能力均有显著提高。一方面，信托公司顺应经济新常态，主动调整业务结构，逐步降低依赖交易对手信用水平、承担一定刚性兑付责任的融资类集合信托业务占比。另一方面，加大对贷（投）后管理的投入，改变“重审查、轻管理”的模式，向建设全面风险管理体系实现精细化、专业化管控风险转变。此外，信托公司主动提升风险处置能力，有针对性地引入专业人才和团队，通过并购、重组、法律追索、处置等不同方式，化解存量信托项目风险。

环境篇

2014年信托业面临的外部环境较为复杂。在国际方面，美国经济持续复苏、欧洲和日本增长停滞、新兴市场则呈现增长分化态势。国内方面，在中国经济步入新常态，经济增速下移，经济增长动力转换；创新成为经济增长主要动力，改革进一步释放经济增长潜力。

在复杂宏观环境影响下，信托所处的资产管理市场呈现出新特点。客户理财需求开始走向专业化、多元化和定制化；受益于资本市场繁荣，信托公司提供产品更加多样化；金融市场化和开放化、金融机构的互联网化，以及资产管理同业的竞合关系稳定化，在给信托业发展提供机遇的同时，也对信托业加速转型提出了挑战。

2014年信托业监管环境以“防风险、促转型”为主线。2014年监管机构提出信托业转型三大方向，即“资产管理、投资银行和受托服务”；监管机构对银行同业业务、对地方政府融资问题的规范，则进一步压缩了传统业务空间，强化信托公司业务转型。未来以净资本约束和监管评级为手段的转型引导将成为常态，“引导转型、完善制度、提升监管”的相关政策也将持续落实，共同促进信托业稳定健康发展。

第四章 经济环境

2014年国际环境呈现复杂而困难的局面，美国经济复苏势头良好，欧洲和日本经济陷入停滞或衰退的边缘，并同时面临通货紧缩的局面，而新兴市场则出现增长分化并伴随较大通货膨胀压力，能源资源型国家增长下滑较为严重。作为新兴市场的中国，2014年则进入经济“新常态”，增长速度开始下移、产业结构持续调整、增长动力逐渐转换。

在此背景下，中国充分利用国内外两个市场推进国民经济的持续增长和改善。一方面，对内以深化改革为手段挖掘内部经济增长潜力，启动金融、国企和土地三大改革，运用多种结构性货币市场工具对市场流动性进行调节，降低企业融资成本支持实体经济发展，促进结构调整、坚守住增长底线，并推动新兴产业逐渐兴起；另一方面，对外以扩大开放和合作为手段营造有利外部环境，通过充分利用新兴经济体之间国际金融和经济组织联系加强、区域经济一体化纷纷建立的契机，提出“一带一路”建设构想和建立亚洲基础设施投资银行，深化原有的金砖银行和亚太及中国—东盟自贸区等国际合作组织运作，并通过建立完善跨境投融资机制、推动人民币国际化和鼓励资本输出等措施扩大开放，最终促进各国之间经济发展和深度融合，加快企业“走出去”步伐，继而帮助中国经济稳增长、调结构全面提速。

信托公司面对复杂的国内外经济形势，利用积极因素，抓住有利机遇，通过充分发挥资产管理专业能力，迎合国内改革主题机会，挖掘国内存量经济蕴含的投资机会，介入新兴经济领域，布局海外资产配置业务，积极进入具有市场空间和盈利前景的领域，进一步拓宽信托公司发展转型创新的道路。

一、世界经济复苏困难

2014年世界经济复苏呈现复杂而困难的局面，总体上美国经济复苏、欧洲和日本增长停滞、新兴市场出现分化。美国经济在三轮量化宽松政策和持续财政刺激下，出现持续复苏势头，GDP保持2.39%的较高增速，失业率不断降低，房地产市场恢复危机前水平，美元随之走强，吸引国际资金回流美国；欧洲和日本经济增长步入停滞边缘或衰退状态，且均面临通货紧缩问题，欧洲通过两轮长期再融资操作效果欠佳，日本安倍经济学效应衰减，2015年两者都将启动量化宽松政策，刺激经济一直通货紧缩；新兴市场增长出现分化，巴西、俄罗斯、南非等能源资源型国家经济增长下滑，中国、印度等国仍然维持较高增长速度，但新兴市场普遍面临通货膨胀压力。信托公司面对复杂局面，一方面利用美国经济复苏势头加强海外投资业务，满足投资者资产配置需求；另一方面在增量经济放缓的背景下积极挖掘潜能、寻找存量经济中的投资机会。

（一）美国经济持续复苏

在美国国内多年财政刺激政策和量化宽松货币政策的推动下，美国经济出现了持续复苏势头，GDP保持2.39%（2014年）的较高增长率，达到了2011年以来的最高经济增速；同时，失业率也不断下降，2014年第四季度已降至5.70%的历史较低水平，非农业部门新增就业则维持78.7万人/季度的较高水平。美国制造业PMI指数也反映了美国经济复苏的良好势头，2014年连续四个季度制造业PMI指数处于50的荣枯线之上，第四季度更是冲高到57.60的全年最高水平。在世界经济增长普遍不景气的情况下，美国经济走势相对较好，带动美元走强，截至2014年末，美元指数近一年内已经持续增长了12.5%，2014年下半年开始的美元指数持续走强已经延续至今。

与此同时，美国国内房地产市场恢复景气，并持续向好，成屋销售均价已经与危机爆发前水平相当，新屋开工面积也在持续回升，库存水平走入低位徘徊，空置率甚至远低于危机爆发前水平；美国证券市场延续良好势头，与经济复苏周期同步进入牛市状态，致使国际资金持续回流美国，2014年月度买入美国证券净额持续为正，规模总计达到2,493亿美元，美国月度国际资本流动净额也多为正，总规模达到2,239亿元，上述国际资本流动指标无疑反映了资金回流美国的趋势。总体来看，美国在页岩气革命、再工业化推动下，经济持续复苏仍会继续，而相伴随的美元走强格局也将延续，资金回流美国趋势短期内不会改变，尤其是在美联储即将加息的情况下更是如此。

美国经济持续复苏，美元走强、美国房地产市场恢复景气，国内资产管理市场本已存在的海外资产配置需求得到充分释放，包括信托公司在内的资产管理机构纷纷开发出相应的产品，为客户配置美元资产需求提供帮助。例如，平安信托设立房地产基金投资美国房地产不良资产、盛世神州设立美元基金投资美国集合住宅，都是借美国经济复苏之机投资海外的探索实践。预计将会有更多的信托公司，抓住美国经济复苏、美元走强的机会，满足客户海外资产配置需求，设计产品投资美国股市、楼市。

（二）欧洲日本开启量化宽松刺激经济

受世界经济不景气、外需不足、地缘政治和自身债务问题困扰，欧元区经济陷入增长停滞局面，2014年第一季度至第四季度，实际GDP增长率分别降至1.1%、0.6%、0.8%和0.9%的较低位置，虽然摆脱了2012—2013年的经济衰退局面，但仍在增长停滞的边缘。与此同时，受国际油价暴跌、大宗商品价格走低影响，欧元区通货膨胀率持续走低，直至-1%以下，进入通货紧缩阶段。自2014年下半年开始，为刺激经济、对抗通缩，欧洲央行开始执行宽松货币政策，通过两轮LTRO（长期再融资操作），将利率拉至历史低位，但并未明显扩张欧洲央行资产负债表，基础货币供给并未快速上升，贷款余额仍在继续下降，结果是，经济刺激效果不佳、通货紧缩继续，2015年欧洲央行预计将购买欧债，启动欧洲版QE，力图推动经济上行和缓解通缩压力。

随着持续两年的“安倍经济学”效应退去，日本经济开始衰退，近三个季度（2014年第二季度至第四季度）的实际经济增速为-0.3%、-1.4%和-0.8%，2013年保持的2%以上较高经济增速已宣告结束。与此同时，全球能源价格的下滑导致日本物价水平出现下滑压力，2014年的通胀水平已经逐渐掉入了2%的维持目标以下，通货紧缩压力重新出现。日本通过货币宽松政策推高通胀，继而拉动居民消费、驱使日元贬值、提振出口的经济政策效果已经日渐失去效力，经济开始进入增长衰退和通缩压力加大的不利局面。面对经济再度衰退的困境，日本政府决定宏观刺激政策加码，推出了最为激进的货币政策（每年购买价值80万亿日元资产），持续两年的日本版量化宽松政策升级加码。

欧洲和日本作为中国的重要贸易伙伴，对中国出口具有举足轻重的作用，欧日经济的低迷，一方面将直接影响中国出口的增长，另一方面将通过量化宽松导致的货币贬值，继而扩大对中国的出口和抑制对中国的进口，进一步影响中国出口对经济的拉动作用。信托公司投向工商企业的业务，需要关注进口环境变化导致的交易对手经营状况变化，尤其是严重依赖海外市场的部分产能过剩产业，例如光伏、风电制造等，以免加大存量业务风险。

（三）新兴市场经济增长分化

新兴市场多为资源出口国，对全球能源、资源市场依赖较重，在世界经济整体不景气和中国经济“三期”叠加增速下行的情况下，新兴市场对应的外部需求乏力，石油、铁矿石等大宗商品价格持续下滑并低位徘徊，影响新兴市场出口对GDP的拉动作用。同时，新兴市场国内需求也普遍不足，如南非等国，对经济的支撑作用较弱，长期依赖外需。在这种情况下，新兴市场的增长出现分化，过度依赖资源矿产出口的国家，如俄罗斯、巴西、南非等国经济增速一路下行，2014年第四季度俄罗斯GDP增速下降至0.4%，而此前三个季度的GDP增速均在1%以下，已经远低于2013年1.33%左右的增速了；2014年巴西经济进入负增长，第二季度至第四季度GDP分别增长–1.2%、–0.56%和–0.25%；2014年南非经济增长受外需疲软影响巨大，第四季度GDP增速掉入1.33%的历史低水平（仅次于2008年经济危机时），全年GDP增速都在1.5%徘徊，远低于2013年2.2%的增速。

与此同时，印度、中国、印度尼西亚等其他新兴市场经济增长呈现出与资源类国家不同的局面。在国际油价较低、国内改革促进工业和投资回升的状况下，印度经济展现了较为强劲的增长势头，2014年GDP增长7.2%，2015年预计增长7.5%，可能在2016年首次超过中国，成为世界经济增长最快国家；中国经济进入新常态，受“三期”叠加影响，经济增长中枢有所下移，2014年GDP增长7.4%，预计2015年经济下行仍然压力较大。

相较经济增长的分化表现，新兴市场的通货膨胀压力仍然存在，甚至部分国家有所上升。新兴市场产业结构大多较为单一，严重依赖能源和资源出口，国内制造业水平较低，需要进口大量商品满足国内需求，在美元持续走强背景下，新兴市场汇率普遍贬值，进口商品价格不断走高，抬升国内通胀水平。具体来看，通胀压力最大的是俄罗斯，其通货膨胀率从2014年初的6.1%，上升至年末的11.4%，考虑到地缘政治和欧美经济制裁影响，俄罗斯通胀压力短期内可能较难缓解；其次是巴西和印度尼西亚，前者通货膨胀率一直在持续上升，从2014年初的5.26%上升至年末的6.23%，后者则一直维持在7%~8%的较高水平；印度和南非虽有缓解，但2014年上半年通胀水平分别一度超过8%和6%。为应对通胀压力，各国均采取了加息措施，其中俄罗斯标准利率在2014年末已升至17%，巴西2014年则连续升息13次，使基础利率高达12.75%。从加息效果来看，虽然部分国家通胀压力有所缓解（南非、印度），但其他国家加息效果仍较弱，目前来看，新兴市场通胀压力仍然较大。

中国作为新兴市场的一员，虽然也出现了增长速度调整的状况，但是，考虑到中国庞大的经济规模（世界第二大经济体，占世界经济比重超过12%①），以及其中

① 国务院研究发展中心数据。

快速崛起的新兴经济力量（如新兴的互联网经济已经占中国经济总量的7%[①]），实际上对于投资机构来说仍然充满着投资机会。信托公司转变思路，站在服务实体经济、促进结构转型的角度，可在国内巨大的存量资产中，尤其是新兴行业的优质资产中，寻找到投资机会。

二、全球经济加速融合跨境投资活跃

2014年世界经济呈现融合加速的趋势，表现为进入增速调整阶段的新兴经济体纷纷以金砖银行、亚投行、“一带一路”等国际金融和经济合作方式加强相互间联系，同时，TPP（跨太平洋经济伙伴关系协议）、TTIP（跨大西洋贸易与投资伙伴协议）、FTAAP（亚太自由贸易区）和中国—东盟自贸区等各类组织纷纷出现或加强，将区域经济一体化向前推进。与此同时，国际跨境资本流动也出现加剧迹象，一方面国际资本加快涌入发达国家证券市场，另一方面发达和新兴经济体直接投资净额分别呈现流入和流出扩大迹象。中国在资本市场开放、离岸人民币市场、海外投资等因素的推动下，跨境投融资更为便捷，跨境投融资机制和渠道更为完善，国内企业“走出去”步伐将显著加快。信托面对跨境资本流动加剧趋势，持续关注流动性风险对产品发行的冲击，同时，积极申请QDII牌照、开发相应产品加快跨境投资布局。

（一）新兴经济体加速融合

在经历了十年的赶超发展期后，2014年新兴经济体普遍面临一个经济增速调整阶段，中国经济进入新常态，巴西、俄罗斯、南非等国受困国际资源需求的滑落以及地缘政治问题影响，只有印度对工业和制造业的刺激取得了较好的效果，继续保持较高增速。虽然面对外部环境不景气和内部结构改革的滞后，新兴经济体之间的经济、金融合作还是在2014年进入了加速阶段。2014年7月，中国、印度、巴西、南非、俄罗斯五个金砖国家发起成立金砖国家开发银行（金砖银行），初始资本为1,000亿美元，致力于金砖国家基础设施提供融资服务，预计2015年末将正式投入运行；2013年提出的“一带一路”战略，在2014年进入实质操作阶段，这个覆盖人口约46 亿（超过世界人口的60%），GDP总量达20万亿美元（约占全球的1/3）的大经济带即将在未来逐步形成，与沿线国家进行的合作已经广泛的开展；与“一带一路”

① 中国互联网网络信息中心数据。

相配合的金融机制，亚洲基础设施投资银行进入最后筹建阶段，吸引了包括英、法、德等众多域外国家和几乎所有亚洲国家，其中55个国家将成为创始国。事实上，新兴经济体之间，本身经济合作和互补的空间就较大，巴西、俄罗斯等国能源资源可弥补中国、印度等需求，中国的工业制成品，交通、通信、机械设备则可出口至上述国家。可以看到，随着“一带一路”经济带构建和金砖银行、亚投行等金融机构的创设，围绕新兴经济体进行的基础设施投资，将促进各自的互联互通、贸易互补，并加速新兴经济体成员内部的经济融合。

（二）区域经济一体化向前推进

2014年，区域经济一体化进程继续向前推进。一方面，美国就TPP和TTIP进行多次多边会谈，其中TPP目前共涉及包括美国、日本等12个国家，其将突破传统的自由贸易协定（FTA）模式，达成包括所有商品和服务在内的综合性自由贸易协议，目前《跨太平洋伙伴关系协定》已接近达成。此外，自2013年6月美欧正式宣布启动TTIP的谈判以来，截至2015年4月末，已进行了9次谈判，并在能源、原材料等领域取得重要推进。另一方面，在2014年APEC会议上，提出了推动区域经济一体化和成立亚太自由贸易区（FTAAP）的设想，并批准了亚太经合组织推动实现亚太自由贸易区路线图，这是朝着实现亚太自由贸易区方向迈出的历史性一步，标志着亚太自由贸易区进程的正式启动，体现了亚太经合组织成员推动区域经济一体化的信心和决心，美国对FTAAP也表示出支持的态度。2014年5月和11月，东盟领导人会议先后召开，就东盟共同体建设达成一系列共识，并发表《内比都宣言》，计划在2015年末前建成共同体，此外，中国—东盟自由贸易区在2014年进行了升级版谈判，意味着双方将建设更大、更高水平的开放市场，并力争在2015年完成中国—东盟自由贸易区升级谈判和区域全面经济伙伴关系协定谈判。种种迹象表明，尽管存在大国博弈，但各国对推进区域经济一体化的意愿仍十分强烈，并取得了一定成果，总体来看，区域经济一体化进程仍在有条不紊地向前推进。

（三）国际跨境资本流动加剧

2014年全球经济呈现复杂的局面，美国经济持续复苏、欧洲日本陷入停滞或衰退、新兴经济体增速下调且分化态势突出。受此影响，国际金融也呈现复杂变化的形势：一方面美国经济复苏、美元持续走强，导致资金回流美国，进入外汇、证券和房地产市场；另一方面，欧洲和日本遭遇经济增长困难，或陷入停滞或呈现衰退迹象，国内存在通货紧缩压力，准备步美国后尘纷纷启动量化宽松政策，证券市场上涨预期强烈，对跨境资本具有较强吸引力；同时，新兴市场受能源资源需求减弱影响，经济增长出现下滑，而美元走强又带来了负面影响，冲击汇率和利率，跨国资本外流趋势加剧。

一方面，国际资本加快涌入发达国家证券市场。2014年美国经济复苏、美元持续走强，导致资金回流美国，证券市场持续上扬，同时，欧洲和日本为应对经济困难局面，纷纷步美国后尘启动或扩大量化宽松政策，证券市场上涨预期强烈。数据显示，2014年美国道琼斯工业平均指数和标准普尔标准指数分别上涨了7%和12.3%，大量资金进入明显，2013年累计净流入2,493亿美元；IMF国际收支数据显示，过去一年发达经济体证券投资净额由负转正，开始大幅净流入，2014年全年净流入2,096.9亿美元，相较2013年净流入量增加4,181.7亿美元，而新兴市场和发展中经济体则持续净流出，2013年、2012年、2011年的三年里，连续净流出1,503.7亿美元、2,422.2亿美元和1,347.5亿美元。

另一方面，发达经济体和新兴经济体直接投资净额分别呈现流入和流出扩大迹象。与证券市场的资金流动相似，国际间直接投资资金流动，也呈现波动加剧、大幅流入发达国家的状况。过去三年，国际金融随着经济形势变化，美国和欧洲等发达经济体直接投资净额保持为净流入状态，而新兴经济体和发展中经济体则出现有扩大迹象的持续净流出。IMF国际收支数据显示，2014年欧元区发达经济体直接投资净额912.4亿美元，比2013年的363.5亿美元大幅增加251%，而新兴经济体和发展中经济体则呈现普遍的直接投资净流出态势，且规模有加剧扩大的迹象，如最为明显的拉丁美洲新兴经济体，2011—2013年直接投资净流出为1,283.1亿美元、1,346.8亿美元和1,616.2亿美元，净流出额在持续扩大。事实上，中国的资金流入也有放缓的迹象，外汇占款流入持续下降，致使中央银行货币投放渠道不畅，才创立各类新型货币工具加强货币投放操作，信托公司一直持续关注市场流动性问题，以防止出现2013年中的“钱荒”问题，影响产品发行和成本波动。

（四）中国跨境投资更为开放

中国近年来一直在致力发展跨境投融资机制，推动跨境投融资开放程度，促使国内资本进一步与国际接轨，助力国内企业“走出去”的步伐。2014年中国跨境投融资进一步驶入快速上升轨道，表现在多个方面：一是在资本市场方面，已经建立并运作几年的QFII和QDII制度开辟了境内外投资者跨境投资的渠道，随着获准进入机构的额度从审批制改为备案制、海外投资交易品种扩大等措施的施行，以及沪港通等渠道的设立，未来跨境资本将一步加速增长；二是在离岸市场方面，在人民币国际化逐渐开启的背景下（2014年人民币在国际支付中的比例已迅速从2011年的0.3%提高到2.2%），海外融资继续扩大，2014年末中国香港、中国台湾和新加坡离岸人民币存款1.6万亿元，点心债余额接近3,500亿元；三是在海外直接投资方面，2014年中国非金融类对外直接投资达到1,028.9亿美元，同比增长14.1%，2013年中国对外直接投资存量6,604.8亿美元、流量1,078.4亿美元，同比分别增长24.16%和22.82%，继续保持了较快速度。随着“一带一路”、亚投行、自贸区等战略的实施，预计未来跨境投资将更为开放。在此过程中，信托作为集合理财方式、作为专业投资渠道，预计随着跨境投资开放的扩大，通过QDII、内保外贷、平行基金，甚至离岸基金等方式进行海外投资的业务会逐步增多，给行业转型发展提供新的思路。实际上，截至2014年末，已经有10家信托公司获批QDII业务，而相关的单一类产品也早已出现，信托业早已在积极布局跨境投资的大潮，谋求自身作为专业集合理财渠道的功能作用。

三、中国经济步入新常态

2014年我国经济正式步入新常态，经济增速也创1991年来新低，由之前的高速发展进入到中高速发展阶段。投资增速的持续下滑、最终消费贡献率的显著提升，意味着经济增长正在逐步摆脱传统的投资拉动路径，消费正在成为拉动经济增长的新引擎。在此背景下，产业结构升级已成为我国经济这一阶段运行的主要特征，其中以新一代信息技术、新能源、新材料为代表的新兴产业快速兴起，正逐渐成为经济增长的中坚力量。信托公司顺应环境变化，立足经济新常态，紧跟实体经济转型步伐，调整思路加快拓展新兴领域。

（一）“新常态”经济发展呈现新特点

习近平总书记在2014年APEC会上提到经济“新常态”这一概念，在12月的中央经济工作会议上，中央层面系统性地阐述了我国当前经济发展的“新常态”，并从消费需求、投资需求等九大方面详细描述了新常态下的趋势性变化，至此，中国经济发展正式进入了“新常态”。

增速下移、结构调整、动力转化为经济新常态三大特征。首先，我国经济增速从高速增长转为中高速增长。2014年我国GDP为63.64万亿元，同比增长7.4%，这是1991年以来我国经济增速最低值。其次，经济结构不断优化升级，第三产业逐步成为增长主要推动力量。事实上，服务业吸纳就业的能力远高于制造业，目前的产业结构优化正朝着有利于实现充分就业和增加税收的多重目标前进。最后，经济增长逐渐从要素驱动、投资驱动转向创新驱动。目前我国已经进入信息化时代，以新一代互联网技术为代表的创新驱动力量，正在成为经济发展的新引擎。我国将会逐步构建以企业为主体、市场为导向、产学研相结合的国家创新体系，并将逐步形成“万众创新”的新局面。

数据来源：Wind。

图4–1　中国GDP同比增速

（二）经济增长逐渐摆脱传统路径

在我国经济增长中，投资长期扮演主要动力的角色，但自2010年以来，随着经济增长路径的转化，投资增速出现了连续下行的态势。进入2014年，投资增速下降趋势依旧，固定资产投资增速仅为15.7%，为2002年以来最低值，其中最为重要的房地产投资增速下行尤其明显，同比增长仅为10.5%，较前几年呈现出明显的加速下滑趋势。这主要是由于短期内库存高企、销售不畅使得开发商投资热情降低，而房地产长周期拐点的到来，则会使得房地产投资增速持续下滑的态势延续较长时间。在投资持续下滑的情况下，我国经济增长动力转移至消费需求，2014年我国最终消费对GDP增长的贡献率达到51.2%，超过投资，成为拉动经济增长的新引擎。经济增长摆脱投资拉动传统路径，反映的是我国产业结构的不断升级，新一代信息技术、互联网、新能源、新材料、高端装备制造、轨道交通等新兴行业发展势头良好，并带动钢铁、化工等传统制造业改造升级，推动着中国经济升级版的实现。信托业在此过程中，因势利导、顺势而为，随着国家经济动力的转换，紧跟实体经济发展的步伐，进行相应的业务调整，主动收缩房地产、政信等传统业务规模，在控制风险的同时，谋求新领域的拓展和新业务的开发，更多地以股权等方式投资新的经济增长点。

数据来源：Wind。

图4-2 固定资产和房地产投资增速

（三）新兴产业快速兴起

互联网、文化传媒、节能环保、新材料等新兴产业在我国经济转型的大背景下顺势兴起，发展逐渐进入快车道。一方面，随着人民生活的提高，居民消费正逐渐从“衣食住行”等必需消费行业转向“文娱教卫”等服务性消费，并推动在线教育、体育文化、医疗服务等相关行业步入快速发展轨道。同时，在信息化大浪潮的推动下，线上线下各行业O2O模式不断演进，也会给相关行业带来更多的投资机会。另一方面，在以数字化、智能化为主要特征的新一轮工业革命即将到来的情况下，我国精密制造、电子加工、新材料等行业升级，并切入到全球产业链及深加工环节的需求较为迫切，这些行业将受到政策更多的扶持，相关投资机会也将大量出现。信托作为投融资市场的重要力量，在传统业务随宏观环境变化面临不利局面的情况下，正在充分发挥资产管理专业能力，以为实体经济和投资客户提供更广泛的服务为目的，采用围绕上市公司的定增并购、专注特定产业的投资基金、聚焦优质项目的股权投资等多种方式，积极进入具有市场空间和盈利前景的新兴行业，例如医疗卫生、节能环保、文化传媒等，并取得了良好的初步效果。

四、“一带一路”助力稳增长和调结构

“一带一路”即建设“丝绸之路经济带”和“21世纪海上丝绸之路”的战略构想，由国家主席习近平于2013年9月和10月分别提出，在世界范围内引起强烈反响，并得到沿线国家的积极响应。共建“一带一路”旨在促进经济要素在沿线各国之间有序自由流动、资源高效配置和市场深度融合，推动沿线各国实现经济政策协调，

开展更大范围、更高水平、更深层次的区域合作，共同打造开放、包容、均衡、普惠的区域经济合作架构。“一带一路”战略有助于稳定中国经济增长，加速我国经济结构转型，为信托业转型和发展带来稳定的经济环境。

（一）创造外需带动国内经济增长

后国际金融危机时代全球经济增长陷入僵局：2014年欧元区仍未走出债务危机影响，经济处于停滞状态；日本“安倍经济学”效果消退，经济开始步入衰退期；尽管美国凭借成功的量化宽松政策使得经济在2014年下半年企稳复苏，但其可持续性仍有待观察。受国际环境影响，包括中国在内的、对于“外需”依赖程度较高的新兴市场国家GDP增速普遍出现较为明显的放缓趋势。

“一带一路”覆盖中亚、西亚、中东、东南亚、南亚、北非、东非等地超过40个国家，沿线总人口约46亿，经济总量约20万亿美元，分别约占全球的63%和29%。沿线国家处于不同发展阶段、具有不同资源禀赋，互补性较强，未来在农业、纺织、化工、能源、交通、通信、科技等诸多领域均存在广阔的合作空间，区域经贸发展前景良好。对于我国来说，在传统外需极度疲弱、出口对GDP增长的拉动作用日益减退的背景下，寻找新的贸易合作伙伴，以扩大“一带一路”沿线各国多边贸易为契机创造增量外需市场，将为GDP的持续稳定增长提供源源不竭的动力，促进我国经济平稳增长，也为我国信托业转型和发展带来稳定的宏观经济环境。

（二）依托基建合作促进产能输出

“一带一路”战略的实施与推进以基础设施建设为先导，建成互通互联的铁路、公路、管道、海运及航线网络，是实现沿线各国的协同发展并加强区域经济一体化程度的先决条件。“一带一路”沿线多为发展中国家，无论是存量基础设施还是基建能力均较为落后，而我国在连续多年快速发展的过程中已经积累了丰富的基础设施建设经验，在铁路、公路、机场、电力等领域拥有国际一流的设计和施工能力，因此，对于沿线国家来说，“一带一路”战略将显著提升各国基础设施总体水平，打破长期以来制约经济增长的瓶颈；对于我国来说，基建、能源等产业，以及钢铁、水泥、工程机械设备、物流仓储等相关配套产业均将迎来不同程度的发展机遇，信托业基础设施等传统业务开展又面临新机遇。

“四万亿”投资过后，中国在经济发展过程中所面临的产能过剩压力凸显，相关企业利润下滑，“一带一路”基建先行将有效地缓解上述局面，同时也将为国内产业结构调整与升级腾出空间。2014年，我国政府已与“一带一路”沿线部分国家达成初步合作意向，涉及钢铁、水泥、平板玻璃等多个产能严重过剩领域。随着产能的不断输出和利润的持续回流，相关企业在境内的经营活动将随之调整，需要大量资本支撑的研究开发与产品升级均将得以开展及推进，最终将对全国产业结构调整形成正面带动作用，缓解信托公司产能过剩行业及其上下游相关领域的业务风险。

（三）发挥亚投行平台作用扩大对外投资

一直以来，亚洲各国外汇储备巨大，约占全球总额的三分之二，但投资回报率普遍不高，而与此同时，亚洲地区基础设施建设等亟待发展的关键领域融资需求却难以得到有效满足。在此背景下，国家主席习近平于2013年10月提出筹建“亚洲基础设施投资银行”的倡议，2014年10月包括中国、印度、新加坡等在内的21个首批意向创始成员国在北京签约正式成立，法定资本为1,000亿美元。截至2014年末，亚投行意向创始成员国增至23个。

我国对外投资长期处于较低水平。根据商务部和国家外汇管理局的统计，2014年我国共实现全行业对外直接投资1,160亿美元，同比增长15.5%。尽管我国对外直接投资额近年来维持较高增速，但其与GDP的比重（1.1%）仍远低于美国（2%）、日本（2.8%）、德国（1.6%）等国，且与我国占全球30%的庞大外汇储备不相匹配。亚投行由中国领导人发起设立，将在中国政府主导下为“一带一路”战略的实施提供融资支持，推进“一带一路”沿线基础设施建设全面提速。在为我国巨额外汇储备提供投资渠道的同时，通过鼓励使用人民币以及出售以人民币计价的债券进行融资等手段，亚投行的运行将对我国资本账户开放以及人民币国际化形成明显的推动作用。全球经济融合加速，跨境投融资日益频繁。

2014年世界经济呈现融合加速的趋势，表现为进入增速的调整阶段的新兴经济体纷纷以金砖银行、亚投行、“一带一路”等国际金融和经济合作方式加强相互间合作，同时，TPP、TTIP、FTAAP和中国—东盟自贸区等各类组织纷纷出现或加强，将区域经济一体化向前推进。与此同时，国际跨境资本流动也出现加剧迹象，一方面国际资本加快涌入发达国家证券市场，另一方面发达和新兴经济体直接投资净额分别呈现流入和流出扩大迹象。中国在资本市场开发、离岸人民币市场、海外投资等因素的推动下，跨境投融资更为开放，跨境投融资机制和渠道更为完善，加快国内企业“走出去”步伐。

实际上，国内投资机构一直有配置海外资产的强烈需求，但QDII、外保内贷等方式所提供的渠道较为有限，未来随着“一带一路”计划的实施，国内企业、资本

"走出去"的步伐将会显著加快。信托作为正在全面转型中的资管机构，一方面可以依托于国内优势行业和优势企业，为其提供综合的投融资服务，加快海外投资的业务；另一方面，可以利用"一带一路"的契机，寻求涉及国家的投资机会，满足投资人海外资产配置的需求。

五、全面深化改革释放发展潜力

2014年，我国改变以往仅通过大规模刺激为经济托底的方式，而是通过全面深化改革释放潜力的方式激发经济持续健康增长。金融改革方面，沪港通已推行，未来资本开放和市场化运行将成为主要突破口；国企改革也在全面加速，改革顶层设计也在有条不紊推进，央企和地方国企试点不断，混改实践案例涌现；土地改革方面，2014年确定整体深化思路，并提出农民承包经营权可抵押担保和加快推进集体经营性建设用地入市。全面改革的持续深化为信托业发展增添新的动力，金融、国企、土地等各项改革将成为信托公司业务拓展和创新的重要突破口。

（一）深化改革释放经济增长活力

从2014年政府相关举措来看，我国改革正在全面深化。中央深改组共召开8次会议，从第一次会议建立组织体系，到第四次会议通过2014—2020年改革"总路线图"，到第七次会议开启新土改，开会频率越来越快，改革也在逐渐深化。此外，国企改革、金融改革、土地改革和财税改革全面推进。种种迹象表明，我国政策正逐步改变利用刺激来为经济托底的方式，而是通过全面深入的改革，释放经济增长活力。信托在传统业务增长乏力和业务转型的重要关口，应积极关注我国改革方向，顺势而为，进行业务拓展和创新，促进信托业务持续增长。

表4–1 2014年我国改革全面深化

序号	改革内容
1	深化改革领导小组2014年共召开8次会议，开会频率越来越快，改革也在全面深化
2	20多个省市公布了国企改革方案，多家地方国企和中央企业已进行积极试点
3	新《预算法》确定在2015年1月1日推行，国务院出台了43号文，以解决地方政府债务问题
4	国务院决定设立中国（广东）自由贸易试验区、中国（天津）自由贸易试验区、中国（福建）自由贸易试验区
5	资本市场方面，沪港通推行，IPO注册制在积极酝酿

（二）金融改革向开放化和市场化推进

中国金融改革在2014年进入一个新的阶段，政府推进改革的决心和力度都较大，主要是以开放化和市场化为重要方向。一方面，作为金融改革重要方向，以促进各类资本平等参与竞争为目的的资本开放获得重大进展。2014年11月，沪港通正式推行，深港通也有望2015年落地，中国资本市场加快融入国际，参与主体多元化；2014年前海微众、天津金城等首批五家民营银行挂牌成立，银行业垄断逐渐破除，引入多元竞争主体。另一方面，存款保险制度开始建立，加快推进利率市场化进程。2014年11月30日，国务院发布《存款保险条例（征求意见稿）》，标志存款保险制度开始启动，银行业中长期隐藏的政府兜底、国家信用等“隐性承诺”将通过市场化制度得以化解，这将有助于促进无风险利率和风险溢价二者清晰分化，加速我国利率市场化进程，维护金融体系稳定。在我国金融市场运行逐步开放和市场化的背景下，资本市场、资产管理市场将更加繁荣，金融体系内部各机构之间的竞争也日益激烈。金融开放化、市场化也为信托业发展带来活力，有利于信托业积极创新推动转型发展。

（三）国企改革进程加速

2014年是国企改革全面深化的一年，中央和地方都取得了一些进展。一方面，制度设计在向前推进。国务院主抓的改革顶层设计方案，发改委、财政部、国资委、人社部已经分别牵头执行，预计2015年上半年将会出台；同时，地方政府也在积极行动，目前已陆续有16个省市公布了省级国企改革方案、12个省（自治区、直辖市）已有具体计划并正开展先行先试，仅剩内蒙古、西藏和广西未见明显动作。另一方面，企业也在积极响应。央企层面，中石化率先启动混改，中海油、中冶、中石油、宝钢等也相继成立改革小组研究下一步行动方案；地方国企层面，改革推进则更为迅速，除了大部分已经形成或公布方案以外，上海、北京、广东、安徽等地甚至已有具体案例，如安徽江淮汽车集团整体上市、珠海格力集团和上海安信农险挂牌引入民资、全聚德和粤水电引入战投等。国企改革进程加速将给信托公司提供大量的业务机会，一方面，信托公司可以积极介入央企和地方国企的混合所有制改革，具体可以以股权投资或二级市场定增的方式参与。另一方面，信托公司可以利用制度优势，积极协助国企进行员工持股或股权激励。

（四）土地改革总体部署加快

党的十八届三中全会确立了土地改革的目标，通过中央有关文件和中央深化改革领导小组的会议，土地改革整体思路基本形成，各项改革措施的部署在2014年有所加快。2014年中央深化改革领导小组第五次和第七次会议的主题是深化农村土地制度改革，其中第五次会议确定了三权分置、经营权可流转的原则，第七次会议强调“坚持公有制性质不改变、耕地红线不突破、农民利益不受损”三条底线，以改革促进农业现代化的主旨目标凸显，改革整体思路逐步完善，基调审慎积极。2014年，中央1号文件延续多年关注农业的传统，同时，中央还发布了《关于全面深化农村改革加快推进农业现代化的若干意见》，文件除首提农民承包经营权可抵押担保、推进集体经营性建设用地入市等重大政策以外，还全面部署了8项重点工作：完善国家粮食安全保障体系、强化农业支持保障制度、建立农业可持续发展长效机制、深化农村土地制度改革、构建新型农业经营体系、加快农村金融制度创新、健全城乡发展一体化体制机制和改善乡村治理机制。整体来看，2014年我国土地改革整体思路业已形成。经营权可流转原则的确立为土地流转提供了政策保障，未来伴随相关措施落实，信托公司的土地流转信托业务有望继续稳步推进。

六、稳健货币政策和积极财政政策持续

2014年，在复杂的经济形势下，政府进行定向降准以支持农业和小微企业发展，同时运用SLO、MLF等多种结构性货币市场工具对市场流动性进行调节，并实行全面非对称降息，以降低企业成本支持实体经济发展，促进新常态下国民经济结构调整优化。同时，政府推行积极平衡的财政政策，摒弃大规模刺激老路，着力于深化推进财税改革、规范地方举债机制，为经济转型升级缓解压力、增添动力，使得经济增长坚守底线。

（一）结构性货币政策支持经济结构调整

在2014年稳增长、调结构的压力下，中央银行运用降息、定向降准等多种组合工具对货币市场进行调节，以维持中国经济在新常态之下的增长要求。2014年上半年，国务院常务会议提出通过“对符合条件的县域农村商业银行和合作银行适当降准”的手段扶持农业发展，中央银行则在4月和6月分别对农村商业银行提出合理审慎经营要求，对商业银行中“三农”和小微企业贷款达到一定比例的进行定向降准，以支持农业和小微企业发展。2014年下半年，在外汇占款投放放缓的背景下，央行通过公开市场操作、SLO、MLF等政策工具投放基础货币保证市场流动性，其中，在9月实行了5,000亿元SLF，全年投放2.1万亿元基础货币，对冲外汇占款投放放

缓影响；在11月实施全面、非对称性降息，1年期贷款基准利率和存款基准利率分别下调0.4个百分点和0.25个百分点。在多种结构性货币工具的作用下，2014年全年市场流动性整体保持了宽松状态。

在灵活的货币政策调控下，2014年货币供应量稳健增长，社会融资成本下降。截至2014年，我国M_2市场余额122.84万亿元，同比增长12.2%，略低于政策目标，但仍处在政府控制范围之内。在政策的引导下，2014年金融机构人民币贷款加权平均利率逐季下降，2014年末降至6.77%，较2013年末下降0.43个百分点。预计2015年，央行仍将继续保持稳健偏松的货币政策，灵活运用多种货币市场工具，降低企业融资成本，并通过盘活存量，用好增量来支持实体经济发展和结构调整。

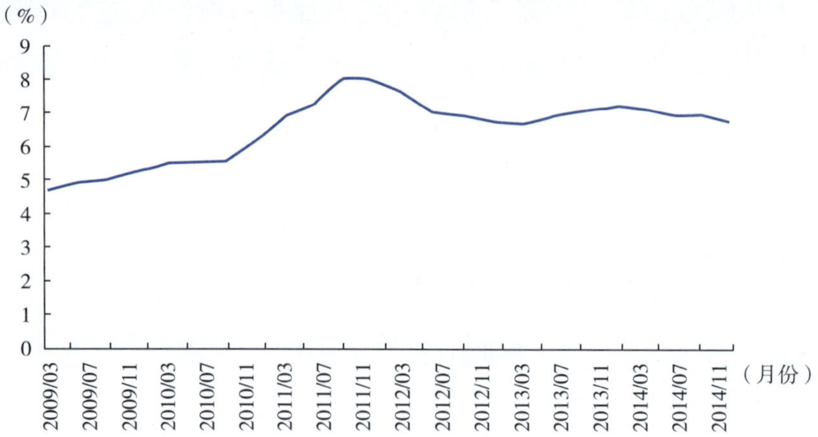

数据来源：Wind。

图4-3　2014年金融机构人民币贷款加权平均利率

（二）积极性财政政策坚守经济增长底线

尽管“积极的财政政策”的政策基调自2008年末中央工作会议以来，已经连续保持了7年，但各年度会根据整体经济情况有所微调，整体来看，2014年财政政策积极中偏稳健，并未采取大规模刺激性政策，而是着力于深化推进财税改革、规范地方举债机制，为经济转型升级缓解压力、提供动力。首先，进一步推进和完善营改增试点改革。4月29日，财政部、国家税务总局宣布将电信业纳入营业税改征增值税试点，自2014年6月1日起执行，这将有效降低企业税负；其次，加快煤炭资源税从价计征改革。10月9日，财政部、国家税务总局发布《关于实施煤炭资源税改革的通知》，标志着煤炭资源税费改革正式启动，从此煤炭行业计税更为合理，且在行业下行情况下有利于减轻企业压力；逐步建立规范的地方政府债务融资机制。5月19日，财政部宣布在上海、浙江、广东等十省市试点地方政府债券自发自还，标志着地方政府规范举债、限额管理、纳入预算等政策逐步落地实行。

第五章　市场环境

2014年，新三板扩容及流动性改善标志着我国多层次资本市场建设得到跨越式发展，与此同时，利率市场化不断推进、人民币国际化取得阶段性成果、信贷资产证券化备案制改革加速标志着我国金融市场化进程又向前迈进重要一步。理财市场继续扩容，随着高净值人士理财观念趋于成熟，与往年相比，其需求也发生了深刻的变化。2014年资产管理机构之间竞争更为激烈，合作空间也有所扩大，总体上仍然延续此前的竞合态势。此外，金融机构也正在接受着“互联网改造”，互联网思维已经贯穿金融机构的展业过程，对金融机构的经营理念产生着潜移默化的影响。

一、金融市场化全面推进

2014年，我国金融市场化全面推进。我国金融机构存款利率浮动区间的上限上调至存款基准利率的1.2倍，2015年又进一步上调至1.5倍，存款波动区间的加大有助于推进利率市场化进程；同时，伴随沪港通的开通，上海自贸区成功运行，人民币国际化开始进入新阶段，2014年末，全球有近15个离岸人民币清算中心，23个国家与我国签署了双边本币互换协议；此外，中国银监会和中国证监会相继下达了资产证券化（ABS）执行备案的文件，中国资产证券化将进入全面扩容阶段。

（一）利率市场化不断推进

利率市场化是金融市场化的基础，利率市场化的实质就是将利率的决策权交给金融机构，由金融机构自己根据资金状况和对金融市场动向的判断来自主调节利率水平。2014年我国利率市场化加速向前推进。一方面，我国金融机构存款利率浮动区间的上限上调至存款基准利率的1.2倍，存款波动区间的加大进一步促进了利率市场化的进程；此外，人民银行2014年末发布387号文，规定非银同业存款和一般存款的存款准备金率不同，利率管理机制也不同，非银同业存款实行市场化原则，这种“双轨制”有利于保证利率市场化的平稳推进。《存款保险条例》已经在2014年10月29日国务院第67次常务会议通过，自2015年5月1日起施行，这将加剧银行之间的竞争，加速存款成本上升，有助于促进无风险利率和风险溢价二者清晰分化，加快我国利率市场化进程。

信托公司作为非银行业金融机构，利率市场化带来的影响较为深远。2014年银行存款利率的上浮进一步削减了利率管制红利，对信托产品的高收益优势在短期内虽然不构成冲击，但从长期来看该优势仍将会被不断蚕食。面对利率市场化的形势，信托公司已经在构建自己的专业化能力和品牌价值，在融资类业务之外，大量开展投资类业务，例如产业基金、并购定增业务、新三板投资业务、围绕上市公司的资本市场业务等，以应对利率市场化带来的挑战。

（二）人民币国际化进程加速

伴随沪港通的开通，上海自贸区成功运行，2014年人民币国际化开始进入新阶段。截至2014年末，我国跨境人民币结算总量达到15万亿元，世界各国对人民币需求在不断提升，全球有近15个离岸人民币清算中心。从流动性角度来看，截至2014年末人民银行与23个国家签署了双边本币互换协议，总额为2.67万亿元（约4,300亿美元），离岸人民币存款近2万亿元。2014年，我国新增合格境外机构投资者（QFII）投资额度294.8亿美元，新增人民币合格境外机构投资者（RQFII）投资额度2,327亿元。在现阶段我国发展战略中，“走出去”占有重要的地位，“一带一路”建设和亚投行的设立将有助于我国进行资本输出，而人民币国际化将会使得相关国家更愿意接受我国人民币贷款，从而便利我国资本输出。

投资者进行跨境投资和全球资产配置的需求是十分旺盛的，信托公司近两年来一直在启动境外投资业务，由此申请了合格境内机构投资者（QDII）牌照，截至2014年末已经有10家信托公司获批QDII业务，而相关的单一类产品也早已出现。伴随着人民币国际化，信托公司以实现全球资产配置为目的的“走出去”行动会更多，动力和渠道逐渐多元，未来的境外投资业务也将不限于二级市场，而将在制度宽松下逐步扩展至股权投资、地产投资、跨境人民币投贷业务等。

（三）资产证券化备案制改革启动

2014年11月，中国银监会和中国证监会相继下发了资产证券化（ABS）执行备案的文件，中国资产证券化将进入全面扩容阶段。文件提出，本着简政放权的原则，中国银监会不再针对证券化产品的发行进行逐笔审批，银行业金融机构在申请取得业务资格后即可开展业务。在原来的审批制下，信贷资产证券化产品从项目实施到最终发行往往要经历5个月以上的时间，有的产品的“初始起算日”与发行日相距8个月之久，池内部分贷款已经到期的情况也不少见，不利于提高银行发行产品的积极性，而现在执行业务备案制将大大加快资产证券化产品的发行，加速企业融资市场化。事实上，信贷资产证券化在有利于银行资金加快运行、优惠中小企业融资、助力实体经济发展的同时，还有利于商业银行盘活存量资产、降低资本消耗、合理配置核心资本、增加银行经营绩效。据估计，国内可操作、有实现动机的信贷资产证券化规模约为2万亿元，而仅仅2014年银行间发行的资产支持证券规模就达到2,109.1亿元，由此可见，作为信贷资产证券化特殊目的载体创设渠道的信托公司，面临着较为广阔的市场，这可为信托公司未来开辟一条长效的业务来源。

二、资本市场迎来快速繁荣

2014年，我国多层次资本市场进一步健全。首先，我国权益类资本市场在2014年得到跨越式发展，A股涨幅位列全球首位，沪港通、QFII扩容、优先股以及T+0试点等政策出台，新三板开始实行做市商制度，挂牌数量和融资金额都有了跨越式发展；其次，我国债券市场的发展正在逐步规范，公司债、企业债已经有了长足的发展，私募债发行主体和投资者进一步扩容。展望未来，我国多层次资本市场仍将会有更为长足的发展，以更好地服务实体经济，在为新兴产业提供资金、支持传统产业转型升级、资产管理等方面发挥更重要的作用。具体来讲，权益类市场仍将会继续繁荣，债券市场的规模还会进一步扩大，资产证券化会更为常态化，私募和场外交易也会迎来一波新的发展。对于信托公司来说，在多层次资本市场不断发展的进程之中，新的业务机会将会不断出现，如参与二级市场投资、成立新兴产业并购基金和发展资产证券化等业务。

（一）A股大幅上涨进入牛市

2014年A股市场迎来久违的牛市行情，上半年探底，下半年反转大涨45%，年末涨幅位居全球前列。截至2014年末，两市总市值达到约361,986亿元，超越日本成为全球第二大股市，连续数日破万亿元的成交量创下全球资本市场新纪录。展望未来，多种因素推动股市迎来长周期的大发展，资本市场投资进入难得的机遇期。首先，我国进入降息和降准周期，流动性整体宽松，这有助于提升投资者的风险偏好，政府也努力降低企业融资成本，资本市场和实体经济将会形成正循环，从而推动市场估值扩张；其次，我国各项改革的推进有利于社会财富从房地产、传统制造业向资本市场转移，在大类资产配置向股票倾斜的背景下，资本市场将迎来长期牛市；最后，沪港通的开通在为A股市场注入境外长期投资资金的同时，将丰富我国A股市场的投资者结构，开启A股估值体系的国际化，进而推动A股市场更加健康发展。

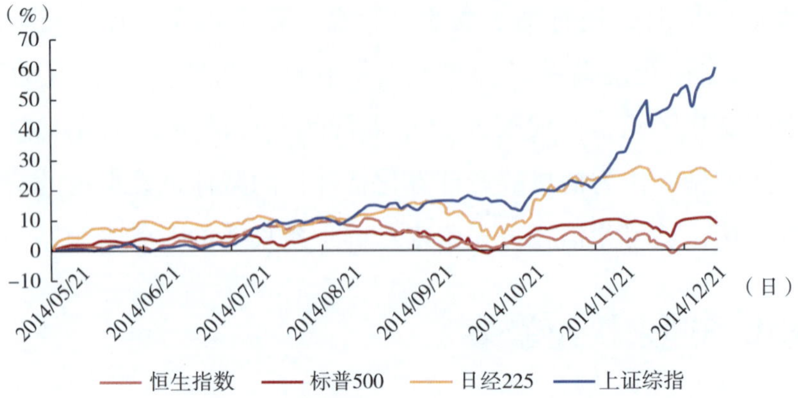

数据来源：Wind。

图 5-1　2014年上证指数与全球主要指数走势对比

（二）多层次资本市场建设加速推进

2014年我国多层次资本市场建设成果显著。就股票市场而言，创业板、中小板全年新增82家上市公司，增速明显高于主板，这将有助于我国形成主板、中小板、创业板规模递增的“正三角”分布形态；沪港通交易市场于2014年11月17日启动。沪港通是指上海证券交易所和香港联合交易所允许两地投资者通过当地证券公司买卖规定范围内的对方交易所上市的股票，是沪港股票市场交易互联互通机制，沪港通的推行是我国资本市场的重大创新；此外，2014年以新三板为代表的场外市场表现异常活跃，挂牌公司迅速增加、流动性明显改善，其成为资本市场全年最大热点。

2014年债券市场规模继续扩大，充分发挥直接融资功能，降低社会融资成本，服务实体经济发展的优势进一步凸显。中央国债登记结算公司年报披露，2014年全年债券市场共发行各类债券11.87万亿元，较2013年增加3.17万亿元，同比增长36.47%。同时，债券市场总托管量达到35.64万亿元，比2013年末增加6.16万亿元，同比增幅为20.9%。债券市场产品创新步伐也有所加快，2014年市场先后出现人民币定向债务融资工具、项目收益票据、并购票据、碳收益票据、非公开定向可转债融资工具、供应链票据等多个创新产品，与此同时，资产证券化从审核制改为备案制也将有利于此类产品大幅扩容。

在“股债双牛”的背景下，投资基金市场得到迅速发展，2014年我国公私募基金市场全面扩容，业绩表现突出。根据相关数据，2014年各类公募基金全年实现利润5,200亿元，比2013年的1,730亿元增长两倍，创下自2010年以来最高绝对回报。其中股票型基金全年实现利润2,914亿元，占公募基金利润总额的56%，混合型、债券型和货币型基金盈利规模也均较为可观。截至2014年末，市场上运行的阳光私募基金数量共计4,796只，管理资产总规模达到3,855亿元。2014年阳光私募市场发行量激增，全年新发产品达到2,479只。创投基金和产业基金也取得长足发展，2014年PE/VC市场投资金额和投资案例数分别为2,061亿元和1,420例，与2013年相比分别增长177.8%和72%。

（三）新三板成为资本市场重要组成部分

2014年，新三板面向全国运行，并开始推行券商做市制度，之后挂牌公司数量快速增加，全年新增挂牌企业1,216家，成交量较2013年放大10倍，成交金额扩大15倍，个人投资同比增长5倍，机构投资者同比增长3.6倍，融资次数是历年总和的2.92倍，融资量是历年总和的3.95倍，截至2014年末，新三板已有1,572家企业挂牌（其中2014年挂牌1,216家），同时在审500多家，已签约拟挂牌3,700多家，保守估计到2020年，挂牌企业将达到1万家。以上数据表明，2014年新三板在成交、挂牌数量和融资大幅增长，作为资本市场重要组成部分，新三板正在跨越式发展。未来随着竞价制度和转板制度的推出，新三板成交量和市场关注度将会继续提升。

（四）资本市场繁荣引致信托产品多样化

资本市场迅速繁荣带动了信托公司证券投资类业务加速增长，同时也为信托公司向其他业务领域拓展提供了良好契机。2014年，传统证券类信托产品规模呈快速增长态势，数据显示，截至2014年末，资金信托投向证券市场股票方向的资金余额达5,520.32亿元，较2013年的3,030.93亿元增长82.13%，增幅创历年新高。

与此同时，信托公司围绕资本市场开展多样化尝试。一方面，通过MOM方式参与二级市场主动投资。信托公司通过与阳光私募投资顾问的长期合作积累了基金经理投资风格及业绩表现等的一手数据，加以利用即可开发出MOM产品，以帮助投资者挑选出收益高且相对稳定的基金管理人，达到分散风险并获得较高回报的目的。同时，主动管理型定增产品也逐渐进入信托公司的视野，在提升自身主动投研能力的同时，产品数量急剧增加。另一方面，在以新三板为代表的场外市场大踏步发展的背景下，信托公司开始试水相关产品，2014年多家信托公司成功发行多款产品。此外，投资于一级市场的相关产品也大量涌现，如聚焦新兴行业开展的PE类股权投资、PE、FOF产品等。

三、理财市场规模扩张、需求多元

改革开放以来，居民财富得以持续快速积累。数据显示，2000—2014年，我国居民可支配收入年均增速高于10%。居民财富的快速增长带动了我国理财市场的扩张，而随着投资者理财观念逐渐成熟、理财需求逐渐丰富，理财市场所提供的产品和服务也正在发生深刻的变化。

（一）理财市场随居民财富继续扩容

2000—2014年，我国居民可支配收入从6,280元增长到28,844元，增幅达到359%，年均增幅为11.5%。中国人民大学发布的《中国财富管理报告》预测，我国到2020年，私人财富管理市场规模增幅将达到97万亿元，市场规模总量将达到227万亿元左右。与此同时，中国资产超过1,000万元的高净值人群数量从2012年的71万人增长到84万人，其可投资资产规模达到27万亿元，同比增长22.73%。随之而来的是，理财市场空前繁荣，例如2014年增长最为迅猛的基金子公司和基金公司专户管理资产规模同比分别增长285%和158%。

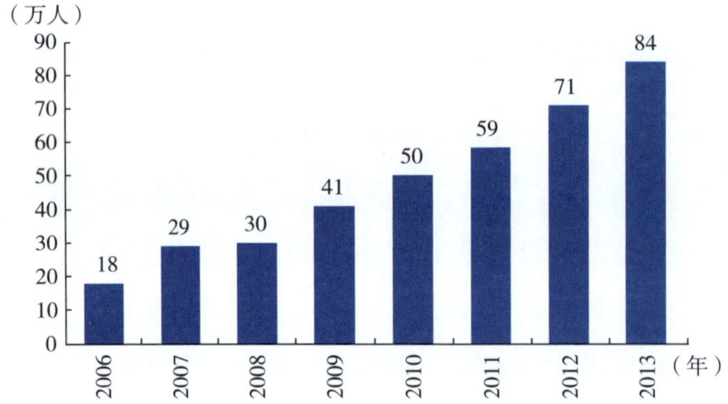

数据来源：中国人民大学：《中国财富管理报告》。

图5–2　2006—2013年中国高净值人群数量

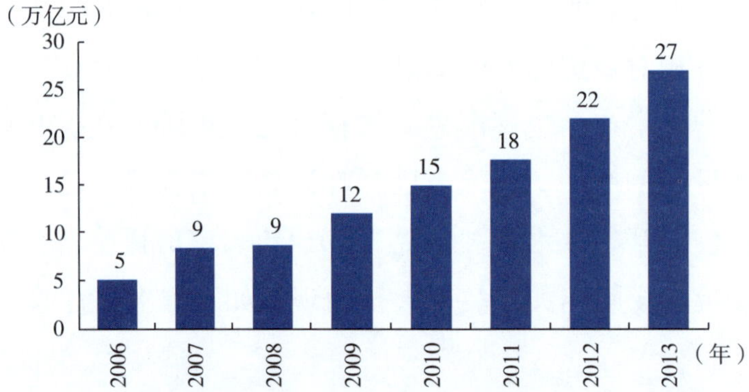

数据来源：中国人民大学：《中国财富管理报告》。

图5–3　2006—2013年可投资资产数量

（二）理财需求出现个性化特征

随着我国理财市场的不断扩容，高净值人群的财富观念也不断成熟，理财需求发生了深刻变化：投资目标由追求单一的财产保值增值向多元化目标转变，投资范围由局限于境内市场向关注境外布局转变，投资方式由认购具体的理财产品向购买全套服务转变。

具体来看，一方面，2014年投资者有意识地减少了对于房地产和非标准化产品的资产配置比例，而相应地加大了对一二级市场的投资力度。2014年资本市场景气度明显提升，A股启动牛市行情，社会资金加速向二级市场回流，全年银证转账增加额从2013年的8.55万亿元增加至2014年的12.8万亿元，涨幅接近50%，与此同时，受新三板市场扩容、流动性趋势看好等因素影响，投资者对投向新三板的理财产品表现出明显的倾向性，众多资产管理机构年内纷纷推出相关产品以吸引客户。上述领域的投资行为要求综合衡量宏观经济、行业及企业发展情况等多方面因素，对资产管理机构的专业性提出了较高要求。另一方面，高净值人群主要出于资产隔离以及财富传承等原因，对于以家族信托为代表的定制化理财产品或服务需求有所增长。对于开展此类业务的资产管理机构而言，相关产品的收益率并不是客户主要的考量因素，而财富的保值、子女教育等事项的安排、收益的客制化分配，以及增值服务的质量等成为客户的首要需求。此外，随着我国对外开放程度不断加大，美国经济企稳复苏，国内投资者对境外资产配置的需求也不断高涨，2014年市场上针对境外资产的理财产品不断涌现，从目前来看，QDII、内保外贷和本外币平行基金是资产管理机构进行境外投资的主要方式。

四、资产管理行业竞合关系趋稳

随着资产管理机构扩容和监管进一步宽松化，2014年信托公司、证券公司、公募基金及其子公司等资产管理机构的竞争依旧激烈，除信托公司保持稳定增长以外，其他资产管理机构的业务规模均出现迅猛增长。在竞争中，资产管理机构的合作也进一步增多且更为规范，如信保合作规模持续增长、银证合作快速增加、银信合作走向规范，整体上呈现出竞合关系趋于稳定的态势。与此同时，信托公司抓住机遇，加快实现业务转型，通道类和地产类等传统业务有所压缩，资本市场和家族信托等新型业务纷纷落地，子公司和事业部等组织结构调整持续进行。

（一）资产管理机构扩容加剧竞争

随着资产管理牌照的放开，类信托资产管理机构大批涌现，资产管理市场快速发展，各类机构业务迅速扩张，参与者逐渐扩容，竞争激烈程度依旧较高。一方面，2014年金融机构资产管理业务规模快速扩张。数据显示，截至2014年末，证券公司资产管理业务、基金子公司及基金公司专户业务资产总规模为12.91万亿元，较2013年末增加6.26万亿元，增长94%。其中，证券公司、基金子公司、基金公司专户等渠道的资产管理规模分别增长53%、285%、158%，远高于信托公司28.14%的增速。由此可见，其他资产管理机构发展较为迅猛，其激烈的市场竞争使得信托公司业务增速相对落后。另一方面，资产管理市场的激烈竞争也体现在资产管理机构的扩容和监管宽松上。2014年各类资产管理机构的监管环境趋于宽松，如中国保监会出台规定将保险资金不动产类投资比例提高10个百分点至30%，中国银监会批准工商银行、浦发银行等国内多家商业银行开展理财资产管理及债权直接融资业务试点。这些状况都说明资产管理市场参与者仍将会逐步扩容，它将与监管环境宽松一起推动市场竞争的加剧。事实上，资产管理行业市场化竞争加剧也体现在了机构业务的市场集中度上，基金公司专户和基金子公司行业集中度下降，其中基金子公司的市场集中度（CR10）降低20个百分点至53.6%，基金专户的市场集中度（CR10）下降7.6个百分点至54.6%。

（二）合作增多致竞合关系稳定

资产管理机构之间的竞争是激烈的，同时作为金融同业之间的合作也是积极和广泛的，并呈现出合作不断增多、合作不断规范的局面。一方面，资产管理机构之间的合作日渐增多，合作的空间逐渐广阔。例如，信托公司与保险公司的合作自2012年放开以来，增长迅猛、模式多样，早已不限于初期的保险资金购买信托计划，而是扩展至渠道共享、产品创新和服务创新等领域，如保险金信托、非标准化资产证券化等创新产品。数据显示，截至2014年6月末，保险公司投资信托计划的余额达到2,805亿元，较2013年末增加1,363亿元。银行与证券公司的合作也在快速增长，集合资产管理计划、票据资产管理计划、委托贷款业务纷纷出现，2014年上半年银证合作规模达到6万亿元，证券公司定向资产管理业务中来自银行的受托资金规模占到70%~80%。另一方面，资产管理机构之间的合作趋于规范。2014年4月，人民银行等五部委联合发布《关于规范金融机构同业业务的通知》，使得银信合作中的通道业务、三方买入返售等业务得到规范，引导银信合作向同业投资和资产证券化方向发展；2014年5月，中国保监会发布《关于保险资金投资集合资金信托计划有关事项的通知》，对保险资金投资信托计划的基础资产范围、信托计划信用级别等都做了新的详细要求，并规定不得投资单一信托计划、国家禁止性行业等。

（三）信托公司抓紧实现业务转型

在资产管理机构竞合关系趋稳的背景下，信托公司走差异化经营道路，加快业务转型步伐。首先，信托公司正努力压缩低端的通道业务，并利用自身在风险控制和资产获取方面的优势深耕主动管理业务，这主要反映在集合资金信托占比的不断提升，信托公司集合资金信托占比已从2013年第一季度的23.99%提升到2014年第四季度的30.7%。其次，信托公司加大业务转型和创新力度，积极向财富管理、资产管理、私募投行等方向转型，并已经在真实股权投资、家族财富管理、资产证券化、土地流转、消费信托、境外投资、产业投资基金等领域取得了突破。再次，在转型过程中，信托公司根据自己的资源禀赋、专业优势谋求新的战略调整，开展差异化经营。例如，银行、保险公司等金融集团控股的信托公司深化综合金融服务，开展家族信托、境外投资等业务；有证券、基金背景的信托公司强化投资管理服务，围绕资本市场、上市公司加大标准化资产投资业务；产业集团控股的信托公司则专注特色产业，发力产融结合、产业投资业务等。最后，为顺应业务转型需要，部分信托公司开展组织结构调整，比如设立直投子公司，提高专业化，以专注于特定领域的投资业务；设立事业部，与国际资产管理机构趋同，充分发挥人才的积极性和专业性。

五、金融机构拥抱互联网

2014年，金融机构加大力度拥抱互联网，相关产品层出不穷，互联网金融边界在逐步拓宽，目前金融创新实际上已经呈现信息化和互联网化的特点。在此背景下，信托公司也在结合自身优势和特点，学习互联网思维，并积极探索与其相结合的创新路径，这为信托公司未来的发展提供了更多可能性。

（一）金融机构加大布局互联网金融

互联网金融是以互联网为资源，以大数据、云计算为基础，采用新金融模式运作的一种新兴行业。继2013年互联网企业纷纷进军金融领域之后（如余额宝等各种对接货币基金、债券基金的固定收益类产品），2014年金融机构也纷纷加大互联网布局。首先是金融产品网络销售，例如，天弘基金与阿里巴巴的合作、华夏基金与腾讯的合作等，这些本质上都是通过互联网销售基金产品；其次是搭建围绕客户的网络平台，例如，华宝证券搭建专业理财平台投客网、中融和中信推出手机APP；再次是创设互联网金融产品，例如，广发证券与百度合作，基于大数据、搜索因子构建广发百发100指数基金；最后是投资互联网金融企业，例如，平安集团打造陆金所、国家开发银行投资开鑫贷、招商银行推出小企业e家，其纷纷涉足P2P领域。

（二）信托公司发展融合互联网思维

在互联网金融飞速发展的背景下，信托公司也在根据自身的优势与特点，学习互联网思维，并积极探索与互联网技术相结合的创新路径。有信托公司通过微信平台推送热销产品或加大宣传，或开发客户端APP，让客户可以实时了解各类理财产品的信息，如信托产品、基金产品等；此外，还有像“聚信托”这样对接信托资源的产品，其将互联网的普惠性与信托产品结合，专注于让信托产品“平民化”，实现信托产品的销售和转让；在创新产品方面，信托公司与互联网的融合模式主要为“产业+互联网+金融”的方式，2014年，多只产品相继问世，例如，中信信托曾与百度合作开发百发有戏产品等，虽然从盈利能力来看，现在还言之过早，但是这种创新的模式给业内带来了更多的期待。

目前，信托业已成为第二大金融子行业，在互联网金融已成燎原之势的背景下，信托业的发展融合互联网思维已成趋势，在业务创新和转型过程中，已呈现出许多可以与互联网进行结合的方向。首先，信托公司应进一步推进网上交易和转让的便捷性，提高透明度和效率，可以通过APP让投资者及时查询资产情况，了解项目进展；其次，推动平台建设，与其他信托公司和互联网机构实现信息共享，及时了解交易对手和潜在客户的信息，在尽职调查和后续管理方面实现优化；最后，增强客户体验，未来信托公司的资产管理、财富管理业务则应逐渐从“以项目为中心”转变到“以客户为中心”，提供个性化的资产配置服务，找到具有真实需求的客户。

第六章　监管环境

2014年信托业步入监管与发展并重阶段，一方面防控风险，另一方面促进转型。2014年初出台的《关于信托公司风险监管的指导意见》对信托业发展具有纲领性指导作用，提出的信托文化培育、未来三大转型方向、调整净资本管理和推行监管评级等内容均具有重大意义。此后国务院及各监管部门陆续出台政策，深刻改变了信托公司的经营环境和业务发展：一是2014年中颁布的旨在规范银行同业业务的127号文，致使信托公司通道业务基本模式难以为继，转向同业投资和资产证券化业务；二是2014年9月颁布的旨在加强地方政府债务管理、化解债务风险、规范举债行为的国务院43号文，对信托公司政信类业务构成重大影响，除少量纳入预算的存量业务以外，传统政信业务步入全面转型；三是2014年末颁布的《信托业保障基金管理办法》规定，按机构和业务分类认购，明确五类情形方可动用保障基金，构建起市场化风险防范体系，成为信托业守住风险底线的制度性安全网。

一、指导意见着眼“控风险、促转型”

2014年信托业发展环境较为复杂，个别信托项目出现兑付风险，而与此同时，资产管理行业竞争加剧的态势仍在延续，信托业多项指标增长放缓。在此背景下，为控风险、促转型，2014年4月中国银监会统一下发了《关于信托公司风险监管的指导意见》（即99号文），在引导行业化解风险、建立责任共担机制的同时，提出了更为重要的信托业转型三大方向，即资产管理、投资银行和受托服务，将信托业多年探索的转型方向进行了高度总结和明确。

（一）明晰各方责任，推进风险共担

2014年的信托业面临着较为严峻的经营环境。一方面，个别信托项目出现兑付风险，信托公司展业趋于谨慎；另一方面，资产管理行业竞争趋于激烈，信托资产规模增速放缓，信托公司业务转型升级，开发新的业绩增长点已经成为行业共识。4月，中国银监会发布《关于信托公司风险监管的指导意见》（即99号文），以控风险、促转型为基调，对信托业的持续健康发展进行监管引导。

从“控风险”的角度来看，99号文提出信托公司在展业过程中要做到明晰各方责任，并强调在此基础上要逐渐建立起风险共担机制。第一，对于投资者，文件要求培育其“买者自负”的文化，信托公司须向其充分揭示风险，并采取录音、录像方式保存营销记录，落实风险自担责任；第二，对于信托业务人员，要求信托项目要责任到人，采取暂停业务资格、延付激励薪酬等措施约束其行为，促其加强尽职调查责任，降低道德风险；第三，对于公司高管，文件明确提出实际控制人要阳光化，以及采取高管任职资格考试、季度会谈等具体要求，同时，若公司治理不力或发生违规推介等行为将追究高管责任；第四，对于信托公司股东，要求其承诺必要时给予流动性支持，当经营损失侵蚀资本时补充资本，当违反经营规则造成危机时责令转让或限制股东权利；第五，对于其他金融机构，要求其在与信托公司的合作中明确通道责任，厘清权利和义务，落实风险承担主体；第六，对于信托业，文件提出要探索设立行业稳定基金，力图发挥行业合力，应对单体业务及单体机构风险冲击。

（二）引导信托公司转型的三大方向

从“促转型”的角度来看，99号文在总结行业转型探索实践的基础上，高度凝练、提纲挈领地指出了未来信托业转型的三大方向，即“资产管理、投资银行、受托服务”。其中，受托服务业务主要包括信托公司仅作为通道发挥事务管理功能而不作为责任主体的通道业务，以及以家族信托、企业年金信托、公益信托、股权代持、股权激励信托等为代表的事务管理型信托业务。投资银行业务主要包括99号文中指出要探索研发的债权型信托直接融资工具以及信托公司参与并主导的资产证券化业务。99号文鼓励信托公司开展真实股权投资和并购业务，提出信托公司可以通过设立直接投资专业子公司来开展相关业务，未来这部分业务将发展成为信托公司的资产管理业务。截至2014年末，许多信托公司在99号文提出的三大业务转型方向上已经取得了突破和进展。例如，外贸信托、中融信托等公司已经陆续开展了多起家族信托业务；中融信托、中信信托、平安信托等多家公司都已成立了专业投资子公司，开展股权并购、产业基金、直接投资等业务；所有信托公司的银信通道业务都明确了责任主体，该类业务进入规范化、阳光化阶段。

（三）强化资本约束，推动分类监管

为了促进信托公司向资产管理、投资银行、受托服务三大方向转型，99号文提出了配套监管措施，以推动信托公司良性发展。一方面，通过修改《信托公司净资本管理办法》，调整相关业务风险权重，引导信托公司转变重点业务方向；另一方面，推动分类经营机制的建立，以评级与业务挂钩的方式强力推动信托公司转型。

在《信托公司净资本管理办法》修订方面，文件强调，“区分事务管理类和自主管理类业务，强化信贷类业务的资本约束”，真正将净资本管理对业务的引导作用充分发挥。在分类经营机制建立方面，文件着重推动减分制评级以限制相关公司的业务范围，文件明确指出，“将评级结果与业务范围相挂钩，逐步推进实施‘有限牌照’管理”。

二、金融同业新规力促规范化、透明化

2012年以来，银行表内非标准化业务扩张迅速，尤其是买入返售类的非标准化业务增加明显，导致货币和信用的扩张脱离监管，存在影子银行业务风险加剧的可能性。正是基于此，2014年4月监管层出台了金融机构同业业务新规，其主旨仍延续对影子银行业务的监管思路，即“以实质重于形式”的态度，要求同业业务规范化、透明化，并以此来约束金融机构同业非标准化业务。

（一）依业务性质规范同业业务

2014年4月，“一行三会”和外汇局联合发布了127号文，开始清理规范金融机构同业业务。首先，文件清晰定义同业业务内涵，并划分为投融资性质不同的五种类型，包括同业拆借、同业存款、同业借款、同业代付、买入返售（卖出回购），以此作为规范管理的基础；其次，文件严格规范各类同业业务的适用范围和会计处理方式，如对买入返售交易对手数量、标的、担保等给出严格范围，对同业代付受托方和委托方会计科目核算作出了细致规定；再次，文件对同业业务管理方式提出了要求，即由总行层面专设部门统一管理，施行名单准入和额度控制，并根据同业业务特点及分支机构能力区别授权，每年进行调整；最后，文件还对同业业务的开展期限及其比例进行了限制，如同业借款不可超过3年，对单一金融机构同业融资不得超过该银行一级资本的50%等。

（二）传统银信业务空间压缩

127号文对买入返售业务进行了详细界定，通过对银行的财务处理、资产范围、担保方式三个主要方面进行约束，三方买入返售信托受益权通道业务的操作空间受到严重压缩。

首先，文件指出买入返售仅限两方之间，三方或以上类似交易被排除在买入返售业务之外，这使得通过三方交易进行的非标准化通道业务无法通过买入返售的形式予以操作。其次，信托受益权等非标准化资产被排除在买入返售金融资产范畴之

外。127号文规定，买入返售的金融资产为银行承兑汇票、债券、央行票据等在银行间市场、证券交易所市场交易的且具有合理公允价值和较高流动性的金融资产，信托受益权及其他资产管理产品不在范围之内。最后，买入返售和同业投资不得出现第三方金融机构信用担保。127号文要求，上述两类业务“不得接受和提供任何直接或间接、显性或隐性的第三方金融机构信用担保”，这意味着信托公司银信通道业务中，原来由第三方银行提供的信托受益权到期回购担保行为被明令禁止，如此，则三方买入返售或者委托同业投资信托受益权的通道业务模式成立的基础不复存在。

此外，针对传统同业业务在银行端审批较为松散、部分银行甚至在分行和支行层面即可完成对同业业务授信的问题，127号文提出了规范要求，即银行须对同业业务授信审批“收权”，建立自上而下的授权管理机制，进一步提高同业授信标准。对于信托公司来说，此举大幅增加了其银信合作难度，传统银信业务的可操作性下降。

三、地方债清理规范文件影响传统政信业务

2014年9月国务院出台了地方政府债务问题清理规范的文件，地方政府债务问题迎来总体管理思路，本着化解债务风险、规范举债行为的目的，确立了清理甄别、分类处置、规范发展的三步解决路径。清理甄别工作要求将存量债务依据政府承担责任的不同划分为偿还责任、担保责任、救助责任三种类型；分类处置要求在清理甄别的基础上，将三类债务分别纳入预算管理；规范发展则是提出了未来地方政府进行规范举债的机制，明确了程序、额度、用途、归还方式等，未来政府只能依次发行一般债券和专项债券举借相应债务。受此影响，信托公司除少量纳入预算的存量业务以外，其传统政信业务面临发展空间的急剧收缩，未来亟须向政府倡导的PPP模式转型。

（一）化解债务风险，建立举债机制

2014年9月，《国务院关于加强地方政府性债务管理的意见》（简称国发43号文）出台，文件旨在为加强地方政府债务管理提供总体思路，主要目标是化解地方政府债务风险、规范地方政府举债行为，未来地方政府债务问题将按照清理甄别、分类处置、规范发展的三步路径予以解决。为配合43号文的要求，财政部还出台了《地方政府存量债务纳入预算管理清理甄别办法》（简称财预351号文），对清理甄别、分类处置给出了更为详细的规定。两个文件对存量债务及未来举债方式提出

了总体思路，即对存量债务逐笔审核，按照政府承担偿还责任、担保责任、救助责任的不同，将存量债务清理甄别为一般、专项和或有三类债务，而后在分类处置上采取将一般和专项债务纳入预算管理、或有债务按要求提出处置措施的办法予以执行。同时，为规范政府未来举债机制，提出“政府债券、公私合营”的新融资模式，规定了地方政府未来以既定程序、限定额度、规定用途、确定归还方式等发行一般债券和专项债券筹措债务资金的规范渠道。

（二）传统政信业务发展空间急剧收缩

地方政府债务经过清理甄别、分类处置之后，最终的目的还是建立起规范的举债机制，即发行一般债券和专项债券。按照文件的要求，地方政府举债融资机制自此将步入规范发展阶段，存量债务分类纳入预算管理，发债置换降低利息负担，拓宽渠道统筹偿还存量债务，优先保障在建项目续建收尾，未来举借债务则必须通过既定程序发行债券解决。从文件规定的这一系列内容来看，对于地方政府举借的债务，存量部分清理甄别纳入预算管理，虽然对信托公司来说相当于存量业务的兑付有了预算资金保障，但是文件还明确提出限制融资平台举借政府性债务，这使信托公司的传统政信业务受到了挑战，未来地方政府增量债务按要求则只能通过发行债券或者PPP模式予以解决。因此，信托公司以地方政府担保为核心的传统政信业务将失去存在的基础，发展空间急剧压缩（2014年基础设施类业务规模仅增长6.4%，远低于行业28%的增速），而只能转变业务模式，在政府力推的发行债券或PPP模式中寻找转型机会。

四、信托业保障基金构建市场化维稳机制

2014年12月，中国信托业保障基金有限责任公司建立，行业内14家大型信托公司参股出资，所有信托公司按规定认购，信托业风险化解处置的最后防线体系形成，单个项目和个别公司风险对行业的波及影响有了制度性化解措施，对行业稳定发展具有重大积极作用。

（一）保障基金管理办法明确五类救助情形

《信托业保障基金管理办法》（以下简称《保障基金管理办法》）由中国银监会与财政部共同起草，并于2014年12月10日向各地银监局、中国银监会直接监管的信托公司和中国信托业协会正式公布实施。《保障基金管理办法》规定，保障基金是主要由信托业市场参与者共同筹集，用于化解和处置信托业风险的非政府性行业互助

资金。根据《保障基金管理办法》的规定，该基金可救助五种情形：一是信托公司因资不抵债，实施恢复与处置计划后，仍需重组的；二是信托公司依法进入破产程序，并进行重整的；三是信托公司因违法违规经营，被责令关闭、撤销的；四是信托公司因临时资金周转困难，需要提供短期流动性支持的；五是需要使用保障基金的其他情形。《保障基金管理办法》的出台将有助于维护信托业的稳定，有助于落实优胜劣汰的市场竞争机制，有助于稳妥解决所谓“刚性兑付”的问题，并有效防范信托公司及其股东的道德风险。

（二）信托业保障基金完善风险防范体系

2014年12月19日，中国信托业保障基金和中国信托业保障基金有限责任公司（以下简称信托业保障基金公司）获国务院同意设立，并明确由中国银监会负责监管。信托业保障基金公司作为保障基金的管理人，负责保障基金的筹集、管理和使用，并经营监管部门批准的金融业务。信托业保障基金公司以管理保障基金为主要职责，不追求利润最大化，以化解和处置信托业风险为主要任务和目标。通过设立专门的信托业保障基金公司，建立一支熟悉信托业市场、能监测信托业风险的专业队伍作为基金管理人，通过市场化运作，可以有效提升保障基金处置风险的能力，更好地承担化解和处置信托业风险的重要任务，从而提振投资者对行业的信心，促进信托业的发展。同时，这种机制设计也是对我国金融体系的稳定以及安全网制度安排的改革创新和积极探索。

（三）分类认购彰显监管倡导方向

《保障基金管理办法》提到，募集资金按照机构分类和业务分类的规则进行。一方面，信托公司强制每年认购其净资产余额的1%，新的融资性资金信托的融资者认购其融资规模的1%；另一方面，新的投向标准化产品的投资性资金信托，由信托公司按发行金额的1%认购，新的财产信托由信托公司按其收取报酬的5%认购。《保障基金管理办法》明确地体现了监管部门对化解风险和倡导转型的积极态度：一是对于存量的资金信托无须按其规模认购保障基金份额，仅对新增规模提取认购金额，在增量规模上进行改革，显然有利于保障基金的稳妥推进。二是对不同业务及其风险采取不同的认购比例和对象，以此方式引导信托资金投向。例如，融资类资金信托业务让融资者认购，这将有利于加强融资者在风险化解中的责任；资金信托按发行规模认购，财产信托按收取报酬认购，前多后少，体现监管对于两类业务风险的不同态度。

五、2015年监管政策展望：引导转型、完善制度、提升监管

2014年信托业进入监管与发展转型并重的一年。随着宏观经济环境进入新常态，信托业也面临着新局面，“控风险、谋转型、强监管”无疑成为重中之重。新常态下，国内经济增速下调、结构调整、动力转换，部分行业产能过剩或到达长期发展拐点，部分领域债务水平过高，出现风险暴露压力加大的局面。受宏观影响，信托公司将把加强风险化解和保持行业稳定发展放在更为重要的位置。2015年信托业监管层按照中国银监会监管工作会议精神和“八项机制”、“八项责任”的要求，将秉持“引导转型、完善制度、提升监管”的思路，重点落实五个方面的监管政策，即推动信托业保障基金正式运行、继续推进以《信托法》的修订和《信托公司条例》的出台为代表的顶层设计工作、完善信托产品登记制度等行业基础建设、完善分类监管机制并指导出台行业评级规定、推动信托公司转型。

（一）监管政策适时出台，行业步入监管与发展转型并重阶段

为此，2014年中国银监会在“促进转型、强化基础、提升监管”三个方面对行业进行了监管引领，不断出台涉及风险监管、“八项责任”、保障基金、监管评级、登记流通、通道业务等各个方面的监管政策，进一步强化监管引领作用，引导信托业持续稳定发展。

首先，在促进转型方面，监管单位本着引导信托公司回归主业的目的，2014年初出台了具有转型纲领性的99号文，为信托业未来发展提供了总体思路和具体方向，明晰了买卖双方的责任、指明了信托业务转型的方向、完善了监管促进转型三方面的内容，起到了统领2014年及未来数年监管工作的作用；同时，2014年中出台的《信托公司监管评级与分类监管指引》，将评级与业务范围挂钩，实施有限牌照管理，进一步以制度化方式引导信托公司转型发展。

其次，在强化基础方面，监管部门着墨较多，包括积极推动《信托法》的修订和研究起草《信托机构管理条例》以加强行业基础设施建设，设立信托保障基金以构筑风险防范的完整体系，研究推进《信托登记管理办法》，建立信托登记平台，推进信托税收和诉讼等其他方面配套制度建设等。

最后，在提升监管方面，督促信托公司做好尽职管理、台账监测、预案落实、风险化解和信息披露五方面工作，要求信托公司对到期项目提前6个月安排清算事宜，一切以守住风险底线为监管目标。

（二）“引导转型、完善制度、提升监管”成2015年监管主题

回顾过去一年信托业监管环境的变化，观察监管政策导向和意图，可以看到，2015年监管政策仍将延续既往思路，全面贯彻中国银监会监管工作会议精神，落实主席助理杨家才提出的“八项机制”和“八项责任”的要求，继续坚持风险防范化解和科学发展，推进信托公司在服务实体经济过程中深化改革和转型发展，大致思路概括起来为“引导转型方向、完善制度建设、提升监管效果”。

首先，引导转型方向。这是监管层过去数年一直在推动的工作，2014年更是成为核心工作。力图引导信托公司回归“受人之托，代人理财”的发展本源，并逐步构建起“资产管理、投资银行、受托服务”的长效发展业务条线，过去一年信托公司在股权投资、并购业务、家族财富、消费信托、土地信托等方面取得的突破进一步印证了监管意图；继续出台引导信托公司积极探索转型方向的配套政策。具体来看，2015年监管层引导信托公司创新转型的细致方向会较多，重点内容包括：一是允许符合条件的信托公司试点设立开展直接投资业务、境外业务、专业销售业务等的专业子公司，落实99号文要求，继续鼓励信托公司走专业化道路，并实现业务创新中的风险隔离；二是研究推出信托公司上市、员工持股等改革事项，打通信托公司资本市场融资通道，鼓励信托公司采用现代化员工激励机制；三是继续落实99号文中提出的其他重要转型内容，例如，债权型信托直接融资工具既可作为信托公司融资类业务转型发展的载体，又可填补国内高收益、标准化债券的空白，还可满足投资者的投资需求，因为其在2015年将被持续推进。

其次，完善制度建设，这主要是指加强行业基础设施建设。例如，目前正在征求意见的《信托机构管理条例》、正在推动的《信托法》的修订以及保障基金的推出等，都在不同方面夯实了信托业发展的基础，解决了行业缺失的一系列制度。《信托法》的修订将涉及信托定义的完善、信托登记制度的明确、信托税收问题的解决、公益信托问题的配套制度等；《信托公司条例》的推出也将对行业构成重大影响，其中创新类、发展类、成长类三类信托公司的划分及其有限牌照的分类监管思路将会得到落实，“扶优限劣”的思想将得到贯彻。具体来看，行业的基础设施建设将会在多方面得到完善和加强，例如，建立全国统一的信托登记制度并推动信托产品登记系统正式运行；推进研究建立税收和诉讼法律配套制度；推动行业保障基金正式运作；制定监管评级细则，指导协会出台行业评级规定，完善分类监管机制。

最后，提升监管效果，这实际是指进一步提升监管的有效性，这一块仍将成为

2015年的主要工作。一方面，新的监管组织架构搭建完成并发挥全面和精细监管的作用。2015年信托部下属的综合、准入、风险分析、基金监管、机构监管五个处的部门架构完成，中国银监会信托部的监管资源将会得到进一步合理分配和优化，监管将会趋向全面化和精细化。同时，在简政放权的背景下，部分监管工作将逐步下放至属地银监局，中国银监会信托部将主要负责制度设计、功能监管、监管评价等工作，充分有效合理地配置监管资源，信托部、属地银监局的工作各有侧重，构造出更为有效的监管体系。另一方面，监管的具体工作将会采取有所聚集的方式来提升效果，如督促信托公司落实风险防范和化解、进一步加强合规管理、强化非现场监管指导作用、提高现场检查力度、提升业务和人员市场准入要求等，落实监管的全面化和精细化。

业务篇

2014年，在经济下行和竞争加剧的双重挑战下，信托业结束了自2008年以来的高速增长阶段，步入了转型发展的阶段。在新的历史发展阶段，信托业主要业务数据发生了较大的结构性变化，信托规模再创历史新高，业务结构继续优化，其中，集合资金信托产品数量和规模均保持增长势头，且在信托财产总额中的相对占比明显上升；单一资金信托产品规模增速逐步回归正常，在信托财产中的占比明显下降；财产信托规模开始稳步提高，但受制于信托财产过户制度、登记制度以及信托税收制度等因素制约，目前业务发展空间受限，在总体信托财产中的占比仍然较小。根据信托的投向领域，本部分从房地产信托、基础产业信托、证券投资信托、工商企业信托、金融同业合作等不同信托业务类型展开进一步分析。得益于“多方式运用、跨市场配置”的灵活经营体制和对宏观经济形势与市场环境的快速反应能力，信托公司的主要业务类型在规模上呈现出持续调整和动态变化的趋势，产品交易模式屡有创新，市场介入程度不断加深，对专业管理能力的需求更加迫切。

第七章　信托业务总体概况

截至2014年末，信托业管理的信托资产规模为13.98万亿元，较2013年末的10.91万亿元，同比增长28.14%，较2013年末46%的同比增长率明显回落。本章将在业绩篇信托业务经营业绩整体分析的基础上，分别从集合资金信托、单一资金信托、管理财产信托三个维度就信托业务的总体发展情况展开介绍。

一、集合资金信托业务

集合资金信托产品数量和规模均保持增长势头，且在信托财产总额中的相对占比明显上升。

（一）产品规模快速增长，在信托财产中的占比明显上升

1. 产品存量规模持续快速增长

截至2014年末，全行业管理集合资金信托产品14,105个，总体规模为42,920.58亿元，存量规模较2013年增长58%，同比增速较2013年提高了13.82个百分点，呈现出良好的发展势头。从存续规模来看，截至2014年末，集合资金信托产品在信托资产中的占比为30.70%，较2013年末增加5.8个百分点（见图7–1和图7–2）。

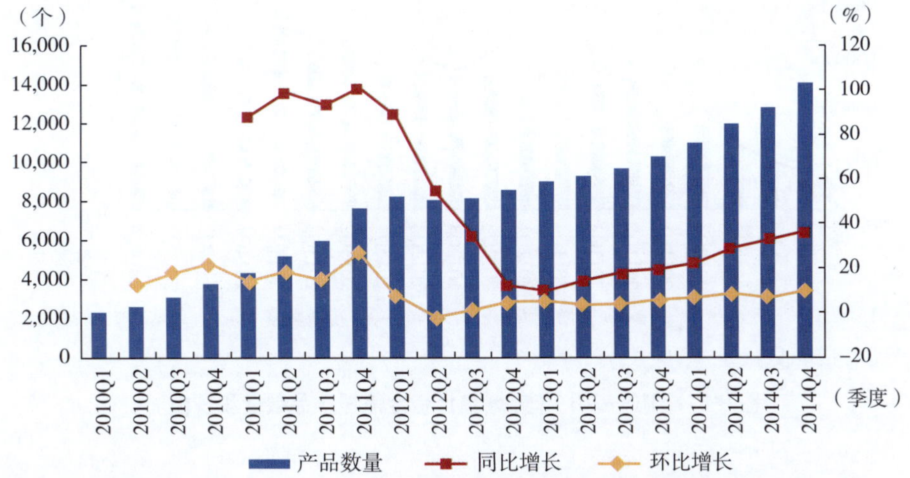

数据来源：中国信托业协会。

图7–1　2010—2014年集合资金信托产品数量和增速

数据来源：中国信托业协会。

图7-2　2010—2014年集合资金信托产品规模和增速

2. 产品新增规模增速回落

2014年全年新增集合资金信托项目8,390个，募集信托资金合计15,713.91亿元，新增规模较2013年同比增长20.47%，但同比增速较2013年回落7.91个百分点（见图7-3）。

数据来源：中国信托业协会。

图7-3　2010—2014年新增集合资金信托产品数量和规模

（二）功能分类上投资类信托模式开始占据主导

截至2014年末，全行业管理的集合资金信托产品中，融资类信托为16,718.58亿元，占比39%，相对占比较2013年末下降了8个百分点；投资类信托为21,442.46亿元，占比50%，与2013年末相比基本保持不变；事务管理类信托为4,759.53亿元，占比11%，与2013年末相比提升了8个百分点（见图7–4）。

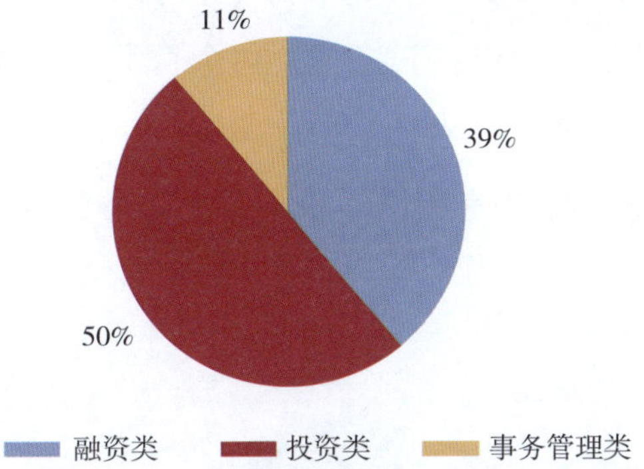

数据来源：中国信托业协会。

图7–4　2014年集合资金信托产品功能分类

从2010年以来集合资金信托产品功能分类结构变化情况来看，融资类和投资类始终占据绝对比重，但进入2014年以后事务管理类的占比稳步提升，而投资类的占比则相对保持稳定（见图7–5）。

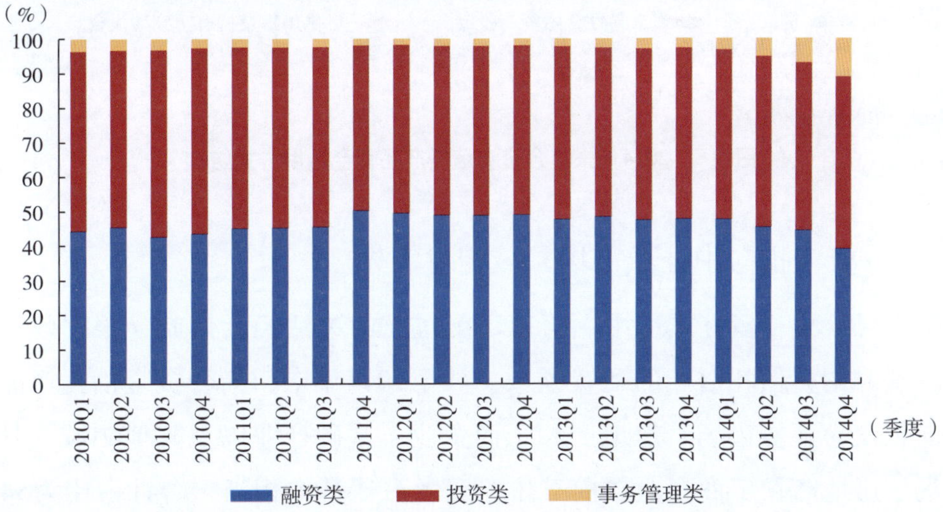

数据来源：中国信托业协会。

图7–5　2010—2014年集合资金信托产品功能分类变动情况

（三）资金运用方式以贷款和可供出售及持有至到期投资为主

集合资金信托产品的资金运用方式呈现灵活多样的特征，其中贷款、交易性金融资产投资、可供出售及持有至到期投资、长期股权投资、租赁等为主要的运用方式。截至2014年末，存续的集合资金信托产品中，可供出售及持有至到期投资的规模为11,580.34亿元，占比26.97%，占比与2013年末基本持平；贷款的规模为11,311.47亿元，占比26.35%，占比与2013年末基本持平；长期股权投资的规模为5,335.60亿元，占比12.43%，占比较2013年末下降了3.33个百分点；交易性金融资产投资的规模为7,289.70亿元，占比16.98%，占比较2013年末上升4.63个百分点；其他的规模为4,043.59亿元，占比9.45%，占比较2013年末下降3.31个百分点（见图7-6）。

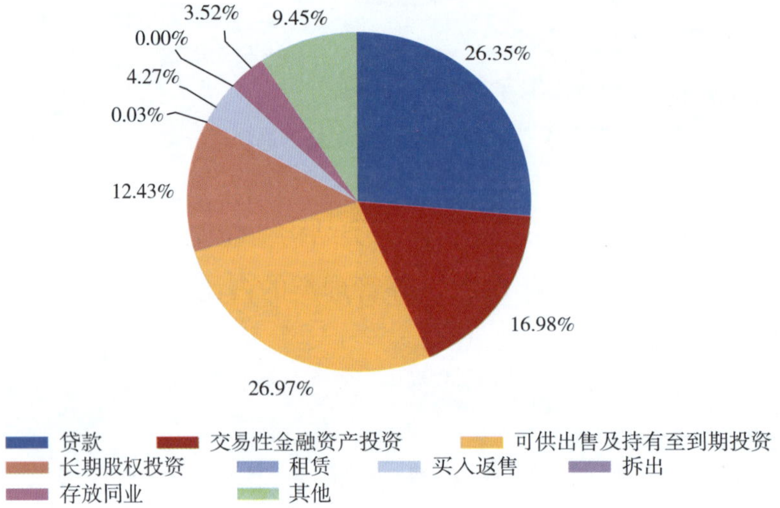

数据来源：中国信托业协会。

图7-6　2014年末集合资金信托产品资金运用方式结构

（四）在资金投向中证券市场领域相对领先

信托公司以其“多方式运用、跨市场配置”的灵活经营体制，根据政策和市场的变化，适时调整信托财产的配置领域。截至2014年末，集合资金信托产品的主要资金投向依次为证券市场、房地产、工商企业、基础产业以及其他领域，其中投向证券市场、房地产、工商企业居前三位，三者占比基本相当，合计占比为54.86%。与2013年相比明显变化是投向证券市场的规模和占比取代了投向工商企业，位居首位，这与2014年下半年以来的证券市场复苏有紧密关系，也反映了信托公司业务调整的高度灵活性（见图7-7）。

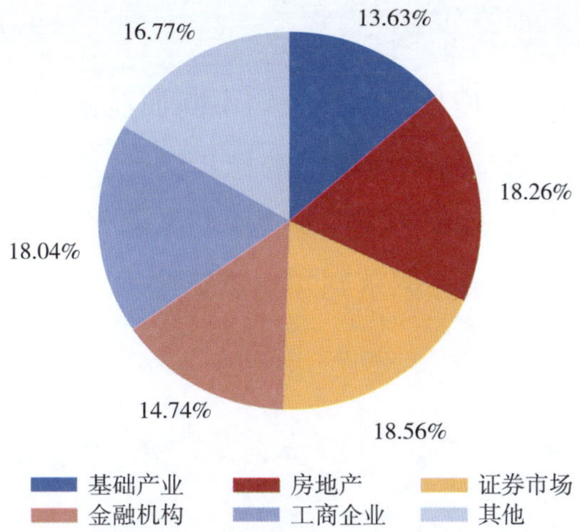

数据来源：中国信托业协会。

图7-7　2014年末集合资金信托产品资金投向领域

（五）产品到期期限集中在中长期

从2014年末存续集合资金信托产品的预计到期情况来看，3年以上到期的信托产品占比明显上升，短期信托产品到期压力并不太大。从预计到期产品的规模分布情况来看，0~6个月内到期的产品规模为4,819.01亿元，占比11.23%；6~12个月内到期的产品规模为6,791.54亿元，占比15.82%；12~24个月内到期的产品规模为10,923.29亿元，占比25.45%；24~36个月到期的产品规模为4,120.46亿元，占比9.60%；36个月以上到期的产品规模为16,266.26亿元，占比37.90%（见图7-8）。

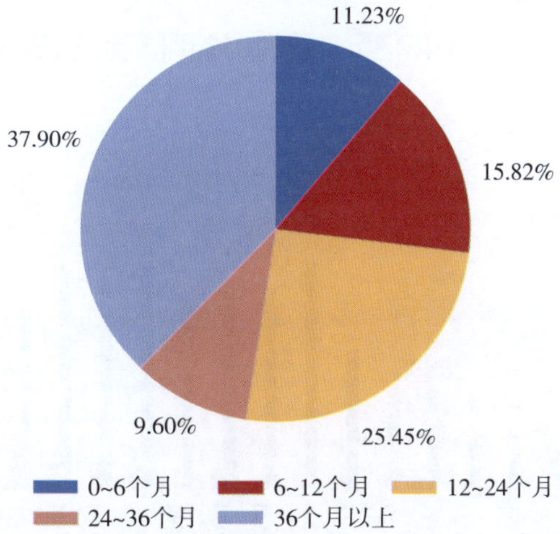

数据来源：中国信托业协会。

图7-8　2014年末集合资金信托产品预期到期结构

（六）产品平均规模保持平稳

随着社会财富的持续快速增长，信托公司不断加强营销投入，资金募集能力稳步提升，带动了集合资金信托产品平均规模的稳步增长，但进入2014年以后，受资产管理市场激烈竞争的影响，新增集合资金信托产品的平均规模逐步回落，季度均值由2013年第四季度的2.17亿元高点回落到2014年第四季度的1.89亿元（见图7–9）。

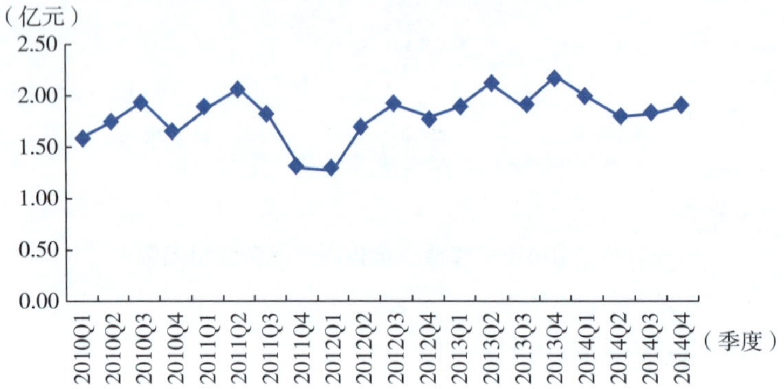

数据来源：中国信托业协会。

图7–9　2010—2014年新增集合资金信托产品平均规模

（七）清算产品实际收益率逐步回升

1. 信托本金给付额和收益分配额稳步上升

信托公司通过提供集合资金信托产品，为投资者提供了回报稳定、有吸引力且风险可控的投资产品，满足了财富管理需求，增加了居民财产性收入。2014年信托公司累计清算集合资金信托产品4,883个，累计给付信托本金10,221.12亿元，较2013年同比增长14.11%；分配信托收益1,424.46亿元，较2013年同比增长45.54%（见图7–10）。

数据来源：中国信托业协会。

图7–10　2010—2014年集合资金信托产品清算情况

2. 实际收益率逐步回升，实际信托报酬率有所下滑

尽管2014年第一季度清算的集合资金信托产品的实际收益率较2013年有所下滑，但从第二季度开始保持了较平稳的回升势头，在第四季度末达到了7%左右的水平。而信托公司收取的实际信托报酬率以及管理集合资金信托产品中发生的信托费用率相对稳定，始终维持在较低水平，且实际信托报酬率呈现逐步下滑趋势（见图7-11）。

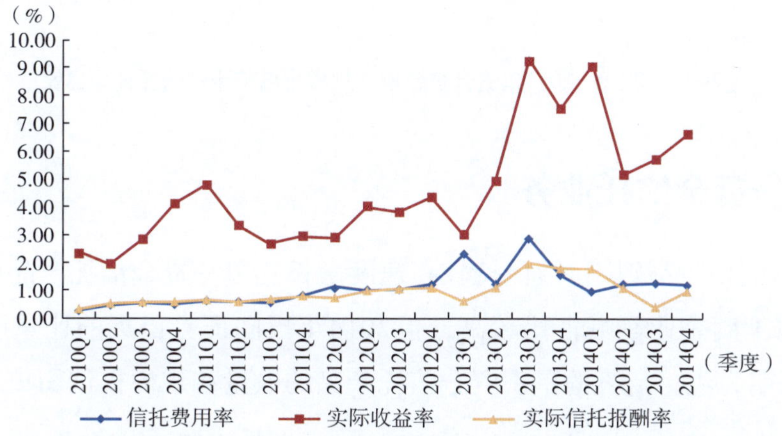

数据来源：中国信托业协会。

图7-11　2010—2014年清算的集合资金信托产品收益及信托报酬

（八）业务集中度明显上升

从行业集中度情况来看，排名前十的信托公司管理的集合资金信托规模达到20,429.33亿元，绝对规模较2013年增长79.50%，占市场总体规模的47.60%，集中度较2013年上升约6个百分点，行业领先公司优势进一步强化（见表7-1和图7-12）。

表7-1　　　2014年末集合资金信托管理规模排名前十的信托公司

序号	公司名称	管理规模（亿元）	序号	公司名称	管理规模（亿元）
1	中融信托	3,710.34	6	建信信托	1,783.86
2	平安信托	2,799.69	7	华润信托	1,773.87
3	外贸信托	2,464.60	8	中海信托	1,484.73
4	上海信托	1,809.80	9	华能信托	1,404.43
5	中信信托	1,804.87	10	兴业信托	1,393.14

数据来源：信托公司年报。

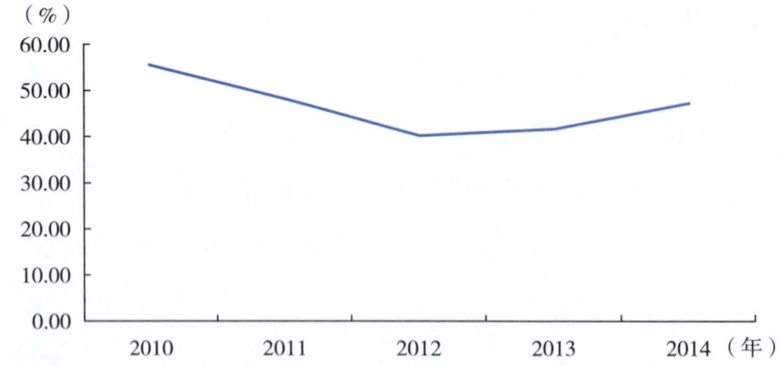

数据来源：中国信托业协会。

图7-12　2010—2014年集合资金信托规模排名前十的信托公司占比

二、单一资金信托业务

单一资金信托产品规模持续保持较高速度增长。单一资金信托产品以事务管理类占主导；投向工商企业领域占比较高，但2014年投向证券市场的比重明显上升；产品期限以中短期为主；清算的单一资金信托产品的数量和规模再创历史新高。

（一）产品规模增速放缓，在信托财产中的占比明显下降

1. 产品规模增速逐步回归正常

截至2014年末，信托公司管理单一资金信托产品21,535个，总体规模为87,484.40亿元，规模较2013年增长15.22%。单一资金信托产品在信托财产中的占比为62.58%，较2013年末下降约7个百分点（见图7-13和图7-14）。

数据来源：中国信托业协会。

图7-13　2010—2014年单一资金信托产品数量和增速

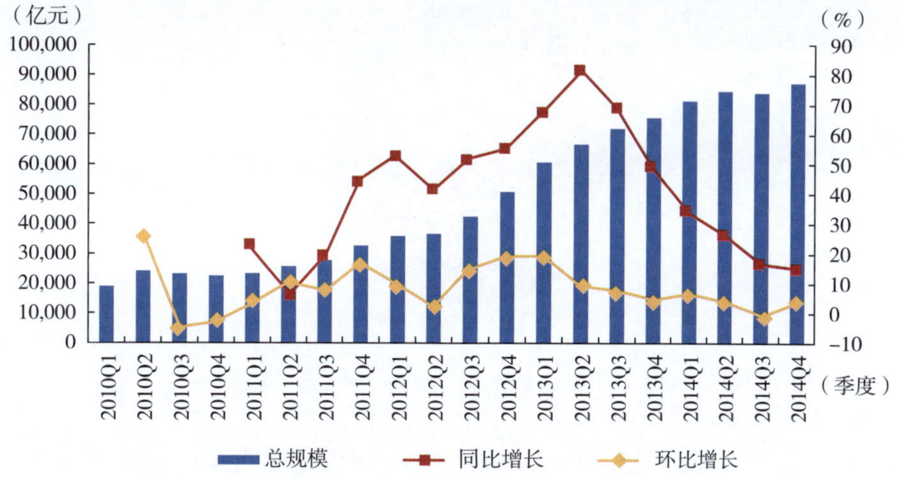

数据来源：中国信托业协会。

图7–14　2010—2014年单一资金信托产品规模和增速

2. 新增单一资金信托规模快速下滑

2014年新增单一资金信托项目11,820个，募集信托资金合计36,698.14亿元，规模较2013年下滑17.30%（见图7–15）。

数据来源：中国信托业协会。

图7–15　2010—2014年新增单一资金信托产品

（二）功能分类上事务管理类信托模式占据主流

从信托产品功能分类情况来看，截至2014年末，全行业管理单一资金信托产品中，融资类信托为27,069.04亿元，占比31%，较2013年下滑约18个百分点；投资类信托为25,050.58亿元，占比29%，相对占比基本保持不变；事务管理类信托为35,364.77亿元，占比40%，较2013年显著提升（见图7–16和图7–17）。

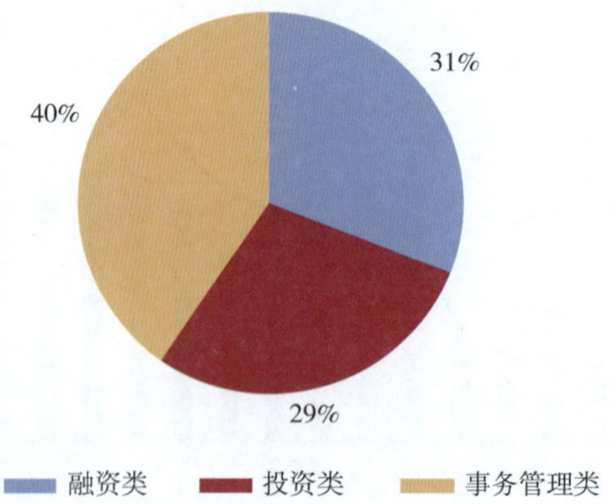

数据来源：中国信托业协会。

图7-16　2014年末单一资金信托产品功能分类

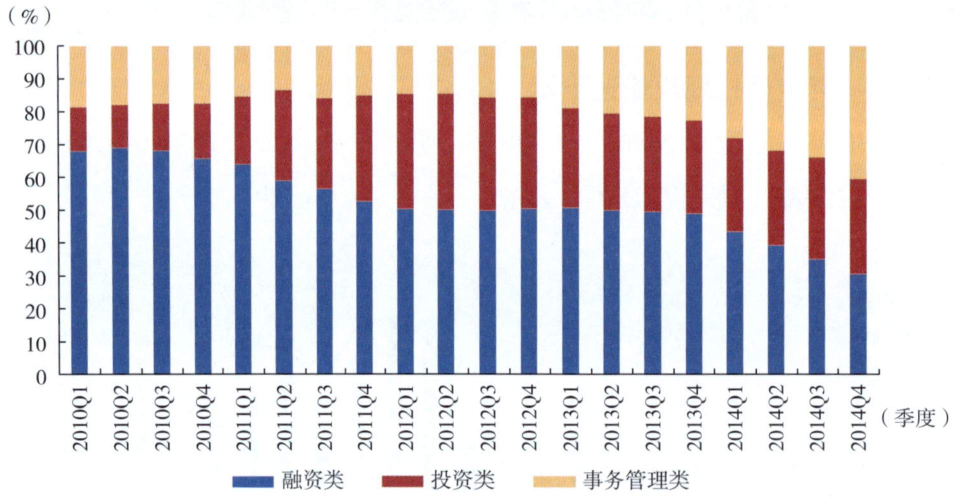

数据来源：中国信托业协会。

图7-17　2010—2014年单一资金信托产品功能分类变动情况

（三）资金运用方式仍以贷款为主

在单一资金信托产品中，贷款、交易性金融资产投资、可供出售及持有至到期投资、长期股权投资、买入返售等为主要的运用方式。截至2014年末，在单一资金信托产品的规模结构中，贷款规模为41,400.64亿元，占比47.32%，较2013年下降约7个百分点；可供出售及持有至到期投资规模为16,536.92亿元，占比18.90%，较2013年上升约3个百分点；交易性金融资产投资规模为9,290.21亿元，占比10.62%，相对占比较2013年上升近3个百分点；存放同业规模为8,690.87亿元，占比9.93%，长期股权投资规模为5,713.30亿元，占比6.53%，二者占比基本保持不变（见图7-18）。

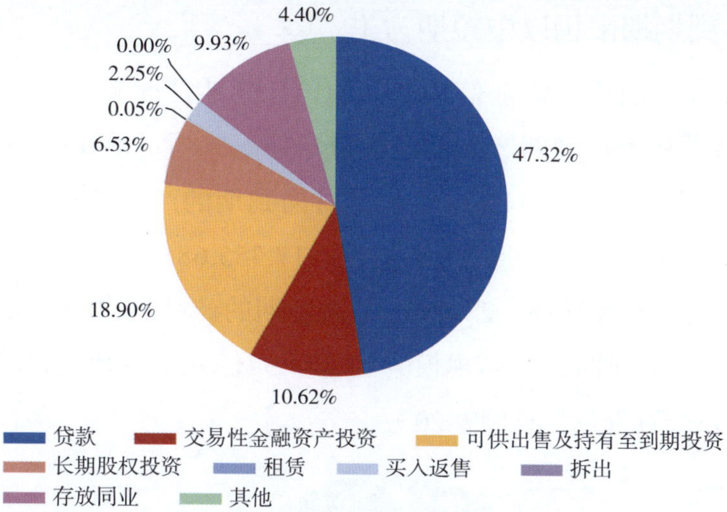

数据来源：中国信托业协会。

图7-18 2014年末单一资金信托产品资金运用方式结构

（四）资金投向中工商企业占比最高

工商企业、基础产业、金融机构、证券市场、房地产以及其他领域是单一资金信托产品的主要资金投向。截至2014年末，投向工商企业的单一资金信托产品规模为23,585.54亿元，占比26.96%，居首位，但相对占比较2013年略有下降；投向基础产业的单一资金信托规模为21,844.43亿元，占比24.97%，居于次席，但相对占比较2013年下降3.7个百分点；投向金融机构的单一资金信托规模为16,349.87亿元，占比18.69%；投向证券市场的单一资金信托规模为10,527.13亿元，占比12.03%，较2013年的相对占比上升近3个百分点，这在很大程度上受益于证券市场的复苏；投向其他领域的单一资金信托规模为9,920.81亿元，占比11.34%；投向房地产领域的单一资金信托规模为5,256.62亿元，占比6.01%（见图7-19）。

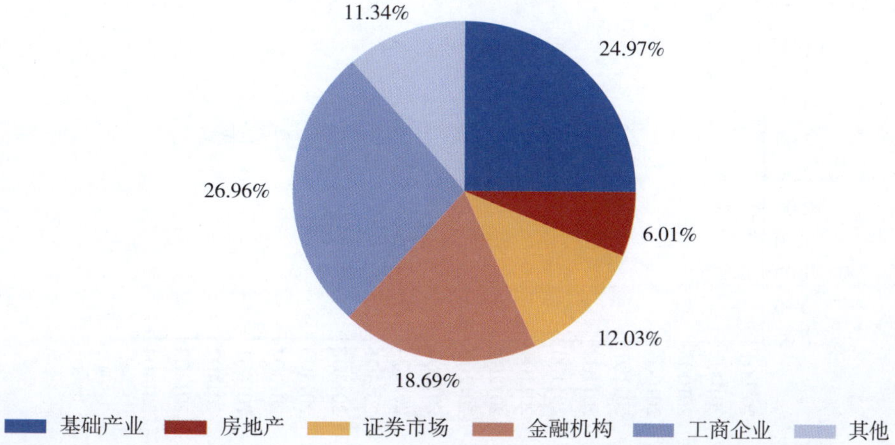

数据来源：中国信托业协会。

图7-19 2014年末单一资金信托产品资金投向领域

（五）产品到期期限仍以中短期为主

从2014年末存续的单一资金信托产品的预计到期情况来看，3年以上到期的信托产品占比最高。从预计到期产品的规模分布情况来看，0~6个月内到期的产品规模为17,531.10亿元，占比20.04%；6~12个月内到期的产品规模为13,273.40亿元，占比15.17%；12~24个月内到期的产品规模为17,355.68亿元，占比19.84%，相对占比较2013年下降6.59个百分点；24~36个月内到期的产品规模为9,769.28亿元，占比11.17%；36个月以上到期的产品规模为29,554.94亿元，占比33.78%，相对占比较2013年提高了7.75个百分点（见图7–20）。

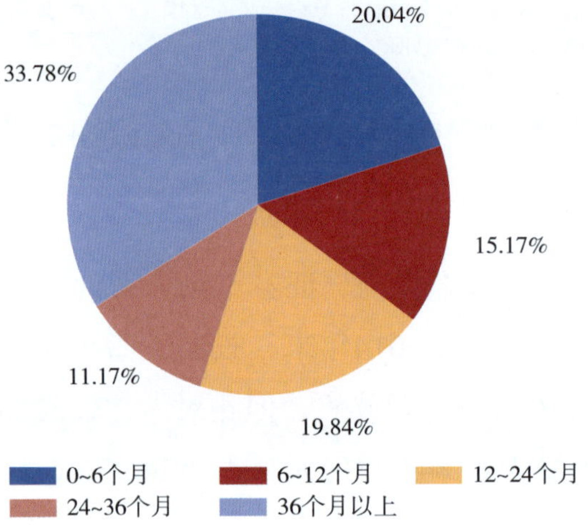

数据来源：中国信托业协会。

图7–20　2014年末单一资金信托产品预计到期结构

（六）新增产品平均规模略有上升

总体来讲，新增单一资金信托的平均规模略有上升，2010年以来基本维持在3亿元左右（见图7–21）。

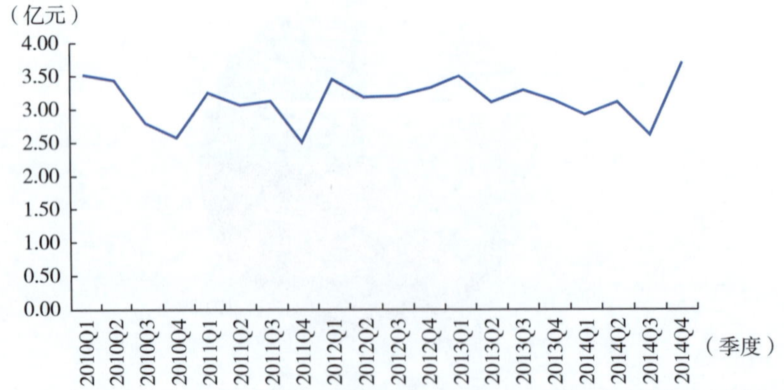

数据来源：中国信托业协会。

图7–21　2010—2014年新增单一资金信托产品平均规模

（七）清算产品实际收益率逐步回落

1. 信托本金给付额和收益分配额稳步上升

2014年信托业共清算单一资金信托产品10,371个，信托本金累计给付额为42,151.21亿元，较2013年同比增长12.08%；累计分配信托收益3,301.04亿元，较2013年同比增长65.22%，保持了较高增长速度（见图7–22）。

数据来源：中国信托业协会。

图7–22　2010—2014年清算的单一资金信托产品数量和信托本金给付额、信托收益分配额

2. 信托实际收益率逐步回落，信托费用率和实际信托报酬率占比较低

2014年清算单一资金信托的实际收益率呈现逐季度回落态势，且在2014年几度回落到5%左右的相对较低水平。信托费用率和实际信托报酬率则稳中略降，分别在0.5%/年和0.3%/年左右（见图7–23）。

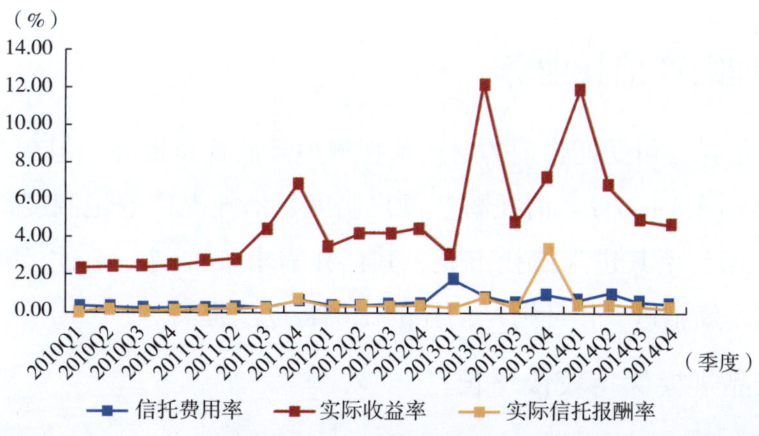

数据来源：中国信托业协会。

图7–23　2010—2014年清算的单一资金信托产品收益率、费用率及信托报酬率

（八）业务集中度总体略有上升

从行业集中度情况来看，排名前十的信托公司管理的单一资金信托规模达到35,050.08亿元，绝对规模较2013年增长18.71%，占市场总体规模的40.06%，集中度较2013年略有上升，扭转了过去四年业务集中度总体向下的趋势（见表7–2和图7–24）。

表7–2　　2014年单一资金信托管理规模排名前十的信托公司

序号	公司名称	管理规模（亿元）	序号	公司名称	管理规模（亿元）
1	中信信托	4,952.85	6	外贸信托	2,844.90
2	建信信托	4,874.03	7	华润信托	2,746.04
3	兴业信托	4,834.82	8	华能信托	2,534.59
4	华宝信托	3,901.03	9	山东信托	2,522.50
5	交银国际信托	3,481.03	10	北方信托	2,358.29

数据来源：信托公司年报。

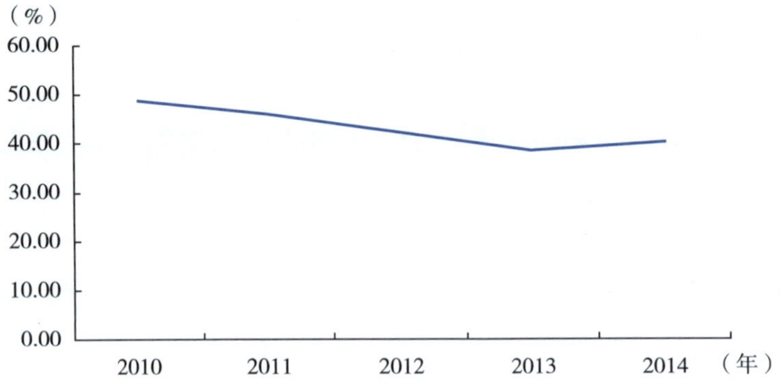

数据来源：中国信托业协会。

图7–24　2010—2014年单一资金信托规模排名前十的信托公司占比

三、管理财产信托业务

近年来，信托公司受托管理的财产信托规模开始稳步提高，但在总体信托财产中的占比一直徘徊在3%~7%。信托财产过户制度、信托财产登记制度以及信托税收制度等不健全，阻碍了其进入信托市场，其信托需求被抑制。不过，随着制度不断健全和金融创新不断推进，预计财产信托的比例将逐步提高。

（一）产品规模保持较快增长

1. 管理财产信托产品规模保持较快增长

截至2014年末，全行业管理财产信托产品2,122个，总体规模为9,394.12亿元，规模较2013年同比增长56.94%，保持了良好的增长势头。从信托公司管理的财产信托业务规模在信托总资产中的占比变化情况来看，尽管过去几年有所波动，但总体仍保持在较低水平，到2014年末占比为6.72%，同比略增长了1.23个百分点（见图7–25和图7–26）。

数据来源：中国信托业协会。

图7–25 2010—2014年财产信托产品数量和增速

数据来源：中国信托业协会。

图7–26 2010—2014年财产信托产品规模和增速

2. 新增产品规模大幅增长

2014年新增财产信托项目1,153个，规模为6,254.61亿元，规模较2013年同比增长142.91%（见图7–27）。

数据来源：中国信托业协会。

图7–27　2010—2014年新增财产信托产品数量和规模

（二）功能分类上以事务管理类为主

从信托产品功能分类情况来看，截至2014年末，全行业管理财产信托产品中，融资类信托为3,248.78亿元，占比34.58%；投资类信托为626.29亿元，占比6.67%；事务管理类信托为5,519.05亿元，占比58.75%。与2013年相比，融资类信托占比有所上升，投资类信托占比有所下降，而事务管理类信托占比基本保持稳定（见图7–28和图7–29）。

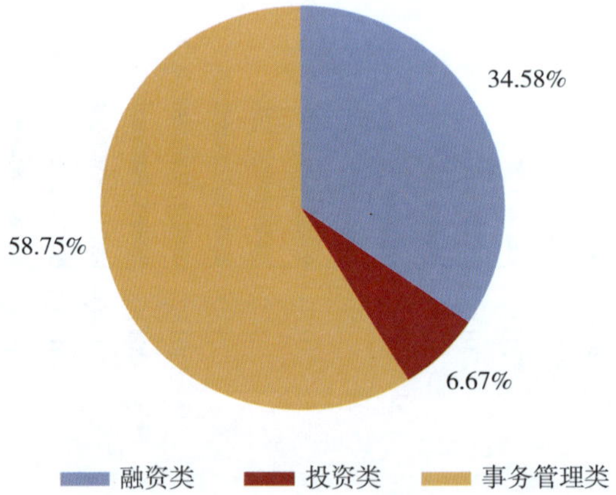

数据来源：中国信托业协会。

图7–28　2014年财产信托产品功能分类

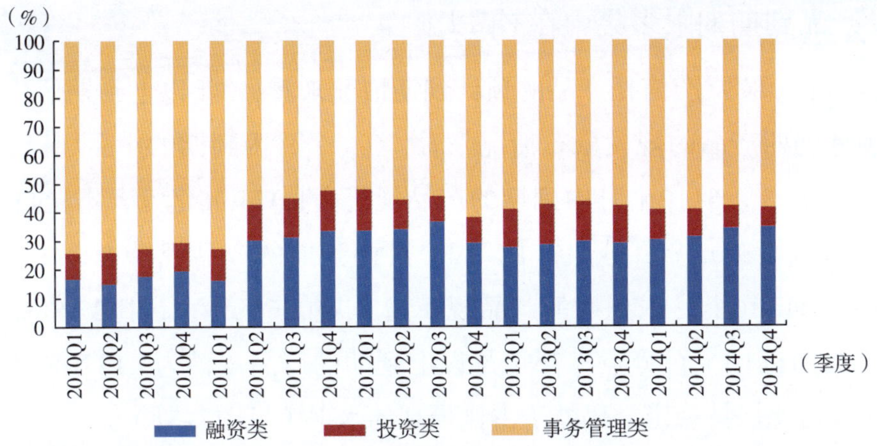

数据来源：中国信托业协会。

图7-29　2010—2014年财产信托产品功能分类变动情况

（三）资金运用方式中资产证券化增长迅速

在财产信托产品中，出售、出租、资产证券化、准资产证券化、持有并管理等为最主要的运用方式。从2014年末财产信托产品的规模结构来看，持有并管理规模为6,544.92亿元，占比69.67%，基本保持不变；资产证券化规模为1,379.93亿元，占比14.69%，与2013年相比上升了12.03个百分点；准资产证券化规模为518.60亿元，占比5.52%，相对占比较2013年下降了7.72个百分点；其他规模为925.19亿元，占比9.85%（见图7-30）。

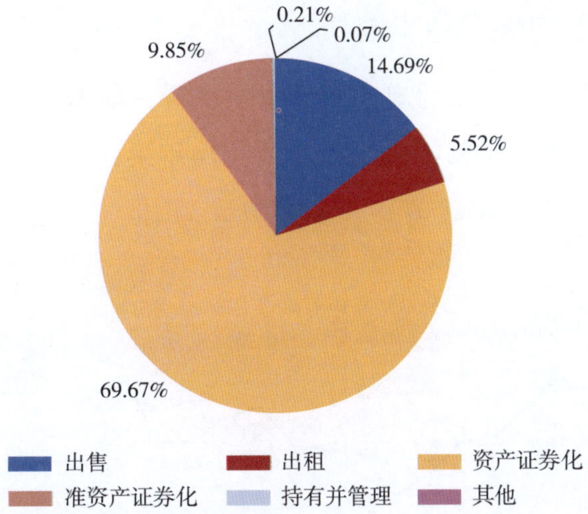

注：加总合计数不等于100%是因为计算存在四舍五入。

数据来源：中国信托业协会。

图7-30　2014年财产信托产品资金运用方式结构

（四）产品到期期限多集中在3年以上

从2014年末存续财产信托产品的预计到期情况来看，3年以上到期信托产品占比较多。从预计到期产品的规模分布情况来看，0~6个月内到期的产品规模为1,047.65亿元，占比11.15%；6~12个月内到期的产品规模为1,074.96亿元，占比11.44%，与2013年相比减少了9.05个百分点；12~24个月内到期的产品规模为1,989.59亿元，占比21.18%；24~36个月内到期的产品规模为2,149.06亿元，占比22.88%，相对占比较2013年增加近10个百分点；36个月以上到期的产品规模为3,132.86亿元，占比33.35%，相对占比保持稳定，仍处于占比最高的水平（见图7–31）。

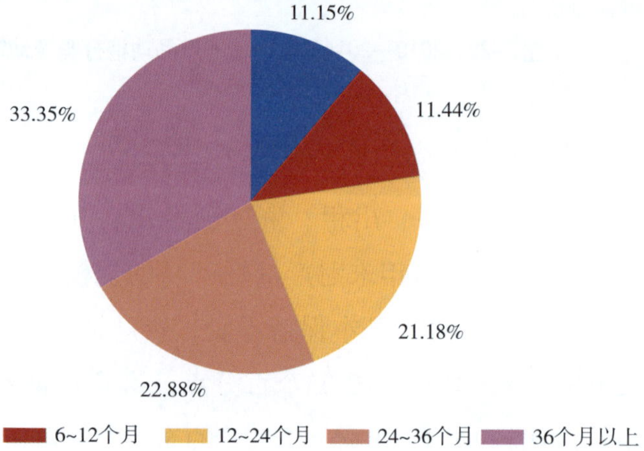

数据来源：中国信托业协会。

图7–31　2014年末财产信托产品预计到期结构

（五）新增产品平均规模稳步增长

从2010年以来财产信托产品的规模变动情况来看，新增单个财产信托产品的平均规模已由2012年第一季度末的3.19亿元增加到2014年第四季度末的7.24亿元，大致呈现增长的趋势（见图7–32）。

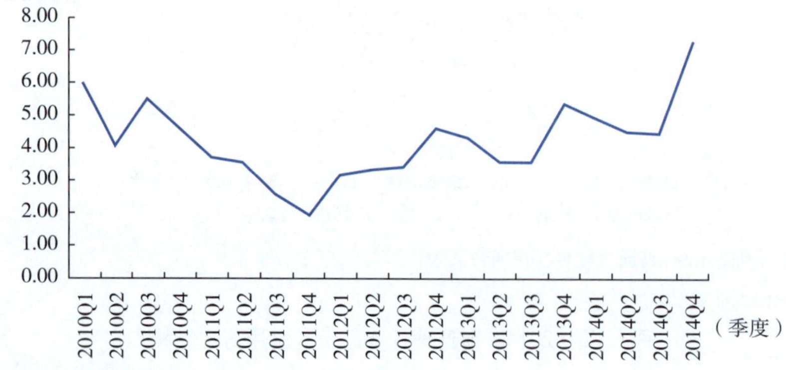

数据来源：中国信托业协会。

图7–32　2010—2014年新增财产信托产品的平均规模

（六）清算产品实际收益率波动较小

1. 信托本金给付额和收益分配额保持高速增长

2014年信托业共清算财产信托产品762个，信托本金累计给付额为2,157.27亿元，较2013年同比增长69.42%，累计分配信托收益234.37亿元，较2013年同比增长112.73%，二者均保持了较高增长速度（见图7–33）。

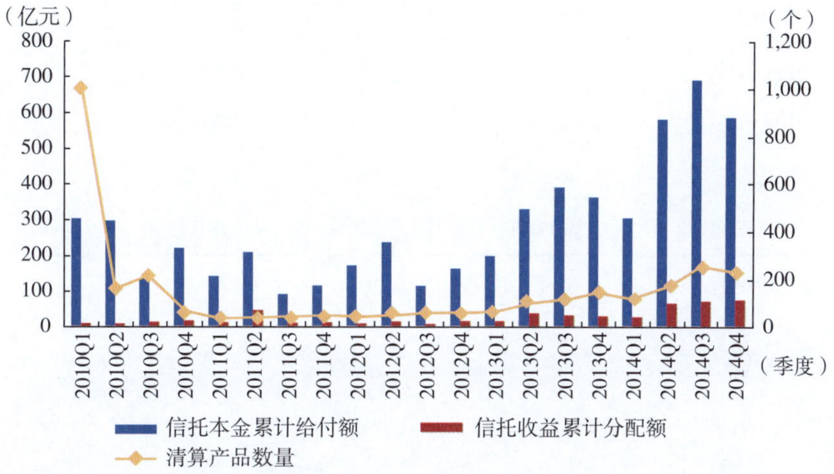

数据来源：中国信托业协会。

图7–33 2010—2014年财产信托产品清算情况

2. 信托实际收益率平稳，信托费用率有所增加

2014年清算的财产信托产品的实际收益率总体保持在1.5%左右，呈现逐季度回落态势，且在2014年第四季度回落到1.33%左右的相对较低水平。信托费用率和实际信托报酬率则稳中略降，到2014年第四季度已经分别降低至0.19%/年和0.09%/年附近，业务盈利能力较弱（见图7–34）。

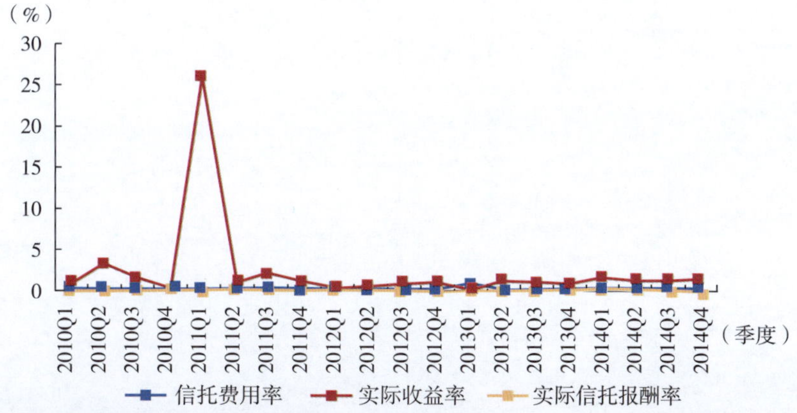

数据来源：中国信托业协会。

图7–34 2010—2014年清算的财产信托产品收益率、费用率及信托报酬率

（七）业务集中度持续下降

从行业集中度情况来看，排名前十的信托公司管理的财产信托规模达到6,090.27亿元，占市场总体规模的64.83%，与2013年相比呈下降趋势（见表7–3和图7–35）。

表7–3　　2013年财产信托管理规模排名前十的信托公司

序号	公司名称	管理规模（亿元）	序号	公司名称	管理规模（亿元）
1	中信信托	2,263.02	6	北京信托	291.61
2	中融信托	1,118.41	7	兴业信托	283.56
3	中诚信托	597.27	8	华能信托	276.55
4	英大信托	499.78	9	金谷信托	245.78
5	中铁信托	312.58	10	中建投信托	201.71

数据来源：信托公司年报。

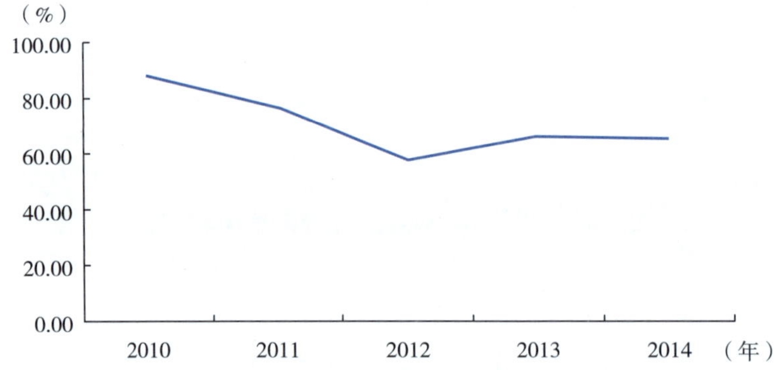

数据来源：中国信托业协会。

图7–35　2010—2014年财产信托规模前十的信托公司占比

第八章　主要信托业务（一）：房地产信托

房地产信托业务是信托公司传统的优势业务，但受到宏观调控政策和市场发展环境变化的影响，房地产信托业务规模在受托管理的信托财产中低位徘徊，但由于较高的盈利特性，它始终是信托公司重点发展的业务领域之一。

一、2014年房地产信托市场情况

在经历了近十年的高速发展后，2014年房地产市场回归正常运行的区间。房地产调控思路由原先的以限贷、限购为主的行政调控思路转向更加注重市场机制的作用，着力于构建金融、土地、税收和住房保障等政策工具综合运用的长效机制。在双向调控和分类调控的政策指导下，房地产市场化程度进一步提高。全国46个限购城市中，除了北京、上海、广州、深圳4个一线城市和三亚外都已全部松绑限购。而限贷政策也在9月30日随着人民银行对首套房认定政策的改变而松绑。

2014年全国房地产市场潜在供应较大，局部地区供需失衡，开发商新开工较为谨慎。2014年全国房屋新开工面积为17.96亿平方米，同比下降10.7%。其中住宅新开工面积为12.49亿平方米，同比下降14.4%，为近五年来最低值。2014年房屋竣工面积为10.75万平方米，同比增长5.9%。其中住宅竣工面积为80,868万平方米，同比增长2.7%。2014年商品房销售面积为12.1亿平方米，同比下降7.6%，其中住宅销售面积下降9.1%；商品房销售额为7.63万亿元，同比下降6.3%，其中住宅销售额下降7.8%。在住宅市场低迷、需求观望情绪严重的情况下，房地产开发商主动收缩规模，房地产投资的增速明显下滑。2014年全国房地产开发投资为9.5万亿元，同比增长10.5%，其中住宅开发投资额为6.44万亿元，同比增长9.2%，近五年来住宅投资增速首度出现个位数。面对重大变化的市场环境，信托公司对房地产信托业务保持了高度谨慎态度，主动控制业务节奏，调整交易和管理模式，实现了业务的持续平稳发展。

（一）产品存量规模持续增长，但在信托财产中的占比仍保持低位

1. 存量产品规模保持较快增长

截至2014年末，全国房地产信托产品有2,613个，业务存量规模为13,094.93亿元，较2013年增长26.67%（见图8–1）。

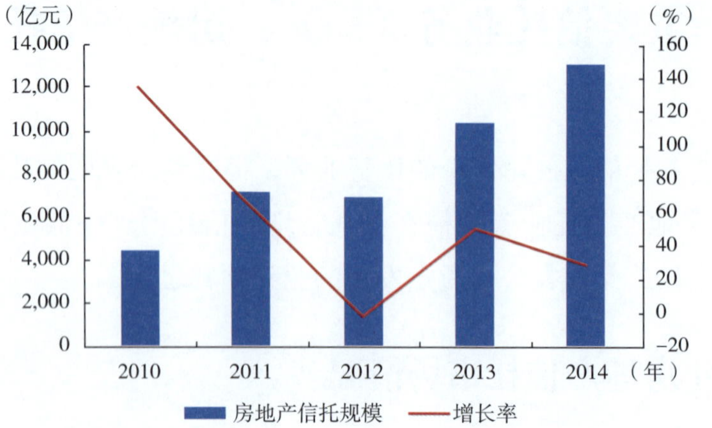

数据来源：中国信托业协会。

图8–1　2010—2014年房地产信托规模和增速

2. 存量产品规模在信托财产中的占比在低位徘徊

从存续规模来看，房地产信托业务在信托公司受托管理信托财产中的占比由2011年第三季度时的最高值17%下滑后开始趋于稳定，2014年末和2013年末都在10%左右（见图8–2）。

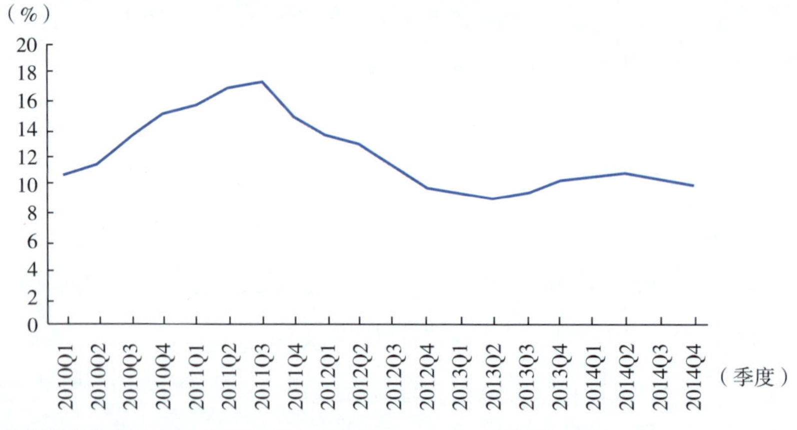

数据来源：中国信托业协会。

图8–2　2010—2014年房地产信托在信托财产中的占比情况

3. 在存量产品数量和规模上，集合类保持领先

截至2014年末，全国房地产信托产品中集合类信托产品共有1,673个，存续规模为7,838.31亿元，占比60%；单一类信托产品共有1,649个，存续规模为5,225.12亿元，占比40%（见图8–3）。

从房地产信托业务存续规模结构变化情况来看，从2014年第一季度开始集合类占比上升，从年初的50%一直上升到年末的60%（见图8-4）。

数据来源：中国信托业协会。

图8–3　2010—2014年集合类与单一类房地产信托产品的数量和规模

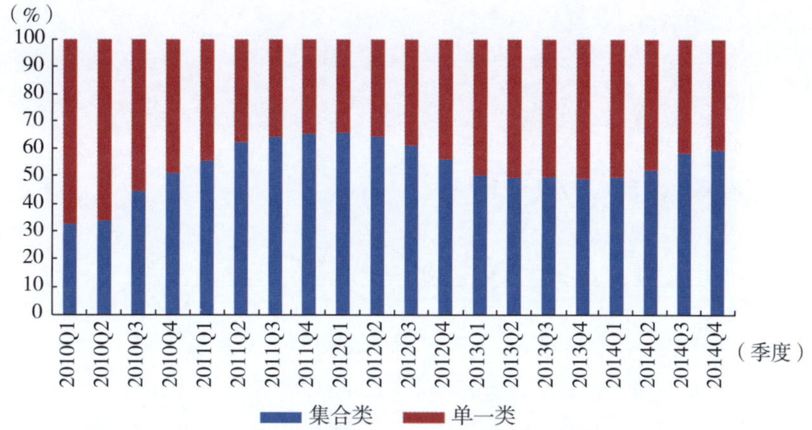

数据来源：中国信托业协会。

图8–4　2010—2014年房地产信托结构变化情况

4. 在存量产品规模增速上，集合类发展较快

从存量产品规模的季度同比变化来看，集合类规模自2013年第三季度转正以后呈上升趋势，在2014年第一季度超过单一类，保持在50%以上的较高水平。而单一类规模增速从2013年第四季度开始呈下降趋势，从2013年第四季度的75%下降至2014年第四季度的1%（见图8–5）。

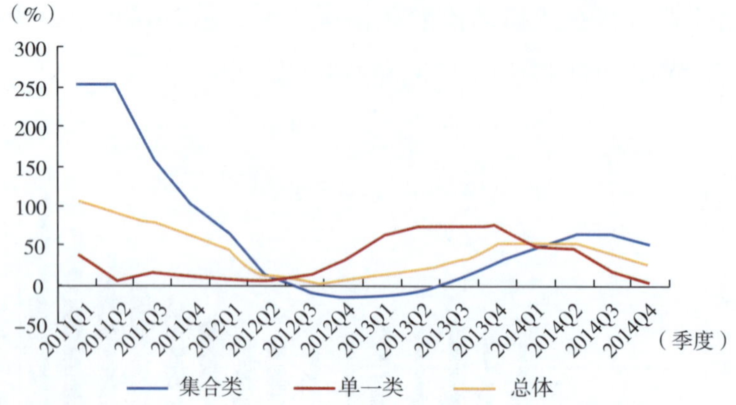

数据来源：中国信托业协会。

图8-5　2011—2014年房地产信托规模同比增长变化情况

从季度环比增长变化情况来看，集合类规模增速在2014年第二季度达全年最高点15%后开始下滑至第四季度的6%；而单一类规模增速从2014年第一季度开始下降，在2014年第三季度达最低点-13%，2014年第四季度有所反弹，最终达1%（见图8-6）。

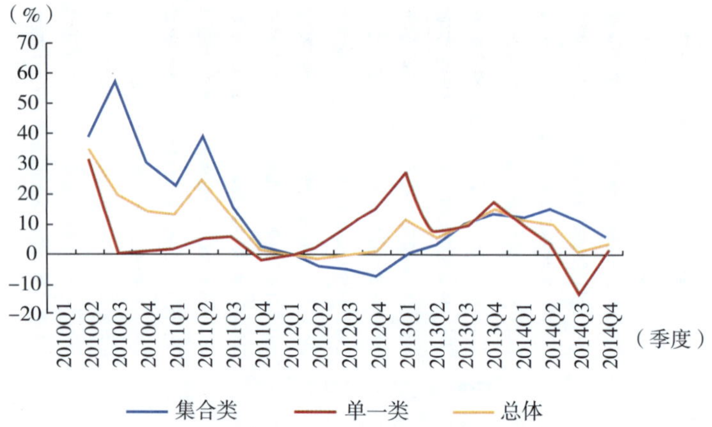

数据来源：中国信托业协会。

图8-6　2010—2014年房地产信托规模环比增长变化情况

（二）产品新增规模触底回升，集合类占比持续领先

1. 新增产品数量和规模触底回升

2014年新增房地产信托产品1,208个，规模为4,166.29亿元。新增产品数量和规模从2012年第一季度开始稳步上升，2014年第一季度开始下降，第四季度略有回升（见图8-7）。

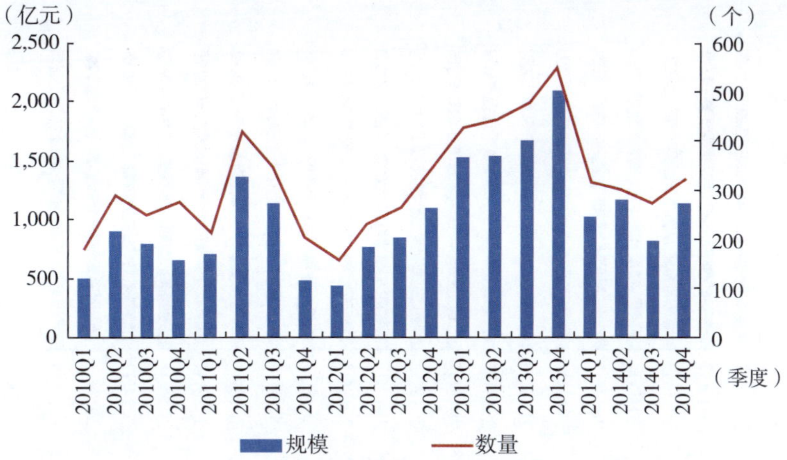

数据来源：中国信托业协会。

图8-7　2010—2014年房地产信托新增产品数量和规模

2. 在新增产品的数量和规模上，集合类继续领先

在新增的房地产信托产品中，集合类信托产品有876个，规模为3,079.48亿元，占比74%；单一类信托产品有332个，规模为1,086.81亿元，占比26%（见图8-8）。

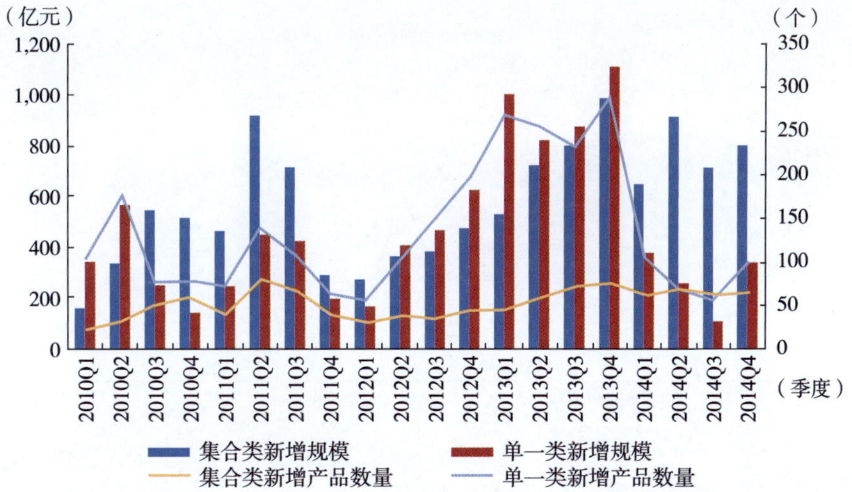

数据来源：中国信托业协会。

图8-8　2010—2014年房地产信托新增产品数量和规模

从新增产品规模的构成结构来看，新增集合类房地产信托的占比从2013年第四季度的47%一直上涨到2014年第三季度的87%，2014年第四季度回落至70%（见图8-9）。

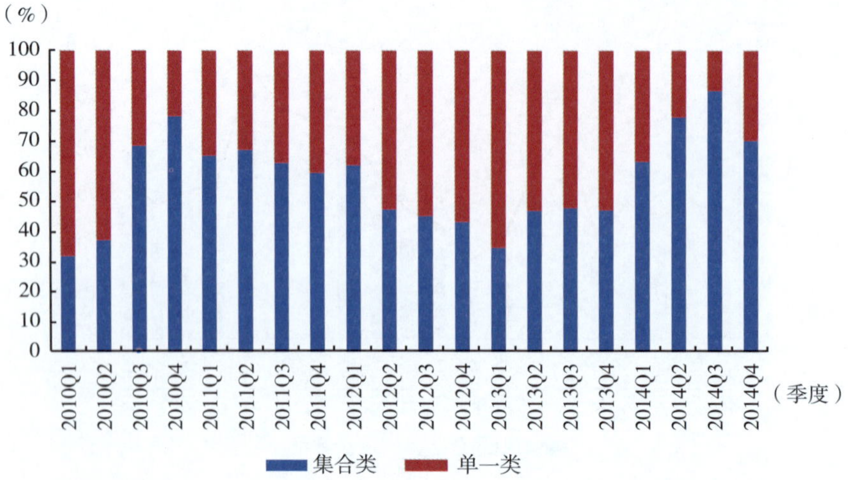

数据来源：中国信托业协会。

图8-9　2010—2014年新增房地产信托结构变化情况

3. 在新增产品规模增速上，集合类持续领先

从新增产品规模的季度同比增长变化情况来看，房地产信托新增业务规模增速在2014年持续下降。其中，集合类新增房地产信托的同比增速从年初的22%下降到-19%，单一类新增房地产信托的同比增速从年初的-62%下降到-69%（见图8-10）。

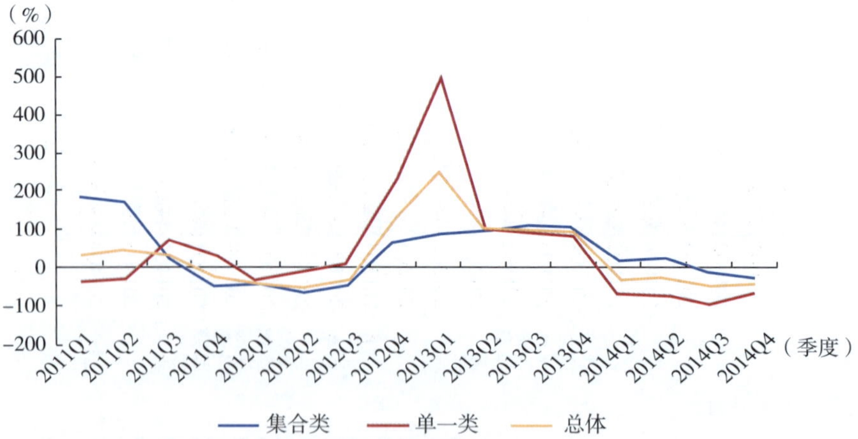

数据来源：中国信托业协会。

图8-10　2011—2014年新增房地产信托同比增长情况

从季度环比增速变化情况来看，单一类新增业务规模的波动幅度要略大于集合类新增业务规模的变动，从2012年第二季度开始，单一类新增业务规模增速呈下降趋势，在规模持续降低的情况下，2014年第四季度增速有明显回升（见图8-11）。

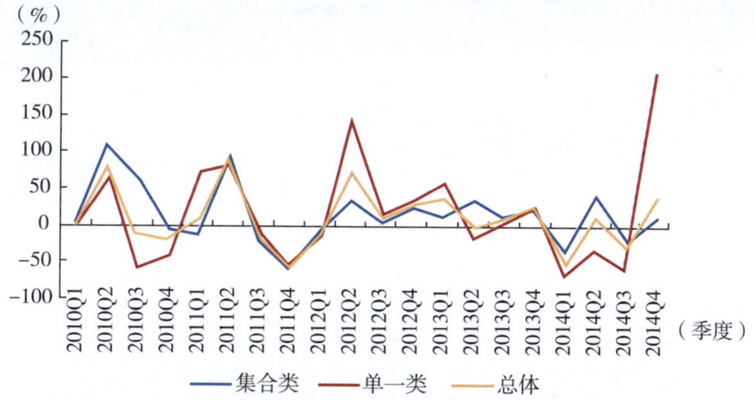

数据来源：中国信托业协会。

图8–11　2010—2014年新增房地产信托环比增长情况

4. 新增产品规模在信托公司新增信托财产中的占比下降

2014年房地产信托业务新增规模在信托公司新增信托财产中的占比呈下降趋势，基本维持在7%~9%。从分类型来看，集合类房地产信托产品在新增信托产品规模中的占比高于单一类房地产信托产品在新增信托产品规模中的占比，反映出集合类房地产信托业务发展也快于单一类房地产信托业务（见图8–12）。

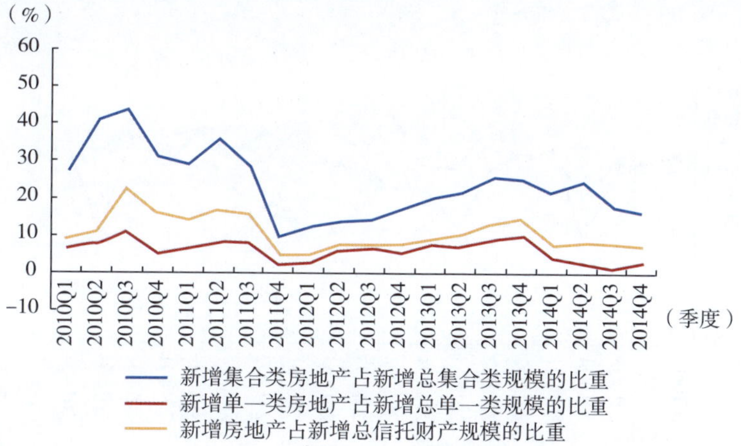

数据来源：中国信托业协会。

图8–12　2010—2014年房地产信托新增占比变化情况

（三）产品平均规模总体呈上升趋势

截至2014年末，存量房地产信托产品中的集合类产品平均规模为4.69亿元，单一类产品平均规模为3.19亿元。2014年存量集合类产品平均规模呈上升趋势，而单一类产品平均规模则呈下降趋势（见图8–13）。

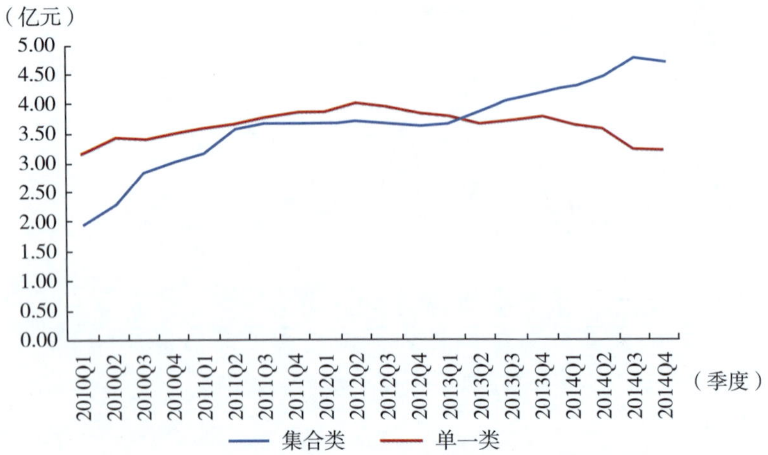

数据来源：中国信托业协会。

图8-13　2010—2014年存续房地产信托产品平均规模

2014年新增房地产信托产品中，集合类产品平均规模为3.5亿元，单一类产品平均规模为3.16亿元。可以看出，2011年第四季度以来，新增集合类房地产信托产品平均规模呈上升趋势，2013年和2014年稳定在3.5亿元附近，而新增单一类房地产信托产品平均规模在2014年第二季度后开始低于集合类信托产品平均规模（见图8-14）。

数据来源：中国信托业协会。

图8-14　2010—2014年新增房地产信托产品平均规模

（四）产品期限仍以中短期为主，未来两年内到期占比较高

从2014年末存续房地产信托产品的预计到期情况来看，1~2年内到期的信托产品较多。从预计到期产品数量分布情况来看，0~6个月内到期的产品占比为21.55%，6~12个月内到期的产品占比为24.65%，12~24个月内到期的产品占比为36.21%，

24~36个月内到期的产品占比为9.21%，36个月以上到期的产品占比为8.38%。从预计到期产品的规模分布情况来看，0~6个月内到期的产品占比为16.46%，6~12个月内到期的产品占比为21.65%；12~24个月内到期的产品占比为38.11%，24~36个月内到期的产品占比为11.79%，36个月以上到期的产品占比为11.99%（见图8–15）。

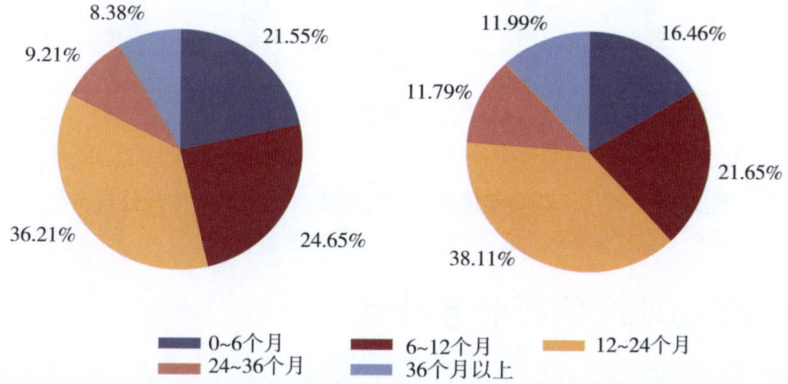

数据来源：中国信托业协会。

图8–15 2014年末房地产信托产品预计到期数量（左）及规模（右）结构

（五）信托公司业务偏好呈现差异化，业务集中度略有下降

从2014年房地产信托业务的行业集中度情况来看，排名前十的信托公司管理的规模达到5,579.17亿元，占市场总体规模的42.61%，从近四年的情况来看，基本稳定在45%左右（见表8–1和图8–16）。

表8–1 2014年末房地产信托管理规模排名前十的信托公司

序号	公司名称	管理规模（亿元）	序号	公司名称	管理规模（亿元）
1	平安信托	918.53	6	兴业信托	440.4
2	华润信托	755.61	7	重庆信托	428.98
3	中融信托	744.07	8	中航信托	388.58
4	中信信托	650.6	9	上海信托	354.47
5	山东信托	547.18	10	新华信托	350.75

数据来源：信托公司年报。

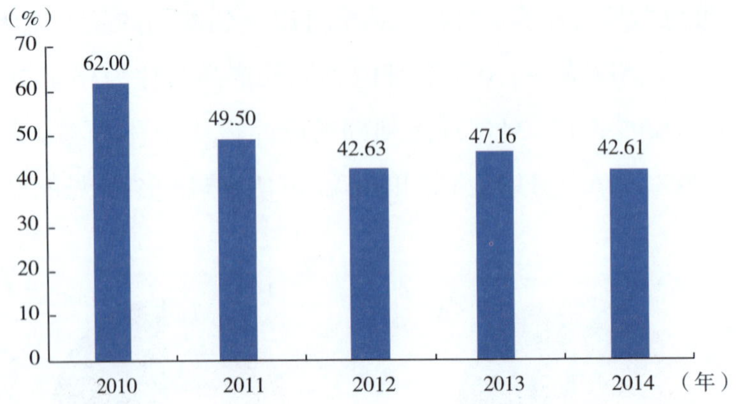

数据来源：中国信托业协会。

图8-16 2010—2014年房地产信托规模排名前十的信托公司占比

二、2014年房地产信托业务特点

2014年是房地产市场面临转折的一年，快速发展势头放缓，行业风险加大。房地产信托作为重要的融资渠道，总体业务规模有所上升，但总成本及收益率有所下降，展业区域向一二线城市回归，交易对手更倾向于大中型优质房地产企业，项目更加注重抵押物的足值与安全性，中后期管理等风控更加深入和严格。

（一）主动提高风控标准，业务区域向一二线城市集中

2014年一线城市地价呈现量跌价涨的趋势，2014年一线城市共成交土地面积3,401万平方米，同比减少27%，而楼面均价为7,705元/平方米，同比上涨 41%。受益于9月30日的房贷新政和市场流动性改善等利好，一线城市也领先于全国土地市场率先复苏。与近五年相比，2014年一线城市的土地成交量创近五年新低，成交均价也是近五年新高。

一线城市稀缺资源价值优势逐渐体现，而部分二线城市及三四线城市由于供给结构性过剩、产业发展相对滞后以及新增人口导入不足，去库存周期较为漫长，房地产市场或将继续趋冷。在楼市区域分化加剧的背景下，房地产企业为避险纷纷回归一线城市，与之相应，信托公司房地产信托业务的重点也呈现向一线城市集中的态势。此外，由于人口老龄化、房产税及不动产登记制度的预期等因素影响，房地产市场发展承压，出于风险控制的考量，信托公司房地产项目也向一线城市倾斜。

（二）积极调整业务结构，交易对手甄选更加谨慎

房地产业属于开发周期较长的资金密集型产业，且财务杠杆较高，需要长期资金

的支持，而目前房地产企业能够在资本市场获得的大部分资金期限较短，其来源主要是银行信贷。因此，近几年房地产行业风险主要集中于流动性风险。“9·30新政”及非对称降息放松按揭贷款对缓解房地产企业的流动性起到了一定的积极作用。

2014年信贷环境相对宽松，房地产行业主要风险发生了转化，由整体流动性风险逐渐转变为房地产企业的经营风险。2014年房地产行业受经济下行压力和宏观调控政策影响，部分区域性房地产市场调整幅度加大，风险信号频出。房地产企业面对高库存、高负债的双重压力，加速了以价换量的去库存措施，市场价格进一步下行。中小型房地产企业经营难度提升，房地产行业迈入优胜劣汰的竞逐整合阶段，行业集中度快速提升，中小型开发商面临重整及合并局面。因此，信托公司更加注重交易对手的选择，业务重点进一步向中大型优质房地产企业转移，对交易对手的甄选更为谨慎。

此外，在国内反腐的大背景下，“黑天鹅”事件也带来更多不可控风险，2014年信托公司根据展业环境和宏观政策的变化，不断调整和提高房地产业务的准入门槛，对交易对手的选择更加谨慎。

（三）谨慎开展住宅业务，探索保障房、商业地产等新市场领域

2014年信托公司对租赁性保障房、棚户区改造和经济适用房等国家支持的房地产细分领域加大了金融支持力度。根据中央国债登记结算有限责任公司的统计，2014年信托业保障房项目规模在房地产信托投资中的占比达8.13%。根据《国务院关于加快棚户区改造工作的意见》，棚户区改造成为2014 年的关注焦点，也是当前拉动经济增长的重要引擎之一。对这些土地成本具有明显优势、项目自身安全边际较高的细分领域，信托公司介入逐渐增多，并加强了通过资产证券化来解决租赁型保障房资金短板等融资方式的创新探索，这有利于相关建设的提速。

（四）控制融资类业务，加大股权投资、基金化运作力度

传统债权融资业务由于不能承担较高的信托资金成本而减少，同时对项目后期管理提出了更高的要求。在新的市场形势下，信托公司积极调整业务运作模式，提升主动管理能力，产品交易方式更加多元化，逐步从过去的融资型向投融资相结合及投资型转变。部分信托公司探索和研究创新业务，逐步推出规范和系列化的基金化房地产信托产品；探索持有型物业资产证券化和房地产基金的业务模式；通过搭建旗下的房地产专业子公司平台，主动介入一线以及重点二线城市位置较好、租金收入稳定或资产价值有较大增长潜力的商业地产项目。2014年末全行业存续的基金

化房地产信托产品共有8个，规模为117.01亿元；私募股权投资房地产信托产品共有8个，规模为68.1亿元；与私募基金合作的房地产信托产品共有2个，规模为5.68亿元。

三、2015年房地产信托发展趋势

展望2015年，房地产市场的主弦律仍然将是去库存，鼓励自住和改善性需求，并逐渐回归理性发展模式。从宏观经济来看，2015年中国经济增长面临下行压力，稳增长和调结构成为政府经济工作的重点。宽松的货币政策作为稳定经济增长的重要因素，也有利于促进房地产市场的持续回暖。2015年3月30日，中国人民银行、住房和城乡建设部、中国银监会联合下发通知，对居民购买二套房首付比例进行了调整，这对地产销量有明显的提升作用。不动产登记、户籍制度改革、多层次住房体系等长效机制的落实会加快推动新型城镇化进程。在新型城镇化背景下，住房需求的增长也会给房地产市场带来新的发展机遇。在2015年房地产发展的新形势下，房地产信托和房地产基金等直接融资模式将成为房地产企业融资的重要方式。而房地产信托作为传统信托的重要组成部分，也是信托公司利润收入的重要来源。在信托业新的业务增长点尚未形成的背景下，2015年房地产信托业务仍将维持稳定发展，预计发行规模将继续缩减，在信托总资产中的占比将随之下降；随着利率市场化的逐步推进，预计房地产信托未来的融资成本也会缓慢下降。

（一）资金投向多元化

“十二五”期间全国将建设3,600万套保障房，覆盖城镇20%左右的住房需求。2015年棚户区改造规模会超越2014年的470万户，政府将继续加大保障性安居工程建设力度，并加快推进城镇化战略，促进经济和产业结构转型，这为商业地产、旅游地产和养老地产等新兴地产类型的兴起也创造了良好机会。

保障房建设关系经济社会发展，有助于形成多层次住房供应体系，并促进房地产市场平稳健康发展。对于棚户区改造项目，商业银行贷款和债券发行均予以积极支持。而商业地产的现金流是长期且稳定的，也具有资产升值的潜质；商业地产受国家房地产宏观调控政策和经济周期影响不大，巨大的业务空间也有助于信托业扩大资产规模。因此，房地产信托业务资金投向也会逐步多元化，向商业物业、保障性住房等多领域进行投资。

（二）投资方式基金化

基金化的房地产信托是未来房地产信托业务发展的主要趋势之一，中国银监会也曾明确鼓励信托公司研究创新中长期的私募基金计划。首先，相比于传统的单一项目型房地产信托产品，基金型信托产品可根据市场变化情况进行主动管理，充分发挥信托公司在投资管理方面的优势，根据相应的投资策略将资金投放到不同的项目，在风险把控上更具有优势。基金化房地产信托产品将推动房地产信托业务的转型，降低房地产市场波动所带来的风险，在未来将得到进一步的发展。其次，随着房地产行业进入调整期，中小型房地产企业经营面临更多困难，无论是与金融机构融资的议价能力还是降价促销回款的效果都远逊于大型房地产企业，房地产行业并购整合大幕已经拉开。房地产行业的兼并重组需要各种金融工具和金融产品的支持，而信托公司具有极强的灵活性，能够以发行基金化房地产信托计划、与房地产私募基金合作等方式参与并购。

（三）存量资产证券化

在房地产行业结束近十年的高速增长后，对存量资产进行证券化的关注度开始提升，比如以商业地产物业收益权作为基础资产的证券化有助于提前变现租金收益。

随着金融市场的发展和相关制度的完善，目前国内的REITs已经从理论研究逐步向实践过渡，证券公司已经在国内率先推出股权型的REITs创新产品，未来REITs将成为信托公司房地产信托业务发展的重要趋势。REITs具有很强的市场流动性并由专业的管理团队经营管理，具有分散风险的作用。而专业经验带来的较高经营效率、公开市场带来的高透明度和市场监督机制以及资本市场带来的强融资能力都有助于提升投资者信心。

信托公司可以积极介入房地产存量资产的证券化，通过分析挖掘客户投融资服务需求，为其设计融资方案、寻找匹配的投资方、提供法务/财务等增值服务等，或担任REITs等资产证券化业务的受托人来扩大自身业务范围。

（四）业务运作专业化

房地产信托业务机会将来自房地产行业的转型、升级之中，业务收入逐步实现从利差收入转变为投资银行、资产管理等中间业务收入。越来越多的信托公司将组建专业的房地产业务团队，深耕细作房地产直接投资、产业投资基金等业务模式，专注于某一细分行业或市场，长期跟踪和维护特定领域的核心客户，逐步推动公司走上专业化、差异化的发展道路，形成自身的核心竞争力。此外，信托公司还将搭建专业化子公司运作平台，充分利用自身打造的房地产基金管理品牌。

第九章　主要信托业务（二）：基础产业信托

基础产业信托是信托公司较早开展的主要信托业务之一，依托于政府良好的信用支持，通过灵活多变的产品设计，为基础产业发展引进了大量社会资金，同时也为投资者创造了良好的回报。但是，随着政府债务预算管理和以PPP（Public Private Partnership）为重点的投融资模式的转型，基础产业信托未来将发生较大变化。

一、2014年基础产业信托市场概况

2014年我国GDP增速为7.4%，是自1991年以来的新低；固定资产投资（不含农户）为50.20万亿元，同比增长15.7%，为自2002年以来的最低增速，但固定资产投资/GDP的比值攀升至78.87%的高位，投资仍是决定我国经济增长的核心要素。2014年基础设施投资额（不含电力）为8.67万亿元，在制造业及房地产投资增速放缓的情况下，基础设施投资保持了高达21.5%的增长速度，继续发挥托底稳增长作用。2014年发改委批复的铁路、公路、机场等基础设施项目投资总额达1.6万亿元。此外，政府也加大了对老旧城区的改造和公共设施的投入。

对于基础设施建设投资而言，制约其发展最大的因素就是融资问题。2014年9月，《国务院关于加强地方政府性债务管理的意见》公布，对地方政府债务实行规模控制和预算管理，通过规范地方新增举债来化解存量债务风险。随后财政部下发的《地方政府性存量债务清理处置方法》给出窗口期，即截至2014年末的存量债务余额应在2015年1月5日前上报。由此带动政信合作类信托产品在第四季度规模有所提升。但总体来讲，在新型预算关系下，以政府为主导的基础设施建设行业面临的融资问题依然突出，但基础产业信托业务规模可能呈现下行趋势。

（一）产品存量规模增速回落，在信托财产中的占比略有下滑

1. 产品总规模仍保持增长，但增速明显回落

截至2014年末，全国基础产业信托产品有6,593个，业务存量规模为27,694.40亿元，较2013年增长6.4%（见图9-1）。

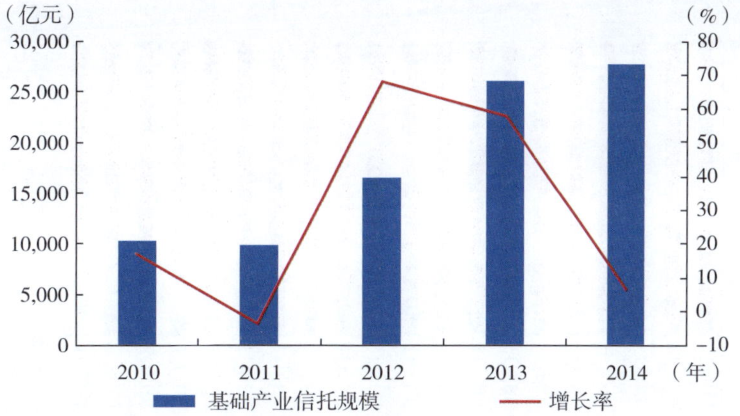

数据来源：中国信托业协会。

图9–1　2010—2014年基础产业信托规模和增速

2. 在存量规模结构上，单一类始终保持绝对优势

截至2014年末，集合类基础产业信托产品有1,764个，规模为5,849.97亿元，占比21%；单一类基础产业信托产品有4,829个，规模为21,844.43亿元，占比79%。从变化趋势来看，2014年集合类产品的数量和规模呈上升趋势（见图9–2）。

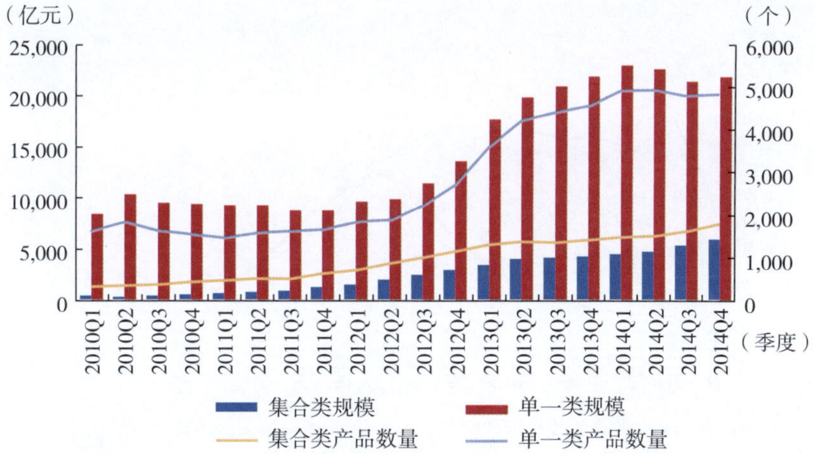

数据来源：中国信托业协会。

图9–2　2010—2014年集合类与单一类基础产业信托数量和规模

从基础产业信托业务存量结构变化情况来看，2014年单一类基础产业信托业务始终占据绝对的比重，而集合类基础产业信托业务规模占比则缓慢提升，且自年初的16%增长至年末的21%（见图9–3）。

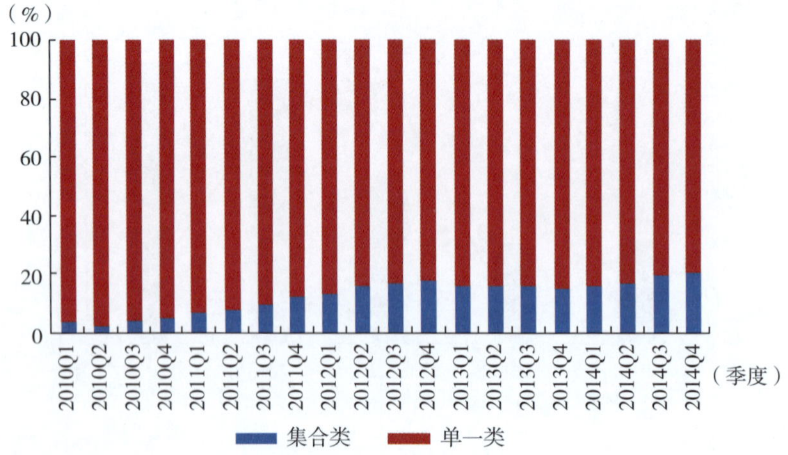

数据来源：中国信托业协会。

图9-3 2010—2014年基础产业信托结构变化情况

3. 存量规模增速在2014年第四季度有所反弹

从存量规模同比增速来看，从2013年第二季度开始整体增速呈下降趋势，集合类增速在2014年第二季度达到最低点16%后有所反弹，2014年末增长至37%；单一类增速从2013年第二季度高点的100%一直下降至2014年末的零（见图9-4）。

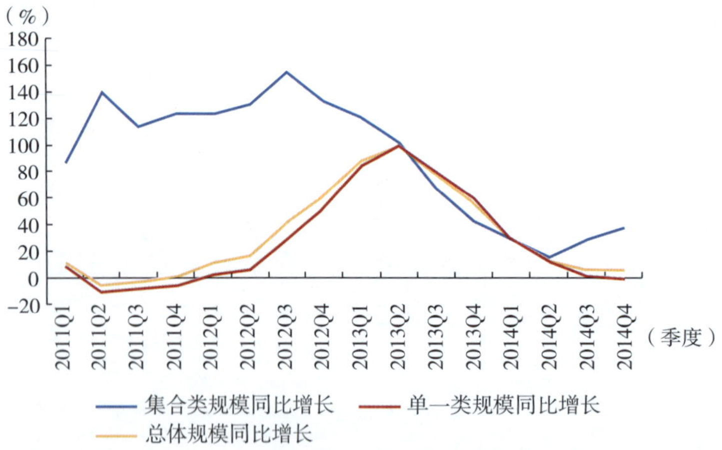

数据来源：中国信托业协会。

图9-4 2011—2014年基础产业信托规模同比增长变化情况

从环比增长变化情况来看，集合类规模环比增速从2013年第三季度的1%增长到2014年第四季度的10%，2014年单一类规模环比增速则呈V形，从第一季度的5%下降至第三季度的-5%，随后第四季度反弹至3%（见图9-5）。

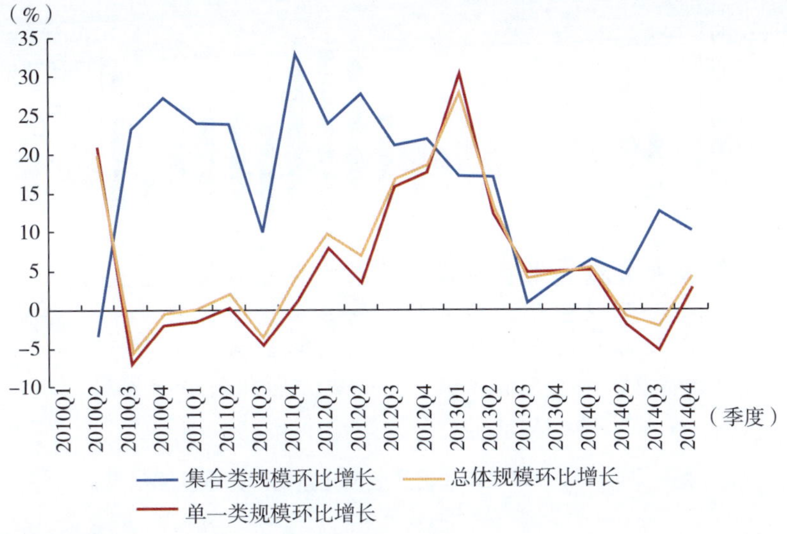

数据来源：中国信托业协会。

图9–5　2010—2014年基础产业信托规模环比增长变化情况

4. 基础产业信托在信托财产中的占比略有回落

2014年基础产业信托业务存续规模在各类信托投资领域中的比重排第二位。2014年基础产业信托业务存续规模占比一直呈下降趋势，从24.78%降至21.24%（见图9–6）。

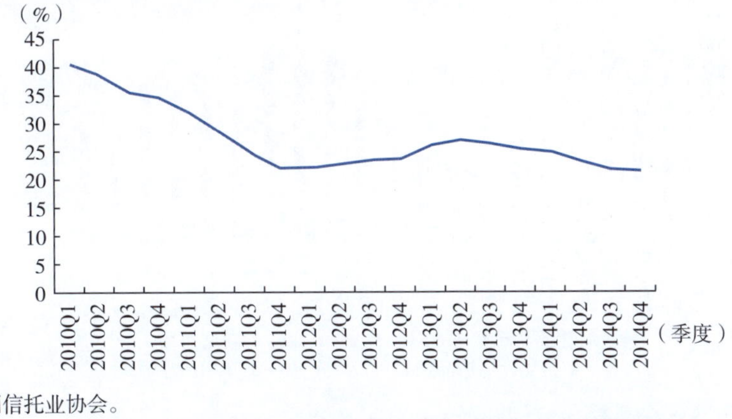

数据来源：中国信托业协会。

图9–6　2010—2014年基础产业信托规模占比情况

（二）产品新增规模下降，但在总信托财产新增规模中的占比平稳

1. 新增规模有所下降

2014年新增基础产业信托产品3,805个，规模为12,270.25亿元，较2013年下降14.46%。从新增产品数量和规模来看，除了2014年第三季度有所回落外，都保持了相对稳定的发展（见图9–7）。

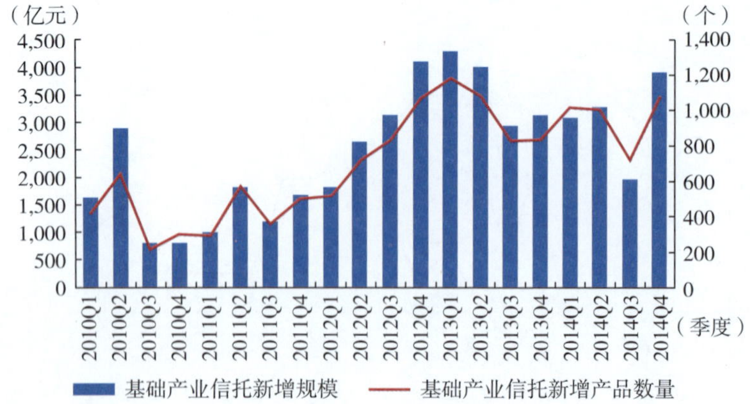

数据来源：中国信托业协会。

图9-7　2010—2014年基础产业信托新增产品数量和规模

2. 从新增规模结构来看，单一类占据绝对优势

截至2014年末，在新增的基础产业信托产品中，集合类信托产品有933个，规模为1,981.24亿元，占比16%；单一类信托产品有2,872个，规模为10,289.01亿元，占比84%。2014年单一类新增产品数量和规模在第三季度有所回落，但仍远高于集合类（见图9-8）。

数据来源：中国信托业协会。

图9-8　2010—2014年基础产业信托新增产品数量和规模

从新增产品规模的构成结构来看，2014年新增单一类基础产业信托仍保持绝对领先，维持在80%左右的水平（见图9-9）。

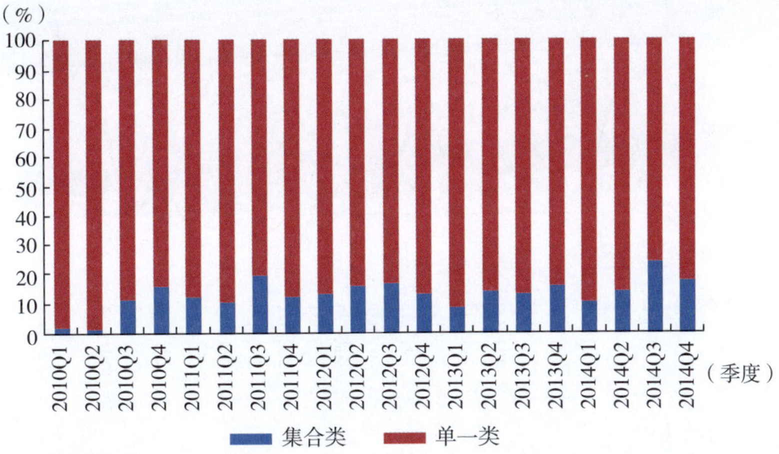

数据来源：中国信托业协会。

图9–9　2010—2014年基础产业信托新增规模构成情况

3. 在新增产品发展增速上，集合类保持较高水平

从同比增长变化情况来看，集合类基础产业信托新增业务规模在2014年第一季度和第二季度延续了负增长的水平，第三季度开始转为正增长，至第四季度末达到36%。单一类基础产业信托规模占比较高，基本发展趋势与总体水平一致，2014年前三个季度都处于负增长，第四季度反弹至23%（见图9–10）。

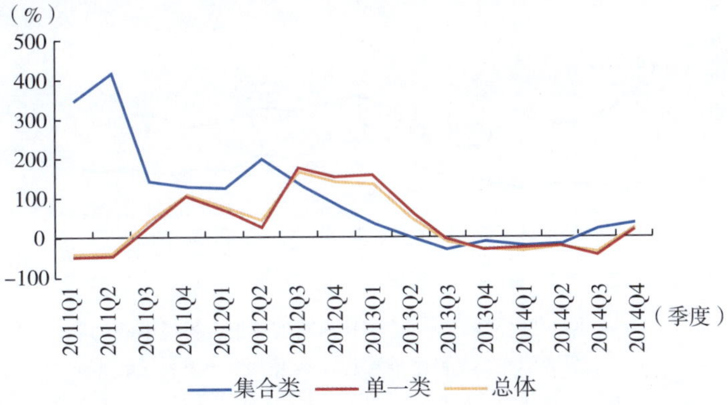

数据来源：中国信托业协会。

图9–10　2011—2014年新增基础产业信托同比增长情况

从环比增速变化情况来看，基础产业信托新增业务规模呈现季节性波动，相对来讲，在每年第二季度会出现增速高点，第三季度跌到低点。2014年集合类新增规模增速在–40%至40%的区间内波动，单一类新增规模增速在第三季度和第四季度有较大幅度变化，从–47%增长至114%（见图9–11）。

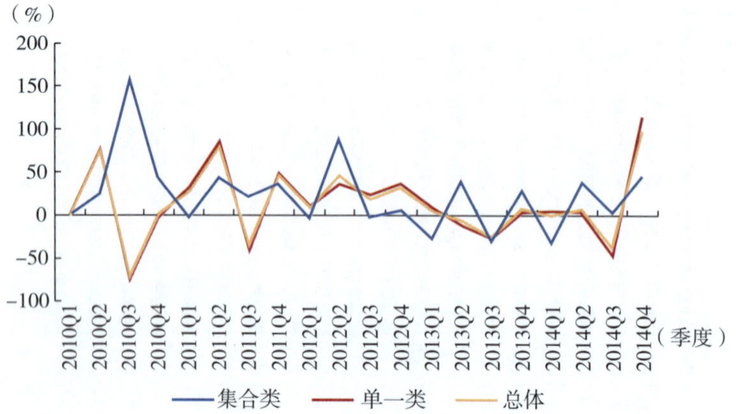

数据来源：中国信托业协会。

图9–11　2010—2014年新增基础产业信托环比增长情况

4. 基础产业信托业务新增规模在总信托财产新增规模的占比保持稳定

2014年基础产业信托业务新增规模在信托公司新增信托财产中的占比基本维持在20%以上水平。从分类型来看，单一类基础产业信托产品在新增信托规模中的占比始终高于集合类基础产业信托产品在新增信托规模中的占比15个百分点左右，反映出单一类基础产业信托业务始终为发展主力（见图9–12）。

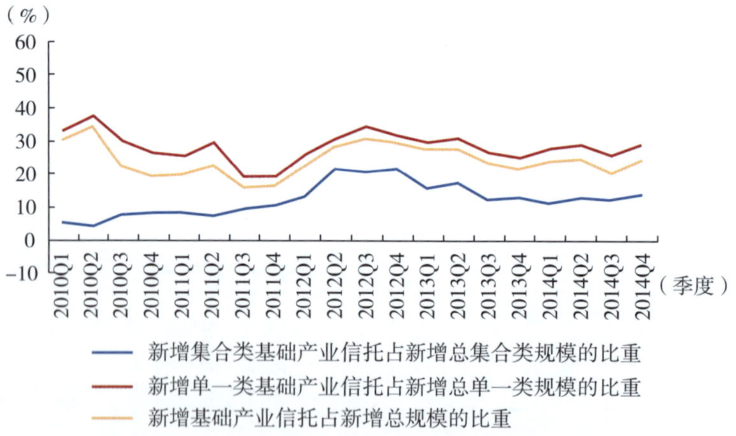

数据来源：中国信托业协会。

图9–12　2010—2014年基础产业信托新增规模占比

（三）信政合作不断深化，规模和占比仍然上升

截至2014年末，信政合作产品共有1,993个，总规模为7,976.35亿元，占全部基础产业信托业务规模的29%。其中，集合类产品有854个，规模为2,183.72亿元；单一类产品有1,139个，规模为5,792.63亿元。2014年集合类和单一类产品数量都持续增长，

单一类信政合作产品数量和规模的增长持续高于集合类信政合作产品，信政合作基础产业信托占基础产业信托总额的比重也从年初的26%增长至年末的29%（见图9-13和图9-14）。

数据来源：中国信托业协会。

图9-13 2010—2014年信政合作基础产业信托规模及占比

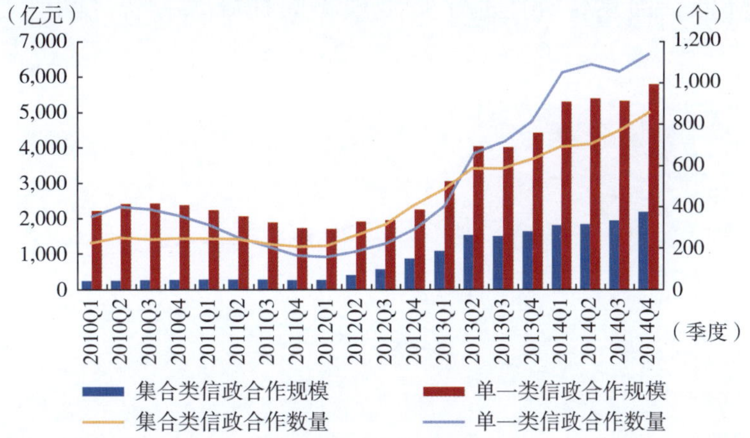

数据来源：中国信托业协会。

图9-14 2010—2014年信政合作基础产业信托产品结构

（四）银信合作基础产业信托规模的占比逐步下降

从市场规模变化情况来看，银信合作基础产业信托规模从2014年第二季度开始逐步下降，在总的基础产业信托业务规模中的比重也从年初的10%下降至8%。截至2014年末，银信合作存续信托产品有366个，规模为2,136.23亿元，其中，集合类产品有6个，规模为17.02亿元；单一类产品有360个，规模为2,119.21亿元（见图9-15）。

数据来源：中国信托业协会。

图9–15 2010—2014年银信合作基础产业信托产品情况

（五）在产品平均规模上，单一类和集合类之间差距缩小

截至2014年末，存量基础产业信托产品中的集合类产品的平均规模为3.32亿元，单一类产品的平均规模为4.52亿元，单一类产品规模高于集合类产品，但单一类产品平均规模逐步降低，而集合类产品平均规模不断提高，二者之间的差距已经越来越小（见图9–16）。

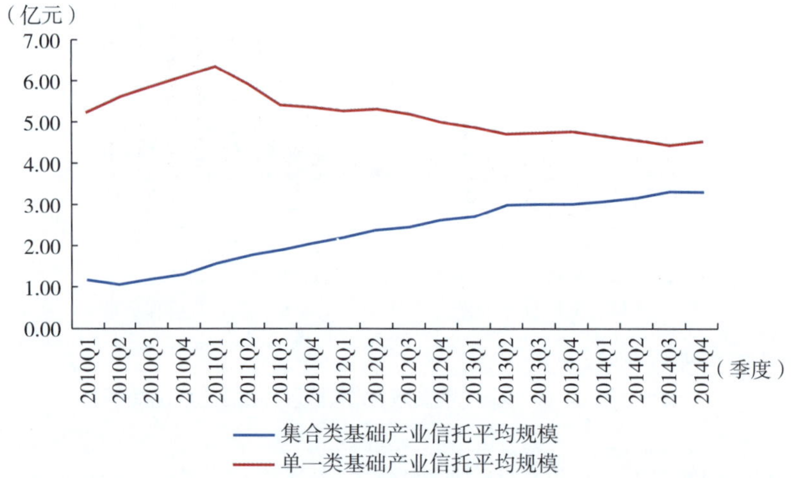

数据来源：中国信托业协会。

图9–16 2010—2014年存续基础产业信托产品平均规模

2014年新增基础产业信托产品中，集合类产品的平均规模为2.12亿元，单一类产品的平均规模为3.58亿元。总体来看，集合类产品规模趋于稳定在2.1亿元左右（见图9–17）。

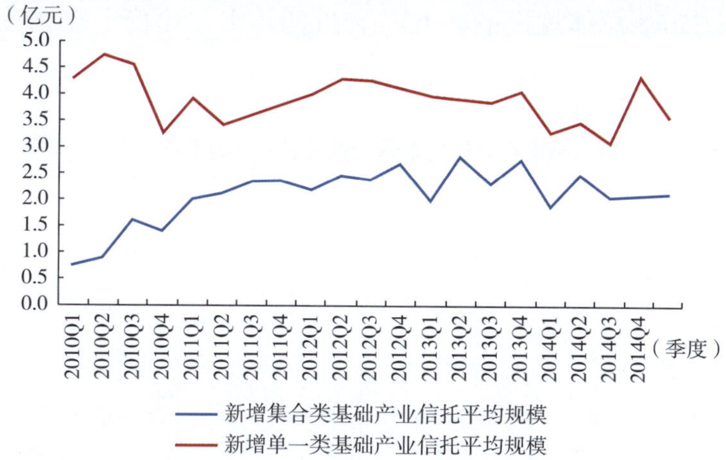

数据来源：中国信托业协会。

图9–17　2010—2014年新增基础产业信托产品平均规模

（六）产品以中短期为主，预计到期期限分布较平均

从2014年末存续基础产业信托产品的预计到期情况来看，相对分布较为平均，多在两年以下。按照预计到期产品的数量分布情况，0~6个月内到期的产品占比为26.74%，6~12个月内到期的产品占比为20.60%，12~24个月内到期的产品占比为30.68%，24~36个月内到期的产品占比为11.00%，36个月以上到期的产品占比为10.98%。按照预计到期产品的规模分布情况，0~6个月内到期的产品占比为24.02%，6~12个月内到期的产品占比为16.94%，12~24个月内到期的产品占比为25.88%，24~36个月内到期的产品占比为11.40%，36个月以上到期的产品占比为21.76%（见图9–18）。

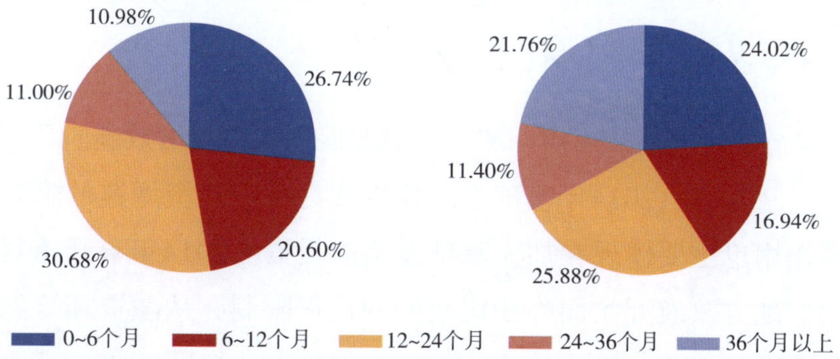

数据来源：中国信托业协会。

图9–18　2014年末基础产业信托产品预计到期数量（左）及规模（右）结构

（七）产品发起机构的业务集中度基本稳定

从基础产业信托业务的行业集中度情况来看，排名前十的信托公司管理规模达到

13,751.48亿元，占市场总体规模的49.65%，近四年来占比稳定在50%左右（见表9-1和图9-19）。

表9-1　　2014年基础产业信托管理规模排名前十的信托公司

序号	公司名称	管理规模（亿元）	序号	公司名称	管理规模（亿元）
1	中信信托	3,323.23	6	兴业信托	1,080.01
2	交银信托	1,625.13	7	上海信托	1,061.03
3	中融信托	1,429.76	8	中航信托	883.2
4	华能信托	1,361.76	9	五矿信托	859.96
5	英大信托	1,299.56	10	中江信托	827.82

数据来源：信托公司年报。

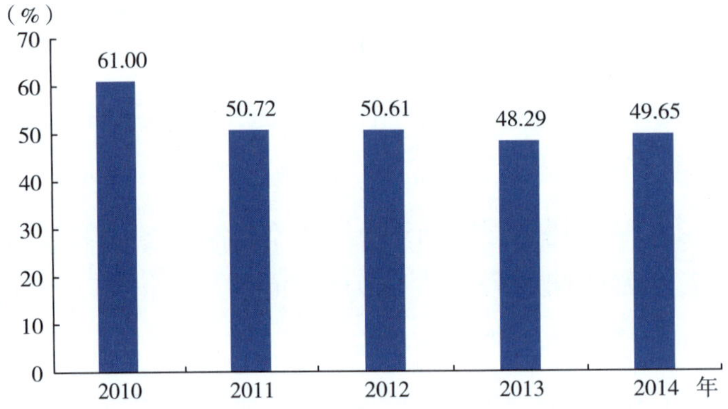

数据来源：中国信托业协会。

图9-19　2010—2014年基础产业信托规模排名前十的信托公司占比

二、2014年基础产业信托业务特点

随着中国经济发展进入减速换挡期，经济发展进入提质增效新阶段，基础产业信托的发展也步入新常态。2014年基础产业建设成为稳定投资增速的重要力量，政府对经济的托底作用也主要体现在加大基础设施的投资。2014年末开始对基础产业投资起主导作用的地方政府开始面临一定程度的投资限制，从融资环境到审查力度对地方政府而言均趋向严格。而根据审计署2013 年的审计结果， 2014年到期需偿还的政府负有偿还责任的债务近2.4万亿元，在偿债高峰压力下，地方政府扩大投资的冲动也受到抑制，基础产业信托发展放缓，新增规模增速下降。

（一）加强风控标准，调整展业策略

2014年经济下行，市场风险和信用风险增加。随着土地出让金收入的下降，地方政府依靠拍卖土地来筹资的模式难以为继，在债务监管的多重压力下，地方政府还债能力受到质疑。面对经济形势新变化和防范风险新挑战，信托业对基础产业信托加大了风险防控，重点强调坚持稳健审慎经营。对基础产业信托存量业务高度关注并做好风险防范，确保在政府债务甄别中将信托公司存量业务涉及的债务纳入政府预算管理。对于新增基础产业信托业务，信托公司主动控制信托业务增速，调整展业策略，展业区域主要集中在政府级别较高、经济实力较强、政府信誉较好的区域，优先选择财政收入较高、政府负债风险总体可控的地区，交易对手也大多选择在公开市场发行过债券、主体信用评级较高以及企业融资能力较强，除财政补贴、土地返还收入以外自身有较好资产及稳定经营性现金流的基础产业类公司。

此外，信托公司不断优化升级业务评价标准，建立综合判断的评价系统；对政府财政及平台公司信用指标均建立数据库，以大数据分析支持业务判断并服务于项目贷后管理。

（二）灵活调整业务模式，探索多种交易方式

为了满足日益增强的融资需要，加之传统的融资贷款方式存在门槛高、审批流程复杂、抵押物要求严格等不足，信托公司开展此类业务更多的是在对交易对手进行了严格的尽职调查之后，从项目的实际情况和需求出发，通过股权投资、债权投资以及收益权投资等形式为交易对手提供融资。基础产业信托由相对单一的信托贷款向有限合伙、股权投资或多种交易方式结合的方式转化，探索并优化收费权质押、应收账款质押、高信用债等新型业务模式，以满足不同的融资需求和投资者更多的偏好需求。

（三）加快基金化基础产业信托的发展

2014年信托业加大探索以产业基金、股权投资等创新模式进入基础产业领域，积极支持实体经济发展。截至2014年末，全行业共有基础产业PE类信托5个，规模为69.21亿元，其中，集合类产品3个，规模为17.35亿元，单一类产品2个，规模为51.86亿元。信托公司以产业基金的方式参与基础设施建设的投资，有利于实现产融结合，更灵活地满足基础设施的资金需求。

百瑞信托在基础设施领域进一步向产业基金进行倾斜，中原航空港产业投资基金、兰州新区城市投资发展基金等项目进展顺利。兰州新区城市投资发展基金项目已完成第二期10亿元资金募集，确保了该项目资金支持的秦王川国家湿地公园、区域中心服务组团等项目的顺利推进；中原航空港产业投资基金项目也已通过河南省

和国家发改委审批，基金管理公司已注册成立。

（四）深化股东等合作，拓展产融结合空间

信托公司有不少是央企控股，在服务于央企主业发展的同时也拓展自身的产业投资领域。央企在实现产业升级和结构调整等战略目标的过程中，需要信托公司配合提供全面的金融支持。信托公司作为直接连接金融和产业的桥梁，在提供全面金融服务时具有比较优势。此外，信托公司跟央企合作，融资成本较低，具有资金运用方面的优势。例如，英大信托落实国家产业政策，积极服务清洁能源领域，发行蓝天系列产品支持光伏、生物质发电建设。业务开拓充分贯彻产融结合政策，服务实体经济，围绕电力、能源领域，开发供应链金融业务。

三、2015年基础产业信托发展趋势

2014年，为规范地方政府债务管理，国务院下发43号文，财政部随后下发了351号文、76号文，对地方政府的融资行为提出了全面、系统的要求，并明确提出，将PPP（政府和社会资本合作模式）模式作为基础设施投融资的创新方向。在投融资体制新的变革下，传统的基础产业信托面临着创新和调整。2015年“一带一路”、京津冀一体化和长江经济带三大新战略将全面推进，将催生大量的基础设施投资需求。同时，各部委都已提出了各行业的投资建设规划。人民银行一直执行较为宽松的货币政策，利率水平逐渐降低，由于基础设施建设投资由政府信用背书，在资金获取方面也有比较优势。政府基础设施建设融资渠道拓展，PPP 模式增加了社会资本的参与，推动了基础设施投资的发展。作为信托公司发展历史最悠久的基础产业信托业务在多元化的投融资机制中仍将扮演重要角色。

表9-2　　国务院、财政部、发改委关于PPP的相关政策文件

主导部门	发文时间	文件名	文件要点
财政部	2014年9月	《关于推广运用政府和社会资本合作模式有关问题的通知》（财金〔2014〕76号）	财政部发出PPP总动员，要求积极推动项目试点，尽快形成制度体系；属于框架性、指导性文件。
	2014年11月	《关于印发政府和社会资本合作模式操作指南（试行）的通知》（财金〔2014〕113号）	制定PPP实际操作指南，从项目识别、项目准备、项目采购、项目执行、项目移交五个方面作出具体规定；属于实施性、操作性文件。
	2014年11月	《关于政府和社会资本合作示范项目实施有关问题的通知》（财金〔2014〕112号）	发布首批PPP示范项目，30个项目遍布全国15个省市，涉及城市轨道交通、污水处理、供水供暖、环境治理等多个领域。

续表

主导部门	发文时间	文件名	文件要点
财政部	2014年12月	《关于规范政府和社会资本合作合同管理工作的通知》（财金〔2014〕156号）	规范PPP合同管理，发布PPP项目合同管理指南。
	2014年12月	《关于印发〈政府和社会资本合作项目政府采购管理办法〉的通知》（财库〔2014〕215号）	推广PPP模式，规范PPP项目政府采购行为，主要从PPP项目政府采购程序、争议处理和监督检查等方面做了规定。
	2015年2月	《关于市政公用领域开展政府和社会资本合作项目推介工作的通知》（财建〔2015〕29号）	与住房和城乡建设部共同发布的框架性文件，主要规定在城市供水、污水处理、垃圾处理、公共交通基础设施、公共停车场、地下综合管廊等市政公用领域开展PPP项目推介工作的目标、原则、要求、实施、保障等。
	2015年4月	《关于印发〈政府和社会资本合作项目财政承受能力论证指引〉的通知》（财金〔2015〕21号）	要求推进PPP项目时有效防范和控制财政风险，明确了PPP项目财政承受能力论证工作流程。
发改委	2014年11月	《国务院关于创新重点领域投融资机制鼓励社会投资的指导意见》（国发〔2014〕60号）	这项工作由发改委主导。共推出了七大工程包，包括生态环保、农业和水利工程、交通、能源设施、信息和民用空间基础设施、社会事业等重点领域，要求进一步创新投融资机制，其中鼓励建立健全政府和社会资本合作（PPP）机制。
	2014年12月	《关于开展政府和社会资本合作的指导意见》（发改投资〔2014〕2724号）	发改委发布的PPP指导框架文件，明确项目的范围、操作模式、工作机制及政策保障等。
	2014年12月	《政府和社会资本合作项目通用合同指南》（2014年版）	PPP项目合同指南，包括合同主体、合作关系、项目前期工作、收入和回报、不可抗力和法律变更、合同解除、违约处理、争议解决以及其他约定等。
	2015年3月	《关于推进开发性金融支持政府和社会资本合作有关工作的通知》（发改投资〔2015〕445号）	与国家开发银行联合发文，就推进开发性金融支持PPP项目发布了指导性意见。
	2015年3月	《关于鼓励和引导社会资本参与重大水利工程建设运营的实施意见》（发改农经〔2015〕488号）	与财政部、水利部联合发文，提出通过政府投资引导、财政补贴、价格机制、金融支持等政策措施，鼓励和引导社会资本投入参与重大水利工程建设运营，探索PPP机制。
	2015年4月	《基础设施和公用事业特许经营管理办法》	由发改委牵头起草，明确境内外法人或其他组织均可通过公开竞争，在一定期限和范围内参与投资、建设。

（一）关注“三大支撑带”的战略机会

在2015年中国经济实现转型升级的过程中，基础设施建设对于经济平稳健康发展有重要的推动作用。2015年政府工作报告首次把“一带一路”、长江经济带和京津冀协同发展明确为“三大支撑带”。“三大支撑带”开始全面布局，区域经济发展步入稳步推进、务实发展的新阶段。2014年9月以来，国家推进了粮食水利、交通、生态环保、健康养老服务、信息电网油气等重大网络工程、清洁能源、油气及矿产资源保障工程七大类投资工程包，以及信息消费、绿色消费、住房消费、旅游休闲消费、教育文体消费和养老健康消费六大领域消费工程，以此来发挥投资的关键作用和消费的基础作用。因此，基础设施建设投资未来还将释放巨大能量。基础产业信托的发展将与其紧密结合，为基础设施和产业的投资提供资金支持。

（二）探索PPP项目，开展新型基础设施信托业务

在中央释放出鼓励PPP的信号之后，有地方政府就开始积极行动。到目前为止，约有一半的省级政府公布了PPP项目，包括北京、重庆、江苏、福建、安徽、吉林、湖南、四川、河南、浙江、江西、辽宁、贵州等，已公布的PPP项目计划投资额约为3万亿元，项目主要集中在交通、城市基础设施和公用事业领域。年内各地会继续推出PPP项目，预计总投资会超过5万亿元。但是截至目前，PPP项目签约率较低，只有10%~20%。短期内PPP项目难以放量，无法对冲投资下行的压力。近期虽然金融机构大规模参与PPP的可能性不高，但此类业务具有广阔的前景，PPP项目具有收益长期化、稳定化的特点，适合设计成资产证券化产品，通过恰当的结构化设计满足不同风险偏好投资者的需求。在政策体系建立、投资者保障措施形成、退出渠道畅通之后，将会有大量社会资本进入。信托公司可借助传统政信业务积累合作经验，参与到PPP项目中，信托公司重点探索PPP等新型参与基础设施建设的业务模式。PPP项目运作的关键在于模式创新和资源分配融通，可以通过操作方式的变化衍生出众多的运作方式，因此要根据不同的基础设施建设情况，选取差异化的参与形式。

（三）利用基金化、证券化等方式挖掘存量资产盘活中的机会

2015年4月国务院通过《基础设施和公用事业特许经营管理办法》，在能源、交通、水利、环保、市政等基础设施和公用事业领域开展特许经营。《基础设施和公用事业特许经营管理办法》允许对特许经营项目开展预期收益质押贷款，鼓励以设立产业基金等形式入股提供项目资本金，支持项目公司成立私募基金，发行项目收益票据、资产支持票据、企业债、公司债等拓宽融资渠道。

信托公司也可以积极拓展资产证券化业务，通过将基础资产打包，以基础产业项目未来稳定的现金收益向投资者还本付息。为了扩大资产规模并提高产品流动性，信托公司可以与发起人共同争取将证券化产品在银行间市场或交易所流通。此外，信托公司也将不断提高资产管理经验和参与基础产业项目的运营管理能力，积极探索发起设立基础产业基金，实现信托产品的基金化运作。

（四）规范业务运作，防范地方政府债务风险暴露

近两年来，中央政府出台多项政策调控地方政府债务，并逐渐规范政府融资，堵住偏门的同时打开正门。根据2013年末的全国债务审计结果，2015年将有1.86万亿元地方政府负有偿还责任的债务到期。此外，到期的地方政府负有担保责任和一定救助责任的债务分别为3,198.42亿元和5,994.78亿元。在43号文剥离地方融资平台的融资功能后，地方政府融资来源存在缺口。未来地方政府债务的后续融资存在较大风险，特别是经济欠发达省份的债务余额比例普遍高于发达省份，因此地方政府性债务发生违约、逾期等事件的可能性较高。信托公司必须加强存续项目的跟踪管理，做好应急预案，防止个别区域、项目风险暴露造成的冲击。融资主体实力一般、层级偏低、经营不太规范的企业的融资环境将会趋于恶化。信托公司在项目的选择上，应优先选择实力强、层级高、经营规范、经营时间长且项目还款来源可锁定的融资主体开展业务合作。

第十章　主要信托业务（三）：证券投资信托

证券投资信托业务是指信托公司将集合信托计划或者单独管理的信托产品项下的资金投资于依法公开发行并符合法律规定的交易场所公开交易的证券的经营行为。我国目前证券投资信托业务的投资范围主要包括国内证券交易所挂牌交易的A股股票、封闭式证券投资基金、开放式证券投资基金（含ETF和LOF）、企业债、国债、可转换公司债券（含分离式可转债申购）、1天和7天国债逆回购、银行存款以及中国证监会核准发行的基金可以投资的其他投资品种。

一、2014年证券投资信托业务发展概况

2014年随着证券市场的走强，越来越多的信托公司也开始布局、发力证券投资信托业务。从全行业来看，2014年证券投资信托业务无论在数量上还是规模上均处于高速增长状态。市场参与热情的升温，使得证券投资信托的产品类型、交易标的、业务模式均有所扩展。与此同时，信托公司不仅仅满足于提供私募外包服务，更多的公司则开始努力提升证券投资的主动管理能力。

（一）产品数量和规模快速增长

1. 存量产品数量和规模快速增长

截至2014年末，全行业证券投资信托产品共有4,031个，同比增加1,047个，业务存量规模达到18,492.52亿元，较2013年增长73.29%（见图10–1）。

数据来源：中国信托业协会。

图10–1　2010—2014年证券投资信托产品数量和规模

2. 新增产品数量和规模快速增长

2014年新增证券投资信托产品1,435个，较2013年增长29.86%，新增规模3,064.74亿元，较2013年增长72.80%（见图10–2）。

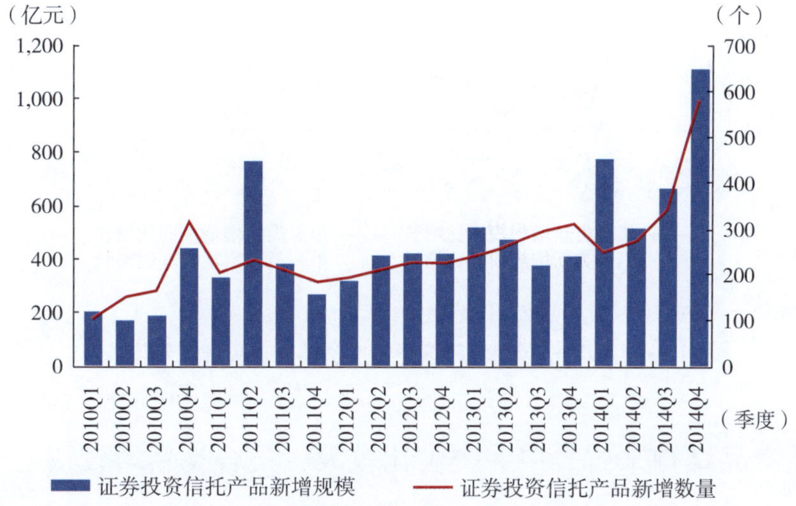

数据来源：中国信托业协会。

图10–2　2010—2014年证券投资信托产品新增规模与数量

3. 证券投资信托产品增速较快

从增速来看，2014年无论是存续规模还是新增规模均处于高速增长状态（见图10–3和图10–4）。

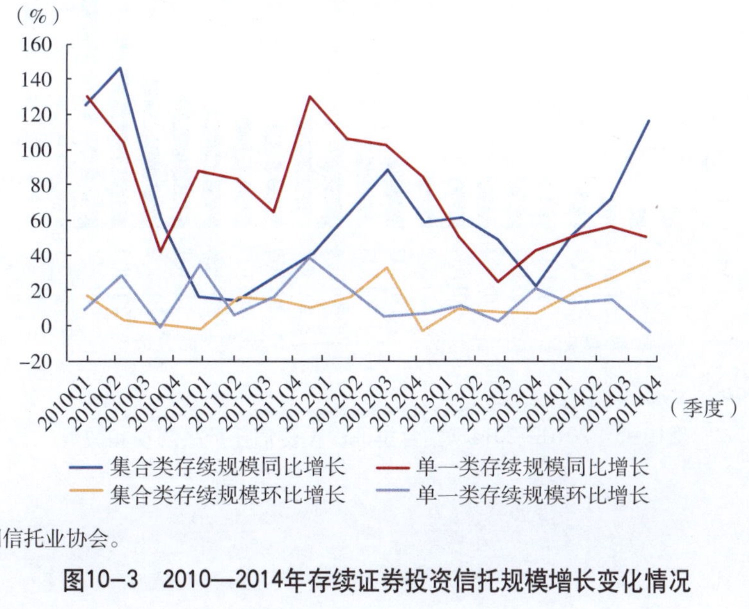

数据来源：中国信托业协会。

图10–3　2010—2014年存续证券投资信托规模增长变化情况

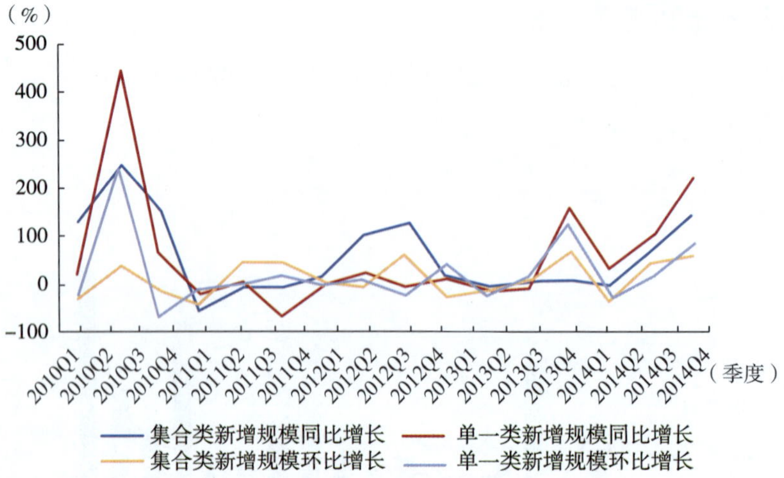

数据来源：中国信托业协会。

图10-4　2010—2014年新增证券投资信托规模增长变化情况

（二）从产品结构来看，单一类占比较大，集合类新增较快

1. 从存续情况来看，集合类和单一类证券投资信托均在快速增长

截至2014年末，全行业证券投资信托产品中集合类信托产品共有3,329个，存续规模为7,965.39亿元，规模占比为43.07%，单一类信托产品共有702个，存续规模为10,527.13亿元，规模占比为56.93%（见图10-5和图10-6）。

数据来源：中国信托业协会。

图10-5　2010—2014年集合类证券投资信托产品规模和数量

数据来源：中国信托业协会。

图10-6　2010—2014年单一类证券投资信托产品规模和数量

2. 从新增情况来看，新增集合类的规模与数量要高于单一类

2014年新增集合类证券投资信托产品1,303个，新增规模1,627.31亿元，规模占比为53.10%；新增单一类证券投资信托产品132个，新增规模1,437.43亿元，占比为46.90%（见图10-7和图10-8）。

数据来源：中国信托业协会。

图10-7　2010—2014年新增集合类证券投资信托产品数量和规模

数据来源：中国信托业协会。

图10-8　2010—2014年新增单一类证券投资信托产品数量和规模

3. 从单只产品平均规模来看，存续与新增产品均有所上升

截至2014年末，存续集合类证券投资信托产品的平均规模为1.92亿元，单一类产品的平均规模为15.74亿元，与2013年相比均有所上升。2014年新增证券投资信托产品中，集合类产品的平均规模为1.30亿元，单一类产品的平均规模为11.85亿元，与2013年相比均有所上升。

4. 从占比来看，存续集合类占比较小，但新增规模占比较大

从存续规模结构变化情况来看，2014年尽管单一类规模占比始终超过50%，但集合类规模占比开始逐步攀升（见图10-9）。

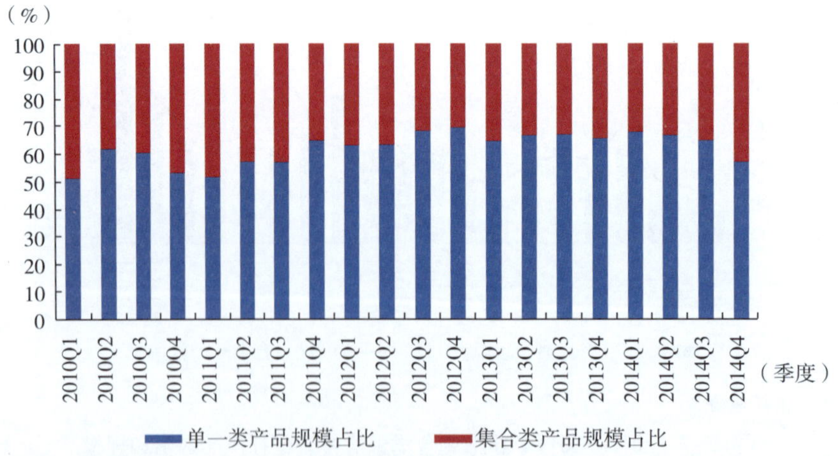

数据来源：中国信托业协会。

图10-9　2010—2014年存续证券投资信托产品结构变化情况

从新增规模的构成结构来看，新增集合类占比超过50%，但相较2013年有所降低（见图10-10）。

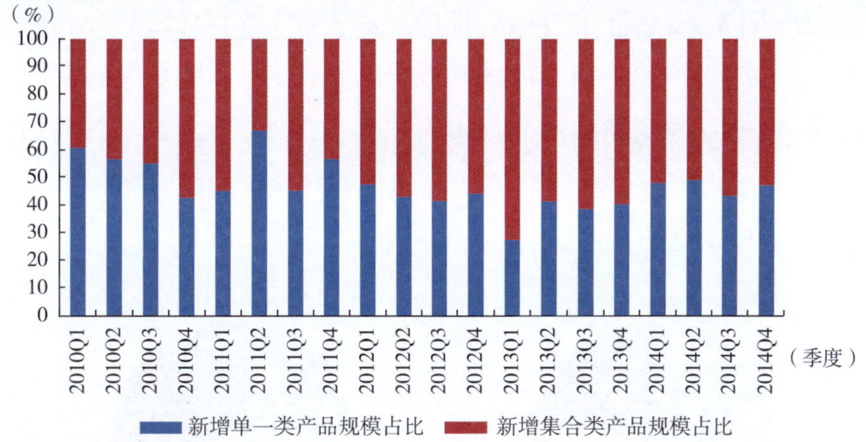

数据来源：中国信托业协会。

图10–10　2010—2014年新增证券投资信托产品结构变化情况

（三）产品期限以中长期为主

从2014年末存续证券投资信托产品的预计到期情况来看，3年以上到期的信托产品较多。按照到期产品的数量分布情况，0~6个月内到期的产品占比为8.88%，6~12个月内到期的产品占比为13.69%，12~24个月内到期的产品占比为10.05%，24~36个月内到期的产品占比为6.47%，36个月以上到期的产品占比为60.90%。按照预计到期产品的规模分布情况，0~6个月内到期的产品占比为9.10%，6~12个月内到期的产品占比为10.56%，12~24个月内到期的产品占比为12.24%，24~36个月内到期的产品占比为11.27%，36个月以上到期的产品占比为56.83%（见图10–11）。

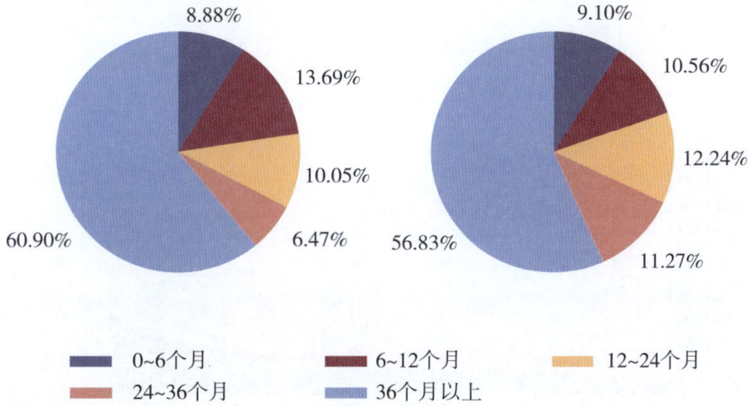

注：数量占比加总数不等于100%是因为计算存在四舍五入。

数据来源：中国信托业协会。

图10–11　2014年末证券投资信托产品预计到期数量（左）及规模（右）结构

对于存续的集合类证券投资信托产品，按照到期产品的数量分布情况，0~6个月内到期的产品占比为8.47%，6~12个月内到期的产品占比为14.00%，12~24个月内到期的产品占比为9.64%，24~36个月内到期的产品占比为5.14%，36个月以上到期的产品占比为62.75%。按照预计到期产品的规模分布情况，0~6个月内到期的产品规模占比为10.29%，6~12个月内到期的产品规模占比为14.70%，12~24个月内到期的产品规模占比为12.42%，24~36个月内到期的产品规模占比为4.95%，36个月以上到期的产品规模占比为57.64%（见图10–12）。

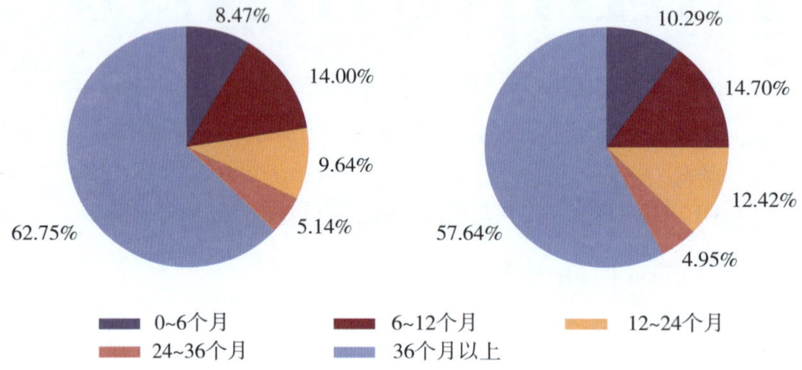

数据来源：中国信托业协会。

图10–12　2014年末集合类证券投资信托产品预计到期数量（左）及规模（右）结构

（四）股票型产品增长迅速

2014年，债券型产品的主流地位得以进一步巩固，其规模占比始终维持在60%以上，截至2014年末，债券型产品的规模达到了11,547.58亿元，其占证券投资产品的比重为62.44%。截至2014年末，股票型产品的规模为5,520.32亿元，是2013年末的1.82倍，其增长较为迅速（见图10–13）。

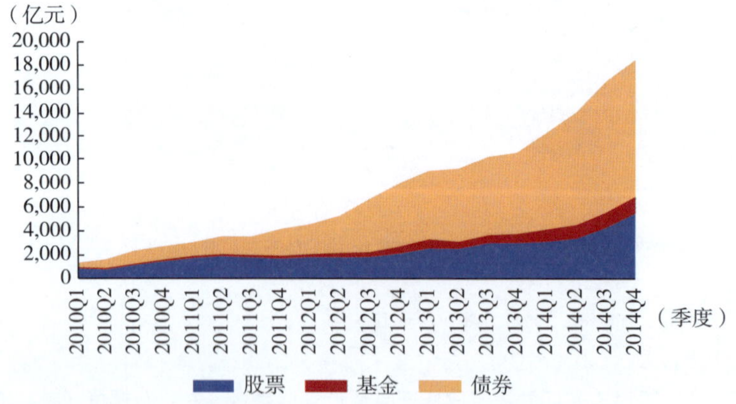

数据来源：中国信托业协会。

图10–13　2010—2014年证券投资信托投向结构

（五）业务集中度略有上升

从2014年证券投资信托业务的行业集中度情况来看，排名前十的信托公司管理规模达到13,459.83亿元，占市场总体规模的72.79%，与2013年相比上升了3.51个百分点（见表10-1和图10-14）。

表10-1　2014年末证券投资信托管理规模排名前十的信托公司

序号	公司名称	管理规模（亿元）	序号	公司名称	管理规模（亿元）
1	建信信托	1,974.27	6	兴业信托	1,259.62
2	中海信托	1,819.92	7	平安信托	931.22
3	外贸信托	1,766.35	8	中融信托	920.76
4	华宝信托	1,597.41	9	中诚信托	809.83
5	华润信托	1,596.98	10	交银信托	783.47

数据来源：信托公司年报。

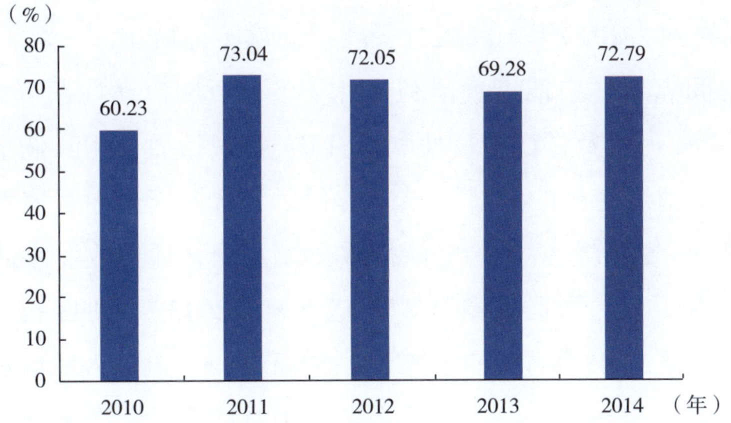

数据来源：根据各信托公司2010—2014年年报整理。

图10-14　2010—2014年证券投资信托规模排名前十的信托公司占比

二、2014年证券投资信托业务发展特点

（一）信托公司应对宏观环境变化的主动选择

过往几年信托公司偏重于债权融资类产品，但是由于产品设计不透明、信息披露不完善以及投资者惯性思维的影响，信托公司一直背负着刚性兑付的枷锁。证券投资信托业务具有标准化的投资标的物，且在运营中相对透明，此类产品基本不存在刚性兑付的问题。信托公司主动调整产品结构有利于培养投资者“买者自负”投资

意识的转变。

此外，无风险收益率逐步下行，意味着信托产品的预期收益率也将会随之调整。信托公司主动配置证券投资品种，结合良好的产品设计，加大投研能力，在风险可控的情况下，通过证券市场较高的投资回报，可以有效抵御固定收益类产品预期收益率下行的状况。

（二）市场因素推动证券投资信托业务快速增长

2014年在股债双牛的推动下，信托资金投向股票、债券和基金的规模高速增长。在股票市场方面，2014年优先股、新股发行、退市制度、并购重组等相关方面的改革给予市场正面的预期。在房地产去泡沫化的情形下促使社会财富从房地产向资本市场转移，资金加速入市，沪港通的开通也为A股市场注入境外长期投资资金。 2014年12月，A股总市值超越日本，A股成为全球第二大股市，两市融资额也首度超过万亿元。A股市场下半年大涨45%，年末涨幅位居全球前列。大类资产配置向股票倾斜。

在债券市场方面，2014年人民银行开展了两次定向降准、一次降息。此外，人民银行在不同时间点通过中期借贷便利（MLF）、短期流动性调节工具（SLO）、抵押补充贷款（PSL）以及常设借贷便利（SLF）等货币政策工具调节市场流动性，在保持流动性总量适度充裕的同时引导市场利率下行，资金面整体稳中趋松，债券市场呈现出明显的“牛市”格局，中债指数持续上涨，债券收益率曲线震荡下行。2014 年，债券市场共发行各类债券11.87万亿元，较2013年增加3.17万亿元，同比增长36.47%，增速提高27.42个百分点。在产品创新方面，包括人民币定向债务融资工具、项目收益票据、并购票据、碳收益票据、“债贷组合”试点企业债券、非公开定向可转债务融资工具（定向可转票据）、供应链票据、柜台金融债等多个债市创新产品登场亮相，进一步满足了企业多元化融资需求，降低了企业融资成本。

（三）金融同业合作促进证券投资信托业务规模增长

大中型银行的理财发行能力强，理财资金配置债券资产的需求旺盛。虽然银行理财产品可以开立银行间债券市场账户，但受限于监管规定，产品不能托管至本行。因此，商业银行具有在外建立理财债券资产池的需求。此外，债券是商业银行自有资金投资资产配置的主要部分。银行本身可在银行间债券市场开展债券交易，其在外建立单一债券池的主要需求源于固有投资限制。信托公司通过为大中型银行代建单一债券资产池，实现了规模的迅速增长。

（四）配资业务增长迅速

配资业务中，较为突出的属于伞形信托业务。伞形信托是由证券公司、信托公司、银行等金融机构共同合作，为证券二级市场的投资者提供投融资服务的结构化证券投资品种。伞形信托能够在股票市场上快速增长是因为其具有如下优势：一是高杠杆低配资成本。劣后资金可以用较少的资金配资，利用杠杆在二级市场上博取高收益。目前，伞形信托的杠杆率最高可以达到1∶3，而融资融券的杠杆率多为1∶1。二是账户设立便捷、周期短。伞形信托无须重新开户，成立时间最快可以1~2天，而融资融券大约要1周。三是投资范围广。相对于融资融券，伞形信托可投资于证券、场内封闭式基金、债券，投资标的更广泛、灵活。因此，在牛市逐步确立的2014年下半年，大量资金通过伞形信托的渠道快速进入股市。

（五）信托公司加强证券投资领域的主动管理能力

近几年信托公司开始加强证券投资领域的投研能力。在2014年股市走强的情况下，一些布局较早的信托公司有效地抓住了市场机会。比如，定增业务是较为考验团队主动管理能力的业务。从市场情况来看，2014 年共有427 家上市公司成功实施定增，募集资金6,690.26 亿元，家数及资金规模相较于2013 年均接近翻番（2013年共有263家A股上市公司成功实施定增，募集资金3,463.65亿元）。根据中国证监会的规定，信托公司作为发行对象，只能以自有资金认购。因此，信托计划无法直接参与上市公司定增，一般是借助有限合伙平台、基金专户或券商定向资产管理计划进行投资。除了布局较早的华宝信托、外贸信托外，出于资产配置、利润考量以及培养主动管理能力的需要，越来越多的信托公司尝试以固有方式开展定增业务，并取得了较为良好的业绩回报。

三、2015年证券投资信托业务发展趋势

（一）宏观政策有利于证券投资信托业务的快速发展

本届政府十分重视提高直接融资比重，降低社会融资成本。2015年政府将进一步推动多层次资本市场体系建设，实施股票发行注册制改革，发展服务中小企业的区域性股权市场，推进信贷资产证券化，扩大企业债券发行规模，发展金融衍生品市场。大力发展普惠金融，让所有市场主体都能分享金融服务的雨露甘霖。2015年宏观层面的“一带一路”战略、地方政府融资体制改革、国企混合所有制改革以及推

进境内外资本市场融合的改革将进一步推动证券市场的持续发展。

从资产端来看，快速发展的债券市场将逐步成为疏导非标准化资产的最佳通道，债券融资在社会融资总额中的地位正在稳步提升。在非标准化渠道融资难度日益加大的情况下，地方融资平台和部分地产企业主动通过标准化债券渠道取代非标准化融资。PPN、私募债、资产证券化预计成为中长期非标准化资产转标的主要通道。从资金端来看，在非标准化资产受到监管监控的背景下，2015年预计银行资金将加大对股票、债券市场的投资力度。

（二）以综合性金融服务提升阳光私募业务的吸引力

随着金融需求的综合化，泛资产管理行业的竞争日益加剧，信托公司需要加强服务以及创新业务模式为其客户提供全面完善的金融资产配置渠道，以此吸引更多优秀私募公司在信托公司平台上发行收益更稳定的产品，以合理应对同业竞争。

信托公司仍然是私募基金发行产品的主流渠道。尤其是对于中小型私募来说，通过信托公司发行产品优势明显。无论是个人还是机构投资者（如银行理财资金等）在认购相关产品时出于安全性的考虑更倾向于将资金委托给信托公司（独立第三方），并由其履行资金监管、净值披露、盯市及平仓等重要职责。从目前来看，私募基金经过多年的磨合，与信托公司合作的运作模式成熟，能减少很多不必要的成本。因此私募基金主要还是通过信托公司来发行产品。另外，经过多年的发展和积累，信托公司平台已经不再是单纯的通道，还可以为阳光私募提供估值、清算、运营等诸多服务，并且信托公司的销售渠道和品牌对私募产品的发行也有帮助。

（三）通过金融混业加强证券投资信托业务的竞争力

金融混业经营是金融产业融合的基础，信托公司通过控股券商、期货、基金等公司，逐渐融合经纪、投资咨询、资产管理业务而发展成为更加综合的金融机构。2014年兴业信托控股兴业期货，成为市场上第五家控股期货公司的信托公司。此外，多家信托公司参股或控股基金公司。信托公司更倾向于做基金公司的控股股东。其中，吉林信托、平安信托、中铁信托分别持有天治基金、平安大华基金、宝盈基金60%以上的股份，中铁信托持有宝盈基金的股份甚至达到75%。

信托公司控股其他金融公司一方面能够分享股权价值增长所带来的利润，另一方面也能够丰富其投资产品。比如，信托公司有望通过期货公司丰富投资业务品种，在对冲基金业务方面取得发展先机。此外，信托公司通过基金公司可以进一步加强信托业务的投研能力，为主动管理型产品提供支撑。信托公司还可以借道基金子公司开拓业务空间。对于志在转变为金融控股公司的信托公司而言，各金融牌照可以促使信托公司在混业竞争中占得先机。

（四）并购业务孕育着巨大机会

2014年是中国并购市场的“井喷之年”，在利好政策频出、企业转型升级、IPO发行缓慢、VC/PE退出急切四种因素的作用下，中国并购市场无论是交易数量还是交易规模，都呈现出火爆情景。

1. 政策环境提供了良好业务支撑

在新一届政府对金融机构简政放权的指导思路下，近两年尤其是2014年以来，中国证监会对并购重组的支持力度不断加大，针对非上市公众公司与上市公司的并购重组相继制定具体的管理办法。取消上市公司重大购买、出售、置换资产行为审批，取消上市公司破产重组的协商定价机制，丰富并购支付工具，这些利好政策加快了并购市场的融资过程。政府针对国企混合所有制改革、新三板和“走出去”战略出台的一系列支持政策则为并购业务创造了良好的外部环境。注册制即将推行，A股重回牛市，这些资本市场利好政策则为并购融资提供了多种可能路径，改变了过去主要依赖银行借贷完成并购的融资模式。

此外，在信托业自身监管层面上，中国银监会对信托公司开展并购业务也给予了更多政策支持与鼓励。99号文鼓励信托公司开展并购业务，积极参与企业并购重组，推动产业转型，并明确指出并购业务是信托业发展转型的一个重要方向。

2. 信托公司参与并购业务的方式

虽然并购基金、银行、券商、大型产业集团等机构在并购市场耕耘多年，但与其相比，信托公司进入并购市场仍具有一定优势，如表10–2所示。

表10–2 信托公司参与并购的主要优势

优势	说明
灵活的交易结构	信托公司可采取发行信托计划、成立并购基金、与外部机构合作等多种方式参与到多种收购模式中，且可以采用股债结合以及优先/次级等结构设计，合理放大杠杆，灵活配置资金，有力把控风险。
结构化融资经验	过去几年信托公司在房地产行业深耕细作，积累了较为丰富的夹层融资和结构化融资经验，这种经验可以从房地产行业的并购整合业务切入，逐渐迁移到非房地产领域。
大额资金投放能力	信托公司可以集合资金信托、单一资金信托的方式募集资金，募集方式灵活，手续简便，且可通过放大杠杆的方式在短期内募集大量资金投入并购项目，在银行并购贷款有额度限制时，信托公司可以形成错位竞争。
私密性	在某些特定的情形下，信托公司可以在不暴露委托人的前提下帮助并购方实施收购。

除了上述优势之外，信托公司介入并购业务也存在一定劣势：资金成本相比银行并购贷款较高，缺乏做全流程并购业务的专业人才，并购业务资源获取渠道狭窄，不具备产业资源的整合能力等。此外，由于目前投资者习惯信托产品为类固定收益型产品，若并购信托在产品端设定为浮动收益，投资者很难立刻接受。在优劣势并存的情况下，结合信托公司实务操作，信托公司介入并购的几种形式总结如下。

（1）股权信托并购（信托公司主导型）

该并购模式对融资标的无限制，上市公司与非上市公司均可。其具体收购方式分为两种：目标企业为上市公司，一般采取协议收购方式取得上市公司母公司/控股股东的控制权达到间接收购上市公司的目的；目标企业为非上市公司，一般采取增资扩股、现金购买资产、现金购买股权等方式。相应的退出方式如下：目标企业为上市公司，一般采取公开出售上市公司股权、上市公司母公司/控股股东溢价回购等方式；目标企业为非上市公司，一般采取股权转让、原股东溢价回购、挂牌转让等方式。

（2）贷款信托并购（信托公司参与型）

该并购模式的融资标的包括大型国企、上市公司等。其提供资金方式以直接向并购方发放并购贷款为主，收购方到期还本付息后实现退出，信托公司在该并购模式中只充当债权人角色，不负责有关并购标的的选择与运营管理。

此外，由于《贷款通则》规定，“不得用贷款从事股本权益性投资，国家另有规定的除外”，即金融机构无法通过发放并购贷款用于股本权益性投资。信托公司持有信托金融牌照，利用信托融资来筹集并购所需资金面临的法规政策环境相对宽松。按照现行法律法规规定，信托公司是唯一可以持股实体企业的金融机构，这是银行、券商等都不具备的制度优势，也正是凭借这一优势，信托公司可以通过设立SPV，以杠杆收购模式加以变通。

杠杆并购模式的具体操作可以根据实际情况进行变通，并非一定要采用银行贷款对接退出，为了实现避税目的，也并非一定采用并购主体回购股权的方式实现退出。信托模式下的杠杆并购适用对象、适用范围极为广泛，尤其适用于资源类企业的收购，如房地产、能源矿产项目，同时也适用于以产业整合为目的的并购融资。

（3）证券投资信托并购

该并购模式的并购标的主要是上市公司及上市公司控股股东，通过在二级市场上进行收购来完成。从目前情况来看，通过证券投资形式达到并购目的的实现方式主要包括协议收购、要约收购、间接收购和反向收购这四种。信托计划一般通过公开出售上市公司股权、上市公司原控股股东溢价回购来实现退出。

（4）PE信托

介入并购的PE信托模式，从收购主体的角度来看，可以分为现有主体型和新设主体型。

表10-3　　PE信托介入并购的两种类型比较

类型	现有主体型	新设主体型
特点	以现有存续公司作为收购实施主体，信托公司主要提供外部支持，信托财产的功能为融资，信托资金运用方式为贷款。	由信托公司与有限合伙企业、收购方等合作设立SPV（或信托PE子公司、信托公司旗下基金公司设立的子公司），由其完成并购项目。
适用对象	适合收购方综合实力较强、交易方式较简单、收购对价较小的并购项目。	主要适合资金量大、后期运作复杂的项目，有利于信托公司在全链条上把控并购项目。
比较	与现有主体型相比，新设主体型PE信托在项目资源整合、后期运营管理以及退出渠道控制等方面的把控力更强，在增值管理方面更具优势。	

信托公司介入PE形式的并购，其角色多为财务投资者或战略投资者，收购的目的是获得企业增值收益。因此，相对来讲，新设主体型更受青睐，平安信托旗下的平安创新资本的成功便是如此。

现有主体型中的FOT模式（Fund of Trust，信托与有限合伙的结合）在股权投资领域已被成熟运用，即信托计划作为有限合伙人，收购方与信托公司组建的有限责任公司作为普通合伙人。

新设主体型中信托公司与收购方合作成立合作方主导的SPV与前面提到的贷款信托变通形式类似，主要是为促进收购方进行资源整合而进行的产业并购融资。另外，PE子公司以及基金子公司也可作为并购业务实施的SPV。

（五）其他资本市场业务同样蕴含市场机会

1. 新三板业务

从目前新三板挂牌企业总体特征来看，其均是轻资产、高成长企业，主要是服务业、高端装备制造产业等战略性新兴业态的创新型企业。近三年来，新三板挂牌企业净利润复合增长率接近20%，远超同期中小板和创业板的表现。随着中国经济加速转型，新三板挂牌企业的利润有望进入快速增长期。

新三板作为价值洼地，快速的增长也引发大规模的银行资金和众多个人投资者强烈的投资需求，信托公司可以作为银行自有或理财资金参与新三板的通道，或募集资金借助投研能力较强的PE等投资顾问参与新三板市场。而除新三板业务本身外，信托公司还能够通过该业务为相关企业提供包括股票质押、并购融资在内的更多金融服务。

2. 融资融券业务

随着牛市行情的展开，不断创出历史新高的两融业务规模催生了大量的两融资产盘活需求，信托公司可以通过两融资产收益权模式，为证券公司提供融资，为融资融券提供新通道。

专栏

创新资格类业务——股指期货业务

股指期货是指以股价指数为标的物的标准化期货合约，双方约定在未来的某个特定日期，可以按照事先确定的股价指数的高低，进行标的指数的买卖业务。对信托业务而言，股指期货增加了套期保值和套利的工具，使证券投资信托多了一种避险的路径。相比于盈利性，股指期货更多地具有风险控制特征，通过减少杠杆率和总额资产配置，有利于信托业务在锁定风险的条件下，提升产品净值。信托公司在股指期货方面开展创新业务不仅有利于其增加风控手段，完善风控体系，还有利于其为客户丰富资产配置形式，提供综合化金融服务。

股指期货进入我国金融市场较晚，信托公司也是近年来才逐渐参与其中，相比于其他信托业务，股指期货目前业务规模较小，数量较少。比起基金专户、券商资产管理这两大发行平台，信托公司发行“阳光私募”股指期货产品仍处于起步阶段。

（一）信托公司股指期货业务规模有所增长

2014年，在低通胀、利率下调、货币政策宽松的行情下，金融期货市场呈现牛市特征。自下半年开始，受到股票大盘的持续大涨影响，股指期货市场开始活跃，沪深300指数期货的交易活跃度与成交持仓规模都有一定程度的放大。股指期货所有合约全年成交量和成交额分别达到2.17亿手和163.14万亿元，远远超过2013年的1.93亿手和140.70万亿元，同比分别增长12.44%和15.95%。尤其是进入第四季度，股市在极度宽松的资金面刺激下出现了连续上涨行情，增量资金涌入市场，股指期货的持仓也屡创新高。

受2014年股市行情影响，信托公司股指期货产品也逐渐增多。目前有8家公司获准参与股指期货业务。2014年，平安信托发行5款产品，规模约为20亿元，兴业信托发行15款产品，规模为17.75亿元。中海信托发行的“水滴1号集合资金信托计划”，优先级规模约为10亿元，主要用于A股股指期货套利。

（二）信托公司通过控股期货公司，进军对冲市场

2014年，兴业信托受让兴业期货有限公司股权，成为兴业期货有限公司的控股股东，成为市场上第五家控股期货公司的信托公司。其余4家控股的期货公司分别为建信信托控股的良茂期货、平安信托控股的平安期货、吉林信托控股的天富期货、外贸信托控股的冠通期货。信托公司有望通过期货公司丰富投资业务品种，在对冲基金业务方面取得发展先机。金融混业经营是金融产业融合的基础，随着国内期货公司的业务范围不断扩展，信托公司可以逐渐融合经纪、投资咨询、资产管理而发展成为更加综合的金融机构，对于志在转变为金融控股公司的信托公司而言，期货公司的牌照魅力无可替代。

（三）信托公司股指期货业务处于积累和建设期

中国银监会于2011年6月施行《信托公司参与股指期货交易业务指引》（银监发〔2011〕70号）。相关规则对卖出买入头寸的限制，控制了信托公司做空的规模，有利于防范市场剧烈波动，同时也限制了信托公司的对冲规模，无法仅依靠套保来完全规避系统性风险。信托公司集合信托业务可以套期保值和套利为目的参与股指期货交易。信托公司单一信托业务可以套期保值、套利和投机为目的而开展股指期货交易。信托公司申请以投机为目的开展股指期货交易，要满足开展套期保值或套利业务一年以上的要求。短期内，在监管要求不变的条件下，信托公司无法大规模地介入股指期货。同时，对大部分获得牌照的信托公司而言，参与股指期货市场意味着在系统搭建、人才建设和投资顾问资源等方面投入了巨大资源。信托公司作为管理平台，必须和期货公司之间建立交易通道，建设IT系统和交易通道需要高昂的投入。目前信托公司股指期货业务量有限，短期内利润空间尚不足以弥补投入。信托公司股指期货业务需经历较长的建设期。

随着股票市场逐步走出低迷，在增量资金推动、存量资金加杠杆、货币政策松动、改革红利继续释放等因素下，未来股指期货市场将保持上行节奏。而随着国内对冲工具的不断丰富，衍生品市场的日渐成熟，股指期货作为衍生品市场发展的重要基础，将是信托公司满足客户金融资产配置需求的重要工具。

第十一章　主要信托业务（四）：工商企业信托

近几年来，工商企业信托在信托公司信托业务中的地位不断提升，2014年业务规模和在信托总资产中的占比仍居首位，充分体现了信托公司的“实业投行”特点，以及信托公司服务实体经济特别是中小企业发展的作用。

一、2014年工商企业信托市场概况

2014年，中国经济进入新常态，经济增长速度进一步放缓，为适应新常态，政府加强了全面深化改革的力度。2014年，我国国内生产总值为63.65万亿元，其中第三产业增加值30.67万亿元，占GDP比重达到48.2%，高出第二产业5.6个百分点。这标志着中国经济从由工业主导向由服务业主导转变，服务业将成为新常态下中国经济增长的新动力。2014年固定资产投资增速回落，但生产性服务业投资增速仍保持了较高的水平。尽管生产性服务业的固定资产投资占总体固定资产投资的比例仍然较低，但其发展增速较快。在经济结构转型期，传统产业投资下降的时候，生产性服务业的发展成为产业升级的关键。因此生产性服务业会迎来跨越式的发展，工商企业信托在其中的投资规模和增速将随之提升。

2014年工商企业信托规模在总信托资产中的占比在各投向领域中仍居第一，但发展增速减缓，新增产品数量和规模都大幅下降，这主要受经济发展放缓的影响，工商企业普遍经营困难，信用风险上升，信托业对工商企业的资金运用开始趋于谨慎。

（一）存量产品规模继续增长，在信托资产中的占比下降

1. 存量产品数量和规模持续增长

截至2014年末，全国存续的工商企业信托产品有10,899个，业务存量规模为31,330.14亿元，较2013年增长8.02%（见图11-1）。

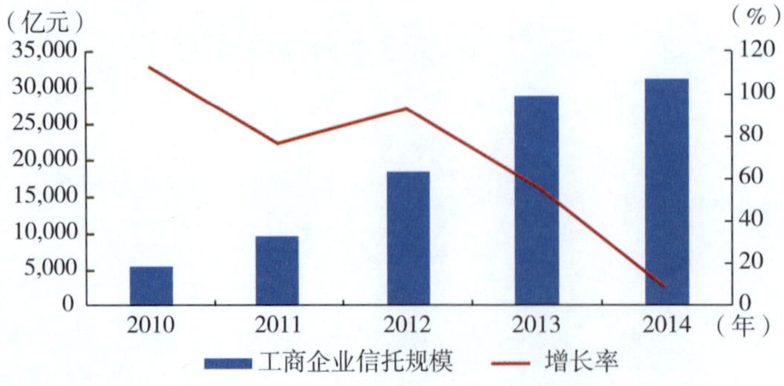

数据来源：中国信托业协会。

图11-1　2010—2014年工商企业信托规模和增速

2. 工商企业信托业务规模占比仍居首位

2014年工商企业信托业务规模在总信托资产中的比重从2013年末的28.10%下降到24.03%，但在各类信托投资领域中的比重仍位居第一（见图11–2）。

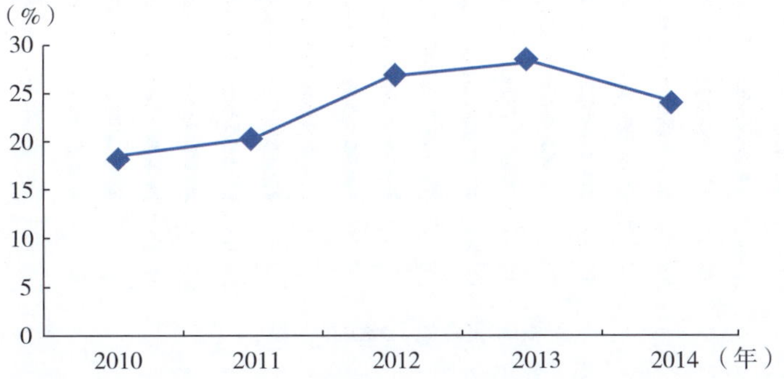

数据来源：中国信托业协会。

图11–2 2010—2014年工商企业信托规模占比

3. 在存量产品数量和规模上单一类占比遥遥领先于集合类

2014年单一类和集合类工商企业信托产品数量和规模均趋于稳定，单一类规模和数量遥遥领先于集合类。截至2014年末，集合类信托产品有2,834个，规模达7,744.6亿元，占比25%；单一资金信托产品有8,065个，规模达23,585.54亿元，占比75%（见图11–3）。

数据来源：中国信托业协会。

图11–3 2010—2014年工商企业信托单一类和集合类规模及数量

从工商企业信托业务存量规模结构变化情况来看，2014年单一类工商企业信托占比始终占优，集合类占比稳定在22%左右的水平（见图11–4）。

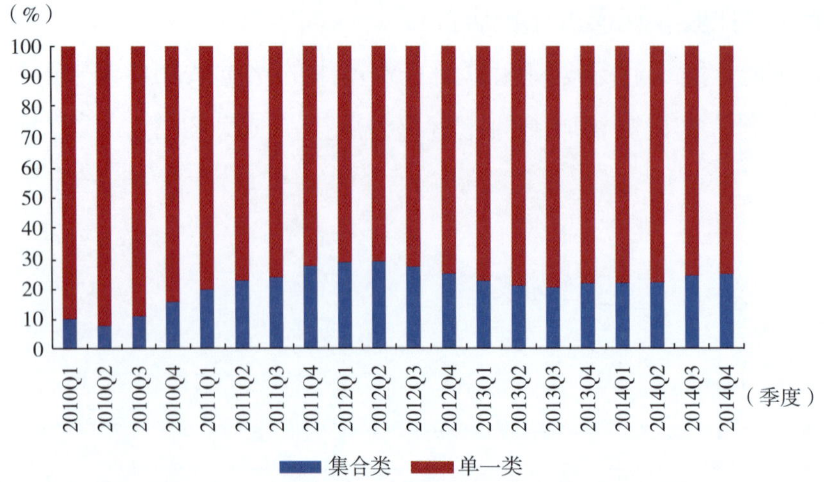

数据来源：中国信托业协会。

图11-4　2010—2014年工商企业信托结构变化情况

4. 发展增速继续回落，集合类增速高于单一类

从存量规模的同比增速来看，2014年工商企业信托整体增速一直下降，从年初的36%下降到年末的8%，集合类增速高于单一类（见图11-5）。

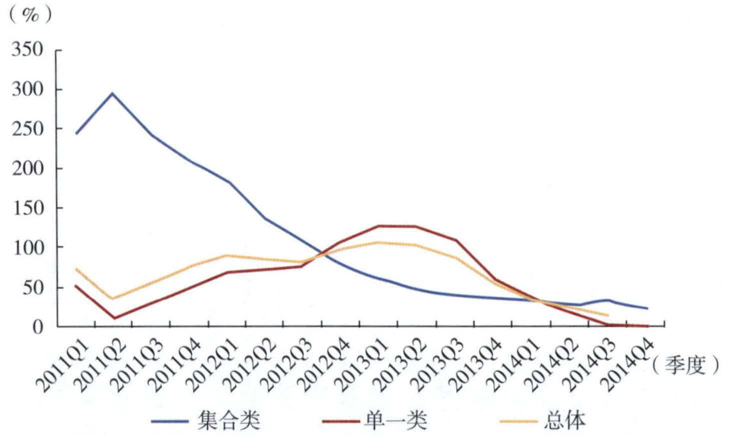

数据来源：中国信托业协会。

图11-5　2011—2014年工商企业信托规模同比增长变化情况

从存量规模环比增速来看，集合类和单一类连续回落。从工商企业信托存量规模环比增长变化情况来看，2014年第三季度单一类开始转为负增长，集合类增速也降至1%（见图11-6）。

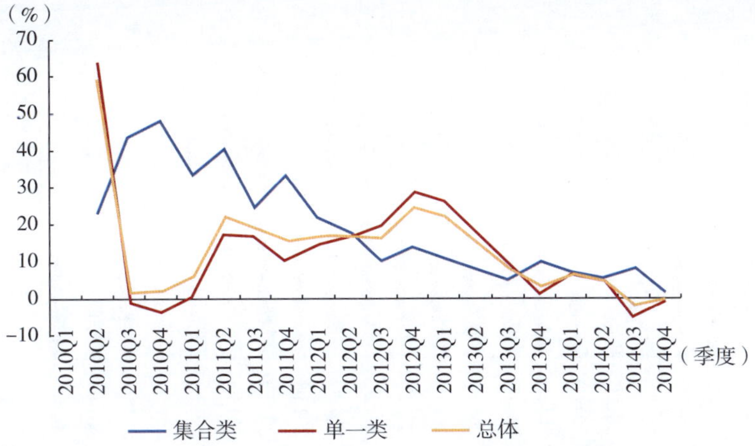

数据来源：中国信托业协会。

图11–6　2010—2014年工商企业信托规模环比增长变化情况

（二）新增产品数量和规模大幅下降，单一类占比继续领先

1. 新增信托产品数量和规模大幅下降

2014年新增工商企业信托产品4,106个，规模达9,407.62亿元，较2013年下降54.03%。其中，集合类信托产品新增1,893个，规模达3,147.51亿元，占比33%；单一资金信托产品新增2,213个，规模达6,260.11亿元，占比67%。2014年新增产品数量和规模都下降（见图11–7）。

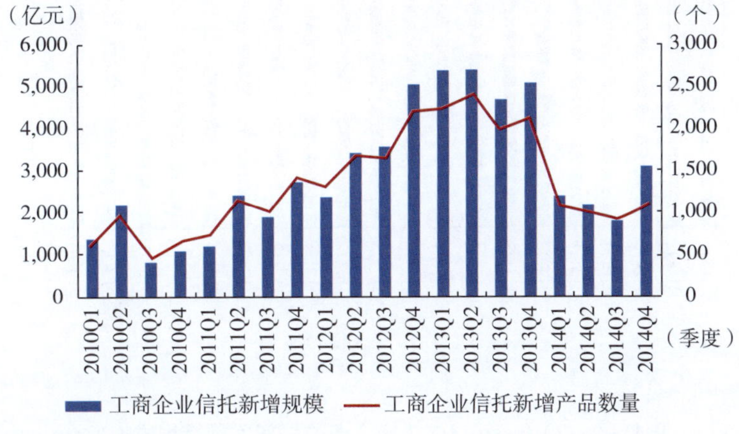

数据来源：中国信托业协会。

图11–7　2010—2014年工商企业信托新增产品数量和规模

2. 在新增产品的数量和规模上，单一类占比继续领先

在新增的房地产信托产品中，集合类信托产品有1,893个，规模达3,147.51亿元，占比33%；单一资金信托产品有2,213个，规模达6,260.11亿元，占比67%（见图11–8）。

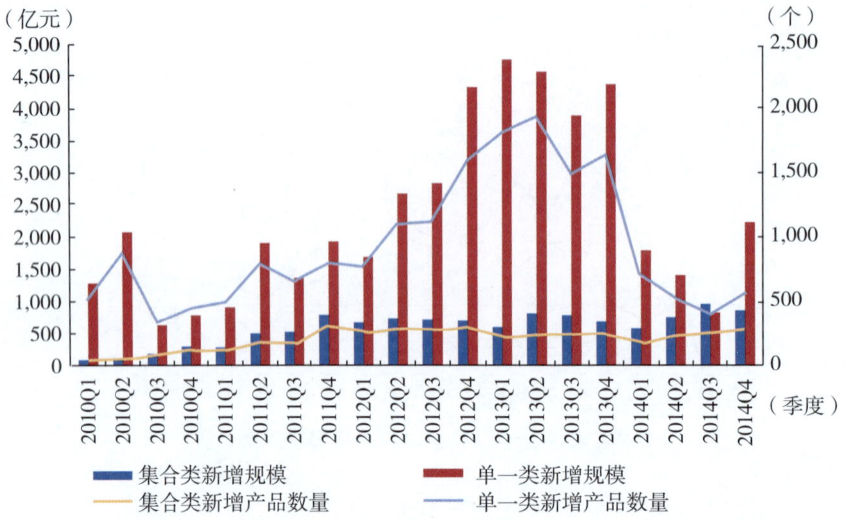

数据来源：中国信托业协会。

图11-8　2010—2014年工商企业信托新增产品数量和规模

从新增产品规模的构成结构来看，新增集合类工商企业信托占比在2014年前三个季度强势增长，在第三季度达到54%的最高值，一度超越了单一类占比，第四季度集合类占比回落至28%（见图11-9）。

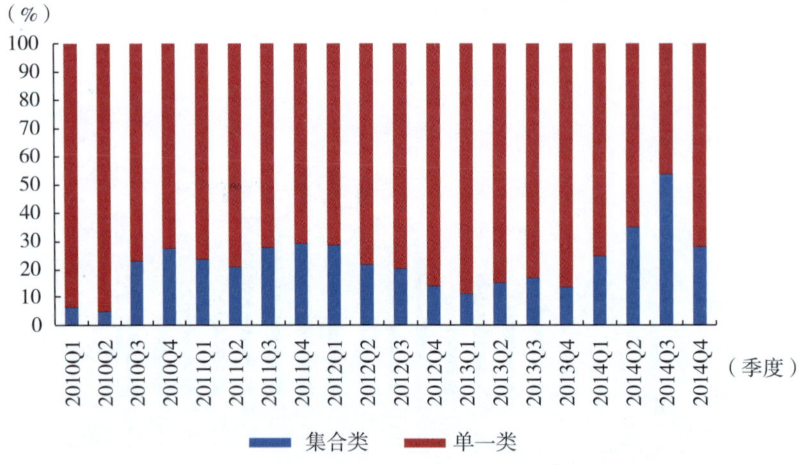

数据来源：中国信托业协会。

图11-9　2010—2014年工商企业信托新增规模构成情况

3. 在新增产品规模增速上，集合类持续领先

从新增规模同比增速来看，2014年集合类始终高于单一类。集合类同比增速在经历了2014年第一季度和第二季度的负增长之后，第三季度开始转为正值，年末增速达到25%；2014年单一类同比增速均为负值（见图11-10）。

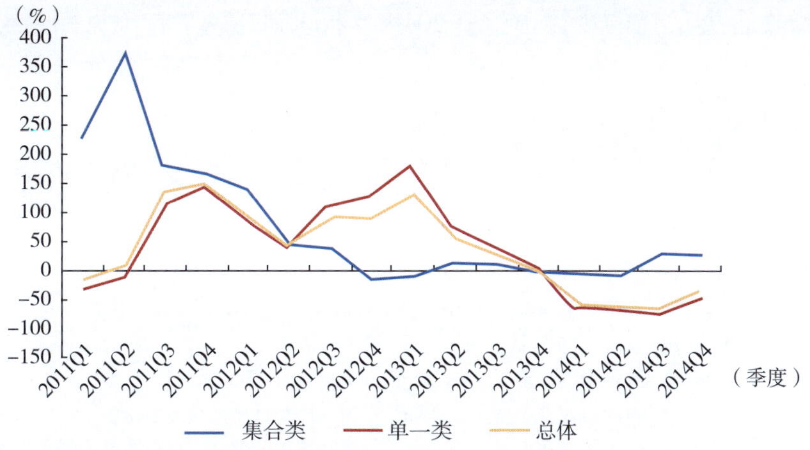

数据来源：中国信托业协会。

图11–10 2011—2014年新增工商企业信托同比增长情况

从环比增速变化情况来看，2014年集合类工商企业信托新增业务规模增速高点出现在第二、第三季度，第四季度下滑至-11%。2014年前三个季度单一类增速均为负值，但第四季度大幅反弹至168%（见图11-11）。

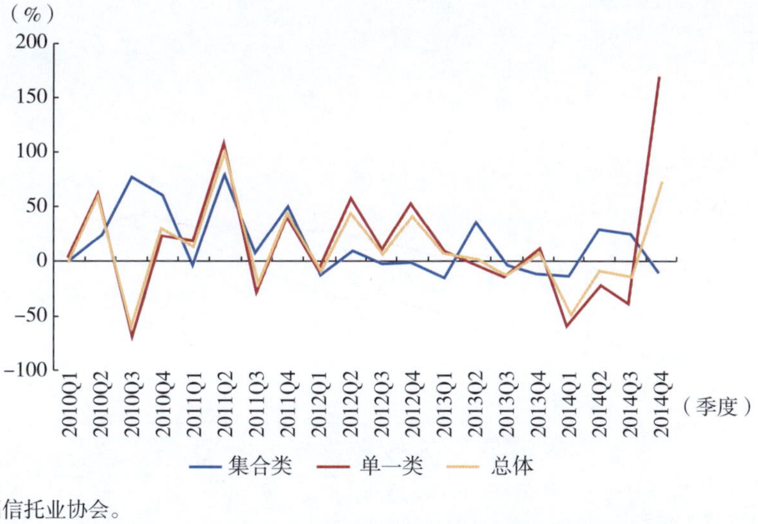

数据来源：中国信托业协会。

图11–11 2010—2014年新增工商企业信托环比增长情况

4. 新增产品规模在新增信托资产中的占比下降

2014年工商企业信托业务新增规模在信托公司新增信托资产中的占比有所下降，从2013年末的35%下降到2014年末的19%。从分类型来看，由于单一类工商企业信托产品占绝对优势，所以单一类工商企业信托产品在新增单一类信托规模中的占比变化与新增工商企业信托在新增信托总规模的占比变化较为一致，新增集合类工商企业信托在新增集合类信托的规模占比在2014年末达到18%左右（见图11-12）。

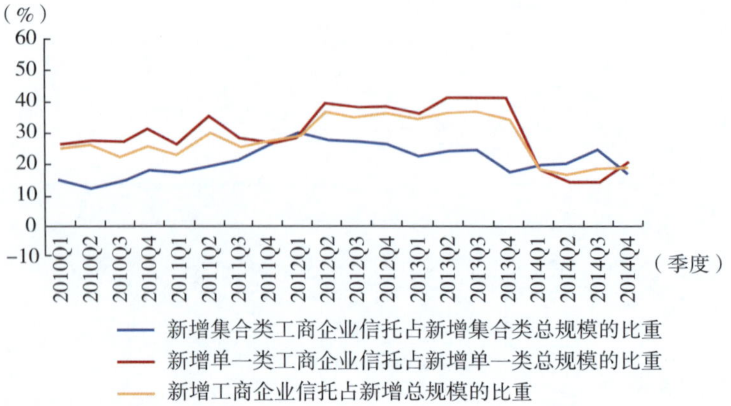

数据来源：中国信托业协会。

图11-12　2010—2014年工商企业信托新增规模占比情况

（三）产品平均规模总体呈上升趋势

截至2014年末，存量工商企业信托产品中的集合类产品平均规模为2.73亿元，单一类产品的平均规模为2.92亿元。2014年存量集合类和单一类产品的平均规模均呈上升趋势（见图11-13）。

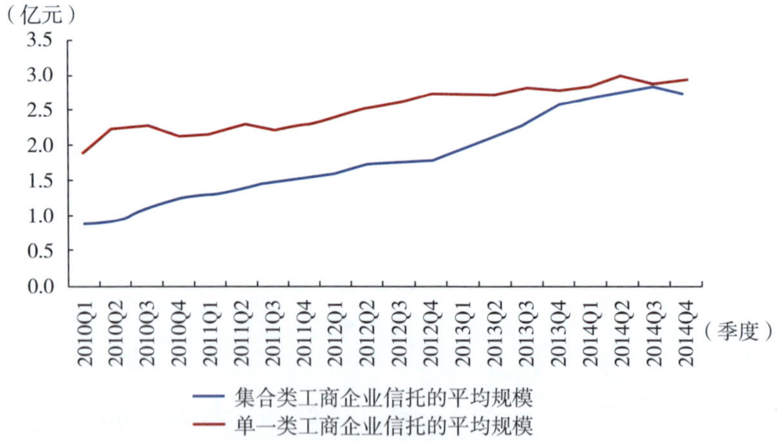

数据来源：中国信托业协会。

图11-13　2010—2014年存量工商企业信托产品的平均规模

2014年新增工商企业信托产品中，集合类产品的平均规模为1.59亿元，单一类产品的平均规模为3.95亿元。新增集合类工商企业信托产品的平均规模呈上升趋势，而新增单一类工商企业信托产品的平均规模在2014年第四季度有所上涨（见图11-14）。

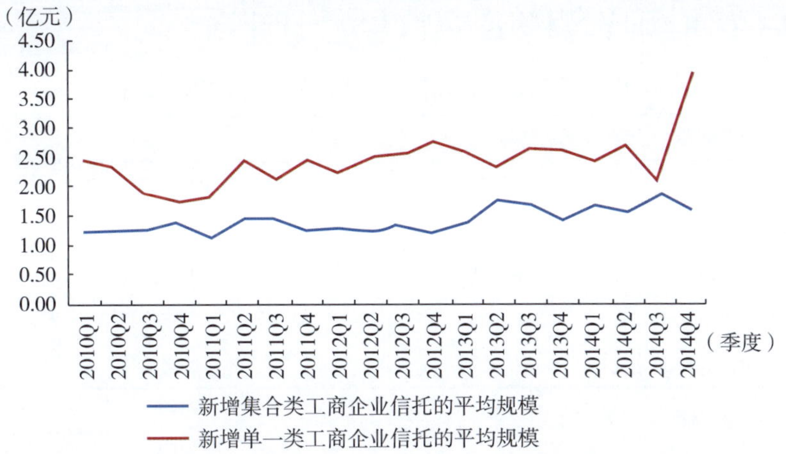

数据来源：中国信托业协会。

图11-14　2010—2014年新增工商企业信托产品的平均规模

（四）产品以中短期为主，预计到期期限分布较为平均

从2014年末存续工商企业信托产品的预计到期情况来看，按照预计到期的产品数量，0~6个月内到期的产品占比为31.98%，6~12个月内到期的产品规模占比为26.57%，12~24个月内到期的产品规模占比为23.89%，24~36个月内到期的产品规模占比为6.53%，36个月以上到期的产品规模占比为11.03%。按照预期到期的产品规模，0~6个月内到期的产品规模占比为23.93%，6~12个月内到期的产品规模占比为21.05%，12~24个月内到期的产品规模占比为25.72%，24~36个月内到期的产品规模占比为9.25%，36个月以上到期的产品规模占比为20.05%（见图11-15）。

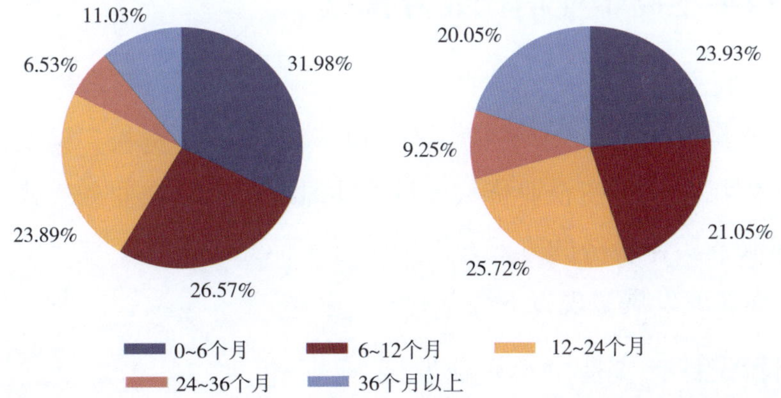

数据来源：中国信托业协会。

图11-15　2014年末工商企业信托产品预计到期数量（左）及规模（右）结构

（五）业务集中度略有上升

从工商企业信托业务的行业集中度情况来看，排名前十的信托公司管理规模达到

12,438.49亿元，占市场总体规模的39.70%（见表11-1）。

表11-1　　2014年工商企业信托管理规模排名前十的信托公司

序号	公司名称	管理规模（亿元）	序号	公司名称	管理规模（亿元）
1	中融信托	2,292.4	6	中铁信托	1,026.22
2	兴业信托	1,426.42	7	中信信托	1,013.71
3	渤海信托	1,348.15	8	中航信托	1,001.37
4	天津信托	1,212.08	9	安信信托	1,000.36
5	新时代信托	1,118.97	10	长安信托	998.81

数据来源：信托公司年报。

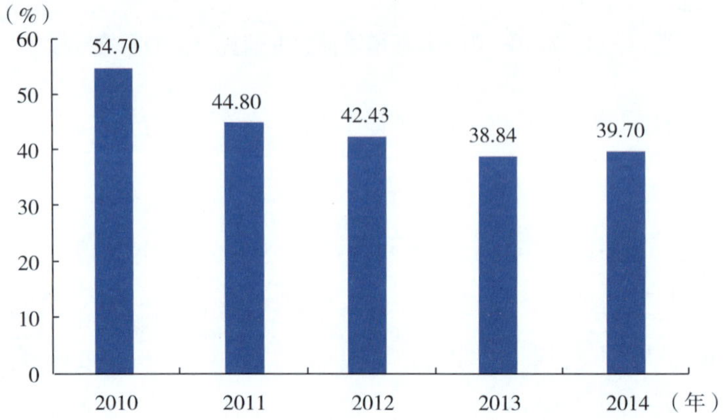

数据来源：中国信托业协会。

图11-16　2010—2014年工商企业信托规模前十的信托公司占比

二、2014年工商企业信托业务特点

工商企业信托业务是信托公司业务重要组成部分。虽然目前整体经济下行压力仍存，工商企业经营压力较大，但随着货币政策的进一步宽松，预期在未来走势将有一定好转，信托公司工商企业贷款项目整体风险可控。在业务模式上，信托公司不断探索创新服务实体经济的方式，以更贴近实体经济需求。结合信托公司实践案例，2014年工商企业发展呈现以下特点。

（一）创新设计，支持中小企业发展

2014年9月，针对中小企业经营成本高、税费负担重等问题，国务院推出小微企业税收优惠措施，中国人民银行也于2014年4月和6月连续两次实施了定向降准，政策红利持续释放，中小企业发展环境不断优化。信托是天然的产融结合工具，信托资金的运用方式涵盖股权、债权，介于二者之间的“夹层”，以及各种收益权投资，能够整合运用多种金融工具，通过灵活的交易结构设计，为企业量身定做融资方案。为了解决中小企业信用不足这一制约融资的核心难题，信托业通过引入管理人、担保人角色，配以结构化设计，搭建了较为稳定的信用架构，扩充了部分中小企业信用，使其获得信托资金支持，这满足了中小企业融资需求特别是流动资金需求，加快了中小企业流动资金周转速度，为中小企业完善自身建设提供助力，有力地促进了中小企业良性发展。

（二）整合资源，发展产业基金型信托

信托公司通过整合资本和产业资源，创新产品架构，发挥自身优势参与国有企业改革，聚焦“三农”服务、西部大开发、基础设施建设、环保节能、医疗养老等领域，在促进产业转型升级、资源优化等方面彰显出更大的创新潜力。除了引入阶段性资金，如信托贷款和项目融资等，也通过产业基金型信托为产业公司融入长期投资，改善其资本结构。对于信托公司而言，产业基金通过贷款、股权投资等传统融资方式及应收账款受益权融资、特定资产权益投资等创新融资方式助力地方经济建设，这也提高了信托公司主动管理能力。产业基金型信托模式除了能给企业提供全方位的综合金融服务，也能为投资者带来长期的稳定收益。产业基金型信托满足了实体经济的多样化、多层次的深度需求。信托市场上推出了多款专门针对健康产业、农业、产业并购等领域的基金型信托产品，助力部分行业集中优势资源，优化资源配置。

（三）发展股权投资，支持产业升级

信托公司也进一步发展PE等股权投资，推动产业结构调整和产业升级。PE投资项目领域除涉及传统加工制造、先进制造、能源开采等优势支柱产业，还涵盖了IT、通信、软件开发、新能源、新材料、环保、生物医药、医疗器械、园林绿化等新兴技术产业，对于成长发展较好的企业进一步加大投资支持其发展，以项目带动企业，促进产业升级，实现金融资本规范化、规模化地推动产业发展。2014年以来，中国证监会对并购重组的支持力度也不断加大，加快了并购市场的融资过程。目前已有多家信托公司利用合伙型基金优势，通过信托加入有限合伙基金产品参与企业并购重组，提升企业的市场竞争力。根据中国信托业协会披露的数据，截至2014年末，全行业PE类信托共有133个，规模达258.37亿元，占全部工商企业信托规模的0.82%。信托公司与私募基金合作设立的工商企业信托相对规模较小，且以集合资金信托产品为主。截至2014年末，全行业共有产品19个，规模达51.18亿元。

（四）发挥纽带功能，深化产融结合

信托公司作为实业投行，具有跨越金融和产业的天然优势，随着信托市场的不断深化，越来越多的信托公司开始更加深入到特定行业的产业链中，通过创新产品设计，有效搭建起上下游企业之间、生产商与贸易商之间、产业服务提供者和消费者之间的桥梁，提升了产业系统的运行效率。2014年信托公司通过经验积累，运用灵活的信托工具，多渠道为产业集团融通资金，推动产融结合。而中信信托“中信宝”消费信托平台的上线，通过信托直接打通消费和生产环节，在消费信托领域中提出的“大数据信托”概念正逐渐实现。

三、2015年工商企业信托发展趋势

2015年宏观经济下行压力仍然较大，消费支出和社会消费品零售总额实际增速将延续回调势头，这使得工商企业发展空间承压。政府为进一步解决中小企业融资难问题，出台了各种鼓励金融机构为中小企业服务的相关政策，而监管层也不断引导信托资金向实体经济转移。货币政策的持续宽松以及各种新型融资渠道和金融产品的不断创新，会改善工商企业的融资环境。2015年工商企业信托规模将有望继续增长，业务和服务模式创新更加丰富，但相对增速会逐步下降。

（一）关注中小企业，发展普惠金融

党的十八届三中全会提出全面深化改革，完善金融市场体系，发展普惠金融。未来政府会加大扶持中小企业的力度，优化中小企业的成长环境，信托公司进一步关注中小企业发展，充分发挥信托公司的资金募集优势，积极开展普惠金融产品和服务方式的创新创优，不断加大金融扶弱力度，助力普惠金融服务环境整体的改善。信托公司已经通过向中小企业直接提供融资，设立中小企业发展基金，与地方政府、担保公司、银行等机构开发出多样化、系列化的中小企业信托产品来吸引社会资金，助力中小企业发展。同时信托公司应继续开拓创新业务和产品模式，引入并组合开放式设计、产品标准化运作及发行等创新型技术要素，以提升投资者认购积极性、降低融资成本、提升产品运行效率，同时为投资者创造良好的投资收益。

（二）优化传统产业，促进结构调整

产业结构调整是我国目前经济发展的重要目标之一，产业结构升级的推动离不开金融的支持。优化资源配置、提升企业质量，是实现经济增长方式转变和产业结构

调整战略目标的重要途径之一。部分结构性过剩的产业作为国民经济的支撑产业，其地位仍不容忽视，信托作为重要的融资方式在促进这一传统行业投融资、上下游并购、技术革新方面应发挥重要的作用。通过资产置换、兼并、收购等市场化行为，支持汽车、纺织、轻工、煤炭、钢铁和电力等的发展，调整相关企业的业务结构、实现产业整合和升级；通过将信托资金集中投向传统产业的技术革新、产能结构调整、上下游产业整合等领域，来促进传统产业技术进步与资本运用的统一；围绕国家的产业调整政策，探索通过与私募基金合作，发起设立PE基金等多种创新模式。

（三）支持新兴产业，加强股权投资

随着主板（含中小板）、创业板、代办股份转让系统、场外市场等资本市场体系的不断健全，实体经济中大量真正初创的、新兴业态的、新商业模式的企业将逐步涌现出来，寻找金融支持，并且在资本市场上实现价值重估。在积极促进金融资本与新兴产业相结合方面，对于支持战略性新兴产业发展（包括节能环保、新一代信息技术、生物、高端装备制造、新能源、新材料、新能源汽车等），信托公司能运用丰富的金融工具，打通产业链，使投资业务覆盖到企业成长期后的全部领域，在产业链前端提供融资，在中端提供投资，不仅为投资企业提供资金和规范的财务管理，也为企业发展提供战略性建议，为企业成功实现上市融资提供完善的金融服务。此外，信托公司还可以发起设立并参股公司制、有限合伙制创投基金，通过专业的投资基金运作，联合高度市场化的基金管理团队，在全国范围内筛选优质新兴产业进行股权投资。

（四）重视风险防控，健全缓释机制

我国经济新常态对金融机构风险控制能力提出了更高要求。随着经济增长动力转换，金融机构的隐性风险将逐渐显性化，信贷风险将有所提升，发展工商企业信托将面临更加严峻的风险考验。工商企业信托双方往往信息不对称，缺乏足够的交易信息，交易对手或上下游情况也大多不固定，缺乏足够的信用基础数据积累；一些规模较小的企业风险补偿能力弱，较少用土地或房产作抵押。信托到期，融资企业偿还本金和利息，还款来源通常为公司经营性收入。工商企业经营发展与宏观经济形势紧密相连，受所处行业的市场景气程度等因素影响较大，因此，对信托公司的行业研判能力要求较高。特别是部分涉足多个行业领域、集团架构较为复杂的集团公司，信托风险防控难度更大。在我国经济发展面临较大不确定性的情况下，信托公司必须未雨绸缪，建立科学合理的风险分散、补偿和转移机制，健全风险缓释体系。

第十二章　主要信托业务（五）：金融同业合作（银行）

分业经营和鼓励创新的金融环境为银信合作提供了良机，而银信合作业务的延伸也推动了金融体系改革的深化和利率市场化进程的加快。无论是对银行还是对信托公司自身，无论是对理财市场还是对其他金融服务，银信合作业务都起到了巨大的推动作用，使得资金流通效率显著提高，产业与资本的相互渗透也明显加强。信托公司与银行在多领域、多行业中开展了多种方式和多个层次的合作，其中尤以银信合作理财产品备受社会关注，不仅丰富了理财产品的资产标的范围，推动了利率市场化进程，而且拓宽了投资者的理财渠道。随着我国金融业改革的持续推进，同业边界日趋模糊，资产管理行业竞争持续加剧，信托公司应该从与银行开展简单的业务联动开始，逐步发展为制度融合、文化融合，不断深化对商业银行业务发展的理解，全面提升对银行资源的整合能力，通过自身的产品设计能力和主动管理能力，逐步打造多元化、一体化的金融服务体系。

一、2014年发展概况

2014年，中国银监会陆续出台银信合作业务新政策，对银信合作业务进行了进一步的规范。4月8日，中国银监会办公厅下发《关于信托公司风险监管的指导意见》（银监办发〔2014〕99号），要求金融机构之间的交叉产品和合作业务，必须以合同形式明确项目的风险责任承担主体，由风险承担主体的行业归口监管部门负责监督管理，加强业务现场检查，防止以抽屉协议的形式规避监管，进一步规范银信合作业务的开展标准。4月24日，中国人民银行、中国银监会、中国证监会、中国保监会以及外汇局联合下发了《关于规范金融机构同业业务的通知》（银发〔2014〕127号），重新规范了银信合作中票据业务和信托受益权的监管，限制买入返售为银行承兑汇票，债券、央行票据等，卖出回购方不得将业务项下的金融资产从资产负债表转出，并禁止信托受益权纳入买入返售金融资产项目中。虽然一系列的政策对传统通道类业务进行了规范，进一步加剧了证券公司以及基金子公司的同业竞争压力，但与此同时，证券市场的走强也为银信合作业务的发展注入了新的活力，多家信托公司纷纷加强与银行的合作，积极参与证券类资金池业务，推动了银信合作业务规模的持续增长。总体而言，2014年银信合作业务仍保持着良性的稳健发展态势

（见表12–1）。

表12–1　　银信合作业务相关政策变动情况

时间	制度名称	内容要点
2014年4月8日	《关于信托公司风险监管的指导意见》（银监办发〔2014〕99号）	金融机构之间的交叉产品和合作业务，必须以合同形式明确项目的风险责任承担主体，由风险承担主体的行业归口监管部门负责监督管理，加强业务现场检查，防止以抽屉协议的形式规避监管。
2014年4月18日	《关于加强农村中小金融机构非标准化债权资产投资业务监管有关事项的通知》（银监办发〔2014〕11号）	对农村中小金融机构通过银行、信托等开展非标准化债权资产投资业务进行了规范：以自有或者同业资金投资非标资产的，原则上业务规模不得超过本行同业负债的30%，非标准化资产投资总余额（理财资金加自有和同业资金投资）不得高于上一年审计报告披露总资产的4%。
2014年4月24日	《关于规范金融机构同业业务的通知》（银发〔2014〕127号）	规范同业业务，约束同业类型的非标准化资产，如信贷资产、信托贷款、委托债权、承兑汇票、信用证、应收账款、各类收益权及受益权等。 买入返售（卖出回购）业务项下的金融资产应当为银行承兑汇票，债券、央行票据等在银行间市场、证券交易所市场交易的具有合理公允价值和较高流动性的金融资产，卖出回购方不得将业务项下的金融资产从资产负债表转出。
2014年5月8日	《关于规范商业银行同业业务治理的通知》（银监办发〔2014〕140号）	为127号文的配套文件，要求银行对同业业务实行专营部门制，分支行不得再经营，以此整治银行同业业务多头展业、松散的现象。
2014年7月10日	《关于完善银行理财业务组织管理体系有关事项的通知》（银监发〔2014〕35号文）	对商业银行理财业务明确了“单独核算、风险隔离、行为规范、归口管理”的四个要求，强化理财业务的风险隔离管理，明确要求：（1）理财业务与信贷等其他业务相分离；（2）固有业务与代客业务相分离；（3）银行理财产品与银行代销的第三方机构理财产品相分离；（4）银行理财产品之间相分离；（5）理财业务操作与银行其他业务操作相分离。

数据来源：根据公开资料整理。

（一）存量产品数量和规模持续上涨，在信托资产中的占比趋于稳定

1. 存量产品数量和规模持续上涨

截至2014年末，全行业银信合作业务信托产品共有3,231个，同比增加251个，业务存量规模达到30,958.59亿元，较2013年增长41.67%。在银信合作不断深化的背景下，银信合作理财业务的存量规模从2011年开始保持缓慢增长（见图12–1）。

数据来源：中国信托业协会。

图12-1　2010—2014年单一类银信合作理财业务规模和数量

2. 在信托资产中的规模占比趋于稳定

从存续规模来看，银信合作理财业务在信托公司受托管理信托资产中的占比持续下降，从2011年第一季度时的46.82%下滑至2013年末的20.03%，在2014年逐步趋于稳定，在2014年末占比达到22.15%，同比增长10.58%。从存续个数来看，2014年银信合作理财业务在信托公司受托管理信托资产中的占比由2011年第一季度时的5.59%下滑至2014年末的8.56%，同比下降9.13%，存续个数占比也逐步趋于稳定（见图12-2）。

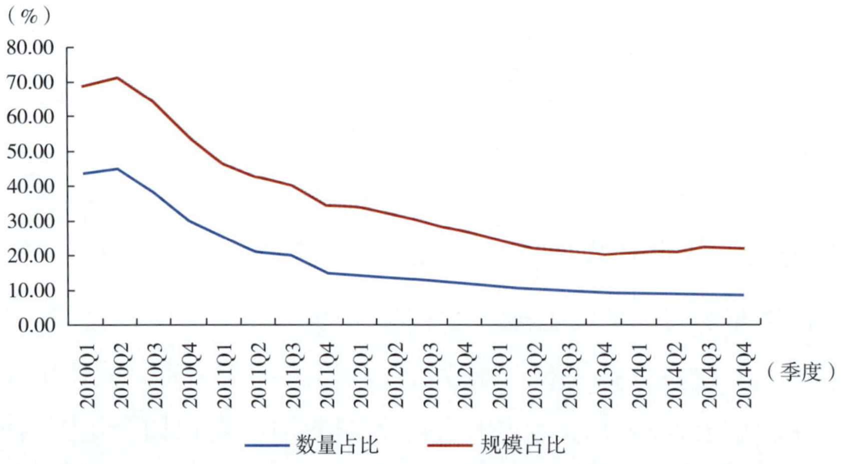

数据来源：中国信托业协会。

图12-2　2010—2014年银信合作理财业务在信托资产中的占比

（二）集合类、财产权类存续规模增长明显，单一类存续规模持续增长

1. 存续规模仍以单一类为主

截至2014年末，全行业银信合作理财产品中集合类信托产品共有456个，存续规模为3,894.48亿元，占比12.58%；单一类信托产品共有2,404个，存续规模为25,765.35亿元，占比83.23%；财产权类信托产品共有371个，存续规模为1,298.77亿元，占比4.20%（见图12-3、图12-4和图12-5）。

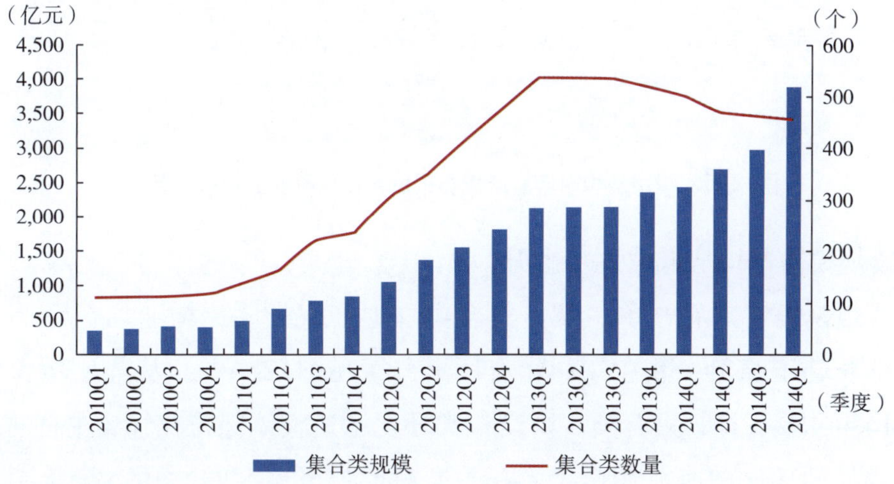

数据来源：中国信托业协会。

图12-3　2010—2014年集合类银信合作理财业务规模和数量

数据来源：中国信托业协会。

图12-4　2010—2014年单一类银信合作理财业务规模和数量

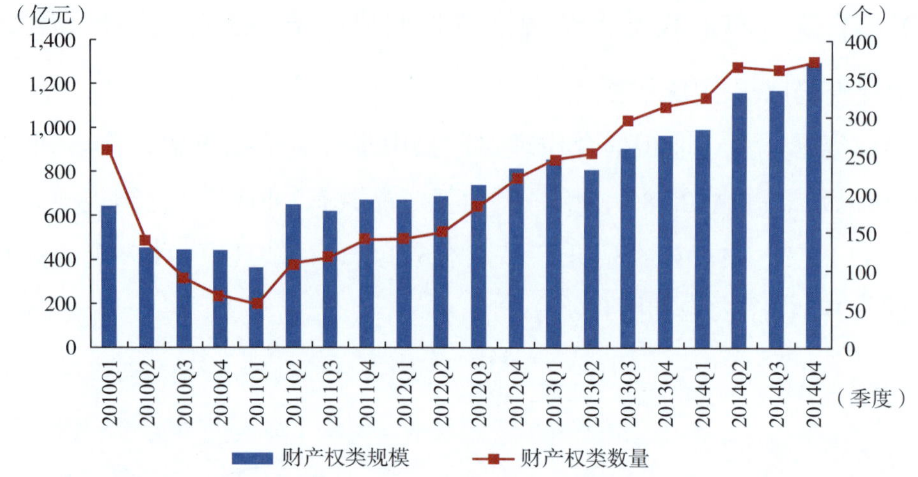

数据来源：中国信托业协会。

图12-5　2010—2014年财产权类银信合作理财业务规模和数量

2. 存续规模增速均从低位逐步上升

从存续规模角度来看，单一类、集合类、财产权类同比增速均在经历了前几年的下滑后逐步趋于稳定，并在2014年有所上升（见图12-6）。从环比增长变化情况来看，2014年，单一类、集合类、财产权类环比增速整体保持在10%左右的水平，其中单一类规模的环比增速在2014年第一季度时反弹至14.82%之后，全年逐步下降，财产权类规模的环比增速基本持平，集合类规模的环比增速稳步回升，从第一季度的3.36%提升到第四季度的30.63%，集合类的银信合作业务在2014年的增长较为明显（见图12-7）。

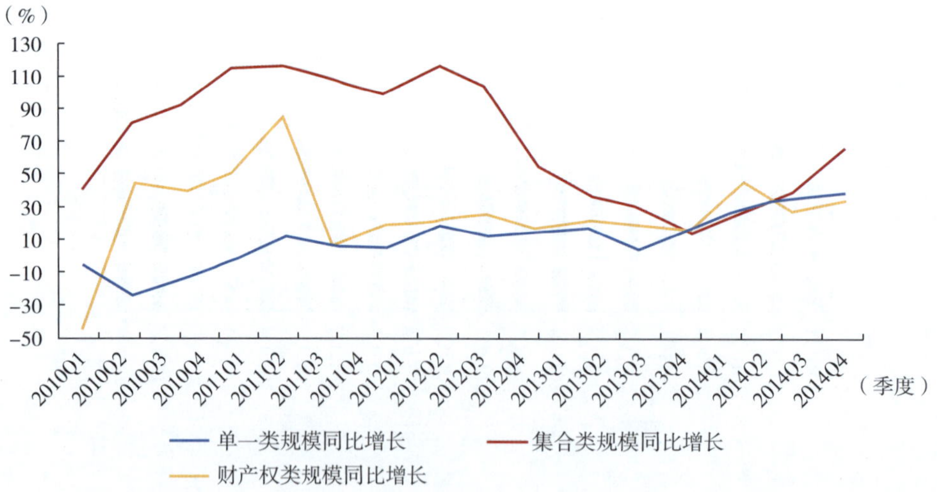

数据来源：中国信托业协会。

图12-6　2010—2014年银信合作理财业务规模同比增长变化情况

数据来源：中国信托业协会。

图12-7　2010—2014年银信合作理财业务规模环比增长变化情况

3. 从规模占比来看，集合类占比增加，单一类占比减少

从银信合作理财业务存续规模结构变化情况来看，银信合作的业务结构仍然以单一类为主，集合类为辅的整体情况发展。可以看到，自2011年以来单一类银信合作理财虽然始终占据主导，但是随着监管部门对通道类业务的监管力度持续加强，其占比正逐年减少，而集合类及财产权类的银信合作随着信托主动管理能力的增强以及业务领域的拓宽，占比逐步增加。截至2014年末，集合类银信合作的占比已增长到12.58%，财产权类银信合作的占比保持在4.20%左右，单一类银信合作的占比减少到83.23%（见图12-8）。

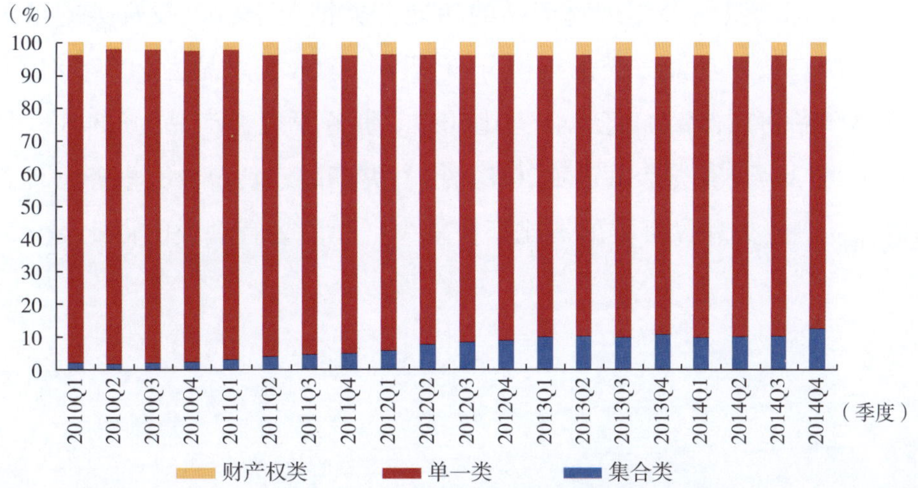

数据来源：中国信托业协会。

图12-8　2010—2014年银信合作理财结构变化情况

（三）从单只产品规模看，集合类增加明显，单一类及财产权类相对稳定

截至2014年末，存续银信合作理财产品中的集合类产品的平均规模为8.54亿元，单一类产品的平均规模为10.71亿元，财产权类产品的平均规模为3.50亿元。可以看出，2014年以来，存续银信合作理财项目的平均规模与2013年相比均有一定的上升，单一类产品的平均规模仍然最高，而集合类的平均规模在下半年有明显增长（见图12-9）。

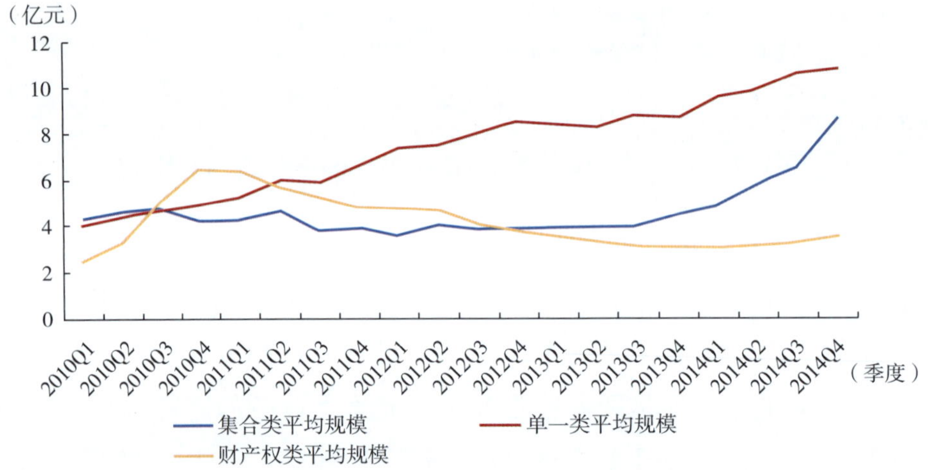

数据来源：中国信托业协会。

图12-9　2010—2014年银信合作理财的平均规模

（四）从功能分类情况来看，投资类产品占比最高

从2014年末存续银信合作理财产品的功能分类情况来看，投资类的银信合作产品占据主要地位。按照功能分类的规模分布情况，融资类产品为4,057.38亿元，占比13%；投资类产品为18,552.41亿元，占比60%；事务管理类产品为8,348.80亿元，占比27%。相比2013年融资类产品占比20%、投资类产品占比68%、事务管理类产品占比12%的情况，融资类和投资类的占比都在减少，而事务管理类的占比明显增加（见图12-10）。

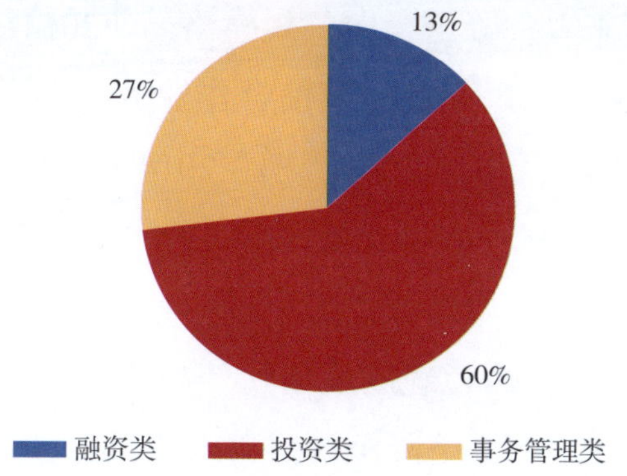

数据来源：中国信托业协会。

图12-10　2014年银信合作理财产品分类情况

（五）从资金投向情况来看，以证券及工商企业为主

从2014年末存续银信合作理财产品的资金投向情况来看，数量上投向其他和工商企业的占比较大，规模上投向证券及金融机构的占比较大。按照存续产品的投向分布情况，投向证券的产品个数为685个，数量占比19%，产品规模共计12,244.69亿元，规模占比41%；投向金融机构的产品个数为514个，数量占比14%，产品规模共计9,196.39亿元，规模占比31%；投向基础产业的产品个数为372个，数量占比10%，产品规模共计2,136.23亿元，规模占比7%；投向工商企业的产品个数为939个，数量占比26%，产品规模共计2,996.25亿元，规模占比10%；投向房地产的产品个数为112个，数量占比3%，产品规模共计338.81亿元，规模占比1%；投向其他的产品个数为1,008个，数量占比28%，产品规模共计2,747.46亿元，规模占比9%（见图12-11）。

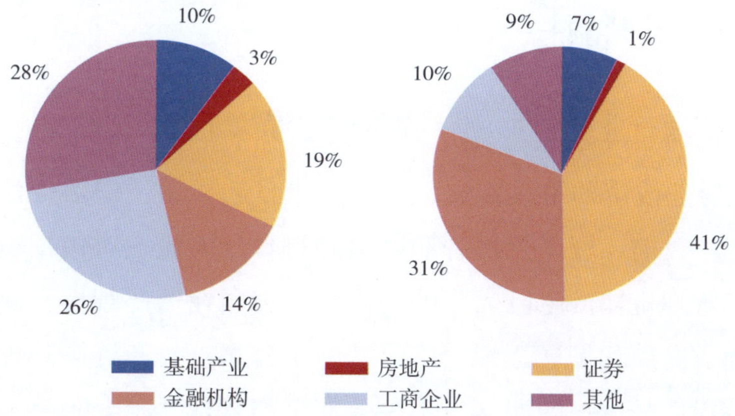

注：规模占比加总数不等于100%是因为计算存在四舍五入。

数据来源：中国信托业协会。

图12-11　2014年银信合作信托资金投向数量（左）及规模（右）占比

从存续规模数量角度来看，资金投向的规模格局在2014年间发生了一些改变。随着2014年资本市场的快速发展，大量的银信合作业务投向资本市场领域，同业合作的程度更加紧密，投向证券及金融机构的规模在2014年不断攀升，到2014年末分别达到了12,244.69亿元和9,196.39亿元，同比提高54.46%和86.07%，两者的总规模占比达到72%，成为银信合作业务的主要组成部分；投向其他领域的数量和规模基本保持稳定，随着一系列地方政府平台的管理制度出台，投向基础产业的规模也有一定的下降，其规模占比从2013年末的13%下降至2014年末的7%（见图12-12）。

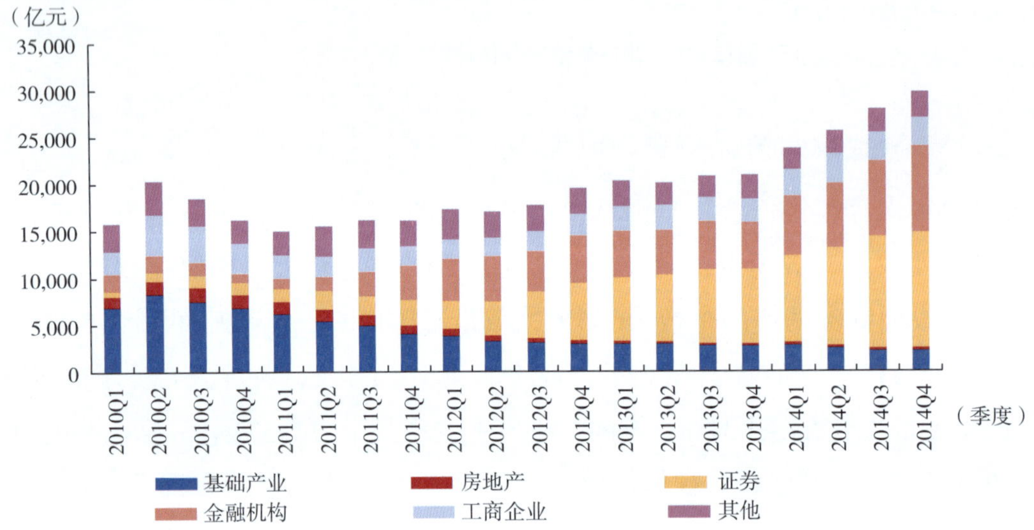

数据来源：中国信托业协会。

图12-12　2010—2014年银信合作理财资金投向规模变化情况

二、2014年发展特征

（一）资产管理行业竞争加剧，牌照优势渐失

随着我国金融业改革的持续推进，同业边界日趋模糊，银信合作进入了“物竞天择”的新时代。目前，资产管理牌照贬值趋势日趋明显，对包括银行、信托公司在内的所有资产管理机构产生巨大影响，而信托公司在资产管理行业中原有的领先地位也随着市场的同质化发展逐渐消失，基金子公司、券商资产管理、保险资产管理计划正逐渐替代信托公司的职能，不少券商资产管理、基金子公司为了做大资产管理规模，不惜压低价格，承接大量银行理财通道类业务，使行业的整体收费水平受到进一步的压制，对信托公司造成较大的冲击。截至2014年末，我国包括银行理财、信托、保险、券商资产管理、公募基金以及基金子公司在内的资产管理行业管

理资产规模合计达到57.5万亿元，较2013年末的大约40万亿元增长43.75%，其中，信托资产规模为13.98万亿元，较2013年末的10.91万亿元，同比增长28.14%，增幅低于资产管理行业，规模占比不断降低。同时，银行推出理财直融工具等一系列创新产品，促进银行理财等金融业务的去通道化，传统的银信理财合作业务模式遇到不可避免的挑战，这也加快了信托公司的转型步伐。虽然信托在法律制度下的财产独立及破产隔离的功能优于券商资产管理、基金子公司发行的资产管理计划，但在刚性兑付的背景下，市场对资产管理平台的差异性没有统一的认识，同质化的竞争使大量传统银信理财合作业务向证券公司、基金子公司转移。

（二）同业监管制度建设加快，业务结构向标准化发展

随着互联网金融的冲击、实体经济风险、信托兑付压力等持续升温，2014年，监管机构通过各类媒体在公开场合提出对金融投资减少隐性担保、刚性兑付的决心，并加强金融同业业务和各类理财业务的整顿，避免投资者、社会公众趋向于追逐短期利润，不追求长期回报的情况。从历史情况看，监管层对银信合作的监管不断加强，不管是监管文件的发行还是中国银监会的“窗口指导”，各项细则都对银信合作的资产真实转让、非标准化资产占比、风险资本计提等方面做了要求，希望以“开正门、堵旁门”的方式，规范非标准化业务，从整体上把握好风险。从长远来看，随着市场化改革的深入，相关法律法规和宏观调控体系的日趋完善，标准化的产品、标准化的金融市场业务将逐渐成为主流。目前，行业正在筹建资产流转系统，扩大信贷资产流转范围，帮助银行盘活信贷存量，为资产的转让提供一个标准化的平台。同时，鉴于非标准化债权投资方面的限制，信托公司正积极发展标准化债权，包括ABS、MBS、信托型ABN等多项公开市场业务以及非公开定向债务融资工具（即私募债）等标准化债权资产，按照审批资格、报备产品、自选市场、集中登记的原则，促进原有非标准化债权的证券化、标准化、市场化。

（三）资本市场价值体现，银信合作增添活力

积极财政政策、宽松货币政策和实体经济下行这一特定组合造就了2014年金融市场上的“股债双牛”的走势，充裕的流动性从实体经济流向金融市场。随着资本市场开始走出低迷局势而转向长期趋好，加上高净值客户个性化资产配置的财富管理需求日益强烈，伞形信托随着国内证券市场的上涨快速发展，除了股市里的融资交易放大杠杆外，房地产信托、工商类信托等领域的到期资金争相涌入伞形信托。大量的银行理财资金通过信托公司发行的集合资金信托计划认购优先级受益权，获

取优先固定收益。特别是下半年，多家银行资金池通过信托的方式投向资本市场，进一步扩大了银信理财合作业务的规模。在制度红利不断淡化的情况下，信托公司积极把握资本市场投资价值显现以及多元化资产配置需求扩大等发展机会，不断谋新、谋变，进一步拓展了业务发展空间。但是，随着证券市场的逐步走强，资本市场的风险也在不断加剧，部分信托公司认识到伞形信托的隐含风险，加强对投资标的的风险控制，逐步收缩该类业务的发展速度。

（四）开展银信深度合作，打造资源整合平台

银行作为经济体系中最大的组成部分，长期以来积累了深厚的发展基础。在银信理财合作业务近年来的发展过程中，银行对信托制度商业内涵的理解不断增强，对信托实现权益重构、交易结构灵活安排、财产破产隔离等制度的优越性有了进一步的认识。在此基础上，部分信托公司开始深入探索银行的业务环节，通过与银行进行资源共享及业务联动，优化合作机制并嵌入银行的发展体系，打造适合金融新常态下的资源整合平台。从行业发展趋势来看，资产管理的边界正在逐步淡化，信托的政策红利正在递减，银信合作从角色上和实现方式上都进行了一定的调整。从角色上讲，信托公司正逐步发展成为银信合作理财产品的主导者，坚持主动管理原则，优化产品的收益性和交易结构的组合性；而商业银行则运用其网络和渠道优势，与信托公司的政策优势、制度优势、操作优势和工具优势进行对接，逐渐形成双方稳定的、相对均衡的合作业务模式。从实现方式上讲，财富管理领域正为银信合作打开新的发展空间。私人银行客户群体由于其自身职业背景、财富规模、财富积累方式等的不同特点，要求金融机构提供全方位、定制化的综合金融服务，信托公司以其混业平台优势，能够以生产商的标准去采购金融产品，为投资人提供最完整的服务。2014年，多家银行开设私人银行部并与信托公司开展多层次、多元化的业务联动，不仅与信托公司共同组织客户路演及专项活动，还通过私人银行平台与信托公司合作成立了多单“家族信托”产品，在满足了高净值客户的产品需求与服务需求的同时，也为信托公司未来的发展提供了良好的合作空间。

三、2015年发展趋势

（一）产品体系：向专业化、主动化、多元化方向发展

随着信托公司在投资管理、产品设计以及人才培养等方面的提高，信托公司正

致力于真正回归到“受人之托、代人理财”的信托业务本源，不断加强产品设计能力和主动管理能力，以其自身的产品架构和市场触角，补充银行涉及不到的投资领域和服务范围，在银信合作中表现出更多的话语权、更强的创新意识和服务能力。2014年度，信托业务功能“三分天下”的形成，正是信托业适应理财市场需求结构变化、主动谋求转型的结果。在降低融资信托业务的同时，加大了具有浮动收益特征的权益性产品的开发，与银行合作开展现金流管理业务、投资基金合作业务、股权投资信托业务、资产证券化业务以及受托境外理财业务等资产管理产品；与此同时，未来信托公司还将根据银行的业务需求，设计并开展以事务管理驱动的服务信托业务，包括土地流转信托、消费信托、年金信托等业务。信托功能的多元化，在微观上适应了投资者多元化资产管理需求和高净值客户的财富管理需求，宏观上预示了信托业转型发展的根本方向。

（二）管理机制：基于自适应的业务拓展和面向自平衡的风险控制

想成为资产管理行业的领跑者，无论是信托公司还是银行，要有能不断自我革新的业务拓展能力和动态平衡有效的风险控制能力，这需要对具体领域有更深的认识，在市场研究、产品设计、投资运作、交易安排等方面不断强化自主管理能力，逐步完善专业化风险审核体系，从“识别风险、控制风险”逐步发展为“管理风险，经营风险”，最终形成对市场未来发展的预判能力，提前布局重点业务，把握市场战略发展方向。未来，信托公司将从“大而全”向“小而美”发展，在特定领域精耕细作，不断提升专业化的产品设计能力与主动管理能力，打造适合自身发展背景的核心竞争力。只有专业管理能力更强、承受风险的能力更强，银信理财合作产品的市场收益率才能得以回归。未来，信托公司将在实现银信理财合作业务多元化的同时，不断突出业务的发展质量，提升在专业领域的主动管理能力、市场研判能力以及风险管理能力，提供比证券公司、基金公司等竞争对手更完善的解决方案，进而形成自身的核心竞争力。

（三）治理方式：保障基金短期加大信托经营压力，长期利好行业发展

2014年12月，为建立信托业市场化风险处置机制，保护信托当事人合法权益，中国银监会与财政部共同制定《保障基金管理办法》，对信托业保障基金的筹集、管理、使用和监督等进行规定。该办法要求信托公司按净资产余额的1%认购；资金信托按新发行金额的1%认购，其中属于购买标准化产品的投资性资金信托的，由信托

公司认购，属于融资性资金信托的，由融资者认购；新设立的财产信托按信托公司收取报酬的5%计算，由信托公司认购。2015年2月25日，中国银监会发布《关于做好信托业保障基金筹集和管理等有关具体事项的通知》（银监办发〔2015〕32号），标志着信托业保障基金从2015年4月1日起开始正式运行。从短期来看，保障基金的征收，提高了信托业的融资成本，降低了信托与券商资管、基金子公司等其他泛资管行业的竞争力。虽然资金信托对应保障基金不是必须由信托公司认购，但因交易对手将增加资金占用成本，间接增加交易对手融资成本，对信托业务拓展也会带来一定影响。但是，从长期来看，保障基金的保险结构，分散了信托业的行业风险，有利于信托业进一步发展。保障基金出台后，将对信托公司原股东和高管依法依规追责，必要时实施市场退出，这将有助于维护信托业稳定，有助于落实优胜劣汰的市场竞争机制，有助于稳妥解决所谓“刚性兑付”问题，有效防范信托公司及其股东的道德风险。

（四）战略合作：品牌捆绑，商誉共享，启动鱼群生存模式

金融业属于高风险的行业，金融机构的商誉和品牌形象对客户而言，显得格外重要。良好的商誉可以增加客户对公司的信任感，以及对购买的服务产品的安全感，更容易吸引大量的客户。在同等经营水平下，资本实力强的企业一般具有较高的商誉，这一点在金融行业表现得更为突出。为了在激烈的市场竞争中获得更大的发展空间，信托公司应该充分整合银行在风控、人才、系统、品牌、技术等各方面的经验和资源，不断夯实信托公司的发展基础，提高自身的商誉和品牌价值。信托公司应该从与银行开展简单的业务联动，逐步发展为制度融合、文化融合，不断深化对商业银行业务发展的理解，全面提升对银行资源的整合能力，打造多元化、一体化的金融服务战舰。

（五）技术研发：金融综合化的背后是专业技术，互联网成为新热点

对于同业合作，强大的信息技术和金融技术将是支撑未来发展的基石。通过信息系统的共享与金融技术的进步，信托公司可以加深与银行的融合，形成“信息+平台+账户”的全产业链运营模式，共享客户信息，及时了解发现新的市场需求，开拓新的业务机会，同时也方便为同一客户提供多种服务，有效地降低客户维护的成本，提高客户的忠诚度，从侧面推动低风险信托产品普惠大众的发展趋势。例如“钱大掌柜”等银银平台的推出，整合了银行理财、信托理财、贵金属交易、银证转账、基金代销等各类型财富管理服务，为市场提供了一个多元化、开放式的综合财富管

理平台，通过线上线下结合的运营模式，为个人客户提供一站式、全方位的财富管理解决方案，充分体现信托与互联网合作的价值。通过运用互联网的技术与思维，信托公司可以充分发挥自身金融创新度高、方式灵活、工具多样的优势，敏锐捕捉市场需求，积极进行金融创新，开发具有创新性的产品，使信托制度的优势惠及更广泛的民众，同时也将有利于信托从私募化的非标准化业务向公募化的标准业务方向发展。

专栏

银信合作业务模式简介

由于银行与信托公司系属同一监管体系，两者在制度建设与合作资源上又有诸多互补，信托公司与银行具有广泛的合作机会。随着金融市场化的发展，银行与信托公司的合作模式也在不断深化。从银行的风险参与程度来看，通常将银信合作业务分成四个层次：代理收付、保管等交易结算层面的合作，项目推介和资金支持等交易安排层面的合作，银信理财合作业务，资源共享和创新联动等战略层面的合作。从传统的银信通道类业务逐步渗透到银行业务的各个条线，包括银信理财、银信同业、银信代销、托管清算等。通过深化与银行的多元化业务联动，不断拓宽自身的业务发展空间。在金融一体化和市场化的影响下，监管机构对信托公司参与简单银信合作的要求更加严格，鼓励和倡导银信理财合作深度加强，从而实现双方共赢的良好局面。

（一）信托渠道模式

在传统银信合作业务中，银行往往基于存贷比以及资本充足率的考虑，通过信托贷款或票据转让的方式实现间接贷款，在满足客户新增的贷款需求同时，进一步优化资产负债结构。在实际操作中，银行一般采用信托贷款的方式。在该方式下，银行委托信托公司就该项目发起集合或单一资金信托计划，然后银行以自有资金全额或理财资金购买此信托计划，从而实现间接贷款给融资企业，银行通过这种信托渠道来转移表内资产，实现更多的贷款项目。除了信托贷款的方式外，银行还可以通过票据转让的方式进行间接贷款。在该方式下，银行与信托公司以及持有票据的企业间达成相关票据资产（主要是银行承兑汇票）转让协议，银行委托信托公司以企业所持有的商业汇票为投资标的发起单一资金信托计划，银行以自有资金购买该信托计划。

（二）同业金融机构存量资产出表转让业务

为了满足银行盘活存量金融资产的目的，信托公司可以通过设立信托计划，受让相关金融资产收益权，并通过同业财富管理服务平台对接银行资金，从而达到出表转让的目的。该类业务根据基础资产的类别，主要包括信贷资产收益权转让、保险债权计划收益权转让、金融租赁资产转让业务、资产管理公司金融资产转让业务。同时，信托公司还可以通过资产证券化的方式实现为银行的信贷资产出表，从而提高银行的资本充足率，调整自身的资产负债状况，解决流动性问题，并加快资产周转，提高银行获利能力。

（三）银信理财投资

银信理财投资一般根据银行的理财产品投向分为两类，股权投资和固定收益投资。合作模式为银行用理财资金委托信托公司设立信托项目，再通过信托公司将银行的理财产品投向股权类资产或者固定收益类资产。股权投资类银信合作指银行面向机构以及零售客户发行理财产品，将所募资金设立信托计划，按事先约定的投资计划和策略，投资特定企业所持有的上市公司股票的股权收益权，到期由该企业或第三方以约定的溢价回购该部分股权收益权。固定收益类银信合作主要是银行面向机构以及零售客户发行理财产品，然后将募集资金投向信托公司成立的信托计划，该信托计划主要投资于国债、政策性金融债、央行票据、债券回购等风险较低、收益固定的债券投资品种。

（四）投资基金业务

2014年以来，国务院以及国家相关部委不断发文鼓励各类财务投资主体以设立股权投资基金、产业投资基金、并购基金等形式参与企业兼并重组，改善金融服务。为了迎合市场的发展需要，银行通过与信托共同设立投资基金的方式参与到企业兼并重组、产业整合等业务当中。在一般情况下，银行资金通过信托的方式投资有限合伙的有限合伙人（LP）份额，由于投资基金未来的投资范围较宽或投资标的存在不确定性等原因，一般会以承诺出资的方式先行设立有限合伙企业，在确定具体项目主体后再进行真实缴付。根据项目的实际情况，有限合伙企业以股权、债权或者股权加债权等不同方式投资于具体公司或者项目，未来有限合伙企业获得的投资收益优先用于向LP进行分配，普通合伙人（GP）将获得剩余超额收益。

（五）信托计划销售与代理收付

信托公司通过发行各类集合资金信托计划和单一资金信托计划，对接银行同业财富管理服务平台，并以支付财务顾问费或代理收付费用等方式获得同业资金，由商业银行、保险公司、证券公司、财务公司等购买，或者由商业银行及证券公司向其公司客户、个人客户代销，在满足各类机构及个人客户对于高收益产品的配置需求的同时，提高销售人员的产品销售能力。

（六）资源整合平台

信托公司可以利用银行的资源优势，发挥资源共享与平台整合的作用。一是整合银行的项目资源。银行具有良好的客户覆盖度和庞大的项目资源，有利于信托公司快速渗透到相应项目区域，以丰富的信托产品线深度挖掘重点客户，满足信托融资方和交易方的业务需求，实现银行与信托公司的客户共享和有效联动。二是整合银行客户资源。银行拥有几万个营业网点，服务网络涵盖95%以上高净值客户居住地，信托公司可以全面融入银行的渠道、网络和窗口，实现“借船出海、事半功倍”。通过银信合作，信托公司可以运用银行的营业网点提高销售人员的销售能力，银行也可以运用信托产品满足客户的多元化金融产品需求。三是整合银行的资金资源，包括总行自有资金、总行理财池、分行理财池、分行专项池等多方面的资金来源。信托公司针对银行资金对风险、收益、期限的多方面需求设计相应的产品，在项目发行时通过与银行的合作获取银行低成本的资金，提高产品的发行效率。

第十三章　主要信托业务（六）：金融同业合作（非银）

2014年，整个资产管理行业的各细分领域进入百花齐放、百舸争流的发展阶段，银行、信托、证券、基金、保险、租赁、P2P公司、财务公司等各大板块继续发挥自身的平台优势，在抢占市场份额的同时，也与信托开展了多阶梯、多层次、多模式的业务合作。从各个平台自身的价值角度看，银行、保险在资金端有较低的成本优势，券商、基金在标准化资产配置方面有专业的服务优势，信托在非标准化债权融资方面有长期的经验优势，加上信托制度本身的功能优势，都将为合作的各方提供良好的契机。作为泛资产管理下的各个业务平台，各方应该取长补短、优势互补，从而实现联动合作、多方共赢的良好局面。

伴随着一系列监管的新政出台，各大板块也在市场的指引下逐步深化转型的机制，而信托公司也在与金融同业的竞争与合作中，不断修炼传统业务“内功”，推动自身业务的综合化发展，探索适合信托公司自身的发展之路。为了适应越发激烈的同业竞争，一方面要打造专业化的信托业务团队，提升其承做业务的核心能力和承揽业务的营销、沟通能力，提升公司信誉在市场中的品牌效应；另一方面也要提供个性化的受托服务，通过为客户搭建一站式个人金融服务平台，提升高净值客户的黏合度。全面提高产品设计能力、“短、频、快”的运营能力以及对特定领域的分析与评判能力，对于信托公司扩大同业领域市场份额有着重要的意义。

一、保信合作业务

在边界正在被打破的大资产管理时代，基于保险公司和信托公司双方旺盛的合作需求，保信合作具有巨大潜力。保险公司既有大量长期低成本资金又具备机构投资者的高风险承受能力，适合权益类项目等长期项目发展，是嫁接低成本优质项目的主要资金源。信托具有功能齐全、手段灵活、综合性强的特点，可以连接货币市场与资本市场、金融资本与产业资本，能够以出租、出售、贷款、投资、同业拆放、融资、租赁等多种方式为信托资产提供金融服务。将信托纳入保险资金运用渠道，利用信托的桥梁和管道作用，利用信托的专业理财优势，投资国家重点工程和基础设施建设项目，将有利于打通保险资金运用于基础设施、市政建设等众多领域的投资通道。2014年是信托公司与保险业务合作的重要时期，双方不断探索新型合作模式，寻求未来发展的双赢之路。从目前的情况来看，保信合作业务以保险资金认购信托计划为主，也在探索保险金信托、企业年金、保险增信等多种合作模式。

（一）保险资金投向进一步拓宽

保险业“新国十条”的出台深刻影响信托公司保信合作业务。2014年，以国家顶层设计形式发布的“新国十条”，即《国务院关于加快发展现代保险服务业的若干意见》（国发〔2014〕29号），把保险业的发展由行业意愿上升到国家意志，并将其置于经济社会发展的整体战略布局之中，使得保险业收获了巨大的改革红利。基于“新国十条”的路径设计，2014年相继发布了一系列为保险资金投资“松绑”的制度设计，保险资金获准投资创业板、优先股、创业投资基金等一系列动作表明，保险资金运用在真正意义上放开了“前端”。保险业新政为保险资金开展资产配置提供了更多的基础投资工具，从传统公开市场投资拓展到基础设施、股权、不动产等另类投资和境外投资、金融衍生品交易，使保险公司开展真正意义上的资产配置成为可能，保险资产管理正式进入大类资产比例监管时代。无论是在房地产、基础设施、小微金融等实业领域，还是二级市场、定向增发的资本市场产品，信托公司都具有较强的专业性。保险业对另类投资等市场的投资范围刚刚放开，尚缺乏专业的投资能力，可以借助信托公司深耕实业领域的专业能力和投资经验，向信托公司提出保险资金对收益和风险的要求，由信托公司为其设计定制化投资产品。对信托公司而言，以“新国十条”为代表的保险业新政是一把“双刃剑”。一方面，保险公司资金运用范围的进一步打开和保险资产管理的发展壮大无疑将对信托业务带来一定冲击，使得其和信托公司的合作意愿降低；另一方面，由于保险资金尚缺乏在多个投资领域特别是实业领域的投资经验，在一定程度上还需要和深耕实业领域的信托公司进行合作。在新政出台的大背景下，信托公司应力争主动，积极开拓与保险公司的合作模式。

（二）保险资金信托投资增速放缓

信保合作业务主要是保险公司主导的通道类业务和资金层面的合作业务。主要基于保险资金成本低、期限长等优势，对接风险相对较低、符合保险资金投资要求的项目，以及为保证流动性、获取稳定收益进行的合作业务，通过在保险资金可投范围内在固定收益类信托产品、现金管理类信托产品中引入险资，并在其他类型的信托产品中通过结构化设计等交易安排满足险资安全性要求，扩大合作。尽管近两年来保险资金信托投资规模从零飙升至4,000亿元，但在2014年经济增速放缓压力下，形势已经悄然变化。中国保监会领导指出，当前信保合作呈现以下特点，从2012年到2014年增速较快，以月环比约40%的速度增长，但近期已经有所放缓。2014年10月中国保监会在其官网发布的《中国保监会关于保险公司投资信托产品风险有关情况的通报》（保监资金〔2014〕186号）显示，截至2014年第二季度末，78家保险公司（集团）共投资信托计划739笔，涉及32家信托公司，累计投资余额达2,805亿元，占当季度末保险行业总资产的2.99%，较第一季度末增加768亿元增长37.7%，保险资金投资信托计划的规模虽然仍在不断扩大，但是增速已经开始逐步放缓。

（三）保险投资信托计划的风险引起关注

根据《中国保监会关于保险公司投资信托产品风险有关情况的通报》（保监资金〔2014〕186号），中国保监会放开保险资金对信托投资的限制之后，投资规模迅速增长，但同时投资风险也在不断积累。部分保险机构对信托投资缺乏完善的投前决策流程、投后跟踪机制，忽视了对拟购买的具体信托项目的评估考察，更多的是依赖信托公司对项目的推荐。随着2014年初发生延期兑付的信托项目增多，特别是房地产市场成交量的低迷和部分地区房价的下跌，监管层更加重视对险资投资集合资金信托的监管。为进一步规范保险资金投资集合信托计划，中国保监会2014年5月发布的《关于保险资金投资集合资金信托计划有关事项的通知》（保监发〔2014〕38号）明确了保险资金投资集合信托计划的相关事项。2014年9月，《保险公司偿付能力报告编报规则——问题解答第24号：信托计划》（保监发〔2014〕77号）对保险公司投资固定收益类、权益类集合资金信托计划的认可标准作出进一步规范。2014年10月14日，中国保监会网站公布了《中国保监会关于保险公司投资信托产品风险有关情况的通报》（保监资金〔2014〕186号），通报基于对信托投资数据的集中分析和对12家保险公司开展的现场检查，首度公开为信保合作中存在的投资规模增速快、投资集中度较高、关联交易存在风险、基础资产不明确、信用评级机制不完善五方面的风险“鸣笛”。一系列政策文件的出台，对保险资金信托投资进一步规范和约束，重点关注风险度较高的信托产品，完善行业监管和公司自身监管流程，提高了合作信托公司门槛。这些举措的实施有利于保险公司资金的安全运作和稳定收益，但对保险资金投资集合资金信托计划产生了一定冲击，大多保险公司对项目的评级提出了更高的要求，据了解，截至2014年第二季度，保险公司投资信托计划的信用等级为AAA级（含AAA+、AAA-）的产品达1,773亿元，占比63.2%，AA级（含AA+、AA-）的产品为800亿元，占比28.5%。2014年，保险机构对信托产品质量的关注度比较高，逐步放弃投资一些低评级的信托产品，只考虑认购评级较高、资信较好的信托产品。

（四）逐步开拓小微金融业务合作

监管层鼓励保险公司服务小微企业，支持实体经济发展，要求保险企业加快发展小微企业信用保险和贷款保证保险，增强小微企业融资能力。在小微金融领域通过保险、信托、小贷公司三方合作，即由保险公司为信托公司与小贷公司合作发行的信托计划提供金融机构贷款损失信用保险服务，将形成合作各方的共赢局面，并有利于践行普惠金融的服务理念。

（五）通过专业化创新能力打造发展空间

2014年，保险资产管理机构因发行资产管理产品积累了丰富的优质客户资源，经过非标准化产品投资实践，逐步主导了非标准化产品的开发与投资，即由保险资产管理机构锁定交易对手，通过与信托公司合作，包装成满足其投资需求的信托产品，实现产品定制化。在保险资金投资信托产品有下降趋势的压力下，促使保信合作方面不断加强创新能力与专业化能力建设，尤其是两大行业在资产证券化、家族信托、PPP项目、境外投资等方面的合作模式，在不断深化和创新。2014年5月，中信信托和信诚人寿合作推出一款信保深度结合的定制化产品——信诚“托富未来”终身寿险，是兼具资产管理和事务管理功能的保险金信托。这是信托产品从项目出发，到从投资者出发，再到从个人出发的进阶表现。该产品是在家族信托基础上的延伸，能实现委托人在保险理赔后对受益人如何获取财产的管理意志的延续。2014年7月，百瑞信托联手中国人寿养老保险共同打造了“百瑞安鑫1号单一资金信托”，该产品由企业年金法人首先提出相关需求，然后信托公司开始寻找投资标的，并在受托人、企业年金法人及委托人的共同努力之下，最终确定了投资标的，成功设立了信托计划，可谓是为这笔企业年金“量身打造”。该产品在保证企业年金获得较高水平固定收益的同时，也实现了对信托产品总体风险的识别和控制，对于推进信托业和保险业的长期合作具有现实意义。同时，除了在非标准化领域的发展，随着利率市场化的发展和无风险利率的降低，以及资本市场的长足发展，保信合作中标准化产品的比例也会逐渐上升，未来可能将有广阔的发展空间。

（六）保信战略合作不断深化

在股权层面上，信托公司和保险公司相互持股的案例日益增多。一方面，信托灵活的制度优势可为保险公司所用。在当前泛资产管理背景下，全金融牌照或多金融牌照的金控公司越来越意识到信托的重要性，如果缺少信托牌照，将对其资本运作形成很多障碍。因此，有实力的保险公司控股信托公司，很多情况下都是出于弥补自身短板的考虑。另一方面，即使是入股信托公司，也会对优化保险公司股权结构和促进保险资金的利用很有帮助。经过初步统计，截至2014年末，保险持股信托的案例就有中国平安持股平安信托，中国人保持股中诚信托，国寿控股持股重庆信托，泰康人寿持股国投信托等；信托持股保险的案例也有国民信托持股汇丰人寿，中信信托持股中德安联，粤财信托持股众诚保险和珠江人寿，中泰信托持股都邦财险等。在分业经营的体制下，为了开拓业务市场，降低经营成本，保险业和信托业不断建立多层次的战略合作关系，促进双方共同发展。

二、证信合作业务

随着泛资产管理时代的到来，券商与信托之间的业务界限逐渐模糊，竞争加剧，但在不同市场中仍存在差异化优势，证信合作将长期存在并呈现多元化的发展趋势，信托公司在证信合作业务中不断提升自身的主动管理能力和资源整合能力，结合资本市场的发展机会，促进业务发展模式的转型升级，进一步拓展自身的发展空间。2014年7月上海证监局《关于要求证券公司合规开展各类创新业务的通报》要求辖区内券商同“外部金融产品”合作开展跨线条业务时需保证合规、警惕风险，指出部分券商存在其固定收益部或资产管理部同银行、信托公司及基金子公司签订投资顾问协议等现象，并提供交易安排与流动性支持，促使证券公司以更加合规的形式参与到与信托公司的业务合作中。

（一）多元化财富需求孕育新合作

随着财富的增加以及理财观念的改变，人们在理财上不仅仅追求安全与保值，还更注重收益的提高，因此对金融产品和服务有着更加多元化的要求，以实现资产效益的最大化。证信合作的深入发展将会提供更多的金融产品、更丰富的金融服务，满足投资者多样化的需求。在投资领域方面，证券公司可以提供一揽子的股票发行、公司债券承销、投资顾问等投资银行服务，证券业和信托业通过制度对接与资源整合实现深度合作，为投资者提供多样性的创新金融服务，满足投资者多样化的财富管理需求。在资产转让方面，信托公司通过与证券公司合作开展资产证券化业务，把具有稳定现金流的资产进行结构性重组，在金融市场上进行出售和流通。2014年资产证券化产品的发行量呈现爆发式增长，全年发行规模接近历年发行额总和的三倍，在资产证券化业务的开展中，信托公司不断加深与证券公司的合作，发挥各自的业务优势，扩大双方的业务发展空间。

（二）资本市场发展带来新机会

2014年，随着资本市场的全面发展，股市和债市的双双走强，众多金融机构与个人投资者纷纷参与到资本市场的这场盛宴中，为金融机构提供了丰富的业务机会。信托公司参与的主要业务类型有定向增发、证券投资类信托、证券资金池等业务。多家信托公司纷纷转型，从传统的融资类业务向投资类业务发展，业务重心也从房地产业务逐步转向资本市场业务。一方面，信托公司发挥了自身在整体管理和资源整合方面的优势，大力开展证券投资类业务，截至2014年末，全行业证券投资信托产品共有4,031个，同比增加1,047个，业务存量规模达到18,492.52亿元，较2013年增长73.29%。另一方面，信托公司把握上市公司定向增发业务需求爆发的机会，积极参与定向增发业务，通过自有资金投资或者借助有限合伙平台、基金专户或券商定向资产管理计划等方式进行投资。信托公司通过自身在金融市场中的资源整合优势，挖掘银行理财资金等机构资金的投资需求，而证券公司通过自身在投资领域的专业性参与到资金池的投资运作中，通过与证券公司的合作，实现双方共赢的良好局面。

（三）产品体系创新引发新导向

2014年，随着证券市场的爆发，资本市场的产品体系也在日益完善，包括两融、新三板、期权在内的创新产品层出不穷，信托与券商的合作也在与时俱进，创新型的证信合作应运而生。一是在融资融券领域的业务合作。不少证券公司的自有资本有限，面临着“有客户、无额度”的困境，由此两融收益权转让的业务模式应运而生，即由信托公司成立集合资金信托计划或单一资金信托，认购证券公司两融的收益权。二是在新三板领域的业务合作。2014年爆发式增长的新三板市场吸引了各路资金的进场，2014年信托公司也在积极布局、挖掘新三板价值，通过介入新三板市场来实现信托业务的转型升级。三是在并购领域的业务合作。通过“银证信（SOT）”的业务模式，银行作为委托人以证券公司的定向资产管理计划作为通道，投资信托公司设立的信托计划，以股权或债权的形式参与收购市场上被低估的、能产生稳定现金流的基础资产，并通过该基础资产产生的收益对投资者进行稳定、持续的分红回报。

（四）多层次业务需求提出新要求

一直以来，信托产品以融资类信托为主，真正的投资类信托较少，因此，信托公司的核心能力主要体现为信用风险管理能力，而不是真正的投资管理能力。从长远发展看，投资管理能力对信托公司未来发展将起到巨大作用，相比其他资产管理机构而言，信托公司目前的投资管理能力是一个短板。因此，提升投资管理能力，进行多元化资产配置，丰富信托产品线，向资产管理转型是打造信托公司核心竞争力、实现内涵式增长的必由之路。

三、基信合作业务

信托公司与基金公司的合作，主要基于双方的优势互补。多家信托公司通过将占用资本金较大且利润率较低的通道类业务转移到没有净资本要求的基金子公司，使基金子公司在短时间内扩大了资管规模。目前信托公司与基金子公司之间合作模式主要有：基金子公司通道类业务、信托投资于基金份额、通过基金专户投资二级市场、私募基金对接投资基金信托等。但是，未来随着监管层对基金子公司监管的加强，未来信托与基金子公司之间基于监管套利的合作空间或缩小。2014年，多家信托公司与基金子公司展开了深度合作，以信托参股、控股基金子公司的方式实现优势互补。

（一）同业政策加剧信托业务发展压力，基信竞争不断加大

2014年，随着保障基金等政策的出台，信托传统的业务制度优势正在逐渐弱化，而基金子公司却因灵活的业务方式与宽松的监管受到越来越多的青睐，特别是在定向增发、信托打新基金、私募资产证券化等业务模式中，信托公司需通过基金子公司的专项管理计划进行投资，这无疑对信托业务的开展造成了巨大的压力。信托公司与基金子公司的竞争日趋激烈，同业竞争逐步大于同业合作。2014年，中国证监会下发《关于进一步加强基金管理公司及其子公司从事特定客户资产管理业务风险管理的通知》，严禁基金子公司专户产品所募资金开展资金池业务，严禁子公司通过一对多专户进行通道业务；要求以合同形式明确通道业务风险承担主体和通道功能主体，明确各方权利义务；对于基金子公司资金投向，提出“审慎投资于平台、房地产、矿业、产能过剩行业、影子银行等潜在风险隐患较高的领域”。虽然2014年对基金子公司的通道业务也进行了一定的规范，但是相对于其他金融机构，基金子公司没有净资本要求且监管上较宽松，仍在市场上具有较大的吸引力。银行在自身拥有项目和资金的情况下，借助基金子公司实现信托资金的投放。基金子公司通过与信托的业务合作，可以实现银行资金的合规运转，保证项目的高效运转、无缝对接。随着监管层对基金子公司监管的加强，未来信托公司与基金子公司之间基于监管套利的合作空间或缩小。

（二）信托扎堆参股公募基金，子公司业务明显加快

自2012年11月《证券投资基金管理公司子公司管理暂行规定》（证监会公告〔2012〕32号）开始实施，由于基金子公司专户计划无须风险资本计提，投资范围基本与信托一致，产品设计限制又相对宽松，基金子公司的平台受到多方的青睐，信托也加快了布局基金公司进程。2013年11月，中国证监会披露的基金管理公司名录共有89家基金公司，其中信托控股的基金公司已达到25家（部分公司股权结构为并列控股），占比为28%。2014年先后有安信信托拟参股国和基金、渤海国际信托拟控股本源基金、国元信托拟参股金信基金。截至2014年末，据不完全统计，信托控股的基金公司已经达到36家，占比达到40.4%。上述36家信托系基金公司中，已经有20余家基金公司成立了从事特定资产管理业务的子公司，包括嘉实基金、大成基金、天弘基金、诺安基金、国投瑞银基金等，涉及的信托公司分别有中诚信托、中泰信托、天津信托、外贸信托、国投信托等多家信托公司。根据中国证券投资基金业协会发布的数据，截至2014年末，基金子公司专户业务管理资产规模达3.74万亿元，较2013年末增加2.77万亿元，增长286%。基金子公司专户存续产品有9,389只，管理资产规模全年月均增长2,308亿元。

（三）抓住资本市场发展机会，业务合作进一步深化

近两年上市公司定向增发业务的市场需求持续放大，信托公司为了满足客户需求，开始大力发展定向增发业务。在信托参与资本市场业务的进程中，基金专户成为信托资金投资资本市场的重要通道。由于参与定向增发业务和首次公开募股（IPO）资格受限，信托公司往往选择与基金公司合作，由信托计划认购基金专户的方式实现投资目标，这是基金通道业务快速发展的重要原因之一。截至2014年末，协会登记备案的私募证券投资基金产品有3,766只，认缴规模为4,878.06亿元，阳光私募所管理的总资产规模约为4,000亿元，是3年前的3倍左右，股指的优异表现为私募证券投资基金注入了活力。目前已有信托公司成立投资于新股申购的信托计划，资金认购基金公司“打新”的公募产品，或投资基金子公司专户产品，专门参与新股申购。虽然从目前来看，基金子公司通道业务投入资源较少，又能获得稳定收入，在目前的市场情况下，具有一定的盈利模式，但长期来看，金融机构的发展最终还是依赖于自身的主动管理能力、专业化产品设计能力以及资源整合能力，简单的通道类业务无法成为持续发展的业务基础。

（四）实体经济的转型加速信托投资基金业务发展

当前，中国经济面临“去杠杆”，直接融资比例不断提高，股权类融资具有较强的需求；同时，银行存贷比约束缓解，社会融资“去通道化”不断演进，信托传统融资类业务面临发展瓶颈。而投资基金信托业务将有效支撑实体经济的发展，成为信托公司业务转型的重要抓手，也是信托公司稳定客户关系、把控风险的有效手段。投资基金信托业务是指信托公司发起设立信托型投资基金，采用有限责任公司或有限合伙企业形式，由信托发行信托计划对接外部资金，并担任有限责任公司股东或有限合伙人，灵活运用股权投资、权益投资、夹层融资等金融工具，进而为客户实现投贷联动、实业投资、并购重组、定向增发、资源整合等各类投融资目的。根据基金的投向，可以分为政府引导基金、创业投资基金、企业重组投资基金、基础设施投资基金等类别。投资基金信托业务能够为客户提供多元化、全方位的金融服务，丰富信托公司的高端零售及机构客户营销的手段。同时，投资基金信托业务通常涉及当地政府的战略发展领域，与当地政府财政存款等负债业务紧密相连，是信托公司拓展地方财政业务的战略性业务。

四、其他金融合作业务

在金融混业经营和“大资产管理”时代的背景下，信托业与其他金融业态的融合正在不断走向深入，未来跨界运作将越来越明显。就信托而言，其具备横跨货币市场、资本市场、实业市场领域的制度优势，拥有股权、债权以及多种形式灵活的运用方式，既与作为最为重要的金融机构的银行主要提供资金支持及结算支持不同，也与保险提供风险分担机制及社会管理功能存在差异，还与券商、基金提供投行、资产管理业务有所区别，使信托在服务实体经济中更多地体现出一种整合优势。除了主流的银信、保信、证信、基信合作业务之外，近几年，包括租赁公司、P2P公司、期货公司、财务公司在内的各家机构都参与到与信托的合作业务中，信托与各家机构不断发挥内部协同效应，发挥信托的功能优势，通过多元化金融工具，为客户提供综合金融服务。

（一）融资租赁发展迅速，信托公司与租赁公司的合作不断深化

随着租赁行业井喷式发展，租赁类信托业务逐渐受到信托公司的关注。国内融资租赁公司的融资渠道较为单一，主要依靠银行贷款以及少量金融市场上的衍生产品，融资规模有限，而信托公司资金来源较为广泛，这为其开展融资租赁业务提供

了有力保障。2014年，已有多款相关信托产品问市且模式各不相同，信托业介入融资租赁领域有了越来越大的想象空间。从目前已经落地的项目情况来看，信托公司主要以“类贷款模式”或“通道模式”介入融资租赁。“类贷款模式”由信托公司将资金贷给租赁公司用于购买设备，而后租赁给承租人使用并收取租金，以达到投资者获取稳定信托收益的目的。而“通道模式”借助商业银行客户资源和资金平台，由银行发行融资租赁理财产品，将募集资金委托给信托公司设立单一资金信托计划，用于向租赁公司发放贷款或受让租赁资产收益权。2014年，渤海信托曾发行“丰汇租赁租金收益权一号集合资金信托计划”，资金用于受让丰汇租赁合法持有的约2.4亿元应收融资租赁款租金收益权。交银国信也曾设立业内首单飞机租赁应收租金投资类外汇资金信托，该产品募集美元资金，分别用于受让某租赁公司旗下三家项目公司所拥有的飞机租赁应收租金和飞机残值购买价款。除此之外，信托公司在本轮资产证券化扩大试点中，与租赁公司合作开展的资产证券化业务，进一步提升了信托公司在证券化业务领域的核心竞争力和品牌优势。交银国信成功发起设立“交融2014年第一期租赁资产支持证券”，该产品为国内首单租赁资产证券化产品，基础资产为交银租赁已发放的15笔融资租赁项目的应收融资租赁款，标志着我国金融租赁资产证券化的正式破冰。随着融资租赁行业的不断发展，拓宽融资租赁企业融资渠道、引导民间资本进入实体经济领域成为未来融资租赁行业和信托公司合作的契机。

（二）信托公司与P2P平台的合作模式有待进一步规范

P2P即“个人对个人”，本质是一类基于互联网技术而成长起来的信息中介，主要是为个人借贷款进行信息服务，收取中介服务费。随着P2P行业渐成规模，P2P平台与信托公司等金融机构在财富管理端和资产管理端的合作越来越多，受到业内更多的关注。目前，信托公司与P2P平台的合作主要有担保融资模式、代销模式和有限合伙模式等。P2P平台担保融资模式是P2P平台与信托公司合作规模较大的一种模式，该交易结构实质上是利用P2P平台的自身信用来融资发放小额贷款，P2P平台从中赚取利差。除了上述P2P平台担保融资模式，信托公司与P2P合作模式还包括代销信托产品模式。部分P2P平台实力雄厚并拥有广泛的客户资源，具有较强的销售能力，通过与这些实力雄厚的P2P平台合作，可以帮助信托公司解决销售难题。这方面，平安陆金所便是代销信托产品的典型案例。还有一种模式是有限合伙基金模式，一般由P2P平台或者其股东作为普通合伙人发起成立有限合伙基金，该有限合伙基金汇集大量的资金，投资集合资金信托产品。

信托公司与P2P平台融合过程中，虽然借助对方的资源扩大了自身的资金来源和投资标的范围，但仍隐藏着三方面的风险，即风险错配和期限错配风险、融资杠杆被无限放大的风险和法律风险。可以说，当前的合作模式是P2P行业监管缺位时期双方合谋套利的模式，未来合作的创新模式会层出不穷，但以后的合作创新模式必须克服风险错配和期限错配、融资杠杆放大和违反法律等弊端，信托公司与P2P平台需要基于长远利益，对接各自形成的禀赋和资源，优势互补，共谋发展。

（三）信托公司放眼期货牌照，布局对冲基金业务

金融混业经营是金融产业融合的基础，随着国内期货公司的业务范围不断扩展，逐渐融合经纪、投资咨询、资产管理、固有四项业务而发展成为更加综合的金融机构，已经推出的股指期货和国债期货在金融市场中发挥的作用也在逐渐增强，对处于业务转型中的信托公司而言，期货的牌照具有一定的吸引力。在全国68家信托公司中，有8家公司获准参与股指期货业务。2014年，平安信托发行5款产品，规模约为20亿元；兴业信托发行15款产品，规模达17.75亿元。中海信托发行的“水滴1号集合资金信托计划”，优先级规模约为10亿元，主要用于A股股指期货套利，同时包括A股和中国香港市场以及新加坡ETF与股指期货套利。现阶段，根据监管要求，集合信托产品只能做以套期保值和套利为目的的股指期货交易。在国内期货市场交易品种增多和创新业务发展的大背景下，信托公司可以通过期货公司丰富投资业务品种，在对冲基金业务方面取得发展先机。截至2014年末，市场上共有5家信托公司控股的期货公司，分别为由建信信托控股的良茂期货、由平安信托控股的平安期货、由吉林信托控股的天富期货、由外贸信托控股的冠通期货以及由兴业信托控股的兴业期货。

（四）新形势下信托公司与财务公司合作空间不断扩大

随着我国金融综合化的不断推进和经济全球化的迅猛发展，信托公司和财务公司作为混业式的非银行金融服务机构和企业管理下的金融功能组织，其业务合作领域不断扩展，规模也不断扩大。财务公司与信托公司之间在基本功能、业务范围等方面的类似性，给两大金融机构的合作带来了资金和项目机会。信托公司和财务公司主要有三方面的合作。一是融资方面的合作，财务公司可以借助信托公司的融资平台和中长期资金的管理优势，利用同业拆借或者发行信托产品的形式为其提供融资渠道。二是存量资产盘活方面的合作，财务公司在其发展过程中，担负着为其成

员单位提供贷款的职责，因此积累了一定规模、资质优良的信贷资产、应收账款、债权等资产，当财务公司面临资金周转困难时，可以利用信贷资产转让或者资产证券化的方式，通过信托公司平台募集资金。三是在产业链整合方面的合作，双方可以共同发起设立产业投资基金，我国现有的财务公司背靠的集团背景各不相同，经营领域的多样性使得国内的财务公司具有鲜明的行业特色，并积累了大量的行业资源，为了更好地扶持产业发展，最大限度地整合行业资源，财务公司可以和信托公司合作设立专业化的产业投资基金，一方面充分盘活现有的存量资金，另一方面为其行业发展提供具有持续性的融资渠道。

创新篇

在中国经济增长速度换挡期、结构调整期和前期刺激政策消化期“三期叠加”的背景之下，伴随利率市场化的推进和资产管理业务的扩张，实体经济风险不断向金融领域传递，个别产业的风险呈上升趋势，信托业资产管理规模增速开始下降，信托项目兑付压力进一步加大，风险预警频发。在这样的背景下，如何依托现有的资源优势进行创新和转型，成为信托公司乃至金融行业亟须解决的问题。

创新应该以市场需求或引导需求为主，意味着突破与推陈出新。从世界范围来看，信托的起源挑战现有法规，善于突破。而信托的制度设计赋予了信托运用和功能的灵活性。按照功能，信托可以分为资金/理财信托和服务信托两大类。其中，服务信托还原了信托的本质，伴随信托业转型，服务信托逐渐步入各信托公司的业务范围。在未来，服务信托的发展也将是我国信托业转型与结构优化的重要方向。中国银监会《关于信托公司风险监管的指导意见》中更明确了并购、成立子公司、走出去、资产管理、财富管理、私募股权投资、信托创新资格类业务的发展等是信托业务的创新点。

第十四章　资产证券化信托业务

从2005年试点启动至今，资产证券化已经走过了10年发展之路，既存在波折，更承载期望。受2008年国际金融危机爆发的影响，资产证券化试点一度暂停，直至2012年5月才重启试点。但试点重启以后，资产证券化业务呈现蓬勃发展态势，主要原因有两个：一是社会各界对资产证券化业务的基本认识形成共识，发起主体及入池资产范围扩大，管理运营日益规范，交易结构持续创新；二是监管政策放宽，中国银监会将审批制改为备案制，人民银行将备案制改为注册制，常态化发展已是大势所趋。总体而言，内外部环境的优化将促使资产证券化创新步伐实质性加快，大力发展资产证券化信托业务恰逢其时。

一、2014年发展概况

国内资产证券化主要有三种模式，分别是人民银行和中国银监会主导的信贷资产证券化、证监会主导的企业资产证券化和银行间市场交易商协会主导的资产支持票据（ABN）。资产类别包括银行贷款、消费信贷、零售贷款、租赁资产、市政工程、水电气资产、路桥收费和公共基础设施等。资产证券化是金融创新的题中之义，是多层次资本市场的组成部分，是盘活存量资产、优化资产负债结构、提振商业模式的迫切需要，发展资产证券化的目的在于增加市场流动性，支持实体经济发展。

（一）信贷资产证券化仍是主流，企业资产证券化提速明显

1. 金融机构内生需求不断爆发，资产证券化初显峥嵘

从历年总体发行情况来看，截至2014年末，三类资产证券化合计成立了163单，共发行578只资产支持证券，总规模为4,605.42亿元。从发行数量和金额来看，中国银监会主管的信贷资产支持证券都占了很大的比重。中国银监会主导的信贷资产证券化业务共成立了94单，发行了322只资产支持证券，总计发行金额达到3,837.99亿元，占比达到83.34%；中国证监会主导的企业资产证券化业务共成立了48单，发行了196只资产支持证券，总计发行金额达到573.23亿元，占比达到12.45%；银行间市场交易商协会主导的资产支持票据共成立了21单，发行了60只资产支持票据，总计发行金额达到194.2亿元，占比达到4.22%（见表14–1）。

表14-1　　三类资产证券化的历年总体发行规模合计

类别	成立单数（单）	发行只数（只）	只数比重（%）	发行额（亿元）	金额比重（%）
中国银监会主管ABS	94	322	55.71	3,837.99	83.34
中国证监会主管ABS	48	196	33.91	573.23	12.45
银行间市场交易商协会ABN	21	60	10.38	194.2	4.22
合计	163	578	100	4,605.42	100

注：金额比重加总不等于100%是因为计算存在四舍五入。

数据来源：Wind。

2014年是我国资产证券化业务蓬勃发展的关键一年，也是资产证券化市场发展的分水岭，金融机构的内生需求不断爆发，叠加监管政策的各项利好，使得资产证券化在发行品种、发行规模、交易结构等方面均发生了深刻变化（见表14-2）。

表14-2　　三类资产证券化在2014年的发行情况

类别	发行只数（只）	只数比重（%）	发行额（亿元）	金额比重（%）
中国银监会主管ABS	230	59.13	2,819.81	85.19
中国证监会主管ABS	131	33.68	400.83	12.11
银行间市场交易商协会ABN	28	7.2	89.2	2.69
合计	389	100	3,309.84	100

注：比重加总不等于100%是因为计算存在四舍五入。

数据来源：Wind。

资产证券化业务最为突出的特征就是能够通过设立特殊目的载体，以这些基础资产的未来现金流为支持并通过结构化安排等内部信用增级方式，使得债项评级高于主体评级，从而为发起机构带来更具吸引力的低成本融资。从2014年的发行结果看，信贷资产证券化领域共发行AAA级资产支持证券107只，发行金额达到2,358.68亿元，占信贷资产证券化发行总规模的83.65%；而企业资产证券化领域共发行AAA级资产支持证券56只，发行金额达到216.13亿元，占企业资产证券化发行总规模的53.92%（见表14-3）。

表14-3　　信贷资产证券化和企业资产证券化在2014年发行的AAA级证券情况

类别	发行只数（只）	只数比重（%）	发行额（亿元）	金额比重（%）
中国银监会主管ABS	107	65.64	2,358.68	91.61
中国证监会主管ABS	56	34.36	216.13	8.39
合计	163	100	2,574.81	100

数据来源：Wind。

2. 信贷资产证券化业务迎来春天，数量和规模呈现爆发式增长

信贷资产证券化是资产证券化业务中的核心领域，无论从总体规模上还是社会效益上，目前都远超过企业资产证券化和资产支持票据。自国务院进一步推进信贷资产证券化业务扩大试点以来，2014年信贷资产证券化产品的发行量呈现爆发式增长，全年发行规模接近历年发行额总和的3倍。2013年，总计发行了6单信贷资产证券化产品，发行金额为157亿元。2014年，银行间市场及交易所市场共发行66单信贷资产证券化产品（各产品明细见附表），发行金额为2,819.81亿元（见表14-5、表14-6和图14-1）。2014年债券发行量达到11.9万亿元，资产证券化发行量占比达到2.37%。

表14-4　　截至2014年末信贷资产证券化业务发展情况概览

基础资产类型	发行总额（万元）	总额比重（%）	当前余额（万元）	余额比重（%）
企业贷款	29,636,866.57	88.64	23,057,777.40	91.76
汽车贷款	1,159,107.28	3.47	577,198.04	2.3
银行债权	263,085.52	0.79	157,767.11	0.63
个人住房抵押贷款	1,399,160.45	4.18	697,792.70	2.78
租赁租金	165,588.62	0.5	136,512.40	0.54
信用卡应收款	810,910.04	2.43	501,097.44	1.99
合计	33,434,718.48		25,128,145.09	

注：总额比重加总不等于100%是因为计算存在四舍五入。

数据来源：Wind。

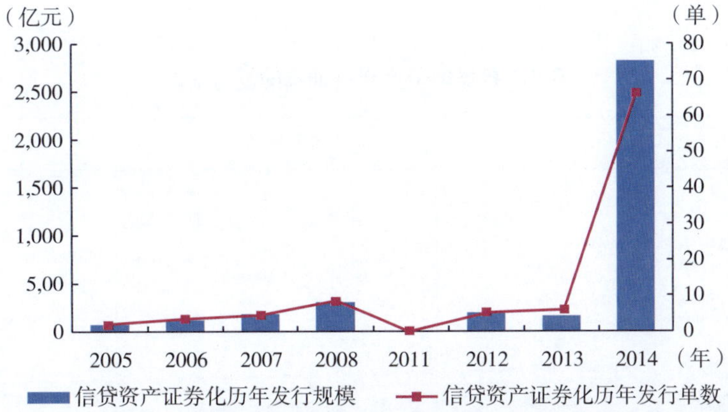

图14-1　2005—2014年信贷资产证券化发行情况

表14-5　　截至2014年末信贷资产证券化业务历年发展情况

	合计	2005年	2006年	2007年	2008年	2011年	2012年	2013年	2014年
信贷资产证券化历年发行规模（亿元）	3,837.99	71.94	115.80	178.08	302.01	0.00	192.62	157.73	2,819.81
信贷资产证券化历年发行单数（单）	94	2	3	4	8	0	5	6	66

资料来源：根据公开资料整理。

信贷资产支持证券类型包含了公司信贷资产支持证券、个人汽车抵押贷款支持证券、个人住房抵押贷款支持证券、个人消费贷款支持证券和租赁资产支持证券。其中，平安银行1号小额消费贷款证券化信托资产支持证券在上海证券交易所成功发行。2014年业内发行了扩大试点以来的首单个人住房抵押贷款证券化产品、首单消费贷款资产支持证券（信用卡应收款）、首单租赁资产支持证券产品，以及多个主题型对公信贷资产支持证券产品，打破了对公信贷资产支持证券一股独大的局面，呈现百花齐放的良好势头。

2014年，汽车抵押贷款证券化也是异军突起。此前，在2008年，上汽通用汽车金融曾进行一笔由近20亿元汽车贷款支持的证券发行。2012年，上汽通用汽车金融和上海汽车集团财务进行的2笔交易，涉及总计约30亿元的汽车贷款。2014年，丰田汽车金融、福特汽车金融（中国）、东风日产汽车金融、宝马汽车金融（中国）、大众汽车金融（中国）、广汽汇理以及上汽通用汽车金融进行的8笔汽车资产证券化交易，总计规模达159.05亿元。

表14-6　　2014年各类型资产支持证券的发行情况

类型	发行数量（笔）	发行金额（亿元）
对公信贷资产支持证券	54	2,549.75
汽车抵押贷款资产支持证券	8	159.05
租赁资产支持证券	2	16.56
消费贷款资产支持证券	1	26.31
住房贷款资产支持证券	1	68.14
总计	66	2,819.81

资料来源：根据公开资料整理。

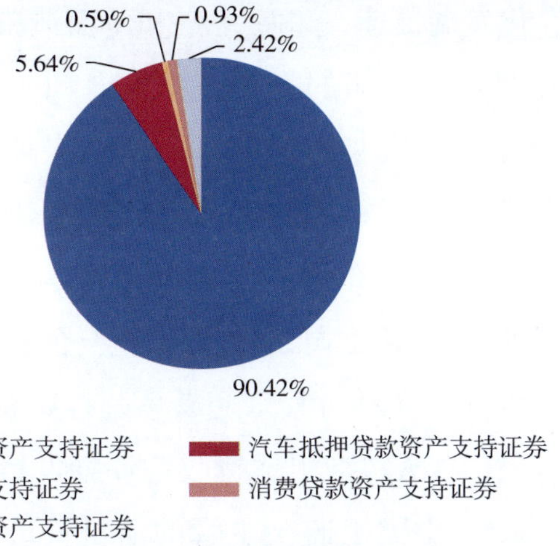

图14–2　2014年各类型资产支持证券的发行规模比例

2014年，信贷资产证券化产品的发起机构包括47家金融机构，其中：政策性银行2家，共发行10单产品，发行总规模达到952.57亿元；国有大型银行5家，共发行8单产品，发行总规模达到452.14亿元；股份制银行7家，共发行13单产品，发行总规模达到723.83亿元；城商行15家，共发行16单产品，发行总规模达到483.15亿元；农商行6家，共发行6单产品，发行总规模达到52.19亿元；资产管理公司3家，共发行4单产品，发行总规模达到61.40亿元；汽车金融公司7家，共发行7单产品，发行总规模达到77.96亿元；租赁公司2家，共发行2单产品，发行总规模达到16.56亿元（见图14–3）。

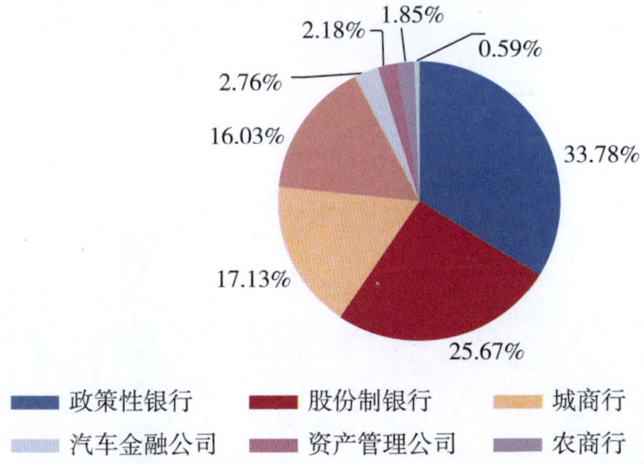

注：占比加总不等于100%是因为计算存在四舍五入。

资料来源：根据公开资料整理。

图14–3　2014年信贷资产证券化中各类发起机构的发行规模比例

3. 企业资产证券化发展提速，事后备案和负面清单管理推动明显

企业资产证券化是证券公司的一项特殊的专项资产管理计划业务，该专项资产管理计划筹集的资金全部认购某特定基础资产，专项资产管理计划的份额表现为受益凭证并可以在证券交易所进行转让和流通，从而流动性弱的基础资产可以通过专项资产管理计划的方式实现证券化。投资者主要是有一定风险识别能力的机构投资者，包括大型企业集团、财务公司、社保基金、企业年金、信托公司和证券投资基金。受益凭证在沪、深证券交易所大宗交易系统挂牌交易。

2005年，中国联通CDMA网络租赁费收益计划发行，宣告中国证监会主管的企业资产证券化正式起航。和中国银监会主管的信贷资产证券化类似，企业资产证券化也经历了2007—2010年的停滞阶段，在恢复发行后，基础资产的种类日益丰富，陆续出现了以BT/BOT债权、基础设施收费权、棚户区改造、入园凭证收费、小额贷款、租赁资产为基础资产发行的项目，企业资产证券化的基本要素和信贷资产证券化比较类似，只是SPV由证券公司或者基金子公司的资产支持专项资产管理计划来担任。

表14—7　截至2014年末企业资产证券化业务发展情况概览

基础资产类型	发行总额（万元）	总额比重（%）	当前余额（万元）	余额比重（%）
企业债权	4,241,533.29	62.77	2,705,260.00	57.3
基础设施收费	1,048,100.00	15.51	692,365.25	14.66
企业贷款	350,000.00	5.18	284,907.50	6.03
租赁租金	1,117,290.00	16.54	1,039,100.00	22.01
合计	6,756,923.29		4,721,632.75	

数据来源：Wind。

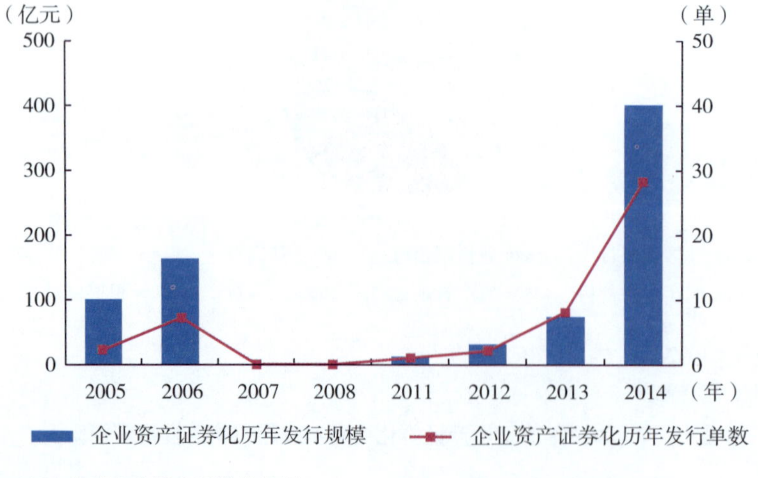

注：2009年和2010年未进行企业资产证券化发行

图14—4　截至2014年企业资产证券化发行情况统计

表14-8　　截至2014年末企业资产证券化业务历年发行情况

	2005年	2006年	2007年	2008年	2011年	2012年	2013年	2014年	合计
企业资产证券化历年发行规模（亿元）	100.80	164.21	0.00	0.00	12.79	31.80	73.98	400.83	784.41
企业资产证券化历年发行单数（单）	2	7	0	0	1	2	8	28	48

资料来源：根据公开资料整理。

在政策制度方面，按照简政放权、宽进严管的要求，中国证监会在2014年2月取消了资产证券化业务行政许可。鉴于资产证券化业务的监管方式需要相应的转型，中国证监会对原来的《证券公司资产证券化业务管理规定》进行了修订。一是明确以资产支持专项计划作为特殊目的载体（SPV）开展资产证券化业务，同时拟将资产证券化业务开展主体范围由证券公司扩展至基金管理公司子公司。二是将开展资产证券化业务事前行政审批制改为事后备案制，同时实行负面清单管理，由中国基金业协会担负备案管理及负面清单制定发布等职责。三是加强重点环节监管，强化了基础资产的真实性要求。在以信息披露为中心的一致性要求下，《证券公司及基金管理公司子公司资产证券化业务信息披露指引》作为配套规则一并发布，其主要内容包括信息披露的基本原则、发行及存续环节信息披露要求等。由于资产证券化业务中尽职调查尤为重要和特殊，中国证监会还下发了《证券公司及基金管理公司子公司资产证券化业务尽职调查工作指引》，以加强对尽职调查环节的监管。四是拟在证券交易场所挂牌转让的资产支持证券，须符合相关证券自律组织的挂牌转让条件。

4. 资产支持票据仍处于探索期，账户隔离模式尚不成熟

资产支持票据是国内在2012年开始出现的“准资产证券化”融资工具，2012年8月，中国银行间市场交易商协会发布了《银行间债券市场非金融企业资产支持票据指引》，与前两类资产支持证券相比，资产支持票据发行人限于非金融企业，采用注册制，可选择公募或私募方式在银行间市场发行。截至2014年末，资产支持票据共发行21期，总金额达194.20亿元（见图14-5和表14-9）。

资产支持票据在国外发展比较成熟，其发行过程与其他资产证券化过程类似，即发起人通过真实销售将应收账款、银行贷款、信用卡应收款等资产出售给特殊目的载体（SPV），再由SPV以这些资产作为支持发行票据在市场上公开出售。但是，我国资产支持票据缺少资产证券化最重要的一环，即没有引入SPV，没有实现资产与发

行人的风险隔离，首批发行的资产支持票据产品采用账户隔离模式，但账户隔离模式不能实现资产的风险和收益的完全隔离。资产支持票据的现金流和风险仍然依赖于发行人，既不能实现发行人以优质资产和充溢的现金流发行高信用等级的资产证券化产品，实现低成本融资的目的，也不能隔断发行人负债和信用风险向资产支持票据计划传递的风险。因此，资产支持票据并不是欧美严格意义上的资产证券化。

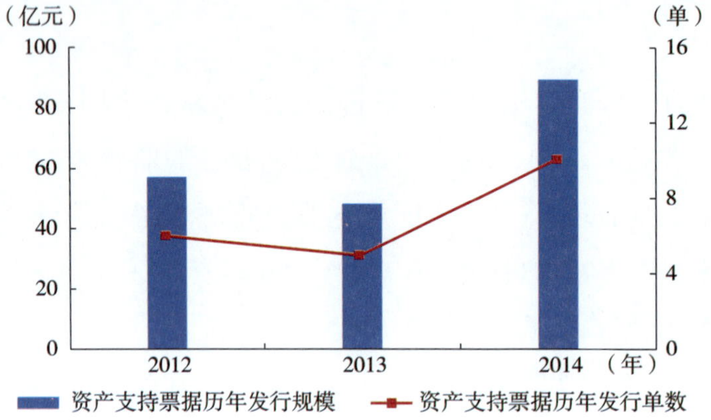

图14-5　2012—2014年资产支持票据的发行情况

表14-9　2012—2014年资产支持票据发行情况

	2012年	2013年	2014年
资产支持票据历年发行规模（亿元）	57.00	48.00	89.20
资产支持票据历年发行单数（单）	6	5	10

（二）资产证券化业务运行稳定，受托机构的业务集中度较高

截至2014年末，已有53单信贷资产证券化信托产品发布了最新一期的受托机构报告。据受托机构报告显示，基础资产表现良好，对公信贷资产支持证券项目和租赁资产支持证券基础资产无任何逾期、违约事件发生，汽车抵押贷款资产支持证券、消费贷款资产支持证券以及住房贷款资产支持证券项目的基础资产有极少量拖欠和违约现象发生，逾期及违约资产的比例均低于资产池原有逾期比例，对资产池整体信用风险影响不大。另外，全部资产支持证券均正常兑付，无违约事件发生。其中，开元2012年第一期资产支持证券的A-1、A-2和A-3档，通元2012年第一期资产支持证券优先A档等25只优先级证券已经兑付完毕，其中9只证券为提前结清。

2014年，取得信贷资产证券化业务受托资格的信托公司数量已达到36家，当年实际发行信贷资产证券化产品的受托机构覆盖了19家，其中中信信托的发行规模和项目数量都位居榜首，发行规模达到681.12亿元，共计12单产品。前十家信托公司作为49单资产证券化项目的受托机构，占比共达到74.24%，承办资产支持证券的发行金额达到2,342.77亿元，占比达到83.08%。通过上述数据可以看出，资产证券化领域的集中度仍然较高（见表14–10）。

表14–10　　2014年各家信托公司的资产证券化业务受托管理情况

受托机构名称	发行金额（万元）	项目数量（单）
中信信托	6,811,220.49	12
华润信托	2,613,900.04	4
金谷信托	2,226,503.02	3
中诚信托	2,214,944.49	6
北京信托	2,016,791.32	4
上海信托	1,884,639.62	7
交银信托	1,781,698.86	4
中粮信托	1,523,370.29	4
兴业信托	1,177,768.06	3
中海信托	1,176,879.00	2
平安信托	1,144,300.00	1
中融信托	821,084.00	3
华宝信托	780,384.90	2
外贸信托	679,999.00	2
英大信托	457,878.00	1
苏州信托	337,192.00	4
华能贵诚信托	263,085.52	1
广东粤财信托	233,369.92	2
百瑞信托	53,051.00	1
总计	28,198,059.53	66

资料来源：根据公开资料整理。

（三）发行利率呈现下降趋势，估值定价机制更趋完善

2014年，各家信托公司设立资产证券化信托66单，发行资产支持证券共计230只，各档证券的发行利率受市场利率影响较大，整体呈现下降的趋势。一方面，随着发行量的增加及政策性利好，市场深度得到发展，投资者对资产支持证券的认识

愈加成熟；另一方面，伴随信息披露得更加充分和利率曲线的更加丰富，资产支持证券的定价也愈加合理。其中优先A档最高发行利率为6.50%，最低发行利率为4.50%，平均发行利率为5.24%；优先B档证券最高发行利率为9.00%，最低发行利率为5.20%，平均发行利率为6.33%。从发行利率来看，对于不同类型的产品，优先A档证券发行利率相差并不大。这主要是因为优先A档证券大部分为AAA级别，剩余期限不长，估值定价机制较为完善，市场接受程度高（见表14-11）。

从利率结构来看，鉴于基础资产类型、发行券种期限、发行规模以及认购倍率、发行时间窗口等因素的影响，城商行的优先A级发行利率与国有大型银行的优先A级发行利率发生了倒挂，但总体而言，在同等信用评级等级下，基础资产类型和发行券种期限是影响发行利率的最根本因素，汽车金融、租赁回收款等具有较高资产分散度的资产支持证券均有较好的发行利率水平，这也从侧面证明资产支持证券的评级和定价更多地取决于资产，而非主体信用。就评级水平在AAA级的优先A档而言，在汽车抵押贷款证券化业务中引入RQFII的投资，也使得发行利率创下了同时期证券化产品发行利率的最低点。

表14-11　　2014年信贷资产证券化业务各类发起机构的优先级证券发行利率情况

	优先A级发行利率（%）（算数平均值）	优先B级发行利率（%）（算数平均值）
国有大型银行（含邮储银行）	5.5900	6.6640
政策性银行	5.4300	5.8000
股份制银行	5.5271	6.3317
城市商业银行	5.1125	5.9369
农村商业银行	5.0480	5.8250
汽车金融公司	4.9600	7.5433
资产管理公司	5.7000	6.9000
金融租赁公司	5.2000	6.4000

资料来源：Wind。

（四）制度环境逐步完善，证券化业务由审批制改为备案制

从监管角度来看，由于目前商业银行通过同业方式为客户提供贷款的体量较为庞大，存在流动性风险转变为系统性风险，进而威胁整个金融体系的健康发展的可能。同时，从商业银行的角度来看，其自身也有维护客户关系，为客户提供持续融

资的需求。资产证券化业务能够使商业银行贷款实现出表，有效帮助商业银行盘活贷款存量，释放信贷额度，为客户持续提供融资，因此具有广阔的发展空间。特别是近几年，监管部门以促进业务、降低门槛、简化手续等为改革抓手，给资产证券化创造宽松发展环境，以便金融机构在信贷资产证券化上做出有益探索。2013年8月28日，国务院常务会议决定进一步扩大信贷资产证券化试点，新增试点规模约为3,000亿元，拉开了又一轮制度环境建设的序幕。

2014年，监管机构推动信贷资产证券化业务由审批制改为备案制，以加大金融支持实体经济力度，加快推进资产证券化工作。中国银监会于2014年11月向部分银行下发了《关于信贷资产证券化备案登记工作流程的通知》。此后，中国银监会陆续下发了《关于中信银行等27家银行开办信贷资产证券化业务资格的批复》等文件，对资产证券化的备案制进行了更进一步的落实。备案制的落地也将逐步推进信贷资产证券化业务向常规化方向发展，引导优质信贷资产证券化产品在银行间市场和交易所市场发行。由此可见，审批制改为备案制将为资产证券化业务迈上快速发展通道扫清障碍。

此外，信托业自身也在为资产证券化业务更有效地发展营造环境。为规范信托公司开展资产证券化业务的市场行为，增强信托公司金融服务意识，保护相关当事人合法权益，充分发挥信托公司在该业务中的主动管理能力，促进信托公司勤勉尽责，推动行业健康持续发展，中国信托业协会倡议各相关会员单位签署并自觉遵守《信托公司开展资产证券化业务自律公约》。

表14—12　　2014年信贷资产证券化领域的相关政策和制度概览

序号	政策制度名称	颁布单位	颁布时间	主要内容
1	《关于贯彻落实〈国务院办公厅关于支持外贸稳定增长的若干意见〉的指导意见》	中国人民银行	2014年6月	积极支持符合条件的金融租赁公司等非银行业金融机构通过参与信贷资产证券化试点等方式，扩大融资渠道。
2	《关于多措并举着力缓解企业融资成本高问题的指导意见》（国办发〔2014〕39号）	国务院	2014年8月	大力推进信贷资产证券化，盘活存量，加快资金周转速度，以抑制金融机构筹资成本不合理上升。
3	《关于规范金融机构同业业务的通知》（银发〔2014〕127号）	中国人民银行、中国银监会、中国证监会、中国保监会、外汇局	2014年4月	明确指出金融机构在规范发展同业业务的同时，应加快推进资产证券化业务常规发展，盘活存量、用好增量。
4	《关于信托公司风险监管的指导意见》（银监办发〔2014〕99号）	中国银监会	2014年4月	明确指出信托公司要积极发展资产管理等收费型业务，鼓励开展信贷资产证券化等业务，提高资产证券化业务的附加值。

续表

序号	政策制度名称	颁布单位	颁布时间	主要内容
5	《关于信贷资产证券化备案登记工作流程的通知》（银监办便函〔2014〕1092号）	中国银监会	2014年11月	首度明确信贷资产证券化业务由审批制转为备案制；银行业金融机构将申请材料报送各机构监管部门并会签创新部，已发行过信贷资产支持证券的机构可豁免资格审批；中介机构应对产品发行方案出具专业意见，不再打开“资产包”对基础资产等具体发行方案进行审查。
6	《关于发展住房公积金个人住房贷款业务的通知》（建金〔2014〕148号）	住房和城乡建设部、财政部、中国人民银行	2014年10月	倡导盘活存量贷款资产，要求住房公积金个人住房贷款发放率在85%以上的城市主动采取措施，鼓励有条件的城市积极探索发展住房公积金个人住房贷款资产证券化业务。

资料来源：根据公开资料整理。

二、2014年发展特点

（一）基础资产类型更加丰富，参与机构类型逐渐多元化

从2014年的发行情况来看，利率市场化和银行业快速扩张中积累的一些问题和矛盾倒逼了信贷资产证券化业务的爆发，也促使基础资产类型更加丰富，参与机构类型更加多元化。一方面，我国银行中长期贷款占比近六成，使得大部分存量资产缺乏流动性，而信贷中长期化的趋势仍将维持，同时，由于长期限的企业贷款和基建项目贷款偏多，相比美国以个人住房抵押贷款为主的贷款结构而言，我国中长期贷款风险更为集中。另一方面，利率市场化和互联网金融的推进，导致近年来银行负债端成本攀升、利率风险提升、吸存能力减弱、存款不断搬向理财市场，活期存款虽然有定期化趋势，但整体存款期限正在缩短。银行负债端的短期化与资产端的长期化趋势正好相左，流动性风险加大。

2014年，信贷资产证券化市场先后推出了个人住房抵押贷款证券化产品、消费贷款资产支持证券、租赁资产支持证券产品、信用卡分期债权资产支持证券等创新产品，在传统的对公信贷资产证券化领域，先后推出了基础设施资产，铁路专项贷款、小微企业贷款、“三农”贷款等多个主题型产品，基础资产类型更加多样，产品种类得到丰富。2014年，信贷资产支持证券的发起机构类型也呈现多元化的趋势，不但有政策性银行、国有商业银行、邮政储蓄银行、股份制商业银行、汽车金

融公司、资产管理公司，还有城商行、农商行和金融租赁公司。其中，政策性银行、股份制商业银行和城商行是发行的主力军。

（二）技术和产品结构更趋稳定，基础资产的信用差异明显

在交易结构方面，2014年发行的大部分资产证券化信托产品均采用了优先/次级分层设计来实现内部信用增级，并应用了超额利差等增信结构，还采用了本金账户与收益账户的互转机制，以此来缓解流动性风险。鉴于发起机构持有该证券需要按照证券评级计提不同比例的风险资本占用，如持有未评级的次级证券需计提12.5倍的风险资本占用，发起机构采取垂直自持（即持有各档资产支持证券的5%以上）方式的逐渐增多。在触发加速清偿事件中，累计违约率是普遍采用的量化触发条件之一，对于汽车抵押贷款证券化、消费贷款证券化，都采用逐年递增的累计违约率触发机制，以匹配个人贷款的相关特征。

从2014年设立的资产证券化信托来看，交易结构设计方面也多有创新，如国内首单不分层、无次级档证券的资产证券化产品——开元2014铁路专项贷款CLO产品，首次尝试超额抵押设计以及Pro-rata分配顺序的汽车抵押贷款证券化产品——福元2014汽车抵押贷款ABS和华驭2014汽车抵押贷款ABS，延迟房贷变更抵质押权登记——邮元2014住房贷款资产支持证券等。

另外，在基础资产信用质量方面，对公信贷资产证券化产品的基础资产加权平均信用等级和借款人加权平均信用等级上跨度较大，从AAA级别一直到B+/B级别。在资产池集中度方面，尽管入池资产笔数与入池借款人户数跨度较大，但多数对公信贷资产证券化信托的基础资产笔数为40~60笔。

总体而言，证券化技术、信用增级方式和分配等方面体现出了趋同性，交易结构、基础资产信用质量和借款人信用等级等方面体现出了差异性，两者间的鲜明对照恰恰展现了资产证券化业务的独特魅力。

（三）交易结构设计彰显市场逻辑，过手型支付占据主导地位

2014年，从资产支持证券的偿付特征来看，各档证券全部采用过手型证券的产品有42单，发行金额为1,279.15亿元，占比46.52%；既有摊还型证券又有过手型证券的产品有21单，发行金额为1,270.66亿元，占比46.21%；全部采用摊还型证券的产品有3单，发行金额为200亿元，占比7.27%。在通常情况下，为便于投资规划和降低再投资风险，投资机构更偏好于摊还型证券，而为了证券支付现金流与基础资产现金流的匹配程度更高，发起机构更偏好于过手型设计。因此，资产支持证券交易结构

的设计是市场各方权衡博弈的结果，从实际发行结果看，过手型证券的使用频率更高，过手型证券的发行金额是摊还型证券发行金额的2倍左右。

（四）发行能力逐步获得认可，信托公司开始担任牵头安排人

从2014年设立的部分信贷资产证券化信托项目来看，信托公司经过了一段时间的经验积累，在基础资产的筛选、交易结构搭建、操作流程推进、特殊问题解决等方面积累了项目经验，在信贷资产证券化领域建立了高效可靠的项目团队，开始承担项目协调人和牵头安排人的角色，统筹安排证券化交易架构和准备工作，深度参与到各家参与机构的权利义务安排和法律文本生成过程中，并在产品交易结构中力求设计合理、运作规范，初步打造了专业、独特的服务优势。尽管信托公司在大多数资产证券化项目中仍然主要担任受托管理的角色而不是发行安排的角色，且在银行间市场笃信资金渠道并以销定产的背景下，短期内也很难扭转这种被动状况，但值得欣慰的是，已有部分信托公司开始主动承担前期发行安排工作，并将其视为持续管理过程中的运行基础，不仅在发行设立前期把握主动权和主导权，而且借此机会提高自身专业能力并降低后续运营风险。

（五）事务处理难度增大，受托管理能力面临考验

需要特别指出的是，伴随资产证券化产品类型的丰富，加权平均剩余期限逐渐延长，资产支持证券的存续时间和管理频率也大幅增加，信托公司在存续期间受托职责履行的持续性和稳定性更加重要。一方面，受托管理的事务环节越来越多，操作复杂度也相应提升，从现有的信托计划预执行信息情况看，包括收取回收款、开展合格投资、收取贷款服务报告和资金保管报告、支付费用和收益等分配工作、制定和披露受托管理报告在内的各项事务，还有权利完善、资产处置、清仓回购等特殊事项。以邮元2014年第一期住房贷款资产支持证券为例，基础资产为中国邮政储蓄银行23,680笔个人住房贷款，优先级加权平均期限达16年，在该笔资产支持证券存续的每个月里都要完成相应的规定动作，正常的执行项多达数千项，这对信托公司的受托管理能力无疑是重大考验。另一方面，受托管理事务的复杂程度与资产池的类型有密切关系，由于基础资产的入池笔数大幅增加，信托公司需要加强信息系统的建设，逐步建立评估、预测和管理信贷资产证券化业务基础资产和现金流的能力，从而有力实现对信贷资产证券化受托管理和会计核算的系统处理，以便推动信贷资产证券化业务受托管理的专业化。从2014年发行的汽车抵押贷款资产支持证券看，其基础资产笔数较多，从4,339笔到93,741笔不等，能够有效分散基础资产的信用风

险，且剩余期限较短，加权平均利率一般较高。邮元2014年第一期个人住房抵押贷款资产支持证券也具有相似特点，基础资产笔数较多，共计23,680笔，风险集中度较低，但基础资产有一定账龄，剩余期限很长，管理难度相对较高。

从2014年信贷资产证券化业务的发展可以看到，在信贷资产证券化项目存续期间，信托公司要通过提升主动管理能力，加强对基础信贷资产现金流的预测和核算能力，核对贷款服务机构提供的现金流信息，来切实保障资产支持证券持有人享有的利益。

三、2015年发展趋势

（一）简政放权促进工作流程缩短，资产证券化有望向常态化发展

简政放权是新时代背景下的改革趋势，在审批转为备案的初期，由于衔接的流程尚未完全明确、配套政策尚未完备，可能存在效率提升并不明显的过渡期，但主管机构和申请主体之间理顺了审批流程后，预计工作流程将被大幅缩短。

在发起机构获取银监会的审批资格后，备案制下发起机构的发行时间成本、沟通成本都将大大降低，且如果具备了自主选择发行窗口的灵活性，资产证券化产品的滚动发行和资产管理调节能力将得到增强。同时，监管层为对公贷款证券化的入池资产类型松绑，除了信用贷款外，抵质押贷款、最高额保证、最高额抵押贷款、银团贷款也可以入池，一系列的监管松绑有利于发起机构更加灵活地进行资产组合，分散资产包风险。理论上，银行信贷资产的50%~60%都可以被证券化，伴随监管口径的逐步开放，中国银监会的备案制和人民银行的注册制在未来施行后，市场潜力将得到充分挖掘，发行规模将会迅速提升，信贷资产证券化业务的常态化发展将成为趋势。总体来看，推行备案制、注册制等简政放权措施之后，设立一定的准入门槛、强化信息披露、强化参与机构尽职能力、强化投资人风险识别能力等举措，将有利于资产证券化市场的长远发展。

在制度环境不断完善和证券化产品持续扩容的背景下，随着投资者对产品认知程度的提升，加上高收益品种日渐稀少、需求端接受程度提升，以及政策鼓励和部分银行常态化发行需求等因素，发起机构的积极性预计将有所提升，从而实现资产支持证券发行效率的大幅提升，预计信贷资产证券化信托产品在2015年的整体发行规模有望达到4,000亿元左右。

（二）投资者服务是证券化核心理念，信息披露机制将逐步深化

投资者（受益人）是资产证券化市场的主要参与者，是信息的主要需求者，也是信托公司作为受托机构和发行机构的主要服务对象。以投资者利益最大化为目标，建立以投资者为导向的有效信息披露制度，提高资产证券化业务透明度，达到规范信息披露、保护投资者权益，促进资产证券化业务规范化、常态化，推动债券市场健康持续发展的目的。在此背景下，未来监管政策和市场机制都将着眼于信息披露机制的深化，资产证券化市场会更具深度和活力。

信息披露机制不完善的主要影响体现在三个方面：一是估值障碍，由于资产证券化产品结构复杂，现金流不确定性较强，且基础资产未能完全向估值机构披露，投资者没有充分依据来合理评估证券的价值和期限；二是产品流动性不佳，由于信息披露机制不完善和信息披露内容不充分，投资者很难做出独立判断和分析，进而造成投资群体范围较窄和市场流动性不足，到目前为止，流动性问题仍是资产支持证券化与短期融资券等产品利差的主要援引；三是AA级以下优先档和次级档证券销售无法市场化，目前，夹层和次级档证券的销售很大程度上还取决于发起机构和主承销商的实力，产品定价和销售还不够完全市场化，而更加完善、充分的信息披露要求是扩大投资者群体的重要基础，尤其是对于内部风控严格的机构以及对夹层或次级档感兴趣的机构。在前几轮和本轮试点的初期，信贷资产证券化产品“银行互持”的情况十分普遍，影响到银行通过资产证券化将部分信贷风险转移出银行系统，实现风险分散化的初衷。

2015年3月26日，人民银行发布《关于信贷资产支持证券发行管理有关事宜的公告》（中国人民银行公告〔2015〕第7号，以下简称《公告》），推行信贷资产证券化注册发行，在简政放权的大背景下，完善信息披露机制将成为风险控制的主要手段。《公告》指出：受托机构和发起机构在资产支持证券发行前和存续期间，应切实履行好信息披露职责；各中介机构应按照合同约定切实履行尽职调查责任，依法披露信息；中国银行间市场交易商协会负责起草和发布资产支持证券的相关标准合同范本和信息披露指引，定期跟踪报告市场成员的信息披露情况。通过真实完备的信息披露，避免出现信息不对称对投资者产生误导的情况，同时强化参与机构自律尽职的能力，加强投资者的风险识别能力。随后，中国银行间市场交易商协会下发了《个人汽车贷款资产支持证券信息披露指引（试行）》和《个人住房抵押贷款资产支持证券信息披露指引（试行）》，以此规范信贷资产支持证券信息披露行为，

提高信贷资产证券化业务透明度，维护投资者合法权益，促进证券化业务规范化、常态化。

随着会计准则、税收制度、法律政策、信息披露、投资者服务制度等方面的完善，资产证券化产品的规模将越来越大，投资者服务意识会不断提高，在更加健康、有效的微观市场结构下，不同类型产品定价中的不合理差异也会逐步消除，投资者结构也将有所改善，券商固有、资产管理、基金、保险等类型的投资者已经开始关注并进行投资，这使得资产证券化产品更具流动性金融工具的特征，其发行价格有望继续步入下行通道。

（三）基础资产类型更趋丰富，交易结构进一步创新

基础资产类型更趋丰富源于银行发展模式的变革，且反过来提升了各机构开展资产证券化的动力。随着市场容量的不断扩大，资产证券化产品将逐步具备流动性管理工具的属性，这也将反过来促进市场需求的扩大，从而提升资产证券化为发起机构起到的优化资产负债、改善经营管理、节约资本消耗等调节效用。一方面，利率市场化的大背景促使存款搬家和利差缩窄，金融机构的负债端将被重构，轻资本运作是金融机构的必然选择，资产证券化有利于信贷资产出表，降低发起机构资本消耗，提高其综合竞争优势；另一方面，随着经济下行周期的到来，金融机构在稳定风险水平的前提下，资产选择的难度逐步增加，资产证券化业务的循环推动，将进一步推动银行业金融机构业务拓展模式从“存量型”向“流量型”转变，这也使得资产证券化成为金融机构转型升级和管理提升的重要手段。

展望2015年，在基础资产品类方面，除传统的对公贷款、个人汽车抵押贷款、个人住房抵押贷款、重整贷款之外，信用卡应收款、融资租赁资产和个人消费贷款等类别基础资产的证券化业务有望增多，预计未来市场上还将涌现信用卡循环入池证券化、商业住房抵押贷款证券化（CMBS）等越来越多的符合证券化条件基础资产类型的产品。

在交易结构方面，随着证券化市场深度的不断加深和广度的不断拓宽，产品交易结构设计的差异化程度也逐渐上升，而国内市场参与机构已经完成了一定的技术、人才储备和项目经验积累，具备了进行更多交易结构创新的基础，更加灵活、更符合市场需求的交易结构有望不断推出。以华驭2014年第一期汽车抵押贷款资产支持证券为例，其交易结构的设计没有参照国内通行的过手型设计，而是借鉴了国际上通行做法，保证了分层结构的相对稳定，复杂程度远高于国内同类产品。目前，市

场发行的信用卡分期证券化产品尚未触及信用卡资产证券化最为核心的“循环购买”，商业票据类、消费类应收款的期限普遍较短，而资产支持证券期限比较长，一般会采取循环购买模式解决这个期限错配问题，通过多次购买符合资产池要求的应收款，形成一个动态资产池。预计循环购买等交易结构创新会不断发展，进而满足发起机构和投资者双方的需求。

（四）信托公司能力建设将加快，重点提升服务附加值

当前，我国的泛资产管理行业发展明显提速，市场之间的交叉、融合、分层不断在上演，信托制度的优势禀赋逐年减弱，“准信托”业务资格蔓延扩散，外在压力的显著增大迫使信托业转型升级。在信贷资产证券化领域，信托公司是法律法规明确界定的受托机构和发行主体，各参与机构均是与居于中心地位的受托机构发生法律关系，信托公司在业务逻辑上理应承担起项目协调、产品结构设计、资产尽职调查等职责。但在当前的业务实践中，信托公司的主导作用和主动管理能力仍然有待提高，需要依托监管政策的引导和支持，以增强自身发展的内在驱动力，重构核心竞争力，回归本源业务，不断提升资产证券化专业服务能力。

展望2015年，预计会有更多的信托公司将信贷资产证券化业务作为重点战略领域之一，在提升信贷资产证券化业务的主动管理能力和创新服务能力的基础上，规模化推进业务发展，进而把握市场先机。信托公司需要提升在资产证券化产品交易结构设计、发行上市、证券承销、中后期管理方面的能力，提升在信贷资产证券化业务开展过程中的主动管理能力，强化发行服务和受托管理的专业性，提升业务团队的服务能力和管理水平，进而提高服务的规范性和附加值。譬如，信托公司可以主导产品设计、基础资产挑选、现金流分割以及产品销售等诸多环节，以提高信托公司的服务附加值。而对于部分股份制银行、中小银行、城商行和农商行，以及汽车金融公司、融资租赁公司等发起机构，它们往往不具备基础资产打包能力，也缺乏系统化建设内部系统和完善内部制度的有效方法，这使得信托公司有机会主导整个产品操作流程，提高资产证券化业务的服务效益。

（五）从公募向私募扩散，发行选择和技术扩张共同影响市场

与公募型资产证券化相比，私募资产证券化具有不占用试点额度、不需要监管审批、流程快、效率高等特点，既有利于解决资本硬约束背景下金融机构实际遭受的业务限制，也会因服务公司企业等更广泛的社会基础而具有生命力。2014年，信

托公司开展了较为广泛的私募企业资产证券化业务，基础资产主要是小贷资产、融资租赁资产、保理资产、企业应收账款等债权类资产。其结果上的主要特点是：第一，基础资产的种类有所增加和扩展；第二，产品结构上有所创新和突破。预计私募资产证券化业务在2015年的发展将会呈现两方面的特点：一是发行选择更加灵活，除业务流程和制度环境方面之外，私募资产证券化在基础资产选择上也将更有特色，包括应收账款、其他应收款、债权资产、消费贷款、各类收费，甚至信托收益权、资产管理收益权、两融收益权等具有未来稳定现金流的资产，只要基础资产清晰可测且资产管理独立有效，都可以被选为基础资产，它们都是可以证券化的优质标的；二是技术扩散将促进发展，银行间债券市场和交易所市场（也即所谓的公募市场）促进了资产证券化领域金融技术应用的成熟，现金流预测、资产估值、信用评级、交易结构评测、证券分层和定价、风险报酬转移测试等各种金融技术和金融模型获得了极大应用，满足了信托公司、券商、会计师事务所、律师事务所、评级机构等各类参与机构的需求，从各个方面保障了资产支持证券的顺利发行，这种技术也将从公募市场向私募市场扩散。发行选择和技术扩张将共同影响私募资产证券业务市场，进而为其注入源源不断的发展活力。

表14—13　　2014年企业资产证券化业务发行情况

项目名称	发行总额（万元）	基础资产	计息起始日	发行人
银河金汇—瀚华小额贷款资产支持专项计划	50,000.00	企业债权	2014/12/30	银河金汇证券资产管理
长春供热集团供热合同债权1号资产支持专项计划	63,500.00	企业债权	2014/12/26	中国中投证券
五矿发展应收账款资产支持专项计划	294,100.00	企业债权	2014/12/24	中信证券
中信华夏苏宁云创资产支持专项计划	439,500.00	企业债权	2014/12/16	华夏资本
宝信租赁一期资产支持专项计划	40,500.00	企业债权	2014/12/16	恒泰证券
中建三局集团有限公司委托贷款债权证券化项目专项资产管理计划01	50,000.00	企业债权	2014/12/12	长江证券
中建三局集团有限公司委托贷款债权证券化项目专项资产管理计划02	100,000.00	企业债权	2014/12/12	长江证券
中和农信2014年第一期公益小额贷款资产支持专项计划	50,000.00	企业债权	2014/12/09	中信证券

续表

项目名称	发行总额（万元）	基础资产	计息起始日	发行人
徐州市保障性安居工程专项资产管理计划	200,000.00	企业债权	2014/11/06	中信证券
中国水务供水合同债权专项资产管理计划	78,500.00	企业债权	2014/11/03	中国民族证券
大都市热电公司电力上网收费权专项资产管理计划	11,200.00	企业债权	2014/10/29	渤海证券
东证资管—阿里巴巴10号专项资产管理计划	50,000.00	企业贷款	2014/09/29	东方红资产管理
东证资管—阿里巴巴9号专项资产管理计划	50,000.00	企业贷款	2014/09/04	东方红资产管理
广州长隆主题公园入园凭证专项资产管理计划	320,000.00	企业债权	2014/08/29	华泰证券
中航租赁资产支持收益专项资产管理计划	45,500.00	企业债权	2014/08/21	广发证券
建发禾山后埔—枋湖片区棚户区改造项目专项资产管理计划	140,000.00	企业债权	2014/08/20	国联证券
海印股份信托受益权专项资产管理计划	150,000.00	企业债权	2014/08/14	中信建投证券
淮北矿业铁路专用线运输服务费收益权专项资产管理计划	210,000.00	基础设施收费	2014/08/02	银河金汇证券资产管理
远东三期专项资产管理计划	241,891.50	企业债权	2014/07/23	中信证券
海通资管—浦发集团BT回购项目专项资产管理计划	158,000.00	企业债权	2014/06/27	海通证券资产管理
东证资管—阿里巴巴8号专项资产管理计划	50,000.00	企业贷款	2014/06/25	东方红资产管理
东证资管—阿里巴巴7号专项资产管理计划	50,000.00	企业贷款	2014/06/13	东方红资产管理
迁安热力供热收费权专项资产管理计划	125,000.00	基础设施收费	2014/06/13	恒泰证券
大成西黄河大桥通行费收入收益权专项资产管理计划	53,000.00	基础设施收费	2014/05/29	中原证券
国泰一期专项资产管理计划	119,600.00	租赁租金	2014/05/20	齐鲁证券
中信启航专项资产管理计划	521,000.00	企业债权	2014/04/25	中信证券
东证资管—阿里巴巴6号专项资产管理计划	50,000.00	企业贷款	2014/03/28	东方红资产管理
吉林城建BT项目资产支持收益专项资产管理计划	297,000.00	企业债权	2014/03/21	广发证券

资料来源：根据公开资料整理。

表14-14 2014年信贷资产证券化业务发行情况

序号	项目名称	发起机构服务机构	机构类型	发行总额（万元）	基础资产	信托设立日	法定到期日	首个支付日	受托机构发行机构	主承销商
1	华元2014年第一期信贷资产支持证券	中国华融	资产管理公司	123,800.00	企业贷款	2014/01/21	2018/04/26	2014/04/28	中诚信托	华融证券
2	兴元2014年第一期信贷资产支持证券	兴业银行	股份制银行	518,418.50	企业贷款	2014/02/19	2019/01/10	2014/04/28	中诚信托	中信证券
3	浦发2014年第一期信贷资产证券化信托资产支持证券	上海浦东发展银行	股份制银行	506,569.60	企业贷款	2014/02/25	2018/10/18	2014/04/18	上海信托	国泰君安证券
4	开元2014年第一期铁路专项信贷资产支持证券	国家开发银行	政策性银行	600,000.00	企业贷款	2014/03/18	2017/07/12	2014/04/14	中诚信托	国开证券
5	开元2014年第二期铁路专项信贷资产支持证券	国家开发银行	政策性银行	600,000.00	企业贷款	2014/03/18	2017/07/12	2014/04/14	外贸信托	国开证券
6	中银2014年第一期信贷资产证券化信托资产支持证券	中国银行	国有大型银行	938,286.02	企业贷款	2014/03/24	2021/01/26	2014/04/28	金谷信托	国泰君安证券、中银国际证券、中信建投证券
7	招商银行2014年第一期信贷资产证券化信托资产支持证券	招商银行	股份制银行	810,910.04	信用卡应收款	2014/03/25	2019/01/26	2014/04/28	华润信托	招商证券、中金公司、中信证券
8	招商银行2014年第二期信贷资产证券化信托资产支持证券	招商银行	股份制银行	728,040.00	企业贷款	2014/03/25	2020/07/26	2014/04/28	华润信托	招商证券、中金公司、中信证券
9	农银2014年第一期信贷资产支持证券	中国农业银行	国有大型银行	212,175.00	企业贷款	2014/04/22	2018/01/10	2014/07/28	中信信托	中信证券、中金公司
10	东元2014年第一期信贷资产支持证券	东方资产管理	资产管理公司	80,740.00	企业贷款	2014/04/23	2018/07/26	2014/07/28	中信信托	东兴证券
11	工元2014年第一期信贷资产支持证券	中国工商银行	国有大型银行	557,199.00	企业贷款	2014/05/16	2019/06/29	2014/06/26	中海信托	交通银行、中信建投证券、中信证券
12	开元2014年第三期信贷资产支持证券	国家开发银行	政策性银行	1,094,674.00	企业贷款	2014/05/19	2019/06/12	2014/07/14	中信信托	国开证券
13	京元2014年第一期信贷资产证券化信托资产支持证券	北京银行	城商行	577,930.00	企业贷款	2014/05/20	2018/07/26	2014/07/28	北京信托	中信证券

续表

序号	项目名称	发起机构 服务机构	机构类型	发行总额 （万元）	基础资产	信托 设立日	法定 到期日	首个 支付日	受托机构 发行机构	主承销商
14	福元2014年第一期个人汽车抵押贷款资产支持证券	福特汽车金融（中国）	汽车金融公司	79,980.89	汽车贷款	2014/05/27	2018/10/26	2014/06/26	上海信托	中金公司
15	丰元2014年第一期个人汽车抵押贷款资产支持证券	丰田汽车金融	汽车金融公司	79,999.00	汽车贷款	2014/05/27	2019/11/26	2014/06/11	外贸信托	中金公司
16	甬银2014年第一期信贷资产证券化信托资产支持证券	宁波银行	城商行	457,878.00	企业贷款	2014/05/29	2019/04/26	2014/07/28	英大信托	第一创业摩根大通证券
17	东风2014年第一期个人汽车抵押贷款资产支持证券	东风日产汽车金融	汽车金融公司	79,999.99	汽车贷款	2014/06/10	2019/03/26	2014/07/28	中诚信托	国泰君安证券
18	德宝天元2014年第一期汽车抵押贷款资产支持证券	宝马汽车金融（中国）	汽车金融公司	80,000.00	汽车贷款	2014/06/17	2019/01/26	2014/07/28	中粮信托	中信银行、中信证券
19	平安银行1号小额消费贷款证券化信托资产支持证券	平安银行	股份制银行	263,085.52	银行债权	2014/06/25	2019/06/26	2014/07/28	华能贵诚信托	国泰君安证券
20	台银2014年第一期信贷资产支持证券	台州银行	城商行	53,051.00	企业贷款	2014/07/24	2017/07/26	2014/10/27	百瑞信托	第一创业摩根大通证券
21	信银2014年第一期信贷资产支持证券	中信银行	股份制银行	619,680.00	企业贷款	2014/07/24	2019/01/26	2014/08/26	中海信托	中信证券
22	邮元2014年第一期个人住房抵押贷款资产支持证券	中国邮政储蓄银行	国有大型银行	681,423.77	个人住房抵押贷款	2014/07/25	2039/12/31	2014/08/26	交银国际信托	中信证券
23	华驭2014年第一期汽车抵押贷款资产支持证券	大众汽车金融（中国）	汽车金融公司	79,572.39	汽车贷款	2014/08/01	2020/08/26	2014/08/26	中信信托	中金公司
24	开元2014年第四期信贷资产支持证券	国家开发银行	政策性银行	1,093,317.00	企业贷款	2014/08/05	2020/01/12	2014/10/13	金谷信托	国开证券
25	交银2014年第一期信贷资产支持证券	交通银行	国有大型银行	490,890.00	企业贷款	2014/08/05	2019/09/30	2014/10/27	交银国际信托	海通证券、中信证券、西南证券、工商银行
26	顺德农商银行2014年第一期信贷资产支持证券	广东顺德农村商业银行	农商行	153,370.00	企业贷款	2014/08/08	2018/01/12	2014/10/27	粤财信托	中信证券

续表

序号	项目名称	发起机构 服务机构	机构类型	发行总额 （万元）	基础资产	信托 设立日	法定 到期日	首个 支付日	受托机构 发行机构	主承销商
27	开元2014年第五期信贷资产支持证券	国家开发银行	政策性银行	997,600.00	企业贷款	2014/08/20	2019/04/12	2014/10/13	中信信托	国开证券
28	农银2014年第二期信贷资产支持证券	农业银行	国有大型银行	800,280.00	企业贷款	2014/08/22	2019/05/15	2014/10/27	中信信托	中信证券、中金公司
29	苏元2014年第一期信贷资产证券	江苏银行	城商行	214,090.00	企业贷款	2014/08/26	2019/02/17	2014/10/27	上海信托	第一创业摩根大通证券、招商证券
30	汉银2014年第一期信贷资产支持证券	汉口银行	城商行	201,195.00	企业贷款	2014/09/05	2020/01/26	2014/10/27	北京信托	华泰证券
31	鑫宁2014年第一期信贷资产支持证券	南京银行	城商行	332,950.00	企业贷款	2014/09/10	2019/01/26	2014/10/27	上海信托	华泰证券、国泰君安证券
32	渤银2014年第一期信贷资产支持证券	渤海银行	股份制银行	367,197.00	企业贷款	2014/09/12	2019/07/27	2014/10/27	北京信托	中信证券
33	浦发2014年第二期信贷资产支持证券	上海浦东发展银行	股份制银行	459,394.10	企业贷款	2014/09/12	2020/01/18	2014/10/20	上海信托	海通证券、中信建投证券
34	浦发2014年第三期信贷资产支持证券	上海浦东发展银行	股份制银行	478,994.90	企业贷款	2014/09/12	2019/04/18	2014/10/20	华宝信托	国泰君安证券、中信建投证券
35	招商2014年第三期信贷资产支持证券	招商银行	股份制银行	915,500.00	企业贷款	2014/09/17	2019/04/26	2014/10/27	华润信托	中信证券、招商证券、中金公司
36	兴元2014年第二期绿色金融信贷资产支持证券	兴业银行	股份制银行	349,418.06	企业贷款	2014/09/18	2019/04/12	2014/10/13	兴业信托	兴业证券、招商证券
37	长元2014年第一期信贷资产支持证券	中国长城资产管理	资产管理公司	121,199.00	企业贷款	2014/09/18	2019/04/02	2014/10/27	中信信托	中信证券
38	交融2014年第一期租赁资产支持证券	交银租赁	租赁公司	101,233.59	租赁租金	2014/09/19	2017/12/31	2014/12/15	交银国际信托	交通银行、海通证券、国泰君安证券
39	徽行2014年第一期信贷资产支持证券	徽商银行	城商行	308,690.00	企业贷款	2014/09/24	2020/10/26	2014/10/27	中诚信托	中信证券、国泰君安证券
40	九银2014年第一期信贷资产支持证券	吉林九台农村商业银行	农商行	31,375.00	企业贷款	2014/09/25	2018/01/26	2014/10/27	中信信托	第一创业摩根大通证券

续表

序号	项目名称	发起机构服务机构	机构类型	发行总额（万元）	基础资产	信托设立日	法定到期日	首个支付日	受托机构发行机构	主承销商
41	青银2014年第一期信贷资产支持证券	青岛银行	城商行	283,292.85	企业贷款	2014/10/16	2022/01/17	2015/01/19	中信信托	恒泰长财证券、海通证券
42	广汽汇通2014年第一期个人汽车抵押贷款资产支持证券	广汽汇理	汽车金融公司	79,999.92	汽车贷款	2014/10/17	2020/12/31	2014/11/26	粤财信托	中信证券
43	杭元2014年第一期信贷资产支持证券	杭州银行	城商行	301,390.00	企业贷款	2014/10/17	2020/01/26	2015/01/26	华宝信托	中信证券
44	交银2014年第二期信贷资产支持证券	交通银行	国有大型银行	508,151.50	企业贷款	2014/10/21	2018/12/31	2015/01/26	交银国际信托	银河证券、工商银行、西南证券、国泰君安
45	冀元2014年第一期信贷资产支持证券	河北银行	城商行	279,540.00	企业贷款	2014/10/24	2019/10/26	2015/01/26	中融信托	国泰君安证券
46	上银2014年第一期信贷资产支持证券	上海银行	城商行	227,300.00	企业贷款	2014/10/28	2019/01/26	2015/01/26	上海信托	海通证券、国泰君安证券
47	通元2014年第一期个人汽车抵押贷款证券化信托资产支持证券	上汽通用汽车金融	汽车金融公司	300,000.00	汽车贷款	2014/10/29	2020/09/26	2014/12/26	中粮信托	工商银行、招商银行、中信证券
48	江南2014年第一期信贷资产支持证券	江苏江南农村商业银行	农商行	143,362.00	企业贷款	2014/10/30	2017/09/30	2015/01/26	苏州信托	中信证券
49	洪元2014年第一期信贷资产支持证券	南昌银行	城商行	159,450.00	企业贷款	2014/11/06	2018/07/26	2015/01/26	华润信托	中信证券
50	兴元2014年第三期信贷资产支持证券	兴业银行	股份制银行	637,050.00	企业贷款	2014/11/18	2019/07/17	2015/01/19	兴业信托	招商证券、兴业证券
51	开元2014年第六期信贷资产支持证券	国家开发银行	政策性银行	1,144,300.00	企业贷款	2014/11/18	2020/07/12	2015/01/12	平安信托	国开证券
52	广农元2014年第一期信贷资产支持证券	山东广饶农村商业银行	农商行	50,000.00	企业贷款	2014/11/21	2018/01/25	2015/01/26	苏州信托	国海证券
53	充银2014年第一期信贷资产支持证券	南充商行	城商行	119,750.29	企业贷款	2014/11/28	2020/01/26	2015/01/26	中粮信托	华泰证券

续表

序号	项目名称	发起机构 服务机构	机构类型	发行总额 （万元）	基础资产	信托 设立日	法定 到期日	首个 支付日	受托机构 发行机构	主承销商
54	锡元2014年第一期信贷资产支持证券	无锡农村商业银行	农商行	98,460.00	企业贷款	2014/12/02	2017/10/30	2015/01/26	苏州信托	中信证券
55	民生2014年第一期信贷资产支持证券	中国民生银行	股份制银行	584,036.00	企业贷款	2014/12/05	2019/01/26	2015/01/26	中诚信托	中信证券
56	华元2014年第二期信贷资产支持证券	中国华融	资产管理公司	288,294.00	企业贷款	2014/12/10	2020/04/26	2015/01/26	中融信托	华融证券
57	开元2014年第七期信贷资产支持证券	国家开发银行	政策性银行	1,277,324.00	企业贷款	2014/12/12	2020/01/12	2015/01/12	中信信托	国开证券
58	进元2014年第一期信贷资产支持证券	中国进出口银行	政策性银行	194,900.00	企业贷款	2014/12/18	2019/10/26	2015/01/26	金谷信托	招商证券
59	开元2014年第八期铁路专项信贷资产支持证券	国家开发银行	政策性银行	1,023,620.00	企业贷款	2014/12/19	2021/01/12	2015/04/13	中粮信托	国开证券
60	京元2014年第二期信贷资产支持证券	北京银行	城商行	870,469.32	企业贷款	2014/12/23	2019/10/31	2015/01/26	北京信托	中信建投证券、中信证券
61	湘元2014年第一期信贷资产支持证券	华融湘江银行	城商行	253,250.00	企业贷款	2014/12/23	2019/07/26	2015/01/26	中融信托	国泰君安证券、华融证券、中信建投证券
62	龙商2014年第一期信贷资产支持证券	浙江温州龙湾农村商业银行	农商行	45,370.00	企业贷款	2014/12/23	2018/07/26	2015/01/26	苏州信托	光大证券
63	华租稳健租赁资产支持证券	华融租赁	租赁公司	64,355.03	租赁租金	2014/12/24	2020/11/20	2015/01/26	上海信托	中信证券
64	中银2014年第二期信贷资产证券	中国银行	国有大型银行	332,988.25	企业贷款	2014/12/26	2020/01/26	2015/01/26	中信信托	中银国际证券、中信证券
65	渝元2014年第一期信贷资产支持证券	重庆银行	城商行	191,300.00	企业贷款	2014/12/29	2020/10/17	2015/01/19	兴业信托	中金公司
66	开元2014年第九期铁路专项信贷资产支持证券	国家开发银行	政策性银行	1,500,000.00	企业贷款	2014/12/30	2017/12/08	2015/03/30	中信信托	国开证券

资料来源：根据公开资料整理。

第十五章　国际化业务

党的十八大报告提出，要全面提高开放型经济水平，统筹双边、多边、区域、次区域开放合作，加快实施自由贸易区战略，推动同周边国家互联互通。2014年，我国进出口总值为26.43万亿元人民币，比2013年增长2.3%。与此同时，国家计划进一步加快人民币利率市场化进程和对人民币汇率形成机制的改革。随着汇率、利率市场化的逐步推进，市场对货币交易、投资理财、双向避险和财务咨询等新兴业务的需求日益强烈，这在很大程度上推动着国际业务产品的创新。

一、趋势动因

（一）经济转型对全球范围配置资源的依赖

2014年末，中央经济工作会议正式将“一带一路”确定为优化经济发展格局的三大战略之一。实施“走出去”发展战略，加大开展国际化业务的力度，不仅可以提高我国企业在国际市场中的核心竞争力，帮助企业利用国内、国外两个市场在全球范围内优化配置资源和生产要素，还能缓解国内产能过剩的问题，推动产业结构升级，同时也有利于解决贸易顺差不断增加所带来的国际收支不平衡问题。

（二）人民币国际化与利率市场化的客观要求

人民币已经走向世界200多个国家，且我国与主要边贸伙伴的边贸业务均以人民币为主要结算货币。随着人民币作为结算货币、投资货币和国际储备货币的作用渐次提升，跨境人民币业务已逐渐涵盖传统货币市场、债券市场、外汇及衍生品市场等多个领域，为信托公司国际化提供了新的动力和途径，发展前景广阔。此外，国家正加快人民币利率市场化进程和对人民币汇率形成机制的改革。

（三）汇率、利率市场化改革促进了国际业务产品创新

近期，国家计划进一步加快人民币利率市场化和人民币汇率形成机制改革。随着汇率、利率市场化的逐步推进，市场对货币交易、投资理财、双向避险和财务咨询等新兴业务的需求日益强烈，推动国际业务产品创新。

二、政策基础

为支持中国企业“走出去”，过去两年以来，国务院与多个部委相继出台了多项利好政策，包括建立四大自贸区、提出“一带一路”国家战略、成立丝路基金、加快境外投资审批流程、创立亚洲投资银行等。2014年末，国务院常务会议更是从简化审批手续、拓宽融资渠道、健全政策体系三个方面加大了金融支持企业“走出去”的力度，包括鼓励商业银行加大对重大装备设计、制造等全产业链的金融支持，推进外汇储备多元化运用，发挥政策性银行等金融机构的作用。

表15-1　近两年支持中国企业“走出去”的相关政策

时间	政策事件
2013年8月	中国（上海）自由贸易试验区经国务院批准设立。
截至2013年末	我国正在建设18个自贸区，涉及31个国家和地区。其中，已签署12个自贸协定。
2014年4月	国家发展改革委发布新规，从5月开始放宽对海外投资的限制，10亿美元以下交易不再需要审批，只需备案即可。
2014年9月	“丝绸之路经济带”和“21世纪海上丝绸之路”的战略构想提出，强调相关各国要打造互利互赢的“利益共同体”和共同发展繁荣的“命运共同体”。
2014年9月	商务部发布《境外投资管理办法》，98%的对外投资事项已不需要再审批。
2014年10月	中国联合其他多个创始成员国共同决定成立亚洲基础设施投资银行。
2014年11月	APEC领导人非正式会议，亚太自贸区路线图获得通过。
2014年11月	中韩自贸区、中澳自贸区取得进展，实质性结束自贸协定谈判。
2014年11月	国务院发布《政府核准的投资项目目录（2014年本）》。境外投资的要求调整为，涉及敏感国家和地区、敏感行业的项目，由国务院投资主管部门核准，为境外投资松绑。
2014年12月	上海自贸区运行一年之后，国务院批准广东、天津、福建建设自贸区，推广上海经验。
2014年12月	国务院常务会议部署三大措施，加大金融支持企业“走出去”力度。

此外，在信托业自身监管层面上，中国银监会正积极推动信托公司创新转型，允许符合条件的信托公司试点设立海外业务子公司，将国际化业务作为推动信托业创新发展的一条重要的可能途径。

三、发展现状

随着“一带一路”国家战略的推出，越来越多的境内机构在境外设立对外直接投资企业。同时，中国企业“走出去”的方式也不断变化，包括工业园、科技园和境外经贸合作区在内的多种形式正在兴起。中国成为新兴国家对外直接投资的主体。对外直接投资涉及28个行业，建筑业、文化产业与房地产业对外直接投资增长迅速。

2014年是信托公司QDII业务发展的一个重要拐点。新一届政府推行人民币国际化的进程逐渐提速，美国、欧洲的资本市场在央行大量注入流动性后走强，同时境内信托公司在传统业务发展放缓后选择将国际化业务的发展作为转型的方向。因此在2014年，信托公司获批QDII业务资格及外汇额度的数量有较大幅度的增加，发行产品的数量和规模也较2013年也有所增加。

影响QDII的政策主要包括汇率和资本项目两个方面。2014年QDII业务相关政策进一步放宽，有利于相关业务的开展。一是启动沪港通。沪港通境内额度达到了3,000亿元，有助于A股对接国际市场，完善估值体系，实现两地资本市场的互联互通。并且2015年即将实施的深港通计划，也将为投资者提供更加多元化的投资方式。二是提高境内外直接投资配额。2014年人民币合格境外机构投资者（RQFII）额度有所增加。合格的境外机构投资者（QFII）额度从2013年末的300亿美元增至370亿美元，这对境外机构投资者大有裨益。另一方面，国家外汇管理局为合格境内机构投资者（QDII）项目增加了310亿美元的额度。三是出台个人境外投资规定。2014年11月，人民银行进一步阐明了人民币境外直接投资的计划（RQDII）以及个人境外投资的计划（QDII2）。QDII2是人民银行考虑对符合条件的个人投资者取消5万美元的年度购汇额度限制，不再设上限，投资范围包括移民投资、房地产投资、境外证券投资和境外实业投资等。目前QDII2正在考虑，并未正式推出。此外前海也推出了深圳合格境内投资者境外投资（以下简称QDIE）试点资格。投资者可通过获得QDIE资格的试点企业，购买境外投资产品。投资范围进一步突破股票、债券投资等传统领域，拓展至对冲基金、私募股权基金等在海外市场发展较为成熟的领域。四是设立自贸区并在区内推出多项新政，助力自贸区内人民币自由兑换。虽然现在尚未实现，但各方已经做出了许多尝试，其中FT账户体系已经落地并投入运作。同时国务院宣布新增广东、福建、天津三处为自贸区的计划。五是拓宽货币交易区间，放松对银行的外汇管制。2014年12月末，国家外汇管理局宣布，已经取消对银行外汇风险的管制，并精简了对国内外汇市场的管理条例。此外，中国人民银行将每日外汇交易波动区间由1%放宽至2%，外汇市场的双向波动增强。

（一）2014年QDII市场增长迅速

外汇局2014年的数据显示，全市场共有132家机构拥有QDII投资额度，较2013年新增15家机构。总额度为899.93亿美元，较2013年新增49.51亿美元。其中基金公司类32家，投资额度285亿美元；保险公司类41家，投资额度311.53亿美元；银行类30

家，投资额度138.40亿美元；证券公司类15家，投资额度87.50亿美元；信托公司14家，投资额度77.50亿美元（见图15-1）。

各类金融机构QDII投资额度和获批机构数量与2013年相比，除了基金类的额度和数量有所下降外，其他类型机构的投资额度和获批数量都相应增长。从外汇额度占比来看，基金份额有所下降，银行保持不变，保险、信托、券商的占比都有所上升，特别是信托占比上升到8.61%。

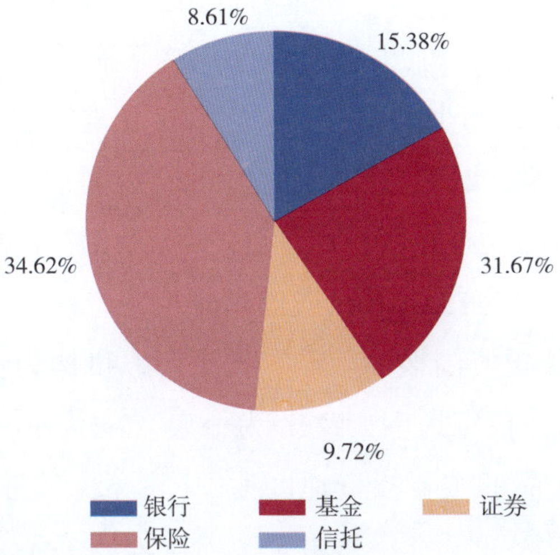

数据来源：Wind、中国信托业协会。

图15-1　QDII投资额度比例情况

（二）2014年信托公司QDII业务概况

2014年中国银监会对于信托公司QDII业务资格的放行速度明显加快。信托公司获批的外汇额度和规模都有较大幅度增长。根据中国信托业协会网站信息所进行的不完全统计，目前获得资格的信托公司从2013年的8家增至14家，获批额度则从56亿美元增至77.5亿美元。

截至2014年末，取得QDII资格的14家信托公司分别是中诚信托、上海信托、中海信托、平安信托、华信信托、华宝信托、中信信托、新华信托等，其中外贸信托、建信信托、中融信托、兴业信托、北京信托、交银信托为新获批的信托公司。截至2014年末，全行业QDII业务余额为234.01亿元，较2013年增加了151.95亿元。

自QDII业务推出以来，通过信托公司的积极实践，诞生了各具特色的产品系列。比如上海信托的结构化集合信托系列，就聘请专业的投资顾问，将资金投资于境外中国企业债券，对于债券收益率较低的问题，通过产品结构化设计和投资顾问专业化管理放大杠杆，从而获取较高收益。又比如平安信托的结构化集合信托系列，其募集的信托资金部分投资于固定收益类或其他信托计划，剩余资金投资于境外投行的结构性票据。通过结构化的设计和专业化的运作，使收益具有安全边际，能较好地保障本金安全。此外，一些资金通过QDII参与港股IPO，在发行后于二级市场上退出。由于投资的安全边际较高，对于频繁交易的要求较低，因而也是信托型QDII产品中较为主流的一类产品。

从2014年信托公司推出的QDII产品来看，其主要体现出以下几个特点：

QDII产品以单一类为主，但集合产品也开始逐渐增多。2014年以来，随着港股IPO成为资本市场的热点，不少高净值客户也积极参与，因此通过结构化方式来参与打新的信托QDII产品也逐渐增多。

QDII产品投资者门槛较高。与境内信托产品一般最低100万元的投资门槛相比，QDII产品的投资最低下限为1,000万元或等额外币，有些信托产品的投资最低下限甚至达到5,000万元。由于投资门槛的限制，投资者以机构为主，个人为辅。从目前存续的信托QDII产品来看，投资人中大致1/3为个人，2/3为机构。

2014年信托QDII产品的主要投资地区为中国香港。信托公司推出的QDII产品大多都选择香港市场的原因如下：一是由于政治、地缘关系，内地投资机构对香港市场相对熟悉；二是香港与内地不存在时差问题，实际操作起来相对简单，避免多市场、多时区对结算交收造成的压力以及因此引起的运营难度；三是从汇率波动来看，对比其他主要币种的汇率，港元和人民币之间的汇率相对平稳，有利于QDII产品控制汇率风险。

信托QDII产品大多未聘请投资顾问。信托产品是否聘请投资顾问，取决于境内投资人对境外资本市场的热情，同时也取决于投资品种的复杂性与专业性。由于QDII产品主要投向港股或港股IPO，其安全边际较高，因此目前仅有少数产品有投资顾问。

（三）2015年国际化信托业务展望

2015年国际化信托业务呈现多元化趋势。有信托公司成立全资子公司，实现境外直接投资的形式。如由中信信托全资子公司——中信聚信（北京）资本管理有限公司投资设立的云南聚信海荣股权投资管理有限责任公司（以下简称“聚信海荣”），于2015年2月获得中国人民银行及云南省金融办批准，从事人民币境外直接投资、人民币海外贷款业务。2015年初在深圳前海进行试点QDIE（合格境内投资者境外投资），中诚信托子公司成为首批获得试点的机构。通过QDIE境外投资主体可面向境内合格投资者募集资金，资金在获批的产品外汇额度内换汇出境。在投资额度上，QDIE对单个试点机构的投资额度不做特定限制，可根据拟发行的产品情况向外汇局申请投资额度，且对境外投资的地域、品种、比例等没有特定限制，相较于QDII投资范围也扩大到境外非上市公司股权、债权、对冲基金以及不动产、实物资产等，有效解决了QDII投资范围窄及额度低的问题。

1. 开展QDII业务

（1）配置功能日益受到重视

从客户需求角度来看，QDII作为境内投资者进行境外投资和资产配置的重要工具，能够为机构客户与高净值客户提供更具综合性、更加多元化的服务，可以帮助国内投资者分散投资组合的风险，分享全球经济增长的收益。从信托公司发展角度来看，开展信托QDII业务能够推动业务领域和管理方式的变革，增强拓展客户群体的能力，是信托应对资管行业竞争，增强主动管理能力，探索转型发展的重要举措和布局。

（2）QDII业务将会成为信托公司开展国际业务的切入点

在新的监管思路引导下，扶强扶优会使得信托公司两极分化加剧，作为第一梯队的信托公司国际化步伐将会加快。

在国际业务方面，信托公司为了满足企业“引进来、走出去”的需要，以及个人财富境外配置的多样化需求，将不仅仅停留在证券市场的投资，在信托较为擅长的业务领域，比如跨境融资、股权投资、家族信托、离岸信托等方面都将有所布局。信托公司将依托QDII业务发展所积累起的人才队伍、业务经验、渠道等多方面条件，向其他国际业务进行探索。

在QDII产品方面，未来产品FOF（基金中的基金）化有可能成为趋势之一。境外投资者熟悉境外市场，FOF化QDII产品可以弥补境内发行方对境外市场投研能力不足的缺陷。通过FOF化可以延伸区域配置、拓宽投资范围以及进行有效的二次分散风险。此外，两地资本市场互联互通也将推动未来港股价值重估。随着港股投资升温，投资于香港地区的QDII产品依然是2015年的发行重点。

（3）随着资本项目逐渐开放，QDII价值将受到考验

新一届政府以“一带一路”等计划为载体，向亚太和其他新兴市场地区输入工程、服务、商品、资本和货币，因此有效的外汇投资制度、人民币国际化等作为必

要的配套体制，其推进步骤将会逐渐提速。近两年人民银行在多种场合表示将进一步扩大QDII和QFII主体资格，增加投资额度。条件成熟时，取消资格和额度审批，将相关投资便利扩大到境内外所有合法机构。可以认为人民银行已经释放出了取消QDII及QFII审批的信号。

与此同时，已经有越来越多的政策试点即将或已经出现，比如QDII2、QDLP、QDIE、RQFII、QFII、QFLP、基金互认等。同时自贸区内的新政频繁出台，放松对跨境资本流动的管制，包括跨境人民币贷款、跨境股权投资、外币存款利率市场化等多方面政策。

资本项目的放开将会冲击QDII的价值。信托公司应当及早进入跨境投资市场，以实战来历练能力，尽快培养起主动管理能力与跨境投资的优势领域。

（4）QDII业务的投资范围需要进一步扩大

目前企业的需求集中在境外并购、境外融资等方面，个人的需求则集中在境外资产配置、境外购房、投资移民、企业传承、财富传承等方面。但目前QDII业务在投资范围上具有很大的约束和限制，难以满足客户的多元化需求。随着QDIE、沪港通的实现以及国内资本项目逐渐实现可自由兑换、人民币国际化程度日渐提高，QDII业务的局限性将束缚其发展，为了满足多元化的需求，QDII业务的投资范围需要进一步放宽。

2. 开展跨境资产管理业务

信托公司擅长开展境内投资业务，可以作为境外资金投资境内市场的落脚点，而对境外市场投资，信托公司毫无经验，因而在资本项下开放之后，信托公司搭载着境内资金投资境外市场时更需要借助境外金融机构的投资能力。从这个角度考虑，信托公司的战略应是选定一家优秀的境外资产管理机构，与之结成战略合作关系，或者共同出资设立合资企业作为载体。

从未来布局来看，参股合资基金公司，一方面可以与熟悉境外市场的外资机构合作开展公募基金业务，丰富资管产品种类，提高资产管理水平，另一方面，在合资设立基金公司的基础上，可以申请基金子公司牌照，为信托公司在自贸区内开展传统业务提供载体，且管理层对于基金子公司的监管力度远低于对信托公司的监管力度，因而可以期待其为公司增添更多利润增长点。

创新产品构想——收益互换产品。境内投资者出资设立信托计划X，将信托资产受益权置于境外信托计划Y名下，境外信托计划同时以此信托资产受益权为收益标的，募集资金，所得投向海外金融市场（包括对冲基金等）。待信托计划到期，需要跨境划拨的是两边收益的差值，从操作上来说会便利很多，同时省税效果明显。对于境外信托产品来说，境内固定收益高于境外，利差将吸引众多投资者，对于境外投资者来说，该产品可以满足其获取境外投资收益的需求。

3. 开展跨境股权投资业务

跨境股权投资业务的交易结构、实施步骤与资金回流如下：从最简单的交易结构入手，A公司在自贸区内设立GP，信托公司发行××信托计划募集资金投向自贸区内有限合伙公司的LP份额，资金共同投向注册于英属维尔京群岛和开曼群岛的PE基金（出于节税和保护隐私的角度考虑），在这一环节也可以有其他境内外资金的加入，PE基金将所有资金投向海外市场的投资标的，共享投资收益。

从产品的结构来看，信托资金主要以LP的形式参与投资，因而对于资金的投向和使用不具备直接控制力，因而在开展此类业务时，选取优质的交易对手（A私募股权投资公司）尤为重要。

在投资结束后资本回流的问题上，现阶段实行的是原路径返回。在上例中，资金的回流顺序应是境外市场投资折现后，资金记在离岸PE基金的账户，之后划回到自贸区内的有限合伙基金账户下，最后按初始比例划到各最终投资人账户下。

第十六章　基于信托本源的服务类信托业务

创新应该以满足市场需求或引导需求为主，其意味着突破与推陈出新。从世界范围来看，信托的起源挑战已有法规，善于突破。而信托的制度设计赋予了信托运用的灵活性和功能的多样性。按照功能，信托可以分为资金/理财信托和服务类信托两大类。其中，服务信托还原了信托的本质，伴随信托业转型，服务信托逐渐步入各信托公司的业务范围。

服务信托不以寻求资产增值或主导投资决策为出发点，受托人只为委托人提供基础服务。它提供的基础服务包括：安排交易，提供法律主体平台；资产或资金保管；集合管理；权益分配（独立第三方）；IT等技术支持等。服务信托以维持交易的公平或资金运作的效率和安全为主要目的。在未来，发展服务信托也将是我国信托业转型与结构优化的重要方向。

一、土地流转信托

基于信托的隔离作用，土地流转信托可以有效地实现土地所有权、经营权和受益权的分离，隔离政府与农民，隔离农民与市场，同时为农业导入金融元素，使土地经营权的流转更加具有资本属性，实现市场化的有效增值。借助信托平台，还可以解决农民知识占有量低和信息不对称的问题，合理、有效地开发和利用土地资源，保障地力的可持续性。基于信托具有多领域服务的优势，还能够对接农业产业方、投资方、消费方等，避免信息、技术、资源等不对称，实现农业产业整合、升级，最终推进城镇化，探索平衡城乡二元结构的路径，让农民在新型土地财富的实践中受益。

（一）2014年土地流转信托市场概况

土地流转信托全称为“农村土地承包经营权信托”，是指在坚持土地集体所有制和保障农民承包权的前提下，由信托公司接受农户委托，通过规范程序将一定期限内的农村土地承包经营权有偿流转给其他经营主体进行农业开发经营的活动。信托公司作为受托人为农户利益而流转土地承包经营权，而非流转经营主体。流转经营主体一般是利用农村土地进行育种、种植等农业生产活动的承包大户、农业合作社（联合社）、农业企业和农业运营服务商等机构。

2014年，农村土地流转呈加快之势。农业部数据显示，截至6月末，全国家庭承包经营耕地流转面积3.8亿亩，占家庭承包耕地总面积的28.8%。土地流转信托已经成为盘活土地资源的新途径，土地流转信托规模已超过300万亩。

（二）土地流转信托的政策

每次土地制度改革都会引起社会高度关注，引发广泛讨论。其中，是否赋予土地融资功能，使农民获得土地资产收益，是一个焦点。这是一个金融问题，也是一个经济问题，更是一个法律问题；这不仅涉及农民利益和农业发展，还关系到粮食安全和社会保障，涉及面广，政策性强，非常复杂。

党的十八届三中全会通过《中共中央关于全面深化改革若干重大问题的决定》是我国农村制度改革的一个重大突破，也为探索农村土地流转问题打开了政策的闸门。

2014年1月，中共中央、国务院印发《关于全面深化农村改革加快推进农业现代化的若干意见》，进一步明确要求“在落实农村土地集体所有权的基础上，稳定农户承包权、放活土地经营权，允许承包土地的经营权向金融机构抵押融资。……抓紧抓实农村土地承包经营权确权登记颁证工作”。

2014年9月29日，中央全面深化改革领导小组召开第五次会议，审议了《关于引导农村土地承包经营权有序流转发展农业适度规模经营的意见》、《积极开展农民股份合作赋予集体资产股份权能改革试点方案》。习近平主席在会上指出，要在坚持农村土地集体所有权的前提下，促使承包权和经营权分离，形成所有权、承包权、经营权三权分离和经营权流转的格局；尊重农民意愿，坚持依法自愿有偿流转土地经营权，不能搞强迫命令，不能搞行政瞎指挥；对工商企业租赁农户承包地，要有严格的门槛，建立资格审查、项目审核、风险保障金制度，对准入和监管制度作出明确规定；积极发展农民股份合作、赋予集体资产股份权能；改革试点的目标方向，是要探索赋予农民更多财产权利，明晰产权归属，完善各项权能，激活农村各类生产要素潜能，建立符合市场经济要求的农村集体经济运营新机制。

（三）当前土地流转信托实务分析

2014年，中信信托、北京信托、中建投信托、兴业信托在贵阳、安徽、北京、江苏、河南等地先后制订了十款土地流转信托计划。

土地流转信托案例介绍如下。

（1）中信信托土地流转信托项目

2014年1月，中信信托在贵阳市开阳县开展土地流转信托项目，第一期涉及流转的土地面积为1,000亩，贵州硒味园食品开发有限公司作为服务商提供服务，进行有机富硒水稻的种植。同时，中信信托将委派专员到开阳，进入贵州硒味园的管理层参与企业管理。

2014年2月，中信信托在安徽省马鞍山市制订2.66万亩农村土地承包经营权信托计划，该计划涉及含山县的近60个行政村，由安徽大平工贸（集团）有限公司承租土地并将土地用于油脂原料种植、中药材种植。

2014年3月，中信信托与黄冈启动共建龙感湖土地信托化改革试验区项目，涉及流转土地6万亩。

2014年3月，中信信托在河南省济源市实施“中信·济源农村土地承包经营权集合信托计划”，首期流转济源市轵城镇、思礼镇下属共6个行政村的4,094.5亩农业用地，预计两年内流转规模可达2万亩。土地使用方鄢陵花艺绿化工程有限公司拥有多项苗木培育国家专利，其自主研发的白皮松快繁技术尤为突出。

2014年7月，银川市贺兰县与中信信托有限责任公司合作试点开展农村土地信托流转项目，涉及4个乡镇的4个村，共流转土地1.5万亩，期限为5年至8年，这使1,300多名农民受益。操作模式是：具有土地承包经营权的农户把土地经营权托付给中信信托统一管理、经营，实现土地的增值收益和固定收益；中信信托将流转的土地集中出租给贺兰生瑞粮油有限公司、宁夏精品农业服务有限公司和贺兰广银米业有限公司进行农业标准化、规模化经营。

2014年11月，中信信托与兰西县政府签约共建中信·兰西土地信托化综合改革试验区，涉及土地面积约300万亩。同时，中信信托旗下子公司中信信诚资产管理公司对哈尔滨谷物交易所增资入股，增资入股后占股60%。中信信托方面称，将以哈尔滨谷物交易所为基础构建产品交易和生产要素交易两个平台，推动土地信托化的发展。

（2）北京信托土地流转信托项目

2014年2月，北京信托在北京密云推出“北京信托·金色田野2014008号土地信托（密云水漳村）”项目，该项目延续了此前的双合作社设计结构以及“固定收益+浮动收益”模式，项目受托面积达1,680亩，期限为13年。农户可获得每年每亩1,000元的固定土地租金收入，土地则由专业的合作社进行樱桃、葡萄、蓝莓等作物的种植，项目盈利后，农户还可获得浮动收益。

（3）中建投信托土地流转信托项目

2014年7月，中建投信托与江苏省镇江新区丁岗镇集体资产经营管理中心、浙江森禾种业签署联合设立中建投信托首单土地流转信托——“中建投·镇江新区·森禾一期土地流转财产权信托”。此项土地流转信托计划涉及1,750亩农村土地的承包经营权。业务结构如下：农户以农村土地承包经营权入股成立合作社，将农村土地承包经营权转化成合作社股份，再由合作社将集中的农村土地承包经营权发包给丁岗镇政府成立的集体资产经营管理中心，该集体资产经营管理中心将其持有的农村土地承包经营权以设立财产权信托的方式委托给中建投信托，中建投信托作为受托人将上述农地承包经营权出租给镇江森禾花卉园艺有限公司用于花卉种植。

2014年10月，中建投信托第二单近5,000亩土地流转信托项目花落四川成都龙泉驿万兴乡大兰村。委托人为成都市龙泉现代农业投资有限公司，信托期限为10年。

（4）兴业信托土地流转信托项目

2014年9月19日，兴业信托首单土地流转信托——“兴业信托·枣阁梨乡农村土地承包经营权流转信托计划”在新乡市延津县正式落地。此次流转总规模为1,000亩，首期流转的300亩土地用于开发特色果园，并已完成土地流转和租赁等工作。消费者可通过“果树认养”和“农场认养”获得休闲农业的消费权。土地流转信托业务模式为河南省新乡市延津县石婆固乡集北村委员会作为委托人将1,000亩农村土地承包经营权委托给兴业信托设立财产权信托。财产权信托成立后，由兴业信托转租给委托人指定的承租人河南省大豫大美现代农业有限公司，并将取得的收益分配给受益人。信托计划期限届满或终止，受托人返还委托人的土地承包经营权，本信托期限为118个月。

（四）2015年土地流转信托发展展望

土地流转信托还处于初步发展阶段，如何可持续、盈利性地开展土地流转信托是未来发展的核心问题。未来，信托公司通过不断优化业务模式设计，提高主动管理和资源整合能力，来扩大信托公司在土地流转过程中的服务价值，提升土地流转信托产品的内部盈利空间。

1. 主动管理+产业导入模式

土地流转信托业务涵盖融资服务、受托服务、产业导入、管理服务乃至终端消费者金融服务，参与了完整产业链条。在现有“财产权信托+资金信托”相结合的业务模式中，所有的资金信托都是为了满足土地流转完成后运营商的需求，较少考虑土地流转前土地归集过程中的资源整合需求。未来，信托公司采用“主动管理+产业导入”模式，较早参与土地整理归集，更深地介入土地承包经营权的集中流转过程，以便争取更大的主动权。另外，在项目运作过程中增加主动管理职能，实现产业导入，扩大信托公司在土地流转过程中的服务价值，提升土地流转信托产品的内部盈利空间。

2. 信托收益权质押融资模式

当前不少农业经济合作社及农业企业拥有农户入股的土地承包经营权，也有部分具有国营背景的农业企业直接拥有土地承包经营权。这些经营主体可设立自益型的土地流转单一信托，继而进行信托收益权质押融资。该模式中，信托公司发挥通道功能。

信托公司发挥其破产隔离及受托人的专业职能。农业经营主体将土地承包经营权委托给信托公司，成立土地承包经营权自益信托；信托公司履行管理职责，将土地出租（包括但不限于返租给农业经营主体），所得收入作为信托收入分配受益人，并约定将以上信托的收益权全部作为农业贷款的质押担保。为确保信托模式的有效性，在实际操作中，信托公司还可与贷款银行制定监控贷款的各项配合措施，如对经营主体的资金使用进行监控、通过代扣卖粮款保证贷款顺利回收、企业负责人为贷款提供担保以防范道德风险等。同时需要注意完备设立信托所需要的各种法律文件和手续，包括但不限于股东大会决议、发包人同意设立信托的文件、在土地流转部门办理信托设立及信托财产登记等。

3. “农村土地流转平台+信托金融支持”模式

关于地方政府的农村土地流转管理，今后将不局限于流转信息公布、流转登记和纠纷仲裁等功能，可能还制定做市商制度提升市场流动性（可称为农村土地流转平台功能）。农村土地流转平台可能有几种运作方式。

（1）类似沙县模式的收储功能。对农户的土地承包经营权先行收储，垫付流转价款，继而流转给农业生产方。

（2）担保功能。为以土地承包经营权进行直接或间接抵押融资的农业企业提供担保，协助解决政府扶持的农业龙头企业、专业合作社在产业化初期的融资问题。

（3）不良资产处置功能。一旦以土地承包经营权进行直接或间接抵押融资的农业企业经营不善，银行可以将抵押的土地承包经营权转让给农村土地流转平台，由农村土地流转平台进行处置。

为配合农村土地流转平台的运作，信托公司可以发行土地流转信托资金计划为流转平台提供金融支持，形式如下：（1）农村土地收储基金信托，为流转平台收储农村土地提供资金；（2）流动性支持信托，为流转平台处置不良资产提供短期流动性支持。

4. 土地产权证券化模式

随着土地经营权交易的便捷化和土地产权的证券化，全国各地推广建设农村土地经营权交易中心，同时在推动国有资产证券化的背景下，对有条件的农村经营主体，土地产权实现证券化，土地信托有望在各地铺开推广。

未来如何更好地发挥信托公司的资源整合能力，以土地流转项目为平台，推动农业产业升级，打通农业经营和金融服务，还有待信托公司不断探索。

二、家族信托

在当前资产管理行业放开，竞争日益激烈，监管机构又鼓励信托业“回归本源”的大形势下，家族信托俨然已成为各信托公司关注的热点，甚至被形容为信托业的“新蓝海”。

（一）2014年家族信托业务发展概况

2014年是家族信托持续发展的一年。除2013年已推出家族信托业务的平安信托、外贸信托、北京信托外，2014年又有紫金信托、交银信托、兴业信托推出了首单家族信托业务。通过信托公司在近两年的业务实践以及媒体的大规模报道，越来越多的国内高净值人群开始了解家族信托。与此同时，越来越多的信托公司开始独立或者与银行合作开展家族信托业务，并依据客户在不同阶段的实际情况和风险承受能力，发挥信托机制的灵活性，满足客户个性化需求，提供适当的家族信托服务方案。

1. 信托公司纷纷成立家庭办公室

信托公司设立家庭办公室，一方面可以使其具备更专业化团队的形象，有助于树立服务高净值人群的品牌形象，另一方面信托公司以家庭办公室为抓手，其合作对象更加明确，有利于未来合作时家族业务的快速响应。家族信托业务期限长，起步初期业务规模和收入增长较慢，但与此同时又需要专业化的团队运作以满足高净值人群个性化需求。因此业务部门发展家族信托业务在投入与产出之间存在矛盾。从信托同业的做法来看，为更好地支持家族信托业务的发展，基本上都采取“专业化团队运作+公司共享资源支持”的做法。

目前中融信托、上海国际信托等信托公司都以家族办公室的形式设立专门部门开展家族信托业务，并取得了一定的市场影响力。而平安信托、外贸信托、中信信托、兴业信托虽然未设家族办公室，但也在其他部门下设有专门团队从事家族信托业务。

2. 信托公司加强主动投资管理能力

2014年信托公司除了满足高净值人群从财富管理、税收筹划到公益慈善、企业传承等不同阶段的各类细分需求外，越来越注重家族信托的投资管理。比如兴业信托在2014年推出的“藏珑一号家族信托”，没有简单按现有投资产品的资产配置，而是自建投资团队，由投资团队负责方案设计、资产配置、投资管理、资金划付等全流程。投资团队在资本市场上进行非标准化与标准化资产的混合型投资，尤其是在二级股票市场上进行主动管理，这是信托公司进行业务转型和提升投资能力的重要尝试。家族信托业务在资产配置上进行全市场领域的主动管理将是大势所趋。

3. 家族信托与保险相结合

2014年中信信托与信诚人寿推出了兼具资产管理和事务管理功能的保险金信托。保险金信托业务从内涵上来看具有资产管理和事务管理的要求，不仅要按照客户的要求进行资金、资产的打理，还要进行资金发放等事务管理工作。信托公司必须具备专户资金管理的能力以及服务高净值客户的较为全面的能力。这对信托公司提出了提高自身的主动管理能力的要求。

对于信托公司而言，发展保险金信托业务，可以帮助信托业拓展客户资源。信托公司通过这一业务既可以直接获得中高端客户资源，尤其是高净值客户，为信托公司的产品销售、家族信托业务的开展等储备客户群体，同时还可以将大额的保险赔偿给付金转化为信托财产，获得大量、稳定的资金来源。对于保险公司而言，通过与信托公司合作，拓展保险产品的保险金信托服务，其可以使普通的人寿保险产品成为结合保险保障、延期支付、个人理财和税收筹划的综合性金融服务产品，能同时满足保险客户关于保护未成年受益人的利益的需要、推迟保险金给付时间的需要、保险金保值增值的需要和税收规划的需要等。

（二）2015年家族信托业务发展展望

高净值客户的经历分为三个阶段：创富、守富、享富。在创富阶段，其对个人投资管理能力充满信心，个人及家族化色彩浓厚，缺乏对专业人士的信赖；守富阶段，其财富管理观念逐步淡化个人、家族色彩，转向委托专业的金融机构和团队进行财富管理，资产跨国配置及多样化配置需求增长；而在享富阶段，则主要依赖专业的金融机构和团队进行财富管理，风险偏好呈现多样化趋势。

目前中国高净值客户平均年龄只有39岁，大多数还处于创富阶段，只有少数人进入守富和享富阶段，对财富管理的需求还有一个培育的过程。但根据国外经验，随着时间的推移，中国经济将进入平稳增长期，当高净值人群经历创富阶段后，他们会慢慢向守富、享富的阶段过渡。彼时，他们对银行专业服务的依赖性会越来越高。客户的目标逐渐从创富向守富转变。因此家族信托业务具有广阔的市场前景。展望未来，信托公司要在家族信托的新兴领域巩固优势，还需付出更多努力。

1. 拓展资产管理的范围

信托公司要积极拓展自身产品与服务的内涵和外延。除了作为当前财富管理业务中金融产品的供应商之外，家族信托需要信托公司为客户提供除了现金投资外，包含房屋与股权等资产的综合管理，乃至税收规划、遗产管理、养老保障等一揽子服务内容。受制于信托登记制度的缺失，股权、不动产等非现金资产作为委托资产还存在一定瑕疵。但信托公司需要积极研究非现金资产的管理方案，以便在制度环境改善时能够设计更为完善的一站式家族信托方案。

2. 以客户为导向

信托公司要开展家族信托业务，必须从产品导向转变为客户导向。信托公司要深入了解和挖掘客户需求，制订个性化的财富规划方案。家族信托需要信托公司通过分析委托人的财务状况和风险偏好，以及受益人的财富需求来发掘其财富管理需求，制订财富管理目标以及未来的支出规划，平衡资产和负债，以实现财富的保值、增值和传承的目标。

3. 加强品牌建设

获得委托人的信任是家族信托设立的前提条件。目前整个中国的信用制度仍处于建设过程中。因为信托是以信用为基础的，在信用制度未完全建立起来之时，对信托的认可缺乏以及自然人之间信用制度的缺失，都会制约家族信托业务的开展。对于信托的认可，需要整个大环境的逐渐改变。而信托公司获得委托人信任的方式之一，就是加强信托公司的品牌建设。

4. 加强团队建设

对于资产投资，信托公司需要为客户提供多层次的风险与收益的投资领域与金融产品；而对于客户服务，信托公司需要从传统的信托产品的提供和服务者向多领域的综合服务提供商转变。参考国外成功的家族信托，都由获委托人信赖的专业团队亲自持续负责。因此，不管信托公司独立完成还是与其他机构合作，都需要有一个涵盖投资、法律、税务、客服等多方向的核心专家团队。

5. 提供多层次的家族信托产品

鉴于国内家族信托刚刚起步，信托公司必须能够针对不同需求的委托人提供多层次的信托产品。在这个过程中，信托公司还要逐渐进行客户关系建设、品牌建设、团队建设，完善家族信托创设环境，从而完成信托文化普及，推动信托制度建设。

三、公益信托

公益信托是指出于公共利益的目的，为使社会公众或者一定范围内的社会公众受益而设立的信托。它是委托人将信托财产委托给受托人，由受托人以自己的名义对信托财产进行管理、使用，并按照信托文件的要求将信托财产及其收益用于实现信托文件所规定的社会公益目的的活动。

2014年信托公司结合制度安排和行业优势，在公益信托领域进行了不懈的探索，取得了积极的成果。受制于各种现实因素，公益信托还未大规模地开展，但是相关人士不断推动相应法律和规则的调整和完善。随着社会需求的继续增加和各方力量的积极推动，公益信托有望尽快成为信托公司开展的常态业务，成为促进我国社会公益事业发展的重要力量。

（一）2014年公益信托业务发展概况

1. 行业典型案例简介

国元信托推出“爱心慈善公益信托”，信托期限为5年，实际募集资金34.5万元。首期信托财产用于金寨县斑竹园镇沙堰希望小学援建改水工程。审批机构为安徽省民政厅。该信托类似于附带捐赠的信托计划。

国民信托推出“爱心久久—贵州黔西南州贞丰‘四在小学’公益信托”，信托期限为2年，实际募集资金20.15万元。信托资金用于贵州省黔西南州贞丰县开展“四在小学”活动所需的软件和硬件设施建设，支持当地教育事业的发展。直接受益人为在被捐赠学校就读的农村贫困儿童和留守儿童。审批机构为贵州省贞丰县民政局、贵州省贞丰县教育局。

湖南信托“善达农村医疗援助公益信托”成立，信托期限为5年，实际募集资金800余万元。该信托为开放式信托，委托人可在信托计划存续期间追加交付信托资金。信托资金用于湖南省武陵山片区和罗霄山脉片区等贫困地区农村医疗卫生事业援助，帮助和支持该地区农村医疗卫生事业的发展。审批机构为湖南省卫生和计划生育委员会。

紫金信托推出“厚德4号公益信托”，信托期限为1年，实际募集资金70万元，该信托为开放式信托。信托资金运用于捐助、救助困难家庭中罹患大病的儿童。审批机构为南京市民政局。

万向信托推出“中国自然保护公益信托”，信托期限为永续，实际募集资金34.72万元。信托资金用于支持中国境内自然环境和生态保护公益项目的个人、组织或法人机构，以发展中国的自然环境保护事业，保护生态环境。审批机构为杭州市民政局。

2. 公益信托面临的制度障碍

与信托业一路高歌猛进的发展不同，公益信托作为有着信托制度起源之称的业务，却并没有随着行业的发展而发展。十余年间公益信托发展得十分缓慢，原因在于《信托法》中对公益信托的规定缺乏细则。《信托法》中第六十二条至第六十四条对公益信托的设立、用途、监督作出了规定，形成了我国公益信托认定的三个基本条件，即成立审批制、纯粹公益性、必须设置监察人。这本来是为规范和促进公益信托发展的必要规定，目的是防止公益信托被滥用，确保其社会公益形象与声誉，但由于配套立法的缺失，使得公益信托缺乏满足以上三个必要条件的可操作性，特别是公益信托的审批机构不明已经成为公益信托开展的难点。

（1）法律适用不明确

《信托公司管理办法》规定信托公司可以根据法律法规的有关规定开展公益信托活动，给信托公司担任公益信托受托人提供了法律依据，但没有任何细化的法律条款对公益信托的开展进行规定。这种缺失使得公益信托在开展中常常遇到模棱两可的问题。比如，《信托公司集合资金信托计划管理办法》对每个信托单位的最低金额、委托人的资格、私募的性质、委托人必须是唯一受益人等作出的规定，都极大地限制了一批经济能力有限但又有意愿参与公益事业的人们为公益事业贡献力量。

此外，管理公益信托的一些事项，例如公益信托的设立和确定、公益信托受托人的辞任、受托人的变更、公益信托的检查、公益信托目的的变更、公益信托的终止等都需要管理机构的批准和监督，但目前尚未确定究竟由哪个政府部门作为公益事业管理机构，《信托法》中"公益事业管理机构"的表述也使得审批、管理公益信托的责任和义务常常无处落实。

（2）信托登记制度缺失

我国《信托法》规定登记作为信托公示的形式，要求以法律、行政法规规定应办理登记手续的财产作为信托财产的，同时应当办理信托登记。然而，我国《信托法》已实施十多年，信托登记的具体办法却仍未出台，对于需要登记的信托类型、需要登记的信托财产、需要登记的情形、如何登记等，均没有明确的法律规定，信托登记制度仍然处于未建立的状态。信托登记制度的缺失，给信托财产的转让与过户造成极大的障碍，导致往往只能采用资金作为信托财产，股权、不动产和动产等常见的捐赠财产因信托登记制度的缺失而无法设立公益信托，这在一定程度上阻挡了人们设立公益信托的积极性。

（3）审批制的问题

《信托法》没有规定统一的审批机关，当事人如果要申请设立多个公益目的并存的公益信托，就需要一一取得各主管机关的许可，而若想申请捐赠范围跨省的公益信托则需取得各获捐地区主管机关许可或取得国家部委级主管机关的许可，这给申请人造成极大的不便。

（4）税收激励机制的滞后

我国目前有关信托税收的规定仅仅散见于财税部门的一些条例与通知当中，尚未建立健全、完善的信托税制，公益信托税制更是无从谈起，由此产生的一些问题给我国开展公益信托带来了负面影响。

根据现行税收规定，委托人只有向非营利性机构或国家机关捐赠才能享受税收优惠，若捐赠于信托公司，税收减免就会面临无法可依的困境。信托公司不能开具捐赠发票，因此常常需要寻求慈善组织“过桥”捐赠。公益信托涉及金额少，又需要不少人力成本，还不能按照商事信托的原则收取报酬，对作为营利机构的信托公司来说本就缺少利润刺激，即便有利于企业的形象宣传，但从成本、收益的角度分析，终究是“得不偿失”。

（二）2015年公益信托业务发展展望

1. 制度规则的完善

（1）公益信托的监管应对

我国公益信托的监管机制包括公益事业管理机构的外部监管和信托监察人的内部监督。双重的事中监管已经能很好地保证公益信托的纯粹性，因而严格的审批制必要性减弱，英美的登记制更为适宜。另外，现行的《信托法》中，没有提及信托监察人的权利与义务，不利于信托监察人这一角色发挥作用，《信托法》修订时应该明确其权利与义务，既要保证监督到位又要不影响受托人的正常管理。

（2）公益信托的税制解决

从国外的经验可以看出，发展公益信托的必不可少的途径之一是实行税收优惠政策。我国《信托法》虽明确规定“国家鼓励发展公益信托”，但没有规定如何鼓励。公益信托的税制问题可以参照《基金会管理条例》，对捐赠人（委托人）、受托人、受益人的税收优惠均加以考虑，并提高税收优惠额度。按照国外的经验，公益信托能享受所得税、遗产税、资本利得税等方面的税收优惠。

仅依靠《信托法》中的一些原则性的规定，并不能使我国建立起有效的公益信托制度，公益信托实施机制更无从谈起。公益信托在我国发展受阻的根本原因是实施机制的缺失。因此必须依靠信托公司与监管部门将实践中的问题反映至立法者层面，促进相关法律法规的出台，上下一体的改革才是推动公益信托普及的最重要条件。

2. 社会意识的增强

我国目前的慈善救济渠道比较单一，慈善机构主要是民政部门、基金会和一些慈善团体，并且基金会在我国公益事业发展历程中发挥了举足轻重的作用。然而一些基金会屡屡曝出丑闻，极大地挫伤了民众对中国慈善事业的热情，因而公益信托的发展正当其时。

尽管信托介入公益事业还没有得到广泛认可，但如果制度和政策能够加以支持和引导，公益信托的运作机制和优势能更多地为人们所了解，公益信托在公益事业领域一定有广阔的发展空间。当然，一个成熟机制的形成不仅需要良好的制度环境，更需要人们的普遍认可，前者通过国家的强制力量相对容易办到，后者则需要经历较长一段时间发展。

3. 功能的多样性

我国信托公司除了在公益信托上进行艰难的尝试外，“准公益信托”或“类公益信托”作为一种双赢的安排，也成为许多信托公司规避公益信托种种限制的现实选择，其开展很好地满足了委托人、慈善事业的双重需求。

准公益信托通常不具备信托监察人，监督管理的义务由银监会承担。信托公司按照合同约定定期公布用于慈善事业的资金明细表，以金融机构的名誉为善款的运用做保证。另外，准公益信托无须向有关公益事业管理机构申请审批，大大减少了成立的时间成本、沟通成本，能为社会公益事业提供及时、灵活的帮助。准公益信托在其公益性的完备上仍有不足，但是就我国目前的现状而言，准公益信托模式可以作为一个过渡的阶段进行探索。

表16–1　　公益信托与准公益信托的区别

分类	相同点	不同点
公益信托	用于慈善事业的信托	完全公益目的，需获相关监管许可，必须设立信托监察人，可以开展公募，没有信托门槛与人数上限的限制。
准公益信托		部分公益目的；只需获得中国银监会许可；不需设立信托监察人；只能开展私募；受到合格投资者门槛限制，但由于具有公益性质，门槛比普通商事信托要低。

资料来源：根据相关政策自行整理。

四、消费信托

消费信托就是“理财+消费”。传统信托投资的目的是钱挣钱，以现金增值为回报方式。而消费信托是为消费而进行的投资理财，信托公司通过发行信托理财产品，直接连接投资者和提供消费产品的产业方，让投资者在购买信托产品的同时获得消费权益的增值。

（一）2014年消费信托实践

作为消费信托领域的先行者，中信信托于2014年已推出多款消费信托产品，比如，业内首款消费信托产品“中信·消费信托嘉丽泽国际健康度假产品系列信托项目”、首单互联网消费信托“百发有戏”、移动互联网平台上推出的“一千零一夜”产品、“海洋旅游包”。此外，2014年11月，中信信托对外公布了其消费信托平台“中信宝”，覆盖养老、旅游、家电、酒店等多个领域（见表16-2）。

表16-2　　2014年中信信托已推出的消费信托产品

类别	产品名	简要说明
医疗保养类	嘉丽泽国际健康岛	分为H类和G类两种产品，期限均为五年。 H类产品客户交付资金8.8万元，其中7.5万元为保证金，5年后到期全额返还，另外1.3万元作为会籍费一次性收取，每年会籍费为2,600元，按年度扣减。 G类产品客户交付资金18.8万元，其中15万元为保证金，5年后到期全额返还，另外3.8万元为作为会籍费一次性收取，每年会籍费为7,600元，按年度扣减。
影视娱乐类	百发有戏	直接对接互联网理财产品，主打“消费众筹+电影+信托”理念。首期最低起购门槛为10元，认购者不仅可享受“百发有戏”提供的与影片相关消费特权，还有望获8%~16%的权益回报。 该信托计划交易结构嵌套了两部分信托计划：一个是单一事务管理类信托，集中管理消费权益；另一个是资金信托权益，集中管理认购资金。
旅游类	海洋旅游包	价格为9,999元（市场原价为2.1万元，客户投资回报率超过110%）。含3款精品线路各一次的出行权益，分别是：天上人间——马尔代夫6日自由行（欢乐岛4晚沙屋）、双岛之恋——巴厘岛+金银岛6日5夜花样之旅、歌诗达邮轮大西洋号日韩6日5夜（从天津出发）。
酒店居住类	一千零一夜	每份价格为1,001元，期限为1年，其中703元作为保证金，到期返还。另外298元作为会籍费，1年内可选择在昆明、西双版纳、丽江、三亚四个旅游城市入住精品度假酒店一夜。
养老类	中信和信居家养老	客户存入1.1万元、2.1万元、3.1万元，享受服务权益及理财收益双收益。可购买成都居家养老产品，一年内获得低于市场价的居家养老服务；同时，期满后可获得部分本金返还，并获得部分现金收益。

资料来源：中信信托金融实验室：《格局决定布局，布局决定结局：中国信托业2015行业研究报告》。

（二）消费信托案例分析

目前消费信托产品的开发，仍是按照投行思维来进行，即从产业方、实体经济的需求来考虑；未来将会更多地借鉴互联网思维，即先发掘客户需求，再设计产品，并联合产业方进行开发。本文以“中信·消费信托嘉丽泽健康度假产品系列信托”为例，解析消费信托的交易结构、主要功能和风险控制措施。

1. 交易结构图

这一信托首先打通产业链的前端融资需求和后端消费需求。从消费端而言，相当于打造了一张具有消费功能的“虚拟另类信用卡”；而从产业端而言，即构建了一个金融化的销售渠道，在这一过程中，预付购买消费权益产生的沉淀资金也能够被进一步合理利用。除此之外，联动其他针对产业方的投融资项目，进一步促进形成产业链金融的闭循环。

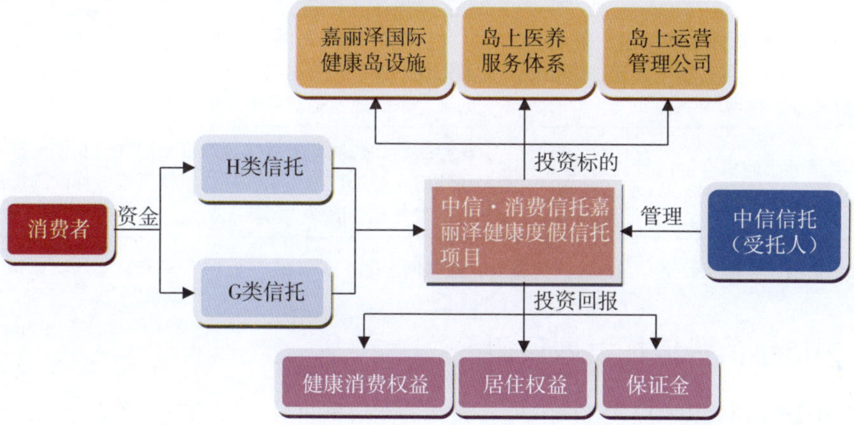

资料来源：中信信托金融实验室。

图16–1 “中信·消费信托嘉丽泽健康度假产品系列信托项目”结构

2. 主要功能

帮助消费者识别和选择可以提供更好消费服务的商家和机构。在受托人选择商品和服务之前，消费信托会先建立一个适用消费人群和消费服务的标准文件，相当于在消费过程前就帮消费者把了一道关。

利用“集中采购”的价格优势获取更高性价比的消费权益。相比于单项购买，集中采购通过规模优势，拿到优惠价，从而使得消费者受益更多。信托机构等的监管可以保证投资者消费权益的实现。

3. 风险控制

消费信托是在坚持消费者、产业方和信托公司的权利和义务的基础上，实现以消费为标的，以信托为手段的信托产品。在实际操作中，消费信托将会面临信用、销售、政策、成本控制、操作等风险，需要信托公司采取有效的控制手段（见表16–3）。

表16-3　　消费信托的风险控制内容与措施

风险	内容	控制措施
信用风险	产业方不能持续提供所承诺的相关服务的可能性。	通过对信托产品销售资金的使用权进行控制，以及各项目由专人跟踪负责、与生产商或服务商及时沟通等措施进行防范。
销售风险	受益人获得的信托收益为消费权益，与现有信托产品给付资金收益不同，因此存在市场认知度不够，营销端销售不畅的风险。	通过控制产品发行规模、拓展销售渠道等措施进行防范。
政策风险	国家宏观经济、相关政策及法律法规的调整，可能会影响到消费服务提供方的经营与支付能力，进而导致客户无法享有应得的消费权益。	严格按照相关文件的约定进行操作，并向委托人充分揭示相关风险；对于运营成本的增长预留较为充分的空间，以对冲部分税收上涨的风险；优化付款流程以及政策调整的应对方案，降低相关政策风险。
成本控制风险	提供消费服务过程中运营与人力成本上涨的可能性，而这将对产品的盈亏平衡造成直接影响。	在产品设计初期，即对产业方的成本进行全面深入和细致的了解，让合作方认识到这是双方合作的重要基础；对产品进行财务测算时，对运营成本和人力成本的增长预留充分的空间。
操作风险	主要在于客户人数将远远超过一般信托产品，因此在合同管理、账户管理、信息披露等环节存在事务管理风险。	优化合同签署流程，提高合同管理效率；建立严格的资金运用监测机制；在信托公司内部建立消费者权益登记系统，并与产业方的客户系统建立定期对接和更新机制。
资金投资风险	对销售产品形成的资金池的管理可能出现达不到预期收益率，甚至损失本金的风险。	在产品设计初期即根据估算的资金的规模和使用期限对投资方式和预期收益进行测算和安排；根据所投资标的的情况及时调整资金配置方案；预留“风险准备金”。

资料来源：中信信托金融实验室：《深度研究报告：互联网金融》。

（三）2015年消费信托发展展望

消费信托会促进理财方式的变化，为生活品质加分。一般的理财方式是投资从而挣钱，挣钱后去花钱享受更好的生活，消费信托则省略了中间环节，直接提供更好的消费产品和更高品质的服务，引导客户关注更健康的生活方式和提高生活品质。针对不同需求设计出来的消费信托，可以让每一个阶层都找到并投资适合自己的信托产品。

消费信托必须是O2O（线上线下电子商务）的过程。线上是一个虚拟世界，在这里消费信托要完成信息流和资金流的交换，但是需要线下人流和物流的配合，人流是服务，物流是物的到达。只有这四者完美结合，才能完成消费信托最完备的服务。消费信托最终要实现“闭环”，即消费信托对接的消费品或服务的“大数据”扩充到一定程度时，对“大数据”的分析和挖掘将会引导消费信托的投资方向，届时将会由消费引导投资，消费信托的投资资金将会找到提供最优质产品和服务的机构，对其形成贷款或股权的投资，并回收以现金或更丰厚的消费权益。消费信托的未来将要利用互联网思维和大数据原理，实现由消费引导投资，即“正向”信托，使信托回归本源。

五、企业年金受托业务

2014年企业年金市场保持了相对稳健的发展态势。多项政策措施的出台和持续发酵促使企业年金制度健康、稳步的发展，年金市场规模持续扩大，覆盖率稳步提升，市场化投资运营的年金资产规模继续增长。此外，2014年年金投资管理机构把握住A股牛市行情，取得较好的投资收益，覆盖范围和影响力也显著提升。但是2014年信托公司年金受托业务依然维持近几年的市场占有率水平，增长停滞发展缓慢。

（一）2014年企业年金业务发展概况

1. 2014年企业年金政策利好不断

企业年金递延纳税政策出台，以税收优惠提高年金参与者的积极性。2013年12月6日，由财政部、人力资源和社会保障部及国家税务总局三部委联合发布《关于企业年金、职业年金个人所得税有关问题的通知》（财税〔2013〕103号），自2014年1月1日起实施企业年金、职业年金个人所得税递延纳税优惠政策。此次出台的企业年金和职业年金个人所得税政策既参考借鉴了发达国家采用的EET模式，也充分考虑了我国具体实际，具体内容包括：对单位和个人不超过规定标准的企业年金或职业年金缴费，准予在个人所得税前扣除；而对个人从企业年金或职业年金基金取得的投资收益免征个人所得税。此次年金个人所得税政策出台后，年金参保者均可享受递延纳税的好处，相当一部分参保者还会在一定程度上降低个人所得税税负。政策同时鼓励分期领取来降低税负。

相关政策还扩大了企业年金的投资范围，允许进行股权投资试点，这有利于提高广大受益人的投资收益。2013年发布的《国务院关于开展优先股试点的指导意见》（国发〔2013〕46号）明确，全国社会保障基金、企业年金投资优先股的比例不受现行证券品种投资比例的限制，具体政策由国务院主管部门制定。在此基础上，2014年人力资源和社会保障部下发了《关于企业年金基金进行股权和优先股投资试点的通知》，启动了企业年金基金股权和优先股的投资试点，并相继批复了企业年金参与中石化销售板块重组股权投资、铁路发展基金、中国银行、农业银行、浦发银行等企业优先股投资和优质上市企业的定向增发申请。这些试点不仅对完善企业年金基金投资政策、拓宽投资渠道、提高投资收益具有积极的作用，同时在积极发展混合所有制经济，引入社会和民营资本参股的背景下，还有助于企业年金配合新一轮的国企改革，分享国企改革的发展红利。

2. 2014年企业年金市场保持稳定增长

截至2014年末，全国企业年金资金规模达到7,689亿元，较2013年同比增长27.43%，继续保持平稳增长势头。年金参保企业数达7.33万家，同比增长10.8%，约占同期全国企业数的0.3%。年金参保职工人数为2,293万人，同比增长11.53%，约占同期参加全国城镇职工基本养老保险人数的7%。2014年，企业年金市场规模增长1,655亿元，年金新增缴费1,214亿元，年金投资收益为581亿元，年金领取额为141亿元。2014年共有47.6万人领取企业年金，占年金参保人数的2.08%（见图16–2）。

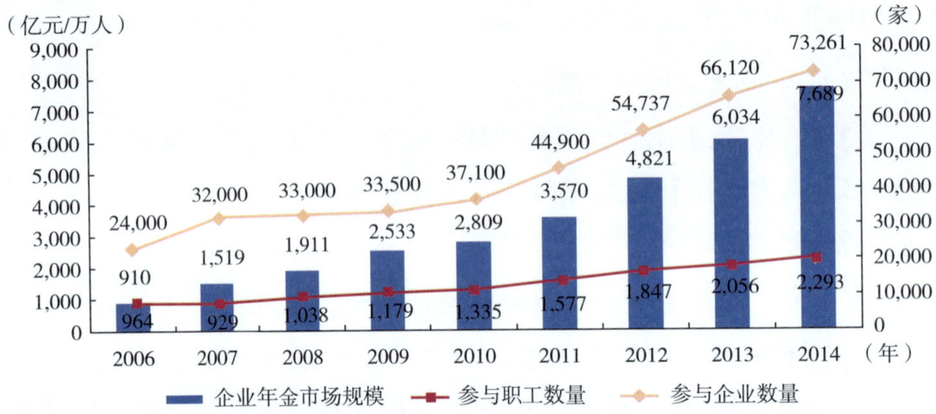

数据来源：根据人力资源和社会保障部的相关信息整理。

图16–2　全国企业年金市场发展情况

2014年，受到股票市场的牛市行情带动，年金投资业绩表现大幅上升，达到9.3%。2014年，各投资管理机构发行多款养老金产品，规模达513.8亿元，占行业投资管理规模的6.9%。养老金产品总体收益为8.29%，其中值得注意的是，股票型养老金产品收益率高达30.58%（见图16–3）。

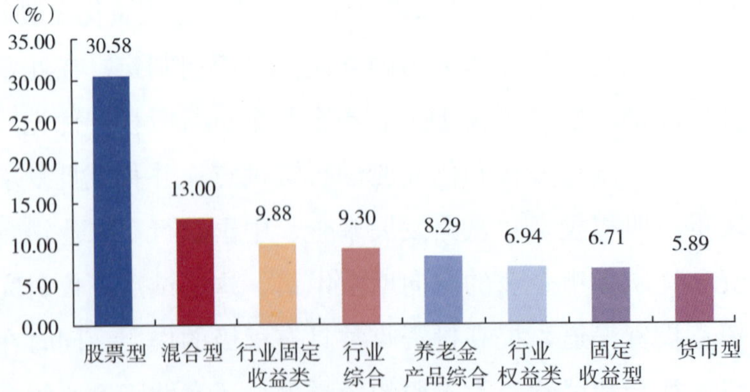

数据来源：根据人力资源和社会保障部的相关信息整理。

图16–3　养老金产品投资收益率

3. 2014年信托公司年金业务发展缓慢

2014年信托公司年金受托业务依然维持近几年的市场占有率水平，增长停滞发展缓慢。由于业务布局变更调整和业务规模等原因，部分信托公司主动或被动转出了有关年金业务资格。2013年上海信托放弃了受托管理人资格，而中信信托将账户管理机构资格转移给中信银行。因此，2014年仅有2家信托公司掌握了3张牌照（见表16–4）。

表16–4　信托机构企业年金管理人资格情况

受托管理人	账户管理人	投资管理人	托管人
华宝信托 中信信托	华宝信托		

数据来源：根据人力资源和社会保障部的相关信息整理。

从整体信托业在年金市场中的占比来看，与银行类、养老保险类机构相比，信托类机构无论是受托管理规模，还是管理企业数和员工数等指标，占比都较微小，同时行业占比呈下降趋势。唯有华宝信托依然保持增长，2014年受托管理规模较2013年增长了近10亿元（见表16–5、表16–6和表16–7）。

表16–5　信托业受托管理企业数与行业情况对比

企业年金基金管理机构	企业数（家）				
	2010年	2011年	2012年	2013年	2014年
华宝信托有限责任公司	211	306	270	291	300
中信信托有限责任公司	27	29	24	30	31
上海国际信托有限公司	14	12	6	6	0
信托公司小计	252	347	300	327	331
年金市场合计	33,210	38,890	44,508	48,040	48,135
信托类机构的市场占比（%）	0.76	0.89	0.67	0.68	0.69

数据来源：根据人力资源和社会保障部的相关信息整理。

表16–6　信托业受托管理职工数与行业情况对比

企业年金基金管理机构	职工数（人）				
	2010年	2011年	2012年	2013年	2014年
华宝信托有限责任公司	114,763	145,933	150,043	152,983	152,313
中信信托有限责任公司	8,048	8,438	5,597	5,989	6,086
上海国际信托有限公司	481	480	150	139	0
信托公司小计	123,292	154,851	155,790	159,111	158,399
年金市场合计	5,634,538	7,481,415	10,184,277	11,069,143	11,973,324
信托类机构的市场占比（%）	2.19	2.07	1.53	1.44	1.32

数据来源：根据人力资源和社会保障部的相关信息整理。

表16-7　　信托业受托管理金额与行业情况对比

企业年金基金管理机构	受托管理金额（万元）				
	2010年	2011年	2012年	2013年	2014年
华宝信托有限责任公司	294,678.96	486,559.57	551,917.64	609,997.22	706,749.23
中信信托有限责任公司	1,565.05	20,726.40	23,410.46	27,852.76	37,490.61
上海国际信托有限公司	472.52	536.24	433.42	504.43	0
信托公司小计	296,716.53	507,822.21	575,761.52	638,354.41	744,239.84
年金市场合计	14,732,581.47	20,509,578.93	28,702,753.69	35,457,283.59	46,134,985
信托类机构的市场占比（%）	2.01	2.48	2.01	1.80	1.61

数据来源：根据人力资源和社会保障部的相关信息整理。

信托公司的企业年金业务出现这种逐渐走弱的市场趋势，主要有以下几方面原因。

一是年金市场的吸引力不足。年金市场由于税收优惠政策不到位、制度设计以及投资受限较多等原因，发展较为迟缓。最初获得资格参与年金市场的信托公司并未享受到预期增长带来的红利，反而持续地处于业务的资源投入期。

二是年金业务的盈利过低。企业年金的四个管理人分设牌照、分设管理费收入上限的制度设计导致受托管理人的核心地位空壳化。本应在信托关系中处于核心地位的受托管理人承担较大风险，却仅收取非常低微的管理费，且远低于其他管理人的收费水平。与融资类信托业务相比，企业年金过低的佣金收入也使得信托公司难以投入更多精力。

三是年金业务的投入过高。企业年金的账户管理较为繁杂，其业务特点决定了后台系统需要较高的投入。面对较长的投资回报期，信托公司的年金受托业务单元难以在短期内实现盈亏平衡。

（二）2015年企业年金业务发展展望

展望2015年，在中央政府进一步完善多层次社会保障体系，着力改善民生和养老服务的背景下，年金制度将随着覆盖率的提升以及机关事业单位养老保险体系改革的进程进一步强化。与此同时，信托业通过布局企业年金市场，继而切入养老金融，这或有可能成为信托公司转型发展的可行选择。

1. 2015年企业年金的发展有望驶入快车道

一方面在新一届政府持续进行简政放权的改革下，企业年金的投资范围有望继续放松，从而为投资效率与投资收益的提高提供了良好的外部环境；另一方面2014年明确了一直以来缺乏统一标准的企业年金税收政策，并且采用了国际上较为主流的EET税收模式，有助于年金参与者进行税收筹划调节税负，并在缴费期间利用税收优惠扩大投资收益。随着时间的推移，该税收优惠政策将持续刺激发酵，其长期影响会逐渐凸显，极大地推动年金市场的发展。

2. 2015年企业年金市场有望扩容

自2008年放行第二批年金管理人资格以后，人力资源和社会保障部未发放新的年金管理人资格牌照。但目前出现了松动迹象，这为有志于进军年金市场的机构提供了机会。另外国家从2014年10月1日起实施机关事业单位工作人员职业年金制度。据估算，全国职业年金每年累积规模都在千亿级以上，市场空间巨大。职业年金的“补充养老保险”性质与现行企业年金性质相同。随着职业年金实施细则的明确，现有的企业年金机构凭借已经积累的管理经验、以及牌照优势，在职业年金市场中将会占据主动地位。

3. 2015年信托公司介入企业年金业务的可能性增加

企业年金可以与信托机构的其他业务发挥联动效用，带来新的发展思路。一是提供附保障功能的养老信托产品。目前客户积累的养老金资产在退休到期后，仍有持续管理运作、按需领取的需要。信托公司或将顺应这些需求，提升相关系列产品开发能力，为客户领取养老金后提供丰富、安全的投资产品。二是对参与年金企业进行综合资源挖掘，提供综合金融服务。能够建立企业年金的多为优质企业，以企业年金为切入点，牢牢将一批优质企业资源掌握在手，从而充分发挥信托整合资源的能力，实现“从企业到企业家”的延伸服务，为企业和企业家提供更加综合化的金融服务。

4. 2015年信托公司或将以养老金产品为切入点

根据人力资源和社会保障部的相关规定，信托产品被纳入了企业年金的投资范围。但与此同时，也对可供企业年金投资的信托产品的发行主体资质进行了严格规定。根据相关发行资质的规定，拥有四项年金管理人牌照中的任一牌照，就具备可供年金投资的信托产品发行资质。对于金融集团来说，年金牌照具有较强外部溢出效应，金融集团内的任一控股子公司拥有年金牌照的优势可辐射至整个集团。对于金融集团来说，集团内的银行、信托、基金、证券等板块进行协同联动参与企业年金，其投入的边际成本低而收益较高。考虑到年金市场的规模已经超过7,000亿元，信托公司以养老金产品为载体切入年金市场，规模效应明显。

第十七章 "互联网+"信托业务

2013年是互联网金融的元年，而2014年则是互联网金融爆发之年，互联网理财产品在短短一年时间内，使用率超过10%，成为2014年上半年表现亮眼的网络应用。借助互联网工具的强大作用，互联网金融迅速蔓延。在国家战略层面，2015年李克强总理在政府工作报告中提出了"互联网+"，即依靠互联网的技术、工具、思维和应用，将传统行业升级创造新的业态，这表明了"互联网+"正式被纳入顶层设计，成为国家经济社会发展的重要战略；在政策层面，已经明确了销售机构、支付结算机构、第三方支付平台三个监管层次，合规问题已解决；在商业模式层面，基金、券商和银行与互联网企业合作模式已成型。笔者认为互联网金融之所以能够迅速崛起并得到市场的响应主要在于互联网金融突破了传统的金融营销模式，既借助了互联网的渠道优势，又利用互联网的大数据、云处理等先进技术提供了符合消费者个性的金融服务产品。随着互联网金融的快速发展，风险控制和行业平台的建设将成为未来主要发展趋势，信托业依靠其可靠的信誉基础和资产运营管理能力将成为互联网金融发展的核心成员之一。

一、趋势动因

（一）移动互联网成为主要使用场景

根据中国互联网络信息中心（CNNIC）发布的《第34次中国互联网络发展状况统计报告》，截至2014年6月，中国网民规模达6.32亿人，其中手机网民规模达5.27亿人，互联网普及率达到46.9%。国内网民上网设备中，手机使用率达83.4%，首次超越传统电脑整体80.9%的使用率，中国手机网民规模较2013年末增加2,699万人。互联网金融类应用第一次纳入调查，互联网理财产品仅在一年时间内，使用率超过10%，成为2014年上半年表现亮眼的网络应用。可见，互联网的普及，互联网新经济的发展都推动着信托业的变革，而互联网以用户为中心，搭建平台和大数据思维的产品思路正在推动信托产品创新。

（二）互联网金融政策支持

2014年，中国人民银行、中国银监会、中国证监会等部门已就各自未来监管互联网金融领域的制度广泛征求意见；监管部门将对传统金融与互联网金融监管保持一致性，并将以互联网金融监管为突破口，在金融管制和市场准入方面适当放松金融监管。

互联网金融的热潮也引来了地方政府的关注，全国各地纷纷出台政策，北京、上海、贵阳、深圳、广州、南京、武汉、青岛、成都、浙江等地均已出台或者拟出台相应的政策，各地出台的政策虽然支持力度不同，但基本保持宽松和包容的态度，在监管上也遵循“适度监管、分类监管、协同监管、创新监管”的原则。其中，为支持互联网金融企业的发展，各地政策均在落户、财政贡献、办公用房、中小微企业服务等方面对互联网金融企业提供了相应的补贴和奖励，并鼓励互联网金融企业融资，支持互联网金融企业在境内外多层次资本市场上市并为其提供便利，有些地方政策还对投资互联网金融项目或企业的投资企业给予奖励。

二、互联网金融的盈利模式

（一）互联网金融的盈利核心——用户流量

传统金融以做大业务规模为导向。尽管传统金融也想强调以客户为中心，但从其核心价值观来看，迫于盈利压力，传统金融需以利润为导向来做大业务规模。从用户需求信息来看，传统金融长期以来以业务为导向，没有真正了解现有客户和目标客户的需求；从平台来看，传统金融机构长期以来业务分割严重，管制严厉，向客户提供的服务平台具有一定的专业性，在金融产品创设上有优势，但效率低下并且和客户需求黏合度不高，客户黏性不高；从账户上来看，传统金融在清算、托管、风险管理等方面具有优势，但账户被银行体系垄断，账户功能比较单一。

互联网金融是以做大用户规模为核心，更注重用户体验。互联网金融是互联网和金融的融合，是借助互联网和移动通信技术实现资金融通、支付和信息中介功能的新兴金融模式。从本质上来说，互联网金融是利用大数据、云计算、移动互联网和搜索引擎等互联网技术实现资金融通的一种新型金融服务模式。与传统金融不同，互联网金融是以做大用户规模为核心，本着“开放、平等、协作、分享”的精神，借助云计算、大数据等技术，注重用户流量导入和增加，并不断从用户体验角度出发满足用户需求，用户黏性比较高。

（二）互联网金融的商业模式——打造“信息+平台+账户”的全产业链

互联网金融利用互联网的技术和思维，便捷地将资金需求方与资金供给方匹配在一起。用户资源信息是互联网金融发展的基础，大数据、云计算等技术可帮助挖掘用户精准化需求，解决金融定价问题。基于用户需求，互联网金融提供了使资金和资产实现匹配的平台，而平台以产品作为交易媒介。为了实现交易，就需要账户支持，账户可以衍生出各类货币，实现支付、交易、消费等多功能，体现了移动金融的特点。互联网金融已经形成“信息+平台+账户”的全产业链，以用户资源为核心挖掘和创造价值。

1. 信息和技术的价值

信息和技术类互联网金融企业处于互联网金融产业链前端，主要是通过大数据、云计算、移动互联网、垂直搜索引擎等技术精准地挖掘用户的精准化金融需求，可以形成相应的信息产业链。在信息技术类企业中，既可以提供金融综合资讯信息为主业，也可在此基础上通过大数据来进行信息的加工，提供与投资、融资以及社交相关的金融信息。整体来说，信息技术类互联网金融企业的核心价值在于为互联网金融产业链不断地导入用户资源和精准化需求信息。

对于互联网金融信息技术类企业来说，未来竞争力体现在是否能将大数据实现商业化应用。根据计世资讯的调查结果，从应用可能性及需求来看，大数据在互联网、制造、医疗、政府、能源、教育、快销品等行业会有比较好的应用前景；从契合度来说，其与互联网、电信、制造、医疗、金融、流通等行业契合度较高。可见，大数据可以在很多企业中实现商业化应用，为用户资源和精准化需求奠定了良好的基础。

2. 平台和产品的价值

基于信息端的用户精准化需求，互联网金融平台提高了资源从供给方到需求方的配置效率，实现资金和资产的匹配。目前，互联网金融的平台呈现多样化，既有传统金融的互联网化平台，又有互联网企业的金融化平台，还有“产业+互联网+金融”逐步融合的平台。在产品的配备下，互联网金融的平台作用是降低信息不对称，提高资源配置的效率，实现资金和资产的匹配。

不同行业、不同企业的生命周期适合不同的互联网金融平台，也因此带来风险和收益的差异。从行业属性来看，科技、动漫、影视类等行业应选择众筹模式；对于数量众多且有较多抵押资产的商业零售和制造业等则更应选择P2P和小贷模式进行短期资金借贷。按网贷之家对P2P平台的统计，平台项目主要分布在制造业、商业零售，两者合计占比超过70%。而房地产和煤炭等行业则适合通过传统金融渠道融资。

未来考验互联网金融平台的是其可持续发展的能力。目前，互联网金融平台的监管仍然缺失，从法律法规层面存在着非法集资、非法吸收公众存款的风险。同时，平台普遍存在缺乏征信系统、信息透明度低、系统频现技术安全漏洞等问题。因此，平台“倒闭门”事件时有发生，这在P2P平台中体现得最明显。据网贷之家统计，截至2014年9月末，全国问题平台共193家，其中2014年8月已达101家，问题平台占比前四位的省份或直辖市分别为广东、上海、浙江、北京。可见，互联网金融平台快速发展的同时，风险也在逐步累积。未来，真正考验互联网金融平台的是其可持续发展的能力。

3. 账户和支付的价值

从产业链角度来看，平台产品实现交易需要账户，账户是互联网金融实现支付交易的载体。账户是用户连通互联网的身份凭证，也是包括信息价值和货币价值在内的客户所有价值的综合载体。对于互联网金融产业链来说，未来互联网金融之争便是账户之争，谁的账户体系规模最大，账户功能最丰富，谁就能掌握持续的资金流和用户资源。账户功能将逐步实现消费、交易和理财的一体化。目前，银行体系的账户是主流，同时券商等也都在积极寻求账户上的突破。例如，中国证券登记结算有限公司推出“一码通”账户，取消“一人一户”限制，允许机构投资者申请开立多个同种类别及用途的子账户，允许参与沪港通交易的投资者申请开立多个上证所A股账户。这个账户推出给了互联网后进券商弯道超车的机会。例如，大智慧通过收购湘财证券实现了可观的客户导入，目前大智慧直接可导入的有效客户数在1,200万至1,800万户；方正证券通过小方APP使月均新开户数量达到10万户。可见，通过账户来提升用户黏性是未来的发展趋势。

三、发展现状

信托作为传统金融行业掌握着最顶端的资产，在互联网金融的后端（产品、账户）上有一定的优势，通过逐步互联网化寻求创新发展。随着客户需求的多元化发展，信托公司开始借助互联网平台为客户提供除传统线下服务之外的线上金融服务，实现线上线下服务的互动。一方面，传统金融企业应不断加强信息化建设，逐步向互联网金融前端发展；另一方面，大数据等技术的快速发展能帮助传统金融企业降低交易和运营成本。因此，信托公司可借助互联网形成新营销渠道、产品和业务平台，拓宽客户规模，开展多元金融服务。目前，信托和其他传统金融一样都在积极通过互联网化来寻求创新发展，逐步向互联网金融的前端延伸。

其中，中信信托和百度联合开发的“百发有戏”就是一个积极拓展。该业务直接对接互联网理财产品，主打“消费众筹+电影+信托”理念。首期产品最低起购门槛为10元，认购者不仅可享受“百发有戏”提供的与影片相关的消费特权，还有望获得8%~16%的权益回报。该信托计划交易结构嵌套了两部分信托计划：一个是单一事务管理类信托，集中管理消费权益；另一个是资金信托权益，集中管理认购资金。

四、2015年“互联网+”信托业务展望

互联网金融的重心是金融，互联网只是工具。互联网和大数据的崛起会给信托带来新的发展机会，而非致命的冲击，信托公司要做的是将互联网工具发挥到极致，做好金融服务的本质。

（一）在“产业+互联网+金融”的发展模式中寻找信托机会

信托作为金融工具，在“产业+互联网+金融”发展模式中寻找自己的有利位置，在产业端或互联网金融寻找价值企业。信托可以结合互联网的第三方支付、互联网金融超市等服务整合产业的沉淀资金流，将产业的沉淀资金转化为资产管理部门，并基于此开展和产业相关的孵化基金、并购基金、股权基金等。信托介入产业和互联网，运用互联网工具，以信托的金融工具为依托，搭建平台，形成一个闭环发展。

（二）寻找第三方，构建金融超市

互联网金融未来的发展趋势是成立金融超市，建立平台类公司，用于整合众多互联网金融企业的服务和产品。而在各类金融机构中，信托公司素有“金融百货商店”之称，一方面由于其受托财产种类繁多，另一方面也因为其产品及可投资范围最为广泛。同时，信托公司在可参与股权投资资金来源方面受限最少，可用固有资产及信托财产从事股权投资。以固有资产从事股权投资又可分为直接投资或通过信托计划投资两种方式。因此，信托公司在互联网和信托公司之间寻找连接点。

构建金融超市的可行性方案：寻找合作伙伴，搭建互联网金融平台，实现在线非标准化资产交易，以交易平台和专门业务机构主导、以非标准化资产收购或承销为核心的在线非标准化资产交易（见图17–1）。

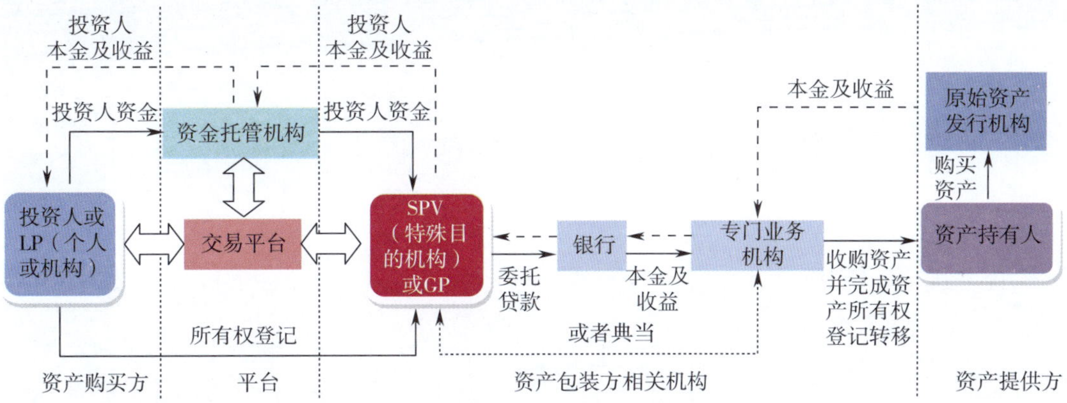

资料来源：中信信托金融实验室。

图17–1　交易平台模式图

（三）成立网商银行

依靠云计算、云存储、分布式数据库与虚拟化技术，对依托互联网沉淀的大数据进行深度挖掘与规模化并行处理，将授信过程做成流水线，大幅度降低金融风险的识别、度量和控制成本；利用大数定律，总体上降低风险，从而为中小微企业与个人消费者提供安全、透明、便捷，并具有一定互动式体验的服务。

1. 存款方面

借鉴美国社区银行成功的关键因素中核心存款的概念，国内网商银行可依托余额宝等类似理财工具，发挥其电商平台已注册客户的天然规模优势与黏性高的优势，吸收客户的余额资金（这部分资金往往单笔量小，客户对利率变化不太敏感，更注重购物的便捷性，因此成本较低，总体上具有长期的稳定性，能够有效地降低网商银行的流动性风险）。

2. 贷款方面

基于网商银行已有数据记录的生态圈，运用云技术对圈内中小企业与个人消费者的相关大数据［比如网络行为、购物历史、物流行为（家庭地址、搬家频率等）、个人认证等］进行深度挖掘，科学地计算出其征信额度，为其提供快捷、安全的贷款服务（目前，京东“京宝贝”已达到3分钟放款，这就是基于其建立的信用额度模型）。

3. 理财方面

建立“金融超市”，与各种金融机构（如基金、保险、证券）合作，将其产品以最好的维度展现给投资者，并形成一套科学的产品推荐体系，省去银行理财的面签过程，保证理财、取现与支付的实时互通转换，为客户提供个性化理财产品。

治理篇

经济新常态、金融新趋势为信托公司的新发展创造了良好的条件。信托业治理体系的不断完善优化了信托公司治理的外部环境，有利于进一步提升信托公司的风险控制能力并为信托公司的未来发展提供以创新为驱动的内生动力。而公司治理是信托公司适应外界变化及内生动因的制度建设，既包括治理结构的搭建，也包括公司治理机制的运行，还包括执行公司治理的人员结构。2014年，信托业在新常态下践行了以创新为驱动的转型升级，持续完善了行业治理体系及公司治理结构。本篇将信托业和信托公司置于新常态、大资产管理的背景下考察信托公司治理的有效性和适应性，通过充分借鉴和参考国际及国内金融机构的成熟经验，探寻信托公司面向未来的公司治理体系，并寄希望于通过信托业治理体系的不断完善，引导信托公司主动规范和完善自身治理结构，继续强化信托制度优势和充分发挥信托工具的作用。

第十八章 2014年信托业治理体系

完善的法律体系和监管制度是构建有效公司治理结构的重要基石。信托公司的公司治理离不开监管层的制度建设和引导，其不仅可以为信托公司提供公司治理的规范参考，也可以引导信托公司主动建立和完善公司内部治理结构。信托公司治理的完善同样有赖于信托业治理及监管的完善，建立完善的行业治理体系将为信托公司治理的完善提供助力。

一、信托公司的公司治理顶层设计

信托公司治理的完善离不开外部制度环境的支持，其中监管层的监管导向和顶层设计的重要性尤为突出。应该说，中国银监会主席助理杨家才在两次年会上对于信托业发展的表述，为信托业的可持续发展奠定了坚实的基础，信托业的顶层设计思路跃然而出。

（一）八项机制与八项责任

中国银监会主席助理杨家才分别在2013年和2014年的中国信托业年会上提出信托业的“八项机制”和“八项责任”，为信托公司长期稳健发展和转型升级，防控风险建立了完善的顶层设计体系，从而推动了信托业的有序发展，为信托业寻找制度自信、理论自信和方向自信提供了重要保障。

2013年的“八项机制”与2014年的“八项责任”，在规范与促进信托业稳健发展与转型的理念上实现了一脉相承。“八项机制”主要是督促信托公司加强自身的治理，在此基础上的“八项责任”的主要目的在于让信托公司增强自身责任意识，促进行业的发展，希望信托业在经济发展和经济转型的新形势下，发展成为负责任有担当、稳健发展、受人尊敬的行业。“八项机制”与“八项责任”的内容有助于信托公司更好地履行受托人谨慎管理义务，确保投资者的财产安全；并为信托业未来的发展指明了方向，有利于信托制度的修改与完善，有助于切实量化受托人的谨慎管理义务，对于加强“卖者有责，买者自负”的投资理念具有极大的促进作用。

专栏

八项机制

2013年12月23日，中国银监会主席助理杨家才在中国信托业年会上首次提出建立完善信托治理体系的“八项机制”：公司治理、产品登记、分类经营、资本约束、社会责任、恢复与处置、行业稳定和监管评价机制。

1. 公司治理机制。公司治理机制的灵魂是制衡，首先要解决好“董监高”职责权限的勘疆定界问题。基本原则是：股东大会定章程、做决定，董事会定战略、做规划，监事会定规矩、做监督，经营层定绩效、做代理。基本职责边界定下来之后，重点就是各司其职，形成运行有效、制衡有效、激励有效、约束有效的良性机制。

2. 产品登记机制。要建立信托产品登记信息系统，这是信托业规范发展的基础，也是金融市场重要的基础设施建设，该系统的功能包括产品公示、信息披露、确权功能及交易功能。

3. 分类经营机制。促进信托公司差异化、特色化发展，按照公司治理状况、风险管理水平、人才团队建设和软硬件支撑等情况，与不同的业务范围相对应，实行分级管理、分类经营，同时建立升降级制度。

4. 资本约束机制。净资本管理是防止风险外溢的重要工具和手段，信托公司的净资本管理制度还需进一步完善，应主要把握三个核心：合理明晰的分类资本计量方法、建立资本平仓制度、建立补仓制度。

5. 社会责任机制。要加强信托公司的社会责任机制建设，信托公司更应该负起社会责任，首先要对利益相关者负责，其次要对社会大众负责。

6. 恢复与处置机制。即生前遗嘱，主要包括激励性薪酬回吐制度、红利回拨或限制分红制度、业务的分割与恢复安排、机构的处置与处理四个方面。

7. 行业稳定机制。为建立行业稳定机制，信托业可以探索建立一个“信托稳定基金”。2014年12月10日，中国银监会和财政部联合发布了《信托业保障基金管理办法》，12月19日，中国信托业保障基金有限责任公司宣布成立。

8. 监管评价机制。各监管部门通过监管工具、监管指标、监管手段，对信托公司的公司治理、内控体系、专业队伍、生前遗嘱、风险状况、高管服从监管等方面，进行全面评价，并由此作出机构分类，同时形成一个阶梯式的升级模式，引导信托走上稳健的发展道路。

“八项机制”的提出为信托公司未来的发展指明了方向，即信托公司的发展必须要建立在风险可测、可控和可承受的基础上，促使信托公司着眼于制定长远的战略发展规划，由外延式、粗放式的发展模式向内涵式、精细化、专业化、高附加值的业务模式转型。

专栏

八项责任

2014年12月19日，中国银监会主席助理杨家才在信托业年会上明确提出信托业的“八项责任”，即受托责任、经纪责任、维权责任、核算责任、机构责任、股东责任、行业责任和监管责任。

1. 受托责任。受托责任要划分信托公司与投资者的责任界限，划分买者和卖者的责任界限。信托公司应在信托设立、尽职调查、营销产品、管理资产、信息披露和信托终止时明确信托公司、委托人、受托人和投资者的责任范围，只有明确责任，作为受托人的信托公司，才能更好地履责尽责，进而实现担责问责。

2. 经纪责任。经纪责任是信托公司接受委托，信托成立后，必须明确内部责任。信托公司作为受托者，必须将内部责任划分落实到具体部门、项目经理人和项目经营部门，保证受托责任落地。

3. 维权责任。在信托财产的委托中，需要引入信托财产登记制度，解决信托财产转移所带来的模糊问题。一是通过登记明确财产的委托人、受托人和受益人，明确受托人独立管理财产的权利；二是通过登记，将信息公示给信托相关人；三是通过登记约定管辖法院。

4. 核算责任。信托公司在业务中都需要有真实的原始会计记录，在核算中做到分账核算、分账管理。核算责任要求按照信托财产、信托项目、信托对象及支付流水进行会计核算，将资金、财产和收益真实、准确地记入账内。

5. 机构责任。机构责任就是信托公司董事会和高管团队的责任，要求维护公司稳健运行，不发生负外部风险，以此促进股本价值最大化。同时，还有一个机构责任就是声誉风险，信托公司需要明确一个媒体联系或公共关系岗位，建立声誉风险管理指引机制，加强与媒体的联系沟通，为信托公司的声誉主动发声、主动出击、主动作为。

6. 股东责任。信托公司股东责任可以细化为四个责任，即维护公司独立性、监管公司的董事会和监事会、承担风险损失和执行恢复与处置计划安排。为了推动股东履职尽责，信托公司将研究推行“四实制度”，即股东实名制、资本实缴制、资本实价制和损失实缴制。

7. 行业责任。行业责任即信托公司集体维护全行业的稳定的责任。信托业保障基金是维护行业稳定的重要工具。《信托业保障基金管理办法》明确，信托业风险处置应按照卖者尽责、买者自负的原则，发挥市场机制的决定性作用，防范道德风险。保障基金主要由信托业市场参与者共同筹集，是用于化解和处置信托业风险的非政府性行业互助资金。

8. 监管责任。信托公司的监管责任主要体现在四个方面，即防范风险、发现风险、评估风险和处置风险。2013年信托产品审核制改为了报告制，信托产品的准入门槛降低，但不能放松事中事后监管，要实行负面清单办法，对存在违规行为的产品从严处罚，强化成本约束和风险约束效应。

“八项责任”明确了信托市场中各个参与主体的权利和义务，各部分内容相互连贯相互递进，从信托设立、内部管理，到公司股东、行业群体和外部监管，都提示了责任定位，需要各方恪尽职守、各尽其责，促使信托业在新常态下获得新发展。

（二）“八项机制”及“八项责任”对于信托业公司治理体系的建设的促进作用

2014年度，“八项机制”在有条不紊的推进之中。2014年4月，中国银监会下发了《关于信托公司风险监管的指导意见》（即“99号文”），对信托公司在防范化解风险、推动转型发展以及完善监管机制等方面提出了若干意见，对信托治理“八项机制”进行进一步明确的阐述、细化和落实。“99号文”对信托公司的管理，涉及信托业务的全过程，包括外部和内部；外部管理主要是监管层通过分类经营机制、资本约束机制、非现场监管等外部机制对信托公司进行约束和规范；内部管理涉及对信托项目前端和后端进行管理，前端通过事前报备要求信托公司在产品设计、尽职调查、风控措施等方面把关，后端强调在项目存续期间密切监控、及时预警和风险处置。“99号文”旨在明确信托的功能定位、培育信托文化、推动行业转型，最终将信托公司打造成为服务投资者、服务实体经济、服务民生的专业资产管理机构。

2014年信托业年会提出的“八项责任”则是在风险可控的基础上，为稳固信托公司稳健经营、合规经营、持续经营的金融第二大子行业的行业地位而提，“八项责任”希望信托公司通过自身的强基固本，使自身的发展回归常态，主动担当发起人，为财产保值而受托，为财产传承而受托，为迎来信托业的春天而受托。“八项责任”从信托设立、内部管理，到公司股东、行业群体和外部监管等方面都提示了信托公司的责任定位，为信托业发展搭建了理论框架，从而使信托发展由自发式、野蛮式生长转变为在顶层设计框架下的常规式平稳发展。信托公司与投资者受托关系明晰，信托公司与合作者权责关系清晰，避免了目前转型中的迷茫和焦虑。信托公司通过内生增长机制的建设，可赢得良好的行业声誉并体现更大的社会责任。

随着我国经济进入新常态，资产管理市场竞争进入白热化阶段，信托业发展的内生动力已然转化。“八项机制”和“八项责任”的提出就是希望通过信托公司自身基础设施的建设和合规体系的建设，为信托业未来发展形成创新驱动的内生动力，进而发挥信托的制度优势，发挥信托创新的优势，发挥信托业的优势。由此，信托业顶层设计的“886”①模式已然成型。

二、信托业治理的监管变革

（一）信托监管部的设立

2015年1月20日中国银监会宣布正式启动组织架构重大改革，将单独设立信托监督管理部，专司对信托业金融机构的监管职责。一直以来，信托业虽然与银行业、证券业、保险业并称四大金融支柱，但缺乏权威的、行之有效的监管架构。无论是由人民银行监管还是由现在的中国银监会监管，具体管理信托公司的职能部门仅仅是非银部下设的信托处。随着近十年来的信托业大发展，其管理资产规模已经仅次于银行业，既有的监管机构设置已经不能适应新时期信托业发展和监管的客观需要，也与信托业的重要地位很不相称。

目前，信托业在我国发展仍处在初级阶段，信托业制度性基础设施建设亟待完善。在此背景下，成立信托部主要是为了集中精力推动信托公司发展和加强监管各项工作，未来对信托公司的监管将趋向全面化和精细化。信托部设有五个处，包括综合、准入、风险分析、基金监管和机构监管处，各处各司其职，已着手在顶层设

①“886”是指“八项机制”、“八项责任”、信托公司的六个业务转型方向（即“99号文”指明的信托公司六个业务转型方向：债权型信托直接融资工具、股权投资、并购业务、资产管理业务、家族财富管理及公益信托）。

计、风险防控、行业转型等各领域全面深化各项工作。

（二）信托业保障基金及其运行

在国际上信托业是与银行业、证券业、保险业并称的现代金融业的四大支柱之一，中国信托业作为管理资产规模仅次于银行的金融子行业，长期以来，为我国的实体经济发展作出了卓越贡献。银行业有存款保险制度，保险业有保险保障基金，证券业有投资者保护基金，期货业有投资者保障基金，这些制度与基金在化解行业风险、促进金融稳定等方面发挥了重要作用。因此，经过监管层的引导、规范和行业自身的努力，2014年12月10日，中国银监会和财政部联合发布了《信托业保障基金管理办法》（银监发〔2014〕50号），建立起了可以维护信托业自身稳健发展的长效机制，分别从风险缓冲、风险救助和风险补偿三个方面，为信托投资者提供了基本合法权益保护的制度安排及具体举措。

信托业保障基金是按照《信托业保障基金管理办法》的规定，主要由信托业市场参与者共同筹集，用于化解和处置信托业风险的非政府性行业互助基金，设立中国信托业保障基金有限责任公司作为保障基金管理人，依法负责保障基金的筹集、管理和使用。基金依法成立董事会，董事长为法定代表人，由国务院银行业监督管理机构核准，并向国务院报备；基金设立理事会，负责审议和决定保障基金的筹集、管理和使用的重大事项。保障基金公司应当完善公司治理结构，加强内控管理，确保公司平稳运行，切实履行保障基金筹集、管理、使用和日常运用的职责。因保障基金公司未履职尽责造成保障基金的损失，应由保障基金公司承担。

保障基金的来源有四个方面：信托公司认购，使用保障基金获得的净收益，国内外其他机构、组织和个人的捐赠，国务院银行业监督管理机构和财政部批准的其他来源。针对信托公司认购保障基金，现执行统一的认购标准：（1）信托公司按净资产余额的1%认购，每年4月底前以上年度末的净资产余额为基数动态调整；（2）资金信托按新发行金额的1%认购，其中属于购买标准化产品的投资性资金信托的，由信托公司认购；属于融资性资金信托的，由融资者认购；在每个资金信托产品发行结束时，缴入信托公司基金专户，由信托公司按季向保障基金公司集中划缴；（3）新设立的财产信托按信托公司收取报酬的5%计算，由信托公司认购。

信托业保障基金是用于化解和处置信托业风险的非政府性行业互助资金，基金可对以下五种情形实施救助：（1）信托公司因资不抵债，在实施恢复与处置计划后，仍需重组的；（2）信托公司依法进入破产程序，并进行重整的；（3）信托公司因违法违规经营，被责令关闭、撤销的；（4）信托公司因临时资金周转困难，需要提供短期流动性支持的；（5）需要使用保障基金的其他情形。

2014年12月19日，中国信托业保障基金有限责任公司在北京宣布成立；2015年2月25日，中国银监会发布《关于做好信托业保障基金筹集和管理等有关具体事项的通知》（银监办发〔2015〕32号），标志着信托业保障基金从2015年4月1日起开始正式运行。保障基金主要发挥行业风险防范化解“最后安全网”的作用，通过保障基金的介入，换取风险缓释和化解的“时间窗口”，将单体项目和单体机构风险消化在行业内部，确保不发生系统性、区域性风险。保障基金作为信托业的一项重要基础设施建设，可以说是逐步释放存量风险、减少对金融市场乃至社会负外部冲击的关键手段。

（三）信托登记制度建设及作用

自2001年《信托法》第十条对信托登记做了原则性规定后，信托登记制度名正言顺地被引入了我国的法律体系之中。然而，该规定与我国现行法律规定的特定财产或财产权的设立、变更或终止的登记或注册制度之间缺少衔接和配套的法律制度；同时，对信托的登记机构、登记主体、登记内容、登记程序等问题均没有明确规定，导致许多需要登记才能设立信托的财产和财产权，被排除在信托活动之外，严重抑制了信托功能的发挥和阻碍了信托活动的开展。我国信托业务规模的扩大带来存量信托资金超过14万亿元后，因缺乏信托登记的具体操作规则而产生的对业务发展的不利影响也逐渐显现出来。当信托关系涉及资金之外的其他财产时，缺乏信托登记制度将导致信托关系无法自证其存在，更难以厘清各方当事人之间的权利义务关系，甚至会影响到信托关系的效力问题，对民众利用信托制度进行财产安排产生不利影响，进而严重影响了信托业务的顺利开展。

2014年9月，上海自贸区管委会下发了《信托登记试行办法》，该办法旨在规范信托登记行为，保护信托当事人合法权益，推动在中国（上海）自由贸易试验区建立完善的信托登记平台、探索信托受益权流转机制。该办法明确规定，信托受益权是指信托受益人根据相关法律法规和信托文件规定，获取信托利益的权利；信托受益权可以依法转让和继承，但信托文件有限制性规定的除外。信托受益权登记是指信托登记机构依照登记申请人申请，对信托受益权相关信息及其变动情况予以记载，并向社会提供查询的行为。由于上海信托登记中心对信托产品信息并无强制性要求，故目前尚未能在“建立和完善信托财产登记”这一步骤中实现有效突破。

监管机构也高度重视信托登记制度的建设，目前已形成《信托登记管理办法》并征询各方意见。《信托登记管理办法》中所称的信托登记是指信托登记机构对不同信托项下的产品信息、收益权信息、特定财产、财产权利及其变动情况予以记录并公示的行为，是对信托产品分类分期的全方位登记管理。信托登记管理系统将逐步实现信托产品的公示、信息披露、确权和交易等功能。

信托登记制度是信托业规范发展的基础，也是金融市场重要的基础设施建设。信托登记制度的建设必将极大地促进我国各类信托业务的开展，特别有助于促进信托制度走入寻常百姓家，为每一个人的生前和身后财产安排提供服务，从这个角度来看，唯有真正构建起信托登记制度，才能为信托制度的真正推广和长远发展创造条件。

（四）信托公司监管评级办法的改变及意义

2014年8月，中国银监会下发最新版的《信托公司监管评级与分类监管指引（征求意见稿）》，本次监管办法的调整旨在进一步加强监管，将重新对68家信托公司进行监管评级分类，并据此对不同的公司试行差异化的牌照制度。相比前两次信托评级准则，此次方案的评判标准由原来的定性向定量转化，对信托公司的评价重点放在自主管理能力和风控能力两个方面。监管评级结果将作为衡量信托公司风险程度的标准，以及监管机构采取监管措施和行动的主要依据，制订监管规划和合理配置监管资源，并作为市场准入的重要参考。

为优化监管资源、加强市场约束、提高行业评级规则的透明度，银监会拟授权中国信托业协会组织实施信托公司评级工作。信托公司评级强调对信托公司风险管理能力的要求，重点关注业务规模与风险管理能力的匹配性，并鼓励信托公司加强研发和提高创新能力，提升自主管理能力，提高发展质量。信托公司评级的周期原则上为一年，每年4月底前完成评级工作，并由中国信托业协会对外公布评级结果。

信托公司评级和监管评级既有联系又相互独立，两者的侧重点不一样。信托公司评级的主体是中国信托业协会，侧重评价信托公司为投资者、为社会所提供的服务，评级的结果将向社会公布，以增加信托业的公信力。监管评级的主体是监管机构，监管机构在信托公司评级的基础上，结合风控能力、合规情况及监管意见，形成监管评级结果，对风险较大的信托公司将实行差别化的监管政策。

总体而言，在新的分类监管中，“扶优限劣”的思路或将进一步得到强化。评级领先的信托公司将被鼓励开展更多创新业务，而评级靠后的公司将只被允许开展一定规模的基础业务，对于不同的信托公司而言，信托牌照不再具有相同权限。

第十九章　2014年信托公司治理情况

公司治理旨在通过制度或机制来协调公司与所有利害相关者之间的利益关系，以保证公司决策的科学化，从而最终维护公司各方面的利益。信托公司治理机制与其他金融机构存在的显著区别是必须遵循受益人利益最大化原则，委托人对受托人的信任是信托业务的基础，受托人务必以受益人利益最大化、尽职管理为经营宗旨。信托业的受益人利益最大化与普通公司的股东价值最大化存在很大的区别，只有实现受益人利益最大化才能实现信托公司自身的企业价值和股东回报率最大化。该治理原则为正确处理股东利益和受益人利益、员工利益与受益人利益、企业经营业务与受益人利益的矛盾提供了指导原则，充分体现了建立在信任基础上的受益人利益的保护。公司治理结构可以进一步细分为信托内控治理、信托业务治理以及信托风险治理。公司治理包括股东结构、董事会（含董事会专业委员会、独立董事）、监事会、经营层、组织架构、激励约束、信息披露等多个方面，其中股东结构是信托公司治理的基础，董事会是信托公司治理的核心。

一、2014年信托公司治理发展情况

公司治理是企业规范发展和可持续发展的基石，在经济繁荣期间，良好的公司治理对于业绩的促进作用并不明显，而在经济下行期，良好的公司治理是一家公司成功抵御风险、实现可持续发展的重要支撑。正是因为公司治理的极端重要性，公司治理成为重要的监管指标，对信托公司治理结构的监管也成为监管部门关注的重点。对于信托公司治理结构的规范一直在持续地改进和完善当中。中国银监会2007年1月发布《信托公司治理指引》（银监发〔2007〕4号），2010年4月发布《中国银监会关于修订〈信托公司监管评级与分类监管指引〉的通知》（银监发〔2010〕21号）。2014年4月中国银监会下发的《关于信托公司风险监管的指导意见》要求信托公司强化依法合规经营，2014年12月中国银监会联合财政部发布《信托业保障基金管理办法》（银监发〔2014〕50号），2015年中国信托业协会组织业内专家起草了《信托公司行业评级指引（试行）》（征求意见稿），并向信托业全行业征求意见，2015年4月中国银监会发布《信托公司条例（征求意见稿）》和《信托公司行政许可事项实施办法》，向全社会征求意见，2015年6月中国银监会正式发布《信托公司行政许可事项实施办法》。上述公司治理规定的颁布执行（或征求意见），为信托公

司持续完善公司治理提供了制度基础。

（一）公司治理结构及人员配置情况

1. 实施增资扩股，引入战略投资者，增强资本实力

股东结构是公司治理结构中重要的一环，不同的股东结构决定了不同的公司组织架构，并最终决定公司的行为和绩效。特别是在信托业自2008年以来飞速发展的阶段，股东的特性决定了信托公司风险管理的偏好，也决定着公司治理体系的方方面面。

在现有的68家信托公司中，具有地方政府背景控股股东的公司有27家，具有央企国企背景控股股东的公司有19家，具有金融机构背景控股股东的公司有12家，具有民营企业背景控股股东的公司有10家（见表19-1）。

表19-1　信托公司控股股东性质分类

序号	地方政府背景	央企国企背景	金融机构背景	民营企业背景
1	北京国投	中诚信托	中信信托	安信信托
2	天津信托	中融信托	平安信托	爱建信托
3	重庆信托	外贸信托	建信信托	国民信托
4	北方信托	英大信托	兴业信托	华澳信托
5	江苏信托	昆仑信托	交银信托	四川信托
6	山东信托	华宝信托	上海信托	新华信托
7	吉林信托	华润信托	光大兴陇信托	新时代信托
8	山西信托	华能信托	中建投信托	云国投
9	湖南信托	华鑫信托	华融信托	万向信托
10	西藏信托	华信信托	金谷信托	民生信托
11	陆家嘴信托	中铁信托	长城信托	
12	中原信托	中航信托	中泰信托	
13	渤海信托	中粮信托		
14	大业信托	中海信托		
15	东莞信托	五矿信托		
16	国联信托	国投信托		
17	国元信托	百瑞信托		
18	杭州工商信托	方正东亚信托		
19	华宸信托	厦门信托		
20	陕国投			
21	苏州信托			
22	西部信托			
23	粤财信托			
24	长安信托			
25	浙金信托			

续表

序号	地方政府背景	央企国企背景	金融机构背景	民营企业背景
26	中江信托			
27	紫金信托			

注：2015年，浦发银行采取定向增发募集资金受让上海信托原股东股权，成为控股股东。

数据来源：信托公司年报。

2014年信托公司积极地实施了增资扩股，18家信托公司共实现增资269.97亿元，这极大地增强了信托公司的资本实力，为信托公司增强风险抵御能力提供了保障。同时，在引入战略投资者优化股权结构和实施混合所有制改革方面，信托公司正迈出坚实的一步。2014年1月，国投信托以增资扩股的方式引入泰康人寿保险股份有限公司等战略投资者，增资后公司名称由“国投信托有限公司”变更为“国投泰康信托有限公司”；7月，国寿投资控股有限公司受让重庆信托26.04%的股权，成为重庆信托的第二大股东。信托公司引入战略投资者，目的不仅在于增资，更重要的是优化股权结构，这能给信托公司在公司治理、业务发展、风险控制和经营管理等方面带来实质性的提升和帮助，激发信托公司的创新活力。2014年7月，光大集团收购甘肃信托正式完成，甘肃信托也正式更名为“光大兴陇信托有限责任公司”，依靠金融控股集团的协同效应，光大兴陇信托迎来新的发展。

表19–2　　　　2014—2015年信托公司注册资本增资情况

序号	公司名称	注册资本（亿元）	注册资本（亿元）
		2013年	2014年
1	中信信托	12.00	100.00
2	中融信托	16.00	60.00
3	兴业信托	25.76	50.00
4	华宝信托	20.00	37.44
5	中铁信托	20.00	32.00
6	陆家嘴信托	10.68	30.00
7	中原信托	15.00	25.00
8	四川信托	20.00	25.00
9	厦门信托	16.00	23.00
10	百瑞信托	12.00	22.00
11	国投泰康	12.05	21.91
12	民生信托	10.00	20.00
13	山东信托	12.80	20.00
14	华融信托	15.18	19.83
15	天津信托	15.00	17.00
16	长安国际	12.59	13.46

续表

序号	公司名称	注册资本（亿元）	注册资本（亿元）
		2013年	2014年
17	万向信托	6.50	13.39
18	杭州工商信托	5.00	7.50
19	西藏信托	4.00	5.00

注：2015年1月，中铁信托注册资本由20亿元变更为32亿元。

数据来源：信托公司年报及信托公司官网。

2. 加强董事会及专门委员会建设，发挥独立董事的积极作用

信托公司治理结构中股东背景的特色决定了不同类型信托公司董事会角色的发挥，如单一控股股东持股比例过高的信托公司，存在着信托公司主要高管人员由集团任命，进而有可能削弱董事会作用的发挥。这也从一个侧面印证了中国银监会希望通过出台《信托公司治理指引》，引导信托公司不断优化股权结构，发挥和促进董事会把握方向和作出重大决策的作用。

目前68家信托公司董事会成员结构由股东推荐董事、职工董事以及独立董事构成。独立董事人数为3名的最多，共有40家公司（因国民信托尚未披露2014年年报，其独立董事人数参照2013年年报），其次独立董事人数为2人的有17家，仅有2家信托公司独立董事人数为4人（见表19-3）。大多数信托公司独立董事人数符合《信托公司治理指引》中关于独立董事人数不得少于董事总人数三分之一的规定，个别信托公司存在着独立董事人数比例过低的情况，需要进一步补充独立董事人数，以充分发挥独立董事的作用。独立董事数量的充足为独立董事在专业委员会及董事会发挥积极作用提供了保障。

表19-3　　2014年信托公司独立董事人数情况

独立董事人数（人）	4	3	2	1
信托公司家数（家）	2	40	17	9

数据来源：信托公司年报。

各信托公司按照《信托公司治理指引》的要求，设立了包括信托委员会在内的多个专业委员会，如合规与风险管理委员会，提名和薪酬委员会，战略委员会，财务和预算管理、审计委员会，信息化治理、关联交易委员会，投资决策委员会等，不断加强董事会在公司治理中的作用。个别信托公司还设有董事长办公会、顾问委员会等特色管理委员会。其中有27家信托公司设立了战略委员会，不足全部信托公司的半数，既反映出信托公司对于战略指导公司经营发展的高度重视，也反映出战略

制定在整体行业的一定缺失（见表19–4）。同时与国内外金融机构相比，信托业在董事会专业委员会的建设上仍有较大的提升空间。

表19–4　　2014年信托公司董事会专业委员会情况

董事会专业委员会个数（个）	2	3	4	5	6	7	8
信托公司家数（家）	2	11	27	18	7	1	2

数据来源：信托公司年报。

3. 监事会建设更加完善，监事人数的增长增强了监事会的监督作用

信托公司监事会是由股东代表、职工等组成的公司内部自律性的机构。监事会对股东会和受益人大会负责，代表他们行使对董事、经理层的监督力。在信托公司治理结构中，监事会在促进公司合规经营以及转型升级中具有重要的监督作用，其作用的发挥也是信托公司治理结构持续完善的重要一环。2014年68家信托公司强化监事会对董事会及经营层的监督，按照监管要求配备了相应数量的监事（见表19–5）。

表19–5　　2014年信托公司监事会情况

监事会人数个数（人）	2	3	4	5	6	7	8	9
信托公司家数（家）	1	38	5	15	2	2	3	2

数据来源：信托公司年报。

一般而言，完成监事会的具体任务需要全日制的时间投入，或者制度上要求相当多的时间，而现实中运行可能只花了一部分的时间，而且是很少的时间。由于平时监事会所获得的信息很不足，加上监事会人员对于经营管理知识的不完全理解、监事会主席由其他领导兼任等，导致了监事会作用发挥的不足，难以保证监事会发挥其应有的监督作用。但从信托公司监事会人数的分布来看，监事人数显著增长，在监事会发挥日渐重要的监督作用，对保障公司运营有着积极的促进作用。

4. “三会一层”的授权、确权、监督体系保障业务发展置于合规下

信托公司高级管理层根据公司经营活动需要，建立健全以投资决策系统、内部规章制度、经营风险控制系统、业务审批及操作系统等为主要内容的内部控制机制，并报中国银监会或其派出机构备案。

在董事会、监事会与经营层的授权、确权、监督方面，通常由董事会对经营层按年度进行业务授权，经营层积极落实公司股东会、董事会决议，在董事会授权范围内勤勉履职。董事会在合规经营、风险管控、战略转型、业务拓展、社会责任等方

面对经营层进行考核，加强董事会对于经营层业务授权下的确权。同时监事会则应在经营层的监督方面发挥作用，监督经营层对于董事会授权的执行情况。而对于重大违规事件，董事会对经营层的一票否决权也将加强公司治理的有效性。

从2014年信托公司高管的数量来看，高管人员数量也出现了积极增长的态势，为经营层发挥自身作用提供了有力的保障（见表19-6）。

表19–6　　2014年信托公司高管人员情况

高管人数（人）	2	3	4	5	6	7	8	9	10	11	12
信托公司家数（家）	1	4	6	11	14	9	12	4	3	3	1

数据来源：信托公司年报。

5. 组织架构跟随经济环境变化及风险防范要求积极调整和适应

组织架构是完善公司治理的重要基础，特别是在相应公司治理结构中对于一些组织机构的设置，将保障公司治理的完善，如审计与稽核的分设，是否为战略委员会配置战略研究专门机构以及决策机构，是否设立提案委员会，是扁平的还是垂直的组织机构，组织架构的调整与设置是否顺应了外部环境的变化和顺应了信托业转型发展的需要。采取何种形式的组织架构，是一家公司根据外部环境和内部能力资源的综合选择，其本身没有好坏之分，仅有适合与不适合之分，组织架构不是静态的，而是随公司战略推进进行动态调整，找到最适合的组织架构，反过来会促进公司治理的完善。

根据中国经济进入新常态，“三期叠加”下的经济结构转型所带来的行业周期性变化，在信托项目风险持续暴露的情况下，信托公司及时调整了战略和业务机构，并加强了风险的管控和化解，具体反映在组织架构上的及时调整。

（1）增加战略部署和加强研发创新能力

平安信托增设研究创新部、资产证券化部、资本市场部、固定收益部和战略投资部，增强创新业务的研发和拓展能力，顺应资本市场大发展的客观实际。长安信托增设投资银行部、证券投资部，筹建家族及公益信托工作室，进一步扩大公司业务区域，将进一步促进公司业务转型。在原有中信信托、中铁信托、百瑞信托、北方信托设立博士后工作站的基础上，华宝信托、陕国投均已设立博士后工作站，为公司转型升级提供智库支持。

（2）扩充营销职能

平安信托增设机构销售部，中融信托发行部门由1个调整为2个，成立了中融财富运营支持中心；长安信托在长安财富中心内部增设了发行管理部、运营管理部、市场部，正式成立了长安财富武汉中心、东北中心、无锡中心，原客户服务部更名为客户关系部、原长安财富北京中心更名为长安财富北京中心一部，筹建了长安财富南京中心、长安财富深圳中心一部、长安财富深圳中心二部、长安财富长春中心、长安财富北京中心二部、私人银行（西安）六部、私人银行（西安）七部、私人银行（西安）八部、私人银行（西安）九部，进一步扩大了公司的直销团队，进一步增强了产品销售能力。

（3）拥抱互联网金融

互联网给社会经济生活带来全方位的变革，互联网金融是信托公司不可回避的事实，在顺应互联网金融发展，调整机构配置方面，信托公司也进行了积极的尝试。例如，平安信托为对接陆金所成立了陆金所金融部；中铁信托成立信息技术部，积极拓展互联网金融各项业务，并计划筹建互联网金融业务部门；长安信托原私人银行本部更名为电商营销部，增加互联网销售渠道。

（4）积极尝试事业部改革

为充分发挥信托业务部门拓展业务的专业性、有效性，提高对客户需求的响应，增强在大资管时代下的竞争力，多家信托公司纷纷进行了事业部改革，并根据各自的实际采取了事业部、类事业部和部分事业部等多种方式。

如平安信托新建另类投资事业部，合并成立PE投资事业部；北京信托开展事业部改制，重点是业务模块进行重新整合，形成六大业务单元：融资业务、投资业务、大证券业务、土地信托和房地产业务、财富管理业务和固有业务，并将公司原有的14个业务部门（含固有资产运营管理总部和财富管理总部）按照六大业务单元整合并设置了11个事业部；中融信托新设立资金资本市场部、公司金融部、家族办公室、私募投行部、资本市场事业部，重点拓展投资银行业务、私人银行业务和资产管理业务。

上述新部门的设置及调整，充分反映出2014年信托公司基于外界变化以及内部战略实施需要加强了组织架构的调整，以顺应业务结构所发生的变化以及创新转型升级的需要。

6. 构建合适的激励约束机制

激励约束机制也是公司治理中的重要部分，其对于公司治理的促进作用在于合适的激励约束机制是发挥信托核心竞争力——人力资本的关键因素，最终的公司治理需要人的执行。在现实的公司治理中存在的高管与业务人员倒挂，前台人员与中后台人员倒挂，央企与民营企业整体激励机制失衡，客观上导致了激励过度、激励不足的两种局面，从而影响了公司治理的稳定性和有效性。

2014年各家信托公司为公司长期稳健发展，着手构建合适的激励约束机制。如长安信托进一步优化激励约束制度；安信信托聘请外部专业咨询顾问管理公司，正式启动薪酬及激励机制改革，通过访谈、采集数据等方式，公司对原有薪酬福利结构和激励办法进行了全面、深入和细致的盘点，并与市场相关数据和信息进行匹配和分析，形成薪酬及激励机制改革的方案和建议；国企和央企性质信托公司通过多种形式，如激励基金、年金等增强对员工的激励促进。客观上通过市场选择和主动调整，合适的激励约束机制将促进信托公司以及行业的稳健发展。

7. 加强信息系统建设，提升信息披露的及时性和有效性

信息披露对于了解和分析一个行业具有很重要的意义，公司治理结构的完善过程之中信息披露扮演着重要的角色，公司信息披露质量也是公司治理综合作用的结果，持续透明的信息披露客观上也直接促进了公司治理质量的提升。

信托公司在目前的复杂竞争环境下，加大了对信息系统建设的投资力度，以及专业技术人员的引进力度。信息系统建设的逐步完备，使信托公司项目信息、财务信息、管理信息、人员信息实现了及时统计、分析和决策，为信息披露的及时性和有效性提供了制度和基础设施保障，由此进一步完善了公司治理体系。如安信信托于2014年度将信托项目的收付款管理原被动记账式管理转变为主动预算式管理，由此改善了信托项目现金流预算管理的状况，并将投资监管的用印、付款及付款计划审批完整地纳入投资监管流程管理当中，同时继续完善和优化CRM及营销系统以符合财富管理中心的营销管理需要。在不断进行信息系统建设的同时，安信信托还制定或修订了信息科技治理、信息科技风险管理、信息安全管理、信息系统连续性及应急管理等一系列基本制度。其他信托公司也均加大了对于信息系统建设的投入和力度，进一步提高了信托公司管理决策水平和增加了信息披露透明度。

（二）信托公司治理机制运行情况

完善的公司治理除了有公司治理的基本架构外，仍需要对上述机构配置合适、合格的人员以加强公司治理，并运用合适的公司治理机制，如召开定期及不定期的会议，提交规定的报告以及遵循决策程序等，从而使公司治理起到应有的效果，并促进信托公司的稳健可持续发展。

在众多的信息披露中，信托公司年报是一项非常重要的了解信托公司治理体系的基础资料，但从现有的情况来看，仅有半数以上信托公司在官网上公布了信托公司

年报全文，未来更加完善的信托公司治理需要加强基础资料的披露，可以为详细考察信托公司治理运行效果提供基础素材。

1. 股东会召开情况

股东会是股东意图的具体表现，实际上从股东会召开的效果可以看出信托公司治理的具体效果。

从各家信托公司召开股东大会的情况来看，3~5次为大多数的情况，主要审议情况分为：（1）常规会议审议年度工作报告、预决算报告、审计、风险管理报告等；（2）人事方面审议董监高人员变动情况；（3）根据监管要求审议恢复与处置计划议案；（4）股权结构调整及增资扩股方案等；（5）设立子公司以及对子公司增资扩股的议案；（6）对于一些重大项目提交股东会审议的议案（见表19-7）。

表19-7　　2014年信托公司召开股东会次数统计

股东会次数（次）	1	2	3	4	5	6	7	8	15
信托公司家数（家）	6	6	7	9	10	6	4	1	1

数据来源：信托公司年报（部分信托公司没有公布股东会召开的相应情况）。

股东会次数的多寡一方面说明了股东会发挥作用的效力，另一方面也说明了股东会与董事会的授权机制，随着信托内外部环境的剧烈变化，公司加强治理应首先从股东会召开的次数上显现出来。股东会次数并不是一个非常准确的衡量指标，但从一个公司正常运行以及不断取得卓越成绩的角度而言，显然过低的股东会次数很难说明股东会对于公司发展重要方向以及重大决策的把握力度。

2. 董事会召开情况

从各企业召开董事会次数来看，4~10次比较常见，召开董事会次数较少的信托公司与股东会召开次数少的信托公司高度一致，其中北方信托仅召开一次董事会审议设立战略委员会及提名委员会以及相关专业委员会委员的调整，而在股东会层面仅审议了会计师事务所的聘任。召开董事会次数最多的是长安信托，因其公司治理体系较为完善，董事会为主要的议事机构，决定公司的重大事项，其对应的股东会召开次数仅为一次，也进一步说明了股东会对董事会的较大授权。新华信托出于项目方面的原因，与股东会一样加大了董事会召开的次数，反映出应对新环境下董事会的积极作为（见表19-8）。

目前我国经济处于结构调整期，市场激烈竞争期，公司转型升级期，必要的董事会是需要的，董事会的积极作为可以发挥董事会的作用，显示出公司治理的有效性。

表19-8　　2014年信托公司召开董事会次数统计

董事会次数（次）	1	2	3	4	5	6	7	8	9	10	11	14	15	20	21	28
信托公司家数（家）	2	4	4	6	3	6	4	5	3	5	1	1	2	1	1	1

数据来源：信托公司年报（部分信托公司没有公布董事会召开的相应情况）。

从具体的董事会专业委员会运行来看，一方面信托公司较少披露具体专业委员会召开次数，另一方面在披露相关信息的信托公司中，专业委员会会议召开次数一般较少，但华信信托召开风险管理委员会多次，显示出对于风险控制的高度重视。董事会专业委员会的完善一方面是信托专业化水平的重要展示，另一方面也是信托公司董事会发挥作用的重要抓手。

3. 监事会召开情况

从各信托公司召开的监事会次数来看，2次的最多，多达21家，3~4次的也较多；但从披露召开监事会会议的信托公司总数来看，仅有38家，也从一定程度上反映出在信托公司治理中监事会的作用仍有待加强。其中召开监事会次数多达8次的均为上市公司：安信信托和陕国投，这也进一步表明上市在促进公司治理方面有着积极的作用（见表19-9）。

表19-9　　2014年信托公司召开监事会次数统计

监事会次数（次）	1	2	3	4	5	6	7	8
信托公司家数（家）	2	21	5	4	1	1	2	2

数据来源：信托公司年报（部分信托公司没有公布监事会召开的相应情况）。

因为笔者无法确知每家信托公司召开项目评审会及总经理办公会的具体次数，无法对董事会与经营层的具体授权事项进行比较，但仍可以从董事会及专业委员会召开次数与其2014年经营业绩方面暗含的关系中看出公司治理的有效性。

整体而言，2014年信托公司治理体系进一步完善，公司治理运行效果显现，并随着信托公司实力的不断增强而日益完善，为信托公司的转型升级提供了良好的制度保障。

二、加强合规体系建设，强化内控治理

随着信托业的快速发展，以及顺应创新转型的需要，信托公司在持续完善公司治理体系结构的基础上，需要通过加强合规体系建设（内控治理）、主动改变业务选

择（业务治理）、运用产业链和金融工具对冲和化解风险（风险治理）等措施构建风险防控的长效机制，从而进一步强化公司治理效果。

合规体系建设的主要作用是督促信托公司的董事会、监事会、高级管理层等各个层面在各自职责范围内履行合规职责，使信托公司的经营活动与法律、法规和准则相一致，促使信托公司合规经营。

（一）合规体系建设的迫切要求

合规要求信托公司的经营活动与所适用的法律法规、监管要求、市场规则与惯例、行业准则、内部行为准则相一致。在具体的管理实践中，合规包括：一是信托公司制定的各项规章制度应当与法律、法规、监管规定和行业准则相一致；二是信托公司各项具体活动除应遵守外部的法律、法规、监管规定和行业准则外，还要符合内部的各项相关规章制度。合规是信托公司经营活动的组成部分，不仅是信托公司内部的一项核心风险管理活动，更是信托公司实施有效内部控制的一项基础性工作。

信托公司作为重要的非银行业金融机构，是现代金融体系的重要组成部分，对经济发展发挥着不可替代的作用。合规管理作为规范信托公司经营行为、有效防范风险的重要手段，是确保信托公司稳健发展的一道屏障。合规管理工作的功能是通过内部管理手段和流程确保信托公司在经营活动中遵守各种法律、规则和准则，以及公司内部规章制度，防范或规避各种风险，保证信托公司的持续稳健经营。从业务特点来看，信托公司的业务横跨资本、货币、实业三大市场，资金运用方式灵活、业务拓展空间巨大，必然面临更多、更复杂的风险，因此，合规管理工作对信托公司的经营发展有着不可忽视的重要性，是衡量一家信托公司经营管理水平和可持续发展能力的重要标志。

基于行业的特殊性，监管层非常重视信托公司的合法合规经营，合规是监管机构为了避免系统性风险、保护投资人利益以及配合国家宏观调控政策而提出的要求。中国银监会出台了《信托公司管理办法》、《信托公司集合资金信托计划管理办法》、《信托公司受托境外理财业务管理暂行办法》等一系列文件，将合规风险管理贯彻到信托业务的每一环节，2014年4月中国银监会下发的《关于信托公司风险监管的指导意见》更是强调信托公司要强化依法合规经营，并将合规管理纳入现场检查重点。在特定的项目中，监管机构的合规政策可能会与信托公司利益相冲突，但合规监管导向与整个信托业的长远利益是一致的，合规管理体系在防范和控制合规风险，确保信托公司合法、规范经营，促进信托业务的创新和发展等方面发挥着举足轻重的作用。只有通过合规管理工作确保信托公司步入正常的发展轨道，信托业的进一步创新发展才具备良好的基础与可靠的保障。因此，加强对合规体系建设和提高合规管理的水平也是信托业创新与发展的内在要求。

（二）合规体系建设强化情况

信托公司已经充分认识到合规管理的重要性，通过设置单独的合规管理部门来建立健全合规风险管理体系，从而能够有效识别、评估、监测和管理合规风险，确保依法合规经营，主动避免违法违规行为发生，避免遭受合规风险。信托公司合规体系建设的主要强化措施有以下三个方面。

建立合规风险的分级管理体系。信托公司的合规管理体系包括三个层面：一是公司董事会及监事会层面，董事会主要负责审议经营层提交的合规政策、监督合规政策的实施及合规风险管理，监事会主要负责监督董事会和经营层合规管理职能的履行情况；二是公司经营层层面，主要负责贯彻落实经董事会审议的合规政策，及时报告公司风险合规管理情况，并负责重大合规问题的审查、决策；三是部门层面，合规管理部主要负责对项目合规性的独立审查、日常的合规风险管理工作、与监管部门的日常沟通交流工作以及向公司相关部门及时传达监管部门各项合规要求，稽核部主要负责对公司合规风险管理的适当性和有效性进行评价。

建立健全合规制度体系。首先，针对信托公司的各项业务，制定标准的、规范化的制度性文件，如合规管理制度、合规操作手册等，对信托公司所有业务的合规评审和合规管理的日常工作进行制度性规范，确保专人专岗落实合规要求。其次，建立案件防控及违规问责制度体系，如案件防控制度、案件防控和问责管理办法、案件防控和处置办法、员工违规违纪事件查处管理办法等，对案件的发生、调查、处置、问责、报告等各个环节进行梳理和规范，通过建立完善的违规问责处罚机制促使公司员工在工作之中信守合法、合规的经营底线，从源头上杜绝违规经营现象的发生。

加强合规文化建设。着力培育依法合规经营的管理文化，营造良好的合规文化氛围，将合规管理融入到员工的工作习惯之中。具体措施包括：通过专项培训工作及时传导解读最新的监管法规，培育全体员工合规经营的工作意识；贯彻执行项目风险终身制，强化员工的风险意识，促使员工自觉遵守公司的各项规章制度等。

创新是信托发展的源泉，合规则是信托发展的保证。合规管理部门作为信托公司的后台管理部门，在防范和控制合规风险，确保公司合法、规范经营，促进信托业务的创新和发展等方面发挥着重要的作用。通过加强合规体系建设，信托公司坚持合法合规经营，将合规管理贯彻于项目管理和日常工作中，使合规管理工作真正发挥对合规风险的屏障作用，确保信托公司在合法、合规的前提下稳健又快速地发展。

三、弱化主要业务的强经济周期属性影响，加强业务治理

在经济下行期，信托公司传统的业务风险逐渐加大，传统的业务结构难以为继。为促进信托公司的转型升级，从源头上防范和控制业务风险，信托公司主动进行了业务结构的调整，选择逆风险周期或中性风险周期业务来替代强经济周期业务。

（一）五期叠加下的信托公司业务选择

习近平总书记在APEC会上首次系统阐述了中国经济新常态的概念，讲了三大特征：速度变化、结构优化、动能转化。从当前来看，国内经济面临“三期叠加”的复杂形势：第一个是经济增速换挡期，第二个是结构调整阵痛期，第三个是前期刺激政策消化期。对信托业来说，则是“五期叠加”，除以上三个外，第四个是利率市场化的推进期，第五个是资产管理业务的扩张期。受“五期叠加”影响，信托业当前的发展模式正遇到诸多压力：信托产品“高收益、低风险”特性将难以为继，信托业“冲规模、轻管理”的发展路径难以为继，以信贷类、通道类为主的业务结构难以为继。

2014年度，信托业结束了自2008年以来的高速增长阶段，步入了转型发展的阶段。2014年4月8日，中国银监会发布的《关于信托公司风险监管的指导意见》明确提出了信托业转型发展的目标和路径，为信托公司未来的业务发展指明了道路，即将资产管理、投资银行、受托服务等多种业务有机结合，推动信托公司发展成为风险可控、守法合规、创新不断、具有核心竞争力的现代信托机构，真正做到“受人之托、代人理财”。

2014年为信托业全面布局转型发展的“元年”，信托公司的业务结构也在发生着悄然的改变。传统的融资类信托是以特定企业和项目进行融资为主要取向的业务模式，由于经济环境及信托公司经营环境的变化，该类业务的风险逐渐增加且市场需求日益萎缩，信托公司的业务发展逐步回归到从投资者的需求角度出发设计信托产品，即在经济下行期信托公司选择逆风险周期或中性风险周期业务替代强经济周期业务，信托公司的业务重心逐步向资产管理业务和事务管理信托方向发展。

资产管理业务创设以投资组合驱动的具有资产管理性质的信托产品，如现金管理类开放式信托产品、市场配置型信托产品、证券投资产品、私募股权投资、另类投资等，产品具有组合管理的特点，可以缓释信托产品本身的风险集中度，满足不同流动性偏好及不同风险偏好的投资者需求。事务管理信托则是针对委托人的需求，帮助其构建个性化的资产配置方案或者满足委托人某一方面的服务需求，如财务税收规划、财富传承安排、慈善捐赠安排等，此类业务通过个性化资产配置方案的构建及服务安排，满足了委托人特定的风险—收益偏好，同时还可以降低委托人集中投资于单一金融产品或理财产品的风险。加强上述业务进一步减弱了信托公司经营的强经济周期属性，从而降低和减少了信托经营面临的风险。

2014年末，融资类信托占比首次降至40%以下，而投资类信托和事务管理类信托的占比则稳步提升，其中事务管理类信托的占比首次突破了30%。这表明信托公司的业务调整初见成效，投资功能定位更加突出，资产主动管理能力有所增强。

（二）业务选择呈现新特点

信托公司在业务选择上更加以客户需求为导向，更加重视精细化的客户服务。信托业务在法律上是指信托公司作为受托人，接受委托人的财产委托，并按照委托人的意愿管理运用信托财产的一种经营活动。因此，信托业务的逻辑起点应该是从客户的理财需求角度出发设计信托产品。无论是资产管理业务还是事务管理类信托，信托公司都更加重视客户的需求，通过开发不同类型、不同期限的产品满足不同类型客户的需求。例如，证券投资信托可以构造不同收益形态的产品，以满足不同类型客户的资产配置需求，丰富了投资者的选择；消费信托从投资者的消费需求出发，将投资者的理财需求和消费需求整合起来，让投资者在购买信托产品的同时获得消费权益，并达到满足消费者消费需求、实现消费权益增值的目的。

并且，信托公司在进行产品创新的同时也在利用各种手段使客户获得更便捷、更高效的专业服务，以不断提升客户的服务体验，提高客户的满意度。例如，随着互联网及移动互联网的发展，信托公司通过开发网上交易系统、手机APP软件等，方便客户查询及交易，使客户足不出户即可获取相应的金融服务。

四、系统化的金融服务和工具的综合运用，强化风险治理

信托公司的业务选择直接促进了信托商业模式的转型升级，通过产业链金融、金融同业间的充分合作、使用闭环金融工具等方法，并借助互联网金融所实现的信息

共享机制，信托公司不但可以更好地服务于实体经济的发展、给客户提供更多的金融产品选择，也可以通过系统性的金融服务及金融工具来有效控制和抵御经济下行所带来的风险，从而持续完善信托公司的风险管理体系。

（一）项目向客户及产业链的转化，降低风险强度

信托公司是实体经济的坚定支持者，被称为中国的“实业投行”。在信托业转型的大背景下，信托公司在服务实体经济的过程中更加注重“以客户为中心”的理念，主动发挥自身跨平台资产配置和主动管理能力的作用，深度挖掘产业链对金融服务的需求，构建全产业链的金融服务支持体系，即以产业链的核心企业为依托，针对产业链的各个环节，设计个性化、标准化的金融服务产品，为整个产业链上的所有企业提供综合解决方案的一种服务模式。信托公司通过整合产业链上下游企业的金融需求并提供全方位的金融服务，降低产业链融资成本和风险，增强对全产业链的金融支持力度，可以有力地促进产业的转型升级，并可以通过系统性的金融服务体系来有效控制和抵御经济下行所带来的风险。

从服务单一企业客户到服务产业链，信托公司可以结合产业发展周期和发展前景，更好地把握产业链整体的运营状况和风险分布，有效降低全产业链的风险。对于信托公司而言，通过对产业链资源和信息的整合，实现了从被动信息收集向主动信息整合转型，由对单一企业风险控制向全产业链风险控制的转变，更便于信托公司评估和掌控产业整体的风险。而借助互联网技术，信托公司可以实现与企业信息系统的对接，通过集成产业链信息流、资金流、物流等资源，实现产业链全流程的交易及信息监控，及时捕获异常交易信息。结合宏观经济走势和产业发展趋势，借助信用衍生工具等，信托公司可以达到主动防范、化解产业链金融风险的目的。

（二）通过加强合作降低经营风险

近十年来我国的金融领域所发生的飞速深刻的变化，表明中国的金融业已经进入了一个大变革、大创新、大融合、大竞争的时代。在一定时期内业务相对独立的分业经营保证了我国金融业的顺利发展，但是分业经营也直接导致了资本运行效率的低下。事实上随着国内金融业的发展，金融产品的界限已开始松动，跨界、跨领域产品频频出现，混业经营发展态势明显。以往在行业的管制背景下，横跨货币市场、资本市场和实业市场的信托公司，有天然的制度优势。而2012年5月以来，中国银监会、中国证监会、中国保监会针对资产管理市场密集地出台了一系列新政，旨在给其他金融同业资产管理业务进行“松绑”，极大地拓展了上述行业的业务范

围，使其金融工具与信托产品之间产生了一定的替代性，从而对未来信托公司业务的开展产生了深远的影响。

首先是资产管理市场上机构主体的多元化，除了银行、信托、券商、基金、保险、期货公司、私募基金等参与资产管理市场的角逐外，第三方理财机构、资产管理公司等也蜂拥而入，争抢财富管理的蛋糕。其次是资产管理业务的同质化，各项新规的推出造就了一个大型信托公司（保险公司）、两个小信托公司（基金子公司和私募基金公司），并扩大了券商资产管理的业务范围，使分业经营的各金融机构业务同质化，竞争与合作关系得以确立。与此同时，激烈的市场竞争对各金融机构自身的可持续发展及发挥协同作用提出了更高的要求。

随着资产规模的增加，中国的客户对于金融产品也提出了个性化、多元化的消费诉求，这对只能提供单一的、同质化的初级产品与服务的中国资产管理行业提出了更高层次的要求。在向混业经营转变的过程中，机构间的竞争将更趋激烈，金融产品的消费需求将是竞争的重要着力点，这个转变将进一步推动中国金融产品向以需求为核心的买方市场转型升级。此时构架多元化、个性化产品能力将成为资产管理机构的核心竞争力，而各类机构都有自身的局限性，如果机构间能够实现功能性合作，取长补短、资源整合，不仅可以更好地满足金融消费人群的多元需求，而且将领跑资产管理行业的产品创新，提升公司的品牌效应。在资产管理的需求方和供给方两大变量的共同作用下，这种交叉性渗透与功能性合作很可能是资产管理行业下个年代的主要态势，而这种机构间的功能性合作也预示着泛资产管理时代的来临。

（三）闭环金融工具成为防范和化解风险的重要利器

在互联网及大数据技术的帮助下，信托公司未来的风控模式将由目前以抵质押物为主要风险控制手段的私募投行模式向进行资产管理实现风险对冲的全面风险管理模式转化。首先，借助互联网技术可以实现信托风险的量化处理，进行风险限额管理，提升把握风险的及时性和准确性；其次，通过信息系统的监控，可以实现即时的风险预警，从而加强信托公司在管理风险方面的能力；最后，通过提高风险识别与评估的技术，建立涵盖各项业务、全公司范围的风险管理系统，开发和运用风险量化评估方法和模型，针对不断变化的环境及时完善风险管理的制度、方法和手段，通过保险、风险分散、风险对冲、风险规避和风险补偿等风险管理的基本策略，控制新出现的风险或以前未能控制的风险。

五、2014年信托公司风险项目处置及改进

信托公司作为金融机构，其经营本质就是经营风险、防范风险，使风险处于可容忍和可承担的范围内。运行有效、制衡有效、激励有效、约束有效的良性公司治理机制，有助于信托公司建立风险防控的长效机制，减少信托风险发生的概率。但由于宏观经济下行、交易对手违约、信托公司尽职调查不充分、政策风险等原因，信托业实际也发生了一些风险事件。但从信托业出现的风险项目绝对金额及比例来看，由于信托公司风险处置和化解能力的提升，整体信托业的风险处于可控制状态，不会对信托公司正常运营产生明显影响。

在2014年度“五期叠加”的严峻形势下，信托业成功地抵御了风险冲击，单体项目的局部风险通过有效的措施得到了化解，守住了不发生系统性区域性风险的底线。2014年度信托风险事件的个数和规模都较2013年度有所上升。根据中国信托业协会官网的数据，2014年末信托风险项目为369笔，规模为781亿元，占信托资产总规模的0.56%，与2013年末的规模占比0.54%相比，规模占比仅增加了0.02%。该数据仅为信托公司按监管要求报送的可能出现风险的资产规模数据，并不等同于项目已经出现风险，只是有可能出现风险的项目，并包含未到期项目，而其中大部分的项目都能够通过处置抵押资产完成项目到期时的投资者兑付。

从具体发生的风险项目的类型及领域来看，根据2014年的媒体公开报道，信托业发生集合资金信托风险事件21起，矿产能源信托及房地产信托仍是主要的风险领域；涉及矿产能源信托和房地产信托的风险项目各有8笔，其他投向的风险项目有5笔。从化解风险项目的措施来看，对于发生风险的信托项目，各信托公司通过重组、资产拍卖、进行司法诉讼等措施，积极保护投资者利益，实现了项目的平稳兑付，履行了信托公司的受托责任，践行了信托受益人利益最大化原则。

2014年度，中国银监会针对信托业面临逐步释放的风险以及行业转型挑战的情况，有的放矢地对信托公司风险防控化解与转型发展问题进行了认真研究和部署。相比2014年6月末的风险项目规模917亿元，占比0.73%，2014年末的风险项目余额和比例均有所下降。在目前信托业自有资本充足、信托赔偿准备金充分、行业风险缓释机制逐步健全、各公司风险管理系统逐步完善的背景下，已出现风险的项目完全处于风险可控的水平下。

自2013年信托项目风险开始集中暴露后，媒体对信托风险事件进行了大幅度的报道，引起了投资者的广泛关注和担心，信托公司的处置策略也更多地采取了简单的

“刚性兑付”。然而，这种情况在2014年有了明显的改变。

（一）更加注重舆情管理，引导社会公众合理认识信托风险

由于信托产品的私募性质，不能在媒体上进行公开宣传，故很多信托公司不注重与媒体的对接和沟通，致使媒体对信托风险事件的部分报道失之偏颇，不仅有损信托业的形象，也给投资者带来了不必要的恐慌。进入2014年，信托公司更加注重舆情管理，部分信托公司配备了舆情管理人员，积极主动与媒体进行沟通并接受记者的采访，不再有意回避媒体和网络的负面报道，通过正确应对公众的关注，引导投资者合理认识信托风险。

（二）针对新项目提高了风控标准，从源头上降低信托风险发生的概率

2014年，各家信托公司普遍提高了项目准入标准，在交易对手选择、区域选择、抵押物选择等方面都进行严格的限制，更加注重项目前期的甄别过程。与此同时，针对矿产信托、房地产信托等风险较为集中的领域，采取特别风险管控手段，通过更优化的方案安排和加强专业化的管理运作来降低信托业务风险发生的概率。

（三）通过风险指标的持续监控实现风险的及时预警

信托公司从流程上严控兑付风险，通过尽职调查识别和度量风险，通过过程管理和风险指标的持续监控及时预警风险，这使得信托公司能够及时发现风险并获得最佳的风险处置时机。

（四）构建风险处置的分级管理体系及专业团队

按照风险事件的性质、严重程度、可控性及影响范围，将风险事件进行分级管理，针对重大事件成立专门的领导小组处置信托风险。为应对可能发生的信托风险事件并加快风险信托资产的处置，很多信托公司开始构建专业的资产管理团队，在风险发生后第一时间介入风险项目中，初步形成一支较为专业的资产保全队伍，负责风险项目的风险化解及资产保全工作，全程跟进资产处置事项，推动处置工作进程。

（五）制订风险处置方案并采取市场化的处置手段

通过对风险项目的内部尽职调查、现场考察及与交易对手的沟通情况，确定风险事件的分类并制订适宜的风险处置方案。就资产足值、交易对手违约成本较高且履约意愿较强的项目，可通过发送律师函“警示”交易对手将提起诉讼或依法处置资产并积极寻找潜在的接盘方；就交易对手还款意愿不强，不及时采取诉讼措施会损

害受益人利益的项目，则及时采取保全措施并提起诉讼，通过司法处置方式收回欠款或促使交易对手达成调解协议。2014年，信托公司越来越多地采取市场化的手段进行风险化解，例如，“内蒙古奈伦国际公馆项目贷款集合资金信托计划”通过采取诉前财产保全措施，成功查封项目公司名下有效资产，从而使信托公司掌握抵押物资产重组谈判主动权，并顺利以向外部第三方机构转让抵押物资产为手段实现退出，有效地保证了受益人的利益。

（六）资产处理能力有所提高，司法处置的良性循环开始形成

进入2014年，信托公司针对风险事件的处理呈现出了风险处置手段市场化、处置途径司法化的特点，并取得了良好的效果。信托公司不仅通过并购、重组、拍卖等市场化的处置手段提高了资产处理能力，也开始充分利用法律武器，通过司法处置的形式快速稳健实现信托资产的处置。但目前大部分信托公司相关风控、合规人员对司法处置的流程理解和实务操作经验相对不足，如何提高法律实务能力、提升司法追偿效率，将是未来一段时间内信托公司法律合规部门迫切需要研究的问题。通过司法手段化解信托项目风险，既能提升信托公司作为受托人的主动管理能力，又能推进行业的成熟发展，逐步弱化“刚性兑付”，从根本上防范信托业的风险。

第二十章　行业治理体系不断完善下的信托公司治理展望

外部经济形势、金融市场改革、信托业治理体系成为信托公司治理运行的外部环境。在经济进入新常态、经济结构不断调整、经济增速放缓的背景下，在以创新为根本驱动力、以金融改革释放改革红利的背景下，信托公司的治理体系需要根据经济及金融的发展趋势作出一定的变革。随着国家“一带一路”战略的实施，信托业及信托公司的治理国际化也提上日程，新形势下信托业及信托公司需要充分借鉴国际及国内其他金融机构的成熟经验，促进和推动信托业的不断发展壮大。与此同时，我国信托业治理体系的持续改进和不断完善，为信托公司提升公司治理水平提供了规范参考，有助于引导信托公司在监管规范的指引下，主动完善公司内部治理结构。

一、新形势下的信托公司治理需求

（一）经济新常态需要信托公司进一步提升公司治理

经济新常态对信托公司而言，既是挑战，也是机遇，新常态下经济发展的九大特征构成了信托公司治理完善的外部环境。在新常态下，信托业面临着多元的风险考验，风险控制的压力显著加大，因此，信托公司首先要构建长效的风险管理机制，这是关乎信托业健康可持续发展的大课题。同时，新常态所呈现出的经济环境的巨大变化，客观上将引导和驱使信托公司摆脱路径依赖，主动地进行结构调整，并给信托公司的并购业务、资产证券化业务等带来巨大的市场机会，使信托公司改变以融资类业务为主营业务的现状，转变为以投资类、投行类、事务管理类等业务为主的资产管理和财富管理机构。

完善的公司治理结构是信托公司规范和可持续发展的基石，信托公司要通过公司治理结构的不断完善积极营造应对经济新常态的良好环境，以尽快适应和融入经济新常态的大潮，在管控好各类风险的同时探索出业务结构调整转型的路径，促进信托业迎来发展的新天地。

（二）大资产管理环境下的竞合加剧需要信托公司提升公司治理

大资产管理环境下多元化金融服务需求的持续增加，对金融机构的发展提出了更大的挑战。各家金融机构需要充分发挥自身优势，在自创金融产品的同时，加大对其他金融产品的采购，从而努力实现客户黏性最大化的目标，进而在激烈的大资产管理竞争市场上取得优势。为应对激烈的竞争，信托公司需要优化资产配置，改善风险收益单一特征。从资产配置端的角度来看，各类金融机构着眼于创新更多类别的金融产品，而不仅仅局限于传统的投资领域，或是过去各自所熟悉的投资领域，转而积极地对资产实现多元化和多层次的配置，改变较为单一的产品特征。

新常态下中国经济发展以创新驱动为根本动力，而人成为其中最为关键的因素。在新常态下市场和监管环境的变化要求金融机构不断谋求转型应对各种挑战，为此金融机构需要完善治理结构以及探索多元化的组织形式突破业务发展的困境，进行多元化的业务布局。在资产管理行业中人才流动速度骤然加快，因此只有不断完善治理结构，用良好的工作机制去吸引各方优秀人才，激发优秀人才的工作激情，建立风险共担利益共享机制，信托公司才能应对新常态下全面竞争的大资产管理时代带来的挑战。

（三）互联网技术革新提升信托公司治理

互联网技术的发展带来了客户需求及消费习惯的改变，客户将更倾向于通过网络获取信息及获得部分金融服务。商业银行、证券公司、基金公司、保险公司等金融机构纷纷开始利用互联网技术对业务模式进行改造重组，并加快线上创新型平台建设，信托公司也应紧贴客户需求，充分运用互联网技术对现有的业务及流程进行改造。

互联网金融改变了信托传统的商业模式，带来了信托营销、风控、项目管理的全新变革，依托技术的改进带来企业经营的全面提升。借助互联网，信托公司可充分发挥“跨市场、灵活性”的优势，打造一站式综合金融服务平台，为客户提供定制化、差异化的金融服务。在投资客户方面，信托公司的服务平台可以满足客户的退休规划、保险规划、投资组合管理等多种需求，通过搭配不同的产品来实现客户对流动性、风险及收益的不同要求；客户既可以通过证券投资分享资本市场收益，也可以通过私募股权投资分享实体经济场发展的成果。在融资客户方面，信托公司除了传统的债权融资之外，还能充分发挥其横跨货币、资本、实业三大市场的先天优势，不仅可以通过财务安排降低企业的资产负债率，通过并购基金、股债融资相结合等方式帮助企业孵化项目，还可以投资企业并参与企业的管理，为企业提供相关的管理咨询服务，从而真正做到提供投资管理、负债管理、风险管理、融资管理、兼并重组服务等一站式的综合金融服务。

互联网金融改变了我国的金融生态，也给传统金融机构带来了压力和挑战。信托公司作为传统金融机构，应学习“开放、平等、协作、共享”的互联网思维，构建适合互联网金融发展的公司治理体系，以推动信托公司的创新和转型。

二、金融机构公司治理的经验借鉴

由于世界经济的不景气，金融市场波动加剧，特别是席卷全球的2008年金融危机，原来成熟的公司治理体系面临着巨大的冲击，而一些国际组织针对此提出了具有重要建设性意义的金融机构公司治理体系，也为信托公司应对新常态下的金融市场改革的挑战提供了宝贵的经验。与此同时，国内其他金融机构的成熟公司治理做法也为信托公司完善公司治理提供了参考。

（一）国际经验借鉴

1. 巴塞尔协议Ⅲ

巴塞尔协议Ⅲ主要有5个方面的规定，旨在结合微观监管与宏观审慎、兼顾资本监管与流动性监管、注意数量的同时关注质量、树立银行监管新标杆。

（1）制定了更加严格的资本金需求。新协议将核心一级资本（普通股和利润留存）充足率从2%提升到4.5%，将核心资本充足率由4%提高到6%，将包含附属资本在内的资本充足率维持在8%。

（2）设定资本留存缓冲比例。巴塞尔委员会吸取2008年金融危机爆发的教训，为了进一步防范银行业系统性风险的爆发，保证商业银行在金融和经济危机时期能够有效避免重大损失，新协议引入2.5%的资本留存缓冲，由扣除递延税项及其他项目后的普通股权益组成。如果商业银行的资本留存缓冲比率达不到该要求，监管机构将限制银行拍卖、回购股份和分发红利等。

（3）提出了逆周期监管的缓冲资本要求。银行监管当局可以根据对经济周期的判断，以及对单个银行运行状况的评估，要求商业银行增持缓冲资本，规模为风险资本的0~2.5%，全都需要以核心一级资本形式持有。按照巴塞尔委员会的建议，缓冲资本要求从2016年开始实施，每年增加0.625%，到2019年1月1日，最终达到2.5%。

（4）加强流动性监管。金融危机给全球银行业监管者的一大警示就是要加强商业银行流动性风险的监管，但至今全球范围内没有统一的流动性标准。因此，巴塞尔协议Ⅲ试图建立全球一致的流动性监管指标。第一个监管指标是流动性覆盖率（LCR），衡量在设定的严重压力情景下，优质流动性资产能否充分满足短期（一个月）流动性需求，其目的是提高机构抵御短期流动性风险的能力。第二个监管指标是净稳定资金比（NSFR），用于度量银行较长期限内可使用的稳定资金来源对其表内外资产业务发展的支持能力。

（5）在风险资本框架外，引入了杠杆率监管指标。新协议规定了最低3%的权益资产比指标，以控制银行的杠杆融资规模。巴塞尔委员会建议从2011年1月1日起，各国监管部门开始对杠杆率指标进行监控，以观察其与资本充足率框架的契合情况；2013年为正式实施期间，所有与杠杆率相关的信息披露应从2015年开始执行。

2. 沃克尔规则

沃克尔规则是自2010年开始讨论的美国《多德—弗兰克法案》400项规则中最关键的一项，这是2008年金融危机爆发以来美国金融机构与监管层之间博弈的阶段性结果，标志着美国金融业将面对更为严格的监管。沃克尔规则的核心内容是禁止那些存款受联邦保险的银行通过绑架其客户权益为攫取自身收益从事的投机交易。这类投机交易通常指银行的固有交易，即银行用其客户的资金与自有资金购买高风险的结构性产品和进行高杠杆交易。同时，这一规则也对银行的对冲基金和私人股权持有比率进行了限制。沃克尔规则同时限制了银行制定鼓励高风险交易的薪酬制度。

《多德—弗兰克法案》的颁布标志着新的监管时代的到来。该法案以防范系统性金融风险、保护金融消费者权益和限制投机、加强衍生品监管为核心，形成了新的监管体制构架。其中，该法案借助沃克尔规则进行风险隔离的制度安排成为改革的一大亮点。在金融机构综合经营趋势日益明显的今日，沃克尔规则成为监管机构对金融机构实施有效监管的重要规则，也成为影响金融机构公司治理的重要因素。

3. 国际金融协会关于金融机构防范风险的公司治理

国际金融协会是目前唯一一家国际金融业协会，其成员包括近400家国际著名的商业银行、投资银行、保险公司和资产管理公司。协会的目标是帮助金融行业加强风险管理和实施最佳做法，并倡导有助于推动全球金融稳定的监管、财政和经济政策的实施。其发布的《国际金融协会市场最佳做法研究委员会最终报告：行为准则及最佳做法建议——金融服务业对2007—2008年金融市场动荡的回应》从以下六个方面提出了行为准则、最佳做法建议及对政府部门的建议。

（1）风险管理。主要内容包括关注公司治理及引导风险文化，明确风险偏好并确保在机构上下得到贯彻，强化风险管理的组织架构并明确首席风险官的职责，注重风险模型的建立及其在风险管理中的运用，关注证券化及复杂的结构性产品，进行压力测试。

（2）薪酬激励机制。金融机构应基于经风险调整的业绩表现确定薪酬水平，并使激励机制与股东的利益和机构的长期整体利益相一致；确保薪酬激励措施不会导致机构承担的风险高于其风险偏好的水平；使薪酬激励的支付与相关经风险调整的收益的实现在时间上相匹配；在确定遣散费时，考虑已经为股东实现的价值；对股东公开薪酬激励制度的方法、原则及目标。

（3）流动性风险、管道融资和证券化。在充分沟通和达成一致的基础上制定日常流动性风险管理战略，经由董事会审批，并通过有效的管理框架予以落实；考虑分析框架的重要性，应用稳健的方法，从币种、期限和管辖权等多个方面监测和管理融资策略。

（4）估值。应建立更稳定、更透明和更易于理解的估值方法。

（5）证券化市场中的贷款担保、评级及投资者尽职调查。应遵循统一的尽职调查标准、强化投资者的尽职调查，提高评级过程的独立性、透明度以及评级结果的质量。

（6）透明度和信息披露。金融机构应确保信息披露能够充分反映机构当前的风险特征及风险管理程序，并突出与此前相比，当前风险特征出现的重大变化，包括证券化活动。这种披露应包括定性和定量两方面的信息，使外界能够对机构的风险头寸和风险策略做出评判；金融机构的信息披露应包含大量的关于估值程序的定性和定量的信息，以进一步提高透明度；金融机构应积极与政府部门和标准制定者合作，共同制定有关估值不确定性和敏感性的有益的、可比的信息披露标准，并设定重要的阈值防止信息过剩；金融机构应确保从定性和定量两个角度披露其流动性风险管理信息，并充分披露其表外重大融资需求信息。

综上所述，国际金融协会对金融机构风险的防范，旨在通过具体的措施督促金融机构执行，改善公司治理体系，以规避金融风险的发生。

（二）国内经验借鉴

1. 我国商业银行的资本监管

2011年4月，中国银监会颁布了《关于中国银行业实施新监管标准的指导意见》，随后陆续颁布了《商业银行杠杆率管理办法》及《商业银行流动性风险管理办法（试行）》，分别针对新监管标准的实施细则给出了详细的诠释。2012年6月，中国银监会正式出台了《商业银行资本管理办法（试行）》，全面引入了巴塞尔协议Ⅲ确立的资本质量标准及资本监管最新要求，涵盖了最低资本要求、储备资本要求和逆周期资本要求、系统重要性银行附加资本要求等多层次监管要求，促进银行资本充分覆盖银行面临的系统性风险和个体风险。中国新的资本监管体系按照“实质重于形式的原则”，根据巴塞尔协议Ⅲ确定了资本覆盖风险的范围和风险加权资产计量方法，明确了监管资本的构成和资本充足率监管要求，使得国内资本监管制度既反映国际标准的新变化，又顺应国内银行业务发展和风险管理能力提升的新趋势。

与原来的《商业银行资本充足率管理办法》相比，《商业银行资本管理办法（试行）》的主要变化有五个方面：第一，扩大了资本监管的风险覆盖范围。第二，首次建立了我国资本监管制度的三大支柱。第三，根据巴塞尔协议Ⅲ的要求，提高了资本质量的要求，并确立了核心一级资本充足率在资本监管指标中的核心作用。第四，大幅提高了资本充足率标准，要求商业银行除了满足最低资本要求外，还要满足2.5%的储备资本要求和0～2.5%的逆周期资本要求，系统重要性银行还要满足系统重要性资本附加要求。第五，在计量资本充足率过程中，在审慎前提下，给予商业银行更大的自主权，鼓励商业银行将资本监管制度与内部经营管理和风险控制有机结合。《商业银行资本管理办法（试行）》允许符合条件的商业银行采用内部评级法计算资本充足率，这一方面有助于商业银行更为节约地使用资本，另一方面也鼓励银行改进管理，提高风险识别、度量、管理和抵补能力。

2. 第二代偿付能力在保险监管中的运用

为进一步加强中国第二代偿付能力监管，加强制度建设的顶层设计，中国保监会研究制定了《中国第二代偿付能力监管制度体系整体框架》。中国第二代偿付能力监管制度体系，即“中国风险导向的偿付能力体系”（简称“偿二代”），具有风险导向、行业实际和国际可比三个显著特征，“偿二代”的17项主干监管规则有机联系，共同作用，构建了一套风险识别和防范的安全网。“偿二代”的整体框架由制度特征、监管基础和监管要素三大部分构成。

（1）制度特征。是基于我国保险市场环境和发展阶段特征的一种现实选择，是开展偿付能力监管各项工作的出发点，体现在“偿二代”体系的具体原则、方法和标准之中，包括统一监管、新兴市场、风险导向兼顾价值。

（2）监管基础。保险公司内部偿付能力管理是企业内部的管理行为，在偿付能力监管中具有十分重要的作用。

（3）监管要素。监管要素是偿付能力监管的三个支柱，是偿付能力监管的重要组成部分。三个支柱分别从定量资本要求、定性监管要求和市场约束机制三个方面对保险公司的偿付能力进行监督和管理，主要规范偿付能力监管的内容、原则、方法和标准。

第一支柱定量资本要求主要防范能够量化的风险，通过科学地识别和量化各类风险，要求保险公司具备与其风险相适应的资本。第二支柱定性监管要求，是在第一支柱的基础上，进一步防范难以量化的风险，如操作风险、战略风险、声誉风险、流动性风险等，包括风险综合评级、保险公司风险管理要求与评估、监管检查和分析、监管措施四部分内容。第三支柱市场约束机制，是引导和促进发挥市场相关利益人的力量，通过对外信息披露等手段，借助市场的约束力，加强对保险公司偿付能力的监管，进一步防范风险。其中，市场力量主要包括社会公众、消费者、评级机构和证券市场的行业分析师等。

与保险公司内部偿付能力管理不同，三个支柱都是保险公司外部的偿付能力监管。三个支柱的作用各不相同，在防范风险方面各有侧重：第一支柱是通过定量监管手段，防范能够量化的偿付能力相关风险；第二支柱是通过定性监管手段，防范难以量化的偿付能力风险；第三支柱是通过信息披露等手段，发挥市场约束力量，可以强化第一支柱和第二支柱的效果，并且更加全面地防范保险公司的各类偿付能力风险。三个支柱相互配合，相互补充，成为完整的风险识别、分类和防范的体系。

在保险集团监管方面，三个支柱的监管要素同样适用于保险集团监管，迈出了保险集团偿付能力监管的实质性步伐。与单个保险公司相比，保险集团往往具有风险分散的效益；同时，保险集团也具有一些不同于单个保险机构的特殊风险，如资本重复计算风险、组织结构不透明风险、利益冲突风险、风险传递和风险传染等。在制定三个支柱的具体监管标准时，应当考虑和反映这些特殊风险。

3. 分级分类监管在证券监管中的运用

证券公司分类以证券公司风险管理能力为基础，结合公司市场竞争力和持续合规状况，按照《证券公司分类监管规定》评价和确定证券公司的类别。中国证监会根据市场发展情况和审慎监管原则，在征求行业意见的基础上，制定并适时调整证券公司分类的评价指标与标准。中国证监会及其派出机构根据证券公司分类结果对不同类别的证券公司实施区别对待的监管政策。中国证监会在分类复核中建立专家评审机制，组成专家评审委员会，研究处理证券公司分类工作中遇到的重大问题。专家评审委员会的成员由中国证监会及其派出机构、证券行业自律组织、证券公司有关人员组成。

证券公司风险管理能力主要根据资本充足率、公司治理与合规管理、动态风险监控、信息系统安全、客户权益保护、信息披露共六类评价指标，按照《证券公司风险管理能力评价指标与标准》进行评价，分类结果体现证券公司对流动性风险、合规风险、市场风险、信用风险、技术风险及操作风险等风险的管理能力。

设定正常经营的证券公司基准分为100分；在基准分的基础上，根据证券公司风险管理能力评价指标与标准、市场竞争力、持续合规状况等方面情况，进行相应加分或扣分以确定证券公司的评价计分。中国证监会根据证券公司评价计分的高低，将证券公司分为A（AAA、AA、A）、B（BBB、BB、B）、C（CCC、CC、C）、D、E共5大类11个级别。

被依法采取责令停业整顿、指定其他机构托管、接管、行政重组等风险处置措施的证券公司，评价计分为0分，定为E类公司。评价计分低于60分的证券公司，定为D类公司。中国证监会根据每年行业发展情况，结合以前年度分类结果，事先确定A、B、C三大类别公司的相对比例，并根据评价计分的分布情况，具体确定各类别、各级别公司的数量，其中B类BB级及以上公司的评价计分应高于基准分100分。

A类公司风险管理能力在行业内最高，能较好地控制新业务、新产品方面的风险；B类公司风险管理能力在行业内较高，在市场变化中能较好地控制业务扩张的风险；C类公司风险管理能力与其现有业务相匹配；D类公司风险管理能力低，潜在风险可能超过公司可承受范围；E类公司潜在风险已经变为现实风险，已被采取风险处置措施。

中国证监会按照分类监管原则，对不同类别证券公司规定不同的风险控制指标和风险资本准备计算比例，并在监管资源分配、现场检查和非现场检查频率等方面区别对待。证券公司分类结果将作为证券公司申请增加业务种类、新设营业网点、发行上市等事项的审慎性条件，并作为确定新业务、新产品试点范围和推广顺序的依据。中国证券投资者保护基金公司根据证券公司分类结果，确定不同级别的证券公司缴纳证券投资者保护基金的具体比例。

三、信托业治理体系的持续改进

《信托法》及配套法规体系的不完善，加之行业过快的实践发展与理论支撑和监管实际存在一定的差距，导致了与信托业的发展配套的公司治理各具特色，公司治理更容易受到监管以及股东的影响。随着信托监管部的正式成立，信托公司治理体系的顶层设计将得到极大的改进，在监管政策前瞻性的引导下，信托公司治理的顶层设计将会得到持续加强，信托公司的治理体系将更加完善。

（一）推动《信托法》的修订

中国信托业自2001年形成了“一法三规”的监管体系后，最为核心的《信托法》实施已超过13年。《信托法》的实施为我国信托业的规范发展奠定了法律基础，信托制度与信托观念已广为社会公众接受和认可。但是，受当时立法经验和条件限制，《信托法》本身存在一定缺陷。随着泛资产管理时代的到来，信托业的生存环境和同业环境都发生了巨大的改变，现行《信托法》主要是规范信托的当事人行为、信托的种类、信托的独立性，只从基本法律关系的角度做出了界定，对于营业信托和各类基本的信托业务，几乎没有作出要求。《信托法》对于信托业规定的长期缺位，导致资产管理行业“政出多门”，投资者利益难以得到很好保护。

2013年，针对相关单位、机构及投资者对于《信托法》实施效果及修改方向的意见，中国信托业协会牵头组织过一系列的摸底调研工作，但仅仅是调研工作，为修法做准备。2014年，受全国人大财经委委托，中国信托业协会组织了部分信托公司及相关法学部门成立专题工作组，依托有关专业机构开展“信托法修改论证课题研究调查问卷活动”，为《信托法》修订后评估提供基础素材。目前，修法的基础准备工作已经就绪，新成立的银监会信托监管部正在积极推动将《信托法》修法列入到全国人大的立法规划中。本次《信托法》的修订将对“信托”进行更为准确和科学的定义：“将其财产权委托给受托人”改为“依据信托文件将其财产权转移给受托人”。“信托”的定义修改后，设立信托应当将财产权转移给受托人，且信托文件可以作为财产移转的基础法律文件。

（二）《信托法》配套制度建设

《信托法》配套制度的缺失也是我国信托业持续健康发展的重大制约因素，譬如，有关信托业法、信托登记、信托税收、公益信托等制度一直缺位。目前，仅有《信托登记管理办法》正在征求意见，其余配套制度的立法工作尚未提上日程。

1. 信托业法制度

现行《信托法》没有对信托业作出具体规定，仅在第四条中授权国务院制定具体管理办法。信托是国际上资产管理活动的基础制度安排，信托业是我国发挥信托功能、从事资产管理活动的主要组织。《信托法》对于信托业规定的长期缺位，一方面导致资产管理行业"政出多门"，目前各金融部门均在从事信托或者类似信托的资产管理业务，但在市场准入、监管规则等方面，极其不统一，致使行业竞争环境不公平，不利于行业的健康发展；另一方面具有信托本质的各类资产管理产品缺乏统一的法律标准，这导致实践中对于管理人的责任机制、投资者的权利保护机制具有巨大的差异性，宽严不一，极不利于投资者的保护。

2. 信托税收制度

我国还没有建立与信托属性相适应的税收体系，目前信托税制中较为突出的问题有流转税重复征收、所得税纳税客体性质难界定、公益信托规定缺乏相配套的税收制度等。当前我国信托税制处于理论上可能重复征税，但实践中却无人纳税的尴尬境地。根据一般经济活动税制，信托在信托设立环节和信托终止环节，就信托财产的所有权转移会重复向委托人和受托人征收流转税和所得税；在信托存续环节和信托终止环节，就信托收益会重复向受托人和受益人征收所得税。但在实践中，由于信托登记制度的缺失以及为了避免上述重复征税，信托计划主要是资金信托计划，财产信托占比很小，资金流转不会产生流转税的重复征税问题；并且大量个人投资者取得收益时，由于这部分税源难以控制，而税法上却又没有规定信托公司具有该部分个人所得税代扣代缴义务，个人投资者实际并未缴纳税款。信托税收制度的不健全阻碍了信托公司财产性信托的发展，有较强信托需求的非资金类财产无法进入信托市场，信托需求被抑制。《信托法》修订工作将争取在新的《信托法》中确定信托活动的税收原则，并推动国家财政、税收主管部门制定信托税制规则。

3. 公益信托制度

公益信托是促进社会公益事业发展的重要力量，但是由于《信托法》对相关制度规定过于粗略，十多年来，没有达到立法的预期效果，导致了实践中公益信托的设立和运行困难重重，严重抑制了信托制度对于公益事业发展本来应该具有的促进功能。目前，相关部门正在推动慈善法立法，而对于公益信托立法则还没有提上日程，但在《信托法》修订中将对公益信托部分进行更加明确的规定，比如明确公益信托应当比照公益性捐赠享受税收优惠，受托机构可以开具捐赠票据等。

（三）制定《信托公司条例》

2015年4月，中国银监会代表国务院下发了《信托公司条例（征求意见稿）》，该条例对信托公司的设立、变更与终止，以及经营范围、经营规则、监督管理、法律责任等方面进行了详细规定。在经营范围方面，根据财务状况、内部控制和风险管理水平等标准，将信托公司分为成长类、发展类、创新类三类，按分类经营原则开展业务。其中，成长类信托公司将不能发行集合信托计划；创新类信托公司可以发行金融债和次级债，打破了信托公司不能负债经营的传统监管要求。在公司治理与内部控制方面，该条例规定信托公司应当建立健全公司治理机制和内部控制制度，包括“三会一层”、股东责任、信托委员会、内部控制—经纪责任、风险管理、财务会计—核算责任等方面。

《信托公司条例（征求意见稿）》融合了“八项机制”“八项责任”的相关内容，将信托登记等信托法配套制度的建设上升到法规层面，并明确了分类经营机制、信托公司股东责任及信托业稳定机制。该条例的颁布实施将会对信托业产生较大的影响，尤其是分类监管和分类经营机制将加快信托公司的升级转型步伐，未来可能会形成多极化、多元化的信托市场格局。

《信托公司条例（征求意见稿）》体现出了较大的前瞻性，并有望形成较高层次的政府法规，以适应新时期信托业监督管理的需求，形成新时期信托业的治理体系。《信托公司条例》实施后将成为国务院层面首次针对信托机构出台的法规，从国务院层面制定该条例可在一定程度上有效解决“信托业法缺失”的制度问题。

（四）信托基础数据库建设

目前信托业的信息管理较为分散，基础信息更新不及时，基础数据不完整，现有系统不能满足监管及行业发展需要。为此中国信托业协会正在牵头建设信托业信息管理平台，以便监管部门分析全行业信托资金运用、投向，加强行业导向和引领工作，通过该平台来改变信息的不完整性、滞后性、碎片化的现状。信托业信息管理平台的主要用户为银监会信托部、各家银监局、中国信托业协会、信托业保障基金公司、68家信托机构相关工作人员，主要目的是为监管部门和信托机构搭建信托业信息管理的平台。通过该平台，用户可以实现数据的报送、处理、汇总、分析、导出的自动化管理，通过整个行业及单个公司的基础信息管理、从业人员管理来实现信托业信息及时、全面、有效的监管。

（五）信托业智库建设

创新是信托公司持续发展的永恒动力，随着利率市场化的冲击、制度红利的逐渐消失以及泛资产管理时代市场同业竞争压力的加大，信托业已站在了创新与转型的十字路口，科研工作对信托业及公司未来发展的指引作用日益重要。目前，大部分的信托公司已经设立了研究部门，但除少数几家信托公司的科研机制较为完善外，多数信托公司的研究部门正面临着与业务部门脱节、职能芜杂、研究人员激励机制缺乏、研究成果难以落地等尴尬局面，没有充分发挥出信托科研工作的作用。

随着信托资产规模的不断扩大、竞争的加剧以及信托业的转型发展，信托业的科研工作将得到快速的发展。除各信托公司在不断加强研发力量外，中国信托业协会也积极与中国著名高校合作，推动信托业的智库建设，目前西南财经大学信托与理财研究所、中国人民大学信托与基金研究所、复旦大学信托研究中心等单位已成为中国信托业协会智库单位，这些单位将对我国信托业的重大问题开展战略性和前瞻性研究，为信托业的未来发展提供理论指导。

随着我国信托业的不断发展，信托业智库的规模扩张和服务功能的不断完善都势在必行，可以预见在不久的将来，信托业智库的科研实力不断增强，科研成果日益丰富，科研工作在信托业发展中的基石地位将得到广泛的认可。

四、信托公司治理展望

新形势下信托公司的治理必然与未来信托业的大发展相适应。信托公司治理将在以下几个方面取得进步。

（一）“三会一层”建设更加注重实际的运行效果

加强董事会功能，并有针对性地设置专门委员会强化公司治理结构；逐步引进战略投资者及实力雄厚的机构投资者，形成多个法人相对控股互相制衡的股权结构；降低大股东持股比例，控制大股东利用控制权绝对优势进行利益输送的权力，提高信托公司风险控制能力。

公司治理机制中，当董事会的领导力及控制力得到强化后，可能产生董事会滥用其拥有的决策权的问题，对此信托公司必须建立并完善监事会及独立董事机制，保证监事会及独立董事能从客观维护多方利益的角度参与公司治理。

（二）加强风险防范下公司治理的完善力度

信托公司产品的非标准化以及多年来市场化的发展方式，使信托公司善于把握市场机会，从而获得了超常规的发展，公司治理层面更多的是顺应监管层对于信托公司治理指引的被动式适应。然而随着经济进入新常态，金融改革加速，信托公司在加强风险防范下加大了对公司治理的完善力度，从被动走向主动，充分发挥企业运营中公司治理的积极作用，主动适应外界变化，加大对公司治理结构的调整。

（三）以信息技术建设推动公司治理优化

相对于银行、券商等其他金融机构，信托公司在信息技术的建设上比较落后，对互联网技术的应用也较少。目前各家信托公司已开始进行信息化治理机制建设，不断加大对信息技术的投入力度并壮大信息技术团队。信息化建设是信托公司核心战略及业务创新转型的支撑点，也是信托公司适应互联网金融快速发展的必然要求，为在未来的竞争中取得优势，信托公司必须加强信息技术建设。信息技术的价值首先体现在信息存储的准确性，查找的便利性，统计的方便性，而这三个特性可以为信托公司的多方面业务提供重要的支撑。并且，随着数据分析技术的发展以及大数据时代的到来，信息技术的价值越来越多地体现在数据分析结果对决策的支持和优化上面。随着信托业转型的推进，信托公司的信息系统建设要转变内部固有的制度、业务规则、操作流程等，从不支持业务创新向支持信托公司转型转变，同时不断提升自身的存在价值。

信托公司的信息技术建设应当能够支撑信托公司经营网络的平稳运行，搭建起以数据仓库为核心的经营管理数据体系，以实现客户信息、账户信息、产品信息、交易信息、管理信息等的集中管理，从而利用这些信息建立客户的信息视图和评价体系，以及各种风险计量模型，进而可运用有关成果开拓市场，促进信托公司的可持续发展。同时，由于信托的高端私募产品性质，投资金额大，因此信托公司在利用互联网开展相关业务时，除了要考虑互联网金融的便捷性，更要充分考虑网络安全性问题，为客户提供一个安全、可靠的交易环境。此外，信托公司也不能过度迷信技术而忽视了技术的潜在风险和道德风险，过于复杂的技术阻碍了人们正确认识风险，可能导致系统风险的过度累积。信托公司通过不断加强信息技术建设，实现对人员、财务、产品、客户等要素的全面集中化管理，并进一步实现对信托业务全流程的风险管理，逐步推动公司治理的优化和完善。

（四）信托公司治理的透明度持续加强

未来将更加强调公司治理相关信息的公开性，内容包括强有力的信息披露制度，具体包括信息的真实性和准确性、高质量的会计标准、可靠的信息审计、有效的信息披露渠道和方式。这将使信托公司治理得到政府和更多投资者的认可，从而为信托公司实现上市打下坚实的基础。

（五）更加注重对于小股东利益的保护

根据目前信托公司控股股东的偏好，很难实现对于小股东利益的完全保护。基于中国银监会对于信托公司上市的期望，未来上市将成为强化公司治理的重要途径，但与此同时，对于小股东利益的保护需要提上日程。

如通过设立“监督委托人”代表小股东（股权小于5%）利益。信托公司可充分利用信息网络，设立专门的信息平台，在最大限度地减少小股东委托成本的前提下，建立一种公开征集委托投票机制，将小股东的投票权委托给指定的“监督委托人”。信托监管机关可通过相应制度安排使小股东选举3~5名“监督委托人”，硬性规定“监督委托人”作为一种职业，由他们代表小股东履行监督职能和委托投票职能，并要求“监督委托人”定期披露监督信息。“监督委托人”实行定期轮换制，以防止他们与其他利益者合谋。

总之，信托公司治理将日益向其他具备良好治理情况的金融机构靠拢，向国外成熟金融机构治理体系迈进，向上市公司治理体系演化。

后　记

2015年6月，在为北京信托站岗近20年后，我与耕耘多年的信托业依依作别，将步入新的人生征程。

值此之际，由中国信托业协会组织编撰的《中国信托业发展报告（2014–2015）》（以下简称《报告》）即将付梓。《报告》除导言外，有五篇，共二十章。其中，导言由西南财经大学信托与理财研究所所长翟立宏撰写，第一章至第六章由中融信托曲晓燕、沈苗妙、王和俊撰写，第七章至第九章和第十一章由中诚信托王玉国、钟哲元撰写，第十章、第十五章、第十六章（二、三、五）由兴业信托张路阳撰写，第十二章至第十四章由交银信托刘文雯、章隽撰写，第十六章（一、四）和第十七章由中信信托周萍、张明玺撰写，第十八章至第二十章由中铁信托陈建超、朱晓林撰写。

《报告》在编写过程中得到了中国银监会信托部的悉心指导和帮助，交银信托、兴业信托、中诚信托、中融信托、中铁信托、中信信托、西南财经大学信托与理财研究所等单位派员参加了编写工作，安信信托、百瑞信托、北京信托、长安信托、重庆信托、国元信托、杭工商信托、华澳信托、华宝信托、华能信托、华润信托、华信信托、建信信托、交银信托、平安信托、上海信托、外贸信托、新华信托、兴业信托、英大信托、中诚信托、中海信托、中融信托、中信信托给予了调研支持，行业研发工作领导小组对《报告》的提纲、初稿、终稿予以审核指导。作为行业研发工作领导小组组长，我表示由衷的敬意和诚挚的谢意！

作为行业的一员老兵，我想在此谈谈自己对行业发展的少许感悟。

回首过去三十余载岁月，信托公司作为中国金融业改革创新的探索者，应改革创新之需而生，在改革创新中成长壮大，在改革中嬗变，在创新中再造，在动态中发展。三十年的风雨历程，信托公司砥砺进取，铿锵前行，如今已跃居为管理资产规模较大的重要金融行业，并以自身不断提升的专业实力与服务水平为实体经济的发展和社会金融服务创造了巨大价值，也为投资人创造了安全、稳健的财产增值收益。

三十年在历史的长河中不过弹指一挥间，但对信托公司来说，却是本源信托业务从无到有、从小到大，并逐渐走向健康规范的三十年，是信托业从本土化到国际化不断探索、不断研究、不断创新的三十年。特别是过去的十年，在“一法两规”制度引领下，信托业同仁根据市场的需求，充分发挥信托制度的灵活性，基本确立了自身的业务方向，初步构建了可行的业务模式。

回顾和总结过去的历史，一方面要肯定整个行业取得的辉煌成绩，另一方面也要认清当前行业面临的严峻挑战，增强忧患意识，使行业未来前进的步伐更加稳健踏实，行稳致远。

伴随着我国经济进入新常态，经济结构与增长模式亟待转型，增长的前景、增长的动力有赖于全面深化改革的推进，与之相对应，信托业发展的市场环境充满了前所未有的不确定性。自2013年以来，在经济下行和竞争加剧的双重挑战下，信托业结束了自2008年以来的高速增长阶段，步入转型升级的新阶段。

面对新的机遇和挑战，信托业的一个重要任务之一就是要在信托业本土化的渐进中，必须高度重视信托业基础理论的研究和创新，此系列《报告》的编撰和出版，就是信托业基础理论研究的一个重要组成部分。信托业整个行业都要顺应整个社会投、融资结构演进趋势、顺应市场环境和监管环境的变化，大力推进和创新支持信托业健康发展的基础理论建设，在基础理论的指引和推动下，大力发展直接融资的金融产品，大力发展“股+债”相结合的金融产品，大力发展基于投融资标准化的信托产品和基于财富管理型的差异化综合理财产品，积极拓展适合于财富管理的系统性需求，拓展满足大类资产配置需求的业务中介和撮合平台，真正构建信托业和信托公司自己的生态环境和核心竞争力。在中国经济新常态的大背景下，坚持发挥信托制度的独特优势，在基础理论研究上固本求新，在具体业务实践中继续坚持服务实体经济；始终保持创新的激情，积极践行信托公司的执行力文化，抓机遇，促发展，以更加良好的经营业绩与中国经济共创辉煌，开创中国信托业新的历史篇章！

原北京国际信托有限公司总经理、

中国信托业协会副会长、

中国信托业协会行业研发工作领导小组组长

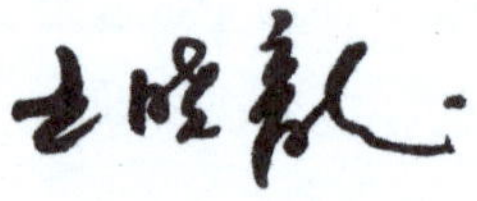